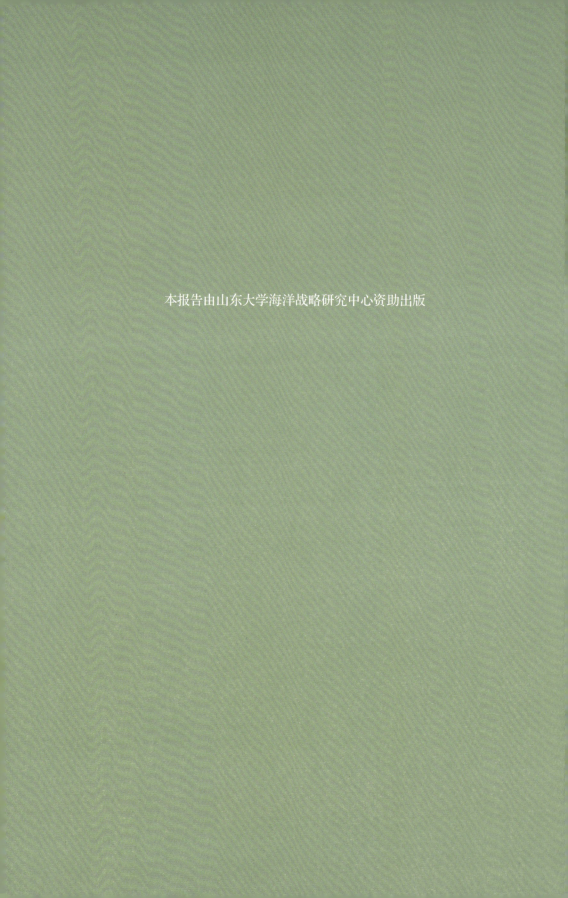

本报告由山东大学海洋战略研究中心资助出版

"一带一路"
环球行动报告
(2016)

THE REPORT ON THE GLOBAL ACTION OF
"THE BELT AND ROAD" (2016)

主编 杨善民

社会科学文献出版社
SOCIAL SCIENCES ACADEMIC PRESS (CHINA)

本报告编委会

顾　　问：方宏建

主　　编：杨善民

副 主 编：杨　琦

编委会成员：杨善民　杨　琦　范昌丽　唐理邦
　　　　　　司秋霜　马　旭　白　旭　冯　洁
　　　　　　张　营　吴　颖

目　录

总报告

谨慎和责任：让"一带一路"持续前行

2015 年，中国坚持"和平、发展、合作、共赢"的原则，主张合力打造"人类命运共同体"，倡议构建"新型国际关系"，并将之通过"一带一路"和亚投行向世界传递，成为 2015 年环球雾霭中的一束亮光。

走到世界前沿的中国

"无论按何种标准来看，中国都已恢复了它在世界上影响最为广泛的那几个世纪中的地位。"① 基辛格博士在他的最新著作《世界秩序》中写道。从全球化1.0大航海时代中国的退却，到英国主导的全球化2.0，再杀到美国主导的全球化3.0，再到现在进军新全球化4.0阶段，中国正在一步一步回到世界之巅。②

就连一向谨慎、刚刚不幸去世的吴建民先生也说，"中国经济的快速增长使中国接近世界舞台的中心"③。

"从1949年到2014年，中国是完成了总量追赶美国，以后将会继续从人均量赶超美国。"胡鞍钢说，从1949年到现在，中国大体花了65年时间，在经济总量、工业总量、贸易总量，包括互联网、移动互联网用户上超过美国。如今，在部分关键的、重要的经济指标和社会指标方面，中国开始了人均发展指标上的追赶。④

"一带一路"倡议的大规模投资项目表明，在引领风气之先和规划未来方面，西方时代几乎已经终结。⑤ 对此，亨利·基辛格先生洞若观火：

---

① 〔美〕亨利·基辛格：《世界秩序》，胡利平译，中信出版社，2015，第293页。
② 邵宇：《全球化4.0：中国如何重回世界之巅》，财新网，2016年4月15日，http://opinion. caixin. com/2016－04－15/100932464. html。
③ 吴建民：《如何做大国——世界秩序与中国角色》，中信出版社，2016，第16页。
④ 陆之迅：《胡鞍钢：2030年中国GDP两倍于美国》，侨报网，2015年1月20日，http:// news. uschinapress. com/2015/0120/1007966. shtml。
⑤ 〔英〕彼得·弗兰科潘（英国牛津大学拜占庭研究中心主任、历史学家）：《丝绸之路复兴宣告西方时代结束》，观察者网，2016年4月19日，http://www. guancha. cn/PeterFrankopan/2016_ 04_ 19_ 357502. shtml。

21 世纪中国的"崛起"并非新生事物，而是历史的重现。与过去不同的是，中国重回世界舞台中心，既是作为一个古老文明的传承者，也是作为依照威斯特伐利亚模式形成的现代大国。它既保持了君临"天下"的传统理念，也通过技术治国追求现代化，并在 20 世纪为寻求两者的融合经历了剧烈动荡。①

"世界那么大，问题那么多，国际社会期待听到中国声音、看到中国方案，中国不能缺席。"② 2015 年最后一天，中国国家主席习近平在新年贺词中说。

构建基于全球发展的合作网络

习近平：携手构建合作共赢新伙伴关系

"中国目前崛起所发生的背景，不仅包括与其他区域大国的较劲，而且它的崛起还高度依赖现有国际经济体系的持续稳定。"③

2015 年 10 月 12 日，中共中央政治局就全球治理格局和全球治理体制进行集体学习时，习近平指出："现在，世界上的事情越来越需要各国共同商量着办，建立国际机制、遵守国际规则、追求国际正义成为多数国家的共识。"④ 2015 年，中共中央总书记、国家主席习近平 8 次踏出国门，奔波 42 天，跨越赤道南北，到访 14 个国家⑤；参加重要国际会议和活动 9 次⑥，涵

① 〔美〕亨利·基辛格：《世界秩序》，胡利平译，中信出版社，2015，第 286 页。
② 《国家主席习近平发表二〇一六年新年贺词》，中国政府网，2015 年 12 月 31 日，http：//www.gov.cn。
③ 〔美〕兹比格涅夫·布热津斯基：《战略远见：美国与全球权力危机》，洪曼等译，新华出版社，2015，第 93 页。
④ 《习近平：世界上的事情越来越需要各国共同商量着办》，中国新闻网，2016 年 1 月 27 日，ht-tp：//www.chinanews.com/gn/2016/01－27/7736443.shtml。
⑤ 巴基斯坦、白俄罗斯、英国、越南、新加坡、土耳其、菲律宾、津巴布韦 8 国为习近平主席任内首访。
⑥ 《2015 年习近平国外 42 天》，人民网，2015 年 12 月 6 日，http：//world.people.com.cn/n/2015/1206/c1002－27894256.html。

盖亚、欧、北美、非四个大洲①；与全球主要国家的领导人几乎都有会见，签署各种合作项目超千亿美元。② 纵览一年外交，合作共赢始终是习近平使用的"高频"词。

"'一带一路'建设秉持的是共商、共建、共享原则，不是封闭的，而是开放包容的；不是中国一家的独奏，而是沿线国家的合唱。"2015 年 3 月 28 日，习近平出席博鳌亚洲论坛 2015 年年会开幕式时表示。4 月 21 日，习近平在巴基斯坦议会发表题为《构建中巴命运共同体 开辟合作共赢新征程》的演讲，指出："中巴经济走廊和孟中印缅经济走廊与'一带一路'关联紧密，进展顺利。两大走廊建设将有力促进有关国家经济增长，并为深化南亚区域合作提供新的强大动力。"11 月 6 日，习近平在越南国会演讲时强调："中方愿在'一带一路'、'两廊一圈'框架内，加强两国互联互通及产能和投资贸易合作，为新形势下中越全面战略合作伙伴关系向更高层次发展注入强劲动力。"11 月 7 日，习近平在新加坡国立大学发表题为《深化合作伙伴关系 共建亚洲美好家园》的演讲，认为："'一带一路'倡议的首要合作伙伴是周边国家，首要受益对象也是周边国家。我们欢迎周边国家参与到合作中来，共同推进'一带一路'建设，携手实现和平、发展、合作的愿景。"11 月 18 日，习近平在马尼拉出席亚太经合组织工商领导人峰会时，发表了题为《发挥亚太引领作用 应对世界经济挑战》的主旨演讲，称："通过'一带一路'建设，我们将开展更大范围、更高水平、更深层次的区域合作，共同打造开放、包容、均衡、普惠的区域合作架构。"③

习近平始终主动发掘中华文化积极处世之道同当今时代的共鸣点，不

---

① 《习近平的"一带一路"足迹》，中华人民共和国国家互联网信息办公室网站，2016 年 1 月 6 日，http：//www.cac.gov.cn/2016 – 01/06/c_ 1117680773.htm。

② 邱恒元：《习式外交 2015：几乎见遍地球上主要国家领导人》，东方网，2015 年 12 月 6 日，http：//news.eastday.com/c/20151206/u1a9128670.html。

③ 《盘点：习近平对"一带一路"倡议的 19 次重要论述》，人民网，2016 年 2 月 13 日，http：//world.people.com.cn/n1/2016/0212/c1002 – 28119992.html。

断丰富、打造"人类命运共同体"的中国主张，弘扬"共商共建共享"的全球治理理念，赢得世界各国的广泛共识和支持。

互联互通是当今时代的元模式①

"中国人走向世界的时候，必须占领道义的制高点。"

"什么是道义的制高点？一个国家的利益绝不能称为道义的制高点，考虑到人类的利益，从推动人类进步的角度出发，才能占领道义的制高点。"②

以此标准来看，中国的"一带一路"倡议，互联互通的实施，就是道义的制高点。

"沿着贸易途径可以找到不同国家人民的相互利益。"③

互联互通是实现人类整体救赎之路。相比传统国界线的冲突，关于互联互通竞争的暴力程度要轻微许多，由此人类可避免重蹈过去大国争斗的覆辙。此外，互联互通也让此前不可想象的进步成为可能，因为资源和技术可以迅速转移到最需要的地方去。人类也可以迁徙，以躲避自然灾害或进入城市寻求发展机会。更好的互联互通条件还有助于各国实现进口来源国和出口目的国的多元化。历史的曲线足够绵长，但其走向是互联互通。④

互联互通已经成为全球社会的基础⑤

在"冷战"时期和"冷战"结束之初，全球安全被普遍认为是最重要的"公共品"，其主要提供者是美国。但在21世纪，最为重要的公共品却

---

① 〔美〕帕拉格·康纳：《超级版图：全球供应链、超级城市与新商业文明的崛起》，崔传刚、周大昕译，中信出版社，2016，第6页。
② 吴建民：《如何做大国——世界秩序与中国角色》，中信出版社，2016，第220页。
③ 〔英〕P.奥沙利文：《地理政治论——国际间的竞争与合作》，李亦鸣等译，国际文化出版公司，1991，第115页。
④ 〔美〕帕拉格·康纳：《超级版图：全球供应链、超级城市与新商业文明的崛起》，崔传刚、周大昕译，中信出版社，2016，第6页。
⑤ 〔美〕帕拉格·康纳：《超级版图：全球供应链、超级城市与新商业文明的崛起》，崔传刚、周大昕译，中信出版社，2016，第334页。

是基础设施。而中国是基础设施的主要贡献者。①

"不管用什么方式互联，都必须要通过基础设施。"②

在互联世界中，世界各国国力的强弱不仅取决于军事力量和人口规模等国内因素，也取决于其国际互联程度。例如，目前中国是世界上 124 个国家的最大贸易伙伴国，而以美国为最大贸易伙伴国的国家只有 56 个。③

全面参与并塑造现代的全球分工

亚当·斯密认为，不断增强的劳动分工是推动经济发展的最强大力量。"一带一路"建设中的互联互通，畅通了全球的技术、资源与资本的渠道，也开放了中国的巨大市场，使中国以及沿线国家的企业得以走向世界，全面参与并塑造现代的全球分工。

"如果说全球民众有一个共同目标，那就是对现代化和互联互通的追求，而后者又是通往前者的主要路径。"④ 通过建设基础设施项目和工业园，中国已成为欧亚大陆丝绸之路经济带以及印度洋区域海上丝绸之路沿线的现代化推动者。⑤ 对全球互联互通的评判不应该看它是否符合"二战"之后的制度体系，而应该看它是否满足了全球民众的需求。⑥

携手消除贫困　促进共同发展

中国正在参与一场涉及外交和国内经济政策两个级别的比赛。执行和

---

① 〔美〕帕拉格·康纳：《超级版图：全球供应链、超级城市与新商业文明的崛起》，崔传刚、周大昕译，中信出版社，2016，第 XI 页。
② 〔美〕帕拉格·康纳：《超级版图：全球供应链、超级城市与新商业文明的崛起》，崔传刚、周大昕译，中信出版社，2016，第 6 页。
③ 〔美〕帕拉格·康纳：《超级版图：全球供应链、超级城市与新商业文明的崛起》，崔传刚、周大昕译，中信出版社，2016，第 XI 页。
④ 〔美〕帕拉格·康纳：《超级版图：全球供应链、超级城市与新商业文明的崛起》，崔传刚、周大昕译，中信出版社，2016，第 334 页。
⑤ 〔美〕帕拉格·康纳：《超级版图：全球供应链、超级城市与新商业文明的崛起》，崔传刚、周大昕译，中信出版社，2016，第 XII 页。
⑥ 〔美〕帕拉格·康纳：《超级版图：全球供应链、超级城市与新商业文明的崛起》，崔传刚、周大昕译，中信出版社，2016，第 340 页。

治理方面之间的挑战，是一场比赛是否会妨碍另一场比赛。①

"全面小康是全体中国人民的小康，不能出现有人掉队。"习近平在 2015 减贫与发展高层论坛上发表题为《携手消除贫困 促进共同发展》的主旨演讲，提出："未来 5 年，我们将使中国现有标准下 7000 多万贫困人口全部脱贫。""为了打赢这场攻坚战，我们将把扶贫开发作为经济社会发展规划的主要内容，大幅增加扶贫投入，出台更多惠及贫困地区、贫困人口的政策措施，提高市场机制的益贫性，推进经济社会包容性发展，实施一系列更有针对性的重大发展举措。"习近平指出："消除贫困是人类的共同使命。中国在致力于自身消除贫困的同时，始终积极开展南南合作，力所能及向其他发展中国家提供不附加任何政治条件的援助，支持和帮助广大发展中国家特别是最不发达国家消除贫困。"②

帮助一些欠发达的国家做一些事情，是中国作为安理会常任理事国、世界第二大经济体应该做的事情。事实上，中央政府并没有在"一带一路"上大规模投资，中国国内扶贫任务艰巨，扶贫是 2015 年中央及各级政府的重要任务。改革开放以来，中国农村贫困人口已经减少 7.9 亿，对世界减贫的贡献率是超过 70%。"现在我们一方面做好自己的事情，一方面帮助其他的国家力所能及地做一些经验交流甚至一些减贫的试点，是应该做的事情。两头都要兼顾。"国务院扶贫办政策法规司司长、新闻发言人苏国霞说，"我们和周边国家的这些合作也为穷人提供了就业的机会，实际上对减贫是有推动作用的。"③ 事实上，2015 年中央财政贯彻落实《中国农村扶贫开发纲要（2011～2020年）》有关精神，预算安排扶贫资金补助地方部分 460.9 亿元，比 2014

---

① 〔美〕埃德温·M. 杜鲁门：《美国彼得森国际经济研究所智库报告，〈中国"一带一路"动机、范围和挑战〉第三章——"治理挑战"》（山东大学海洋战略中心翻译资料），2016 年 2 月 16 日。

② 《习近平主席在 2015 减贫与发展高层论坛上的主旨演讲（全文）》，新华网，2015 年 10 月 16 日，http://news.xinhuanet.com/politics/2015 - 10/16/c_ 1116851045. htm。

③ 《扶贫办解答"为何中国到'一带一路'沿线花钱帮外国人"》，国际在线，2015 年 12 月 15 日，http://news.ifeng.com/a/20151215/46678744_ 0. shtml。

年增长8%。①

中国在寻求国家利益的同时，须有心怀天下、同舟共济的胸襟，并为此做出应有的、力所能及的贡献。只有如此，才能为中国未来成为国际社会的领导者拿到一张令别国心悦诚服的"入场券"。②

2015："一带一路"在发展中完善

李克强：推动"一带一路"中外对接

"成功的政治领导人必须在参与国际事务与可用资源之间找到平衡点，同时兼顾对外承诺和国内需求。"③ 2015年，国务院总理李克强参与会议91次，以国务院常务会议为主；调研考察14次，足迹遍布7省④；出访5次，历时20余天，奔波于亚欧南美三大洲，足迹遍布11个国家，密集上演"克强节奏"⑤。李克强积极推动"一带一路"对接欧洲投资计划（容克计划）、哈萨克斯坦"光明之路"计划、东盟互联互通总体规划、马来西亚新型经济体规划、亚非有关国家发展规划以及中国－东盟区域国家发展战略、中东欧合作、越南"两廊一圈"战略、韩国"欧亚倡议"等，促成一批中外铁路、水电、核电、能源、港口精造项目；在国内，推动"一带一路"建设中的各项事务对接；利用十二届全国人大三次会议、国务院常务会议、推进中央企业参与"一带一路"建设暨国际产能和装备制造合

---

① 吴秋余：《2015年：中央财政专项扶贫资金460.90亿元》，2015年12月15日，http://blog.sina.com.cn/s/blog_599a3d490102wao3.html。

② 梁海明：《中国参与"一带一路"的战略与策略分析》，"一带一路"百人论坛微信，2016年1月16日。

③ 《以"世界意识"成就共同梦想》，环球网，2016年1月15日，http://world.huanqiu.com/hot/2016－01/8384995.html。

④ 《2015年李克强总理的时间都去哪了》，九派新闻，2016年1月6日，http://news.cjn.cn/gnxw/201601/t2765471.htm。

⑤ 《李克强2015年出访全记录》，中国政府网，2015年12月31日，http://www.gov.cn/zhuan-ti/2015lkqinspection_inventory/。

作工作会议、中国装备"走出去"和推进国际产能合作座谈会以及部分省（区）政府主要负责人经济形势座谈会、金融企业座谈会等场合，多次强调要做好国内产能与国外市场的对接，以更好契合不同地区尤其是"一带一路"沿线国家的需求，构建全方位对外开放新格局。[①]

截至 2015 年底，中国同"一带一路"沿线国家进出口贸易总额达到 9955 亿美元，同比增长 25%；同沿线 60 个国家共签订 3987 个基础设施合同，总金额达 926 亿美元，项目投资主要分布于电力工程、交通运输、石油化工、通信工程等领域；与 23 个国家设立了 77 个境外合作区，共有 900 家中资企业入驻。随着产业升级，中国已经在多晶硅、光伏电池、风能设备等新兴产业产品上，以及轨道技术、车辆装备、移动信号高端装备制造业等领域具备了较强优势。仅高铁方面，中国就与土耳其、委内瑞拉、沙特阿拉伯、利比亚、伊朗、泰国、缅甸等国家进行了洽谈。

地方政府：在竞争中探索

中央政府推动的"一带一路"建设正与中国各省级政府目标融为一体。所有省份都已表明将会积极地参与到"一带一路"战略的建设中来，各地的准备工作正在迅速展开。"一带一路"使早前中国提出的西部大开发计划、振兴东北计划，以及近年提出的京津冀、长江经济带等发展计划，融入更广阔的亚洲及世界发展大局中。2015 年，随着国家《推动共建丝绸之路经济带和 21 世纪海上丝绸之路的愿景与行动》（以下简称《愿景与行动》）的发布，地方政府也逐步回归理性，认识到寄望于中央政府大规模投资地方不切实际。

为融入"一带一路"，11 个省级政府欲建自贸试验区。据统计，在 20

---

① 《李克强：用中国装备和国际产能合作结缘世界 推动形成优进优出开放型经济新格局》，中华人民共和国中央人民政府网站，2015 年 4 月 3 日，http://www.gov.cn/guowuyuan/2015 - 04/03/content_ 2842768.htm。

个公布"十三五"规划建议全文的省份中，有 11 个省份都提及自由贸易试验园区/港区的申报建设。浙江、黑龙江、四川、陕西、贵州、甘肃、广西、海南都提出争取设立自由贸易试验区，山东提出要为山东自由贸易试验区申建积累经验、奠定基础。①

沿海地区，福建加快建设 21 世纪海上丝绸之路核心区，打造海上丝绸之路互联互通的重要枢纽、经贸合作的前沿平台、体制机制创新的先行区域和人文交流的重要纽带；广东作为经济发展领先省份，提出要在推进"一带一路"建设特别是 21 世纪海上丝绸之路建设中发挥重要引擎作用；江苏、浙江、山东、上海、海南等省市也应充分发挥自身优势，积极推进 21 世纪海上丝绸之路建设。内陆地区，向西，新疆发挥丝绸之路经济带核心区优势，积极促进新亚欧大陆桥、中国—中亚—西亚经济走廊和中巴经济走廊建设；向北，内蒙古、黑龙江、吉林、辽宁、山西等省区围绕中蒙俄经济走廊建设，推动国家向北开放；向南，云南借助连接南亚、东南亚的区位优势，着力打造面向南亚、东南亚的辐射中心，广西、贵州、西藏等积极构建面向南亚、东南亚的合作平台，推进孟中印缅和中国—中南半岛经济走廊建设；北京、天津、河北、沿长江各省市则积极推进"一带一路"建设与京津冀协同发展、长江经济带建设的有机结合。

各地还结合地方特色，将经济、产业、人文等基础资源与推进"一带一路"建设统筹结合，明确了重点任务。

基础设施建设方面，重庆、四川、新疆、内蒙古、河南、湖北、浙江等地有序推进中欧班列建设；福建推进厦门东南国际航运中心建设；广东启动巴基斯坦瓜达尔港园区项目；辽宁积极与蒙古国合作提供便捷出海口；陕西全力打造"西安国际中转枢纽港"；广西、云南推进中国—东盟信息交流中心建设等。

---

① 刘志强：《共建"一带一路"各地积极行动》，《人民日报》，2015 年 11 月 20 日，http://politics.people.com.cn/n/2015/1120/c1001-27835187.html。

产业投资方面，辽宁优先推动先进轨道交通装备等重点装备和建设标准"走出去"；江西围绕产业创新升级，推进与意大利轻小型民用直升机合作生产项目；浙江加快推进中国（杭州）跨境贸易电子商务综合试验区建设等。

经贸合作方面，广东、四川、陕西、宁夏、青海、新疆、内蒙古等借力广交会、高交会、西博会、中蒙博览会等展会活动平台，扩展与沿线国家经贸合作；福建举办首届 21 世纪海上丝绸之路博览会，实现对沿线主要国家和地区的全覆盖；云南推进河口、磨憨跨境经济合作区以及老挝赛色塔综合开发区建设；黑龙江引导国内相关企业赴俄建设境外经济贸易合作区；山东、吉林借助中韩自贸协定签署契机，推动中韩产业合作示范区等项目建设等。

能源资源合作方面，江苏积极推进塔尔煤田工业园等中巴经济走廊能源规划优先实施项目建设；吉林长吉图集团进口俄罗斯战略能源储备中心进行一期施工等。

金融合作方面，广东推动在菲律宾、泰国、印尼等国开展跨境人民币贸易项目；江苏推进昆山试验区、苏州工业园区跨境人民币创新试点业务；黑龙江实施卢布现钞使用试点、沿边开发开放外汇管理改革试点等先行先试措施等。

人文合作方面，甘肃通过敦煌国际文化博览会等展会平台将国内外游客引进丝绸之路经济带旅游"黄金段"；山东推动沿线国家高校设立孔子学院；福建举办丝绸之路国际电影节等。

生态环境方面，新疆构建覆盖中亚的生态系统野外观测与研究网络；云南推动大湄公河次区域湿地保护与能力建设；贵州成功举办生态文明贵阳国际论坛 2015 年年会等。

金融服务方面，福建、江苏、江西等地分别筹建地方"一带一路"基金、海上丝绸之路产业投资基金、国际产能合作和装备制造"走出去"产业投资基金；广西制定了地方丝绸之路基金设立和运营方案，发挥财政资金的引导和杠杆效应，对重点国际合作项目给予资金补助、贷款贴息、股权投资等扶持；新疆、浙江等联合国家开发银行、中国出口信用保险公司等金融机构共同举办金融机构与企业对接会，为企业量身定制多元化、个性化金融解决方案。①

企业：主体地位彰显

由于国际政经形势的千变万化，"一带一路"在空间和地理上的"布局"和"规划"常常停摆或被推翻。"一带一路"的实施，主要是由企业家们在艰难曲折中一步步探索完成：从中国化工集团收购瑞士先正达，万达收购美国传奇影业，复星集团收购法国地中海俱乐部，再到安邦保险买下纽约地标华尔道夫酒店；从锦江集团收购法国卢浮宫酒店集团，携程投资印度最大在线旅游公司 Make My Trip，再到三胞集团买下英国老牌百货连锁福来德；从万达、乐视等进军好莱坞，华为、百度、腾讯投资东南亚和印度等新兴经济体的科技、媒体和通信市场，再到阿里巴巴全球速卖通在俄罗斯和巴西等国受热捧……

央（国）企依旧是"一带一路"倡议的承载者和推进主体。2015 年，央（国）企进入世界 500 强的数量达到 47 家，境外投资遍布 157 个国家和地区，超过全国非金融类对外直接投资的 70%，对外承包工程营业额占全国总额的 60%；② 但值得注意的是，近年来，民营企业逐渐成为生力军，占据海外投资的半壁江山。截至 2015 年 11 月底，民营企业签约和交割的海外并购占中企总额的 56.88%，同比增长 122%。

"一带一路"的国际环境及风险

2015 年，世界一如既往地不平静：乌克兰危机仍未得到解决；世界各

---

① 刘志强：《共建"一带一路"各地积极行动》，《人民日报》，2015 年 11 月 20 日，http://politics.people.com.cn/n/2015/1120/c1001-27835187.html。
② 《"一带一路"上国企怎么当好"主力军"和"领头羊"》，《中国青年报》，2015 年 8 月 2 日。

地民族主义高涨，欧盟难民问题持续，恐怖主义威胁弥漫，英国退欧公投带来极大不确定性；国际经济持续低迷，发展乏力。因此，"一带一路"不能设在自动巡航模式，应充分考虑前方的政治、外交及经济风险，事实上这些风险就在前方，时隐时现。

席卷世界的反全球化浪潮

从英国的脱欧公投，欧洲的反移民思潮，到美国特朗普的崛起，拉美左翼政府的接连下台，从中能够看出世界各地民族主义兴起，反全球化浪潮席卷世界，将给中国的"一带一路"倡议带来深远影响。

在西方发达国家，全球化正在遭遇危机。这一曾被誉为可以带来普遍好处的进程，如今正遭遇政治上的反弹。

在欧洲大部分地区，全球化与技术进步的结合已经摧毁了老的工人阶级，如今又对中产阶级下层的技术性工作构成挑战。过去两年，针对全球自由贸易（尤其是 TTIP）带来的好处，德国公众舆论出现了戏剧性的逆转。YouGov 做的一项民调显示，2014 年，将近90%的德国民众支持自由贸易。如今，这一比例已降至56%。同一时期，彻底反对 TTIP 的人所占比例已从25%上升至33%。这些数字并不表明欧盟应当实行贸易保护主义。英国退出欧盟，而美国共和党或许将要提名一个极端民粹主义者为本党总统候选人。芬兰在所有竞争力排名中都处于领先位置，但其经济已陷入复苏无望的窘境——该国还有一个强大的民粹主义政党。①

一个令人不安的现实是，全球市场尽管勉强可说是让所有人都"沾了光"，但是也持续地加剧了某些"外来"少数派对经济的极度控制，并使他们周围贫困的大多数积怨日深，给种族仇恨火上浇油。②

贸易保护主义有可能影响到某些特定行业，但对于全球贸易来说，只是

---

① 〔英〕沃尔夫冈·明肖：《全球化在西方为何失败?》，英国《金融时报》，2016 年 5 月 10 日，http：//www.ftchinese.com/story/001067460。

② 〔美〕蔡美儿：《起火的世界》，刘怀昭译，中国政法大学出版社，2014，第 4 页。

一个较为次要的方面，目前的总体国际趋势依然是全球化。因此，中国面对的基本趋势依然是全球化而不是贸易保护主义，中国的经济战略是成功的，要想继续成功，就必须继续将其经济战略建立在这一趋势之上。①

现在有人高呼"全球化已死"，也有人信心满满地欢呼"超越全球化时代"的到来，因此，精准构建未来的图景不应是简单的"悲观或乐观"的二元选择，而是要综合各种视角。②

西方国家民众"逆全球化"的根源并非全球化本身的失败，而是西方主导的全球化在过去20多年来越来越朝着"不接地气"的方向发展。西方世界的"逆全球化"意味其已经无力单独引领全球化，新一轮的全球化若想能够健康推进并带来更加普惠的结果，就需要以中国为代表的新兴经济体承担起引领责任。

对于新兴国家来说，不能对西方的"逆全球化"隔岸观火，更不可幸灾乐祸，而是应该表示忧虑。两次世界大战的历史告诫我们，一旦"逆全球化"成为政治主流意识形态，将会带来灾难性的后果。

要避免这种情况出现，需要有强大的推动者，中国和美国是关键。没有美国，任何问题都难以达到全球高度，目前的情况是美国国内意见出现分歧，这就需要中国积极鼓励美国继续沿着全球化开放的道路前进，拉住美国符合中国的利益，也符合世界的利益。

近年来，中国在推动地区化和全球化中有一些重要的举措，例如亚洲基础设施投资银行（AIIB，以下简称"亚投行"），"一带一路"等都是对战后美国主导推动全球化为基础的国际秩序的强化和补充。这些新构想客观上也会推动美国主动改善战后的国际秩序。③

对于中国来说，只有全球化进程继续推进，中国的对外开放才有可

---

① 〔英〕罗思义：《一盘大棋？——中国新命运解析》，江苏凤凰文艺出版社，2016，第74页。
② 〔美〕帕拉格·康纳：《超级版图：全球供应链、超级城市与新商业文明的崛起》，崔传刚、周大昕译，中信出版社，2016，第 XVI 页。
③ 张云：《中国抵御"逆全球化"的责任》，新加坡《联合早报》，2016年6月6日，http://www.zaobao.com/forum/views/world/story20160606 – 625730。

能有一个大的环境，和平发展才能实现。全球化符合我们的利益，也符合世界各国的利益。但最近，中国也受到反全球化事件的影响，比如欧洲议会突然提出不承认中国的市场经济地位。现在欧洲议会提出不给中国市场经济地位是借一个伪命题来进行贸易保护主义，是逆全球化之潮流。这也说明贸易保护主义在欧洲是很大的势力，反全球化的力量还很大。①

"文明确有冲突，但更多的是融合。"② 全球化正在进入新的黄金年代。由于各国的战略推动、新型科技、廉价资本和全球移民等因素的发展，全球化几乎在各个领域都呈现出深化和扩大化的趋势。③

"反对"运动，无论是反资本主义、反技术还是反全球化，总是会失败。他们代表的并非是普遍性的人道主义，而是狭隘的短视。与贸易不公平相比，贸易不足问题更严重。与数字分化相比，网络接入不足问题更严重。与高度贫富分化相比，财富创造不足问题更严重。与大企业农业相比，转基因作物太少的问题更严重。联合国几十年来对全球经济再分配的呼吁，永远不可能实现全球化在短短数十年就达到的成就。④

"我们正走在正确的道路上：全球化和互联互通虽然造就了不可避免的严重不平等，但也着实改善了几十亿人的生活质量。"⑤

中国已太过庞大，已无顺风车可搭，前方也没有谁可以跟随，必须自己趟路。

2009 年，马丁·雅克在《当中国统治世界》一书中说："中国将在

① 《龙永图：不给中国市场经济地位是伪命题》，环球时报网，2016 年 5 月 17 日，http：//opin-ion. huanqiu. com/1152/2016 - 05/8937726. html。
② 〔美〕帕拉格·康纳：《超级版图：全球供应链、超级城市与新商业文明的崛起》，崔传刚、周大昕译，中信出版社，2016，第 47 页。
③ 〔美〕帕拉格·康纳：《超级版图：全球供应链、超级城市与新商业文明的崛起》，崔传刚、周大昕译，中信出版社，2016，第 33 页。
④ 〔美〕帕拉格·康纳：《超级版图：全球供应链、超级城市与新商业文明的崛起》，崔传刚、周大昕译，中信出版社，2016，第 334 页。
⑤ 〔美〕帕拉格·康纳：《超级版图：全球供应链、超级城市与新商业文明的崛起》，崔传刚、周大昕译，中信出版社，2016，第 336 页。

几十年内成为占主导地位的全球性大国，中国不会变得更西化，而是让世界变得更中国。"时隔 7 年，他的结论仍是这样。当然，随着中国日益融入全球经济，中国也正受到其他国家和文化的影响，尤其是西方的影响。但很明显的是，随着中国的崛起，中国正在贸易、投资、货币、全球治理（亚投行和"一带一路"）、国家治理（尤其是发展中国家，甚至有些发达国家也受到影响）、教育（PISA 测试结果，致使西方以及全世界都对中国的教育感兴趣）、中文、互联网等多方面产生越来越大的影响。①

中国的经济体量已经大到接近美国，而且还有非常大的潜力。在这种背景下，中国再想韬光养晦已经非常不合时宜。如此，中国必须调整国家发展方向，以我为主地制定国家的内外战略。这就是中国要制定"一带一路"战略的内因。②

国家和区域环境及风险

"我国在世界经济和全球治理中的分量迅速上升。"③ 习近平主席讲道。随之而来的是，我国面临的国际环境及风险也发生了很大变化。

美国 "维持美国在全球体系中的优势地位，理应成为美国 21 世纪大战略的核心目标。"这是美国外交关系委员会在最近发布的《修正美国对华大战略》中提出的，很有代表性。④

实际上早在 20 世纪 90 年代，老布什政府的核心智囊、负责政策的国防部副部长保罗·沃尔福威茨等人就起草了一份秘密报告《防卫计划指导

---

① 〔英〕马丁·雅克：《欧洲已经不再从地缘角度打量中国》，环球时报网，2016 年 5 月 17 日，http://opinion. huanqiu. com/1152/2016 – 05/8937724. html。

② 占豪：《中国为啥敢玩"一带一路"驱美战略？》，乌有之乡网，2015 年 3 月 8 日，http://www. wyzxwk. com/Article/zatan/2015/03/339605. html。

③ 《习近平在省部级主要领导干部学习贯彻党的十八届五中全会精神专题研讨班上的讲话》，《人民日报》，2016 年 5 月 10 日，http://china. chinadaily. com. cn/2016 – 05/10/content_ 25196916. htm。

④ 〔英〕罗思义：《TPP 能多大程度上遏制中国经济？》，观察者网，2015 年 10 月 9 日，http://news. ifeng. com/a/20151009/44800773_ 0. shtml。

原则》。该原则指出：“我们的首要目标，是防止任何对手的重新出现，不论是在前苏联范围以内还是以外。”① “防止亚洲出现霸权是美国的一贯政策。”② 基辛格博士直言不讳地说。

但也有一些要求与中国合作的声音。布热津斯基就很明确地说：“为了增加中国成为全球主要伙伴的可能性，美国应该默许中国在亚洲大陆拥有突出的地缘政治地位，默许中国成为主导亚洲经济的大国。”③

美国国际战略研究中心的一份报告也特别指出，美国政府在意识到“丝绸之路”计划与其他一些计划组成复杂的关系网时反应迟缓。这些计划项目包括亚洲基础设施投资银行和金砖国家新开发银行。这些项目正在塑造欧亚大陆新的经济蓝图，从而会对全球商业造成重大影响。因此，如果习主席的计划成功，2017 年 1 月美国新政府上台执政时，若能想出新的方法与这一进程（“一带一路”战略）对接，新政府便会得心应手。而这种进程在未来几十年内是不可忽视的力量。④

亚洲 在亚洲，以中国为中心的贸易和投资模式犹如中国经济的增长之势，不断扩张，中国的基础建设投资已经建立起以高速公路，铁路，电力线路和管道为基础的紧密网络，进一步巩固了东南亚和中国大陆的经济纽带。但是北京是否会进一步推进建立以中国为主的“亚洲唯一”专属经济体系，或是利用其自身力量，建立更开放、能够包容亚太体制结构的经济体制呢？答案仍然不够明朗。东盟成员国的如是表明，虽然目前他们已经别无选择，只能搭乘中国经济的顺风车，但是想要在地区事务当中，作为一名合法领导人建立信任、明确自身定位，北京还有很长的路要走。尽管中国非凡的经济发展使亚太地区更加繁荣，但是这也引发了中国周边国

---

① 魏小宝（美国政治观察员）：《美国媒体会对特朗普搞一个大新闻吗?》，观察者网，2016 年 4 月 22 日，http://www.guancha.cn/WeiXiaoBao/2016_04_22_357855.shtml。

② 〔美〕亨利·基辛格：《世界秩序》，胡利平译，中信出版社，2015，第 303 页。

③ 〔美〕兹比格涅夫·布热津斯基：《战略远见：美国与全球权利危机》，洪曼等译，新华出版社，2015，第 181 页。

④ 〔美〕克里斯托弗·K. 约翰逊：《美国国际战略研究中心报告〈习近平主席的“一带一路”战略〉》（山东大学海洋战略中心翻译资料），2016 年 3 月。

家对竞争和过度依赖中国的担忧。①

全球经济增长的中心在东亚。东亚作为全球经济增长中心，其地位变得越来越重要。从亚洲看，东亚发展最快、势头最强劲，南亚正在积极赶上，中亚相对滞后，西亚动荡。东亚大约有22亿人，南亚有16亿人，中亚有1亿人。"一带一路"的倡议，从本质上看是要把东亚、南亚和中亚连接起来。这三个地区的国家在经济上有很强的互补性，"一带一路"的构想将会推动这三个地区之间的合作，为亚洲经济的持续增长提供源源不断的动力。②

向自由市场的转变使东南亚的华裔少数族群得以释放他们的创业能量，极大地提升了他们受瞩目的程度和在经济上的主导地位。"一带一路"提供了又一契机。③

但是，"从新加坡到白令海峡一线的政治冷锋也增加了强度，这就是日本、南朝鲜和美国联合起来对付苏联在其东部沿海增加力量的部署，这种部署是针对美国而不是中国"④。

1991年时，在美国看来中国，无足轻重，但到了2015年，中国甚至排在了俄罗斯之前，成为美国在亚洲围堵的主要目标。

"纵观亚洲不断变化的形势，日本越来越明确地表示希望成为一个'正常国家'，希望拥有自己的军队，并推行积极结盟政策。"⑤ 在中国南海和东北亚海域这类地方发生的国家间竞争基本上是按照19世纪欧洲外交的方法进行的，并不排除武力的选项，尽管多年来各国在使用武力时总是有所克制，但这种克制有时相当脆弱。⑥

---

① 〔美〕克里斯托弗·K. 约翰逊：《美国国际战略研究中心报告〈习近平主席的"一带一路"战略〉》（山东大学海洋战略中心翻译资料），2016年3月。
② 吴建民：《如何做大国——世界秩序与中国角色》，中信出版社，2016，第11页。
③ 〔美〕蔡美儿：《起火的世界》，中国政法大学出版社，2014，第21页。
④ 〔英〕P. 奥沙利文：《地理政治论——国际间的竞争与合作》，李亦鸣等译，国际文化出版公司，1991，第165页。
⑤ 〔美〕亨利·基辛格：《世界秩序》，胡利平译，中信出版社，2015，第244页。
⑥ 〔美〕亨利·基辛格：《世界秩序》，胡利平译，中信出版社，2015，第277～278页。

在中亚，中国需要把"一带一路"战略目标与上海合作组织的使命有机结合起来。上海合作组织于 2001 年在上海成立，目前成员国包括中国、哈萨克斯坦、吉尔吉斯斯坦、俄罗斯、塔吉克斯坦和乌兹别克斯坦，印度和巴基斯坦将在 2016 年成为成员国。上海合作组织的使命包括进行军事合作维护地区安全，促进经济发展和社会发展。中国对上海合作组织寄予厚望。增加成员国之间的沟通和交流是进一步发展国家关系的关键。

在南亚，虽然中国把印度融入中国的长期计划里并非易事，但增强北京和新德里的联通是明智之举。[①]"只有中国才是印度次大陆经济发展的决定因素。"[②]

从长期来看，"一带一路"战略既包括印度，又对印度形成包围。经济上，鉴于 21 世纪将属于中国和印度，两个大国保持和平关系将成为 21 世纪的核心外交政策挑战之一。

可信的预测已使印度了解到，2050 年，美国将成为世界第二大经济体（仅次于中国），尽管差距可能比目前中美差距大得多（普华永道，2015 年）。这些事件将会使亚洲在全球经济中的地位无可争议，并伴随着印度洋取代北大西洋成为世界上最重要的运输走廊。"一带一路"战略将包括印度，但它也通过与印度邻国创建陆路贸易和海上贸易以及运输路线系统对其形成包围，一些邻国与印度有着令人担忧的安全关系。由于"一带一路"战略相关经济发展，中国和巴基斯坦活动日益增加，至少在某些情况下，这些国家是竞争对手。"一带一路"战略带来了显著的安全风险，短期内这些风险源于潜在动荡地区的软目标，该目标形成于有关的具体基础设施中，长期内这些风险源于这些项目对印度的地缘政治影响。无论是在最乐观的安全情况下还是在最严峻的安全情况下，

① 〔美〕肖恩·迈纳：《美国彼得森国际经济研究所智库报告，〈中国"一带一路"动机、范围和挑战〉第二章——"经济影响和政治影响"》（山东大学海洋战略中心翻译资料），2016 年 2 月 16 日。

② 〔英〕罗思义：《一盘大棋？——中国新命运解析》，江苏凤凰文艺出版社，2016，第 81 页。

印度问题都不容忽视。①

2015 年，全球"冷战、对抗、局部战争与冲突的中心在中东和北非"②。"在当今时代，中东似乎注定要重温昔日的所有经历——帝国、'圣战'、外国统治、互相厮杀的教派战争之后方能最终选定（如果能做到的话）一个国际秩序概念。在此之前，中东仍会在加入或对抗国际社会之间挣扎摇摆。"③

非洲 根据国际货币基金组织的统计，从 2001 年到 2010 年，全球经济增速最快的 10 个国家当中，6 个是南部非洲国家。

美国前任财务部长萨默斯有一句名言："去非洲投资是有风险的，但是不去投资风险更大。有人预测，2040 年非洲将会成为世界工厂。"④

非洲各国也在采取措施保护国内脆弱的产业，常常限制外商独资企业占有资源，以避免本国资源成为外国资本的囊中之物，这些都是明智的主动设置"摩擦"的举措，不应被视为反对全球化。正如俗话所说：凡事都有个度。⑤

欧洲 "欧洲人对中国莫名其妙的恐惧像一堵墙，遮住了人们的视线，阻碍了双方的合作。双方要共同努力，克服这种恐惧的情绪。"⑥

近年来，欧洲再次回到了问题的起始点，只不过这一次这个问题具有全球意义。从彼此竞争的心态和对立的趋势中能生成什么样的国际秩序？哪些国家将成为这一秩序的成员？欧洲各国的政策将以何种方式发生联

① 〔美〕卡伦·亨德里克斯（彼得森国际经济研究所非常驻高级研究员，丹佛大学约瑟夫-克贝尔国际研究学院 Sié Chéou-Kang 中心国际安全与外交问题副教授）：《美国彼得森国际经济研究所智库报告，〈中国"一带一路"动机、范围和挑战〉第五章——"丝绸之路的困境？中国'一带一路'战略的安全隐患"》（山东大学海洋战略中心翻译资料），2016 年 2 月 16 日。

② 吴建民：《如何做大国——世界秩序与中国角色》，中信出版社，2016，第 10 页。

③ 〔美〕亨利·基辛格：《世界秩序》，胡利平译，中信出版社，2015，第 116 页。

④ 吴建民：《如何做大国——世界秩序与中国角色》，中信出版社，2016，第 125 页。

⑤ 〔美〕帕拉格·康纳：《超级版图：全球供应链、超级城市与新商业文明的崛起》，崔传刚、周大昕译，中信出版社，2016，第 29 页。

⑥ 吴建民：《如何做大国——世界秩序与中国角色》，中信出版社，2016，第 237 页。

系？欧洲需要多大程度的统一？欧洲又能承受多大的差异？①

东欧　2012 年 4 月，首届中国 - 东欧新丝绸之路论坛在华沙举行。论坛由波兰总理唐纳德·图斯克主持，几乎所有的东欧总理出席。论坛上，中国国家总理温家宝宣布了欧亚大基础设施项目的开始，该项目将通过陆地、海上和铁路连接两大洲——自此，欧洲政治家第一次（非正式）知晓了中国的"一带一路"战略。②

中国还在东欧国家合作举办年度会议，以了解新战略的进展情况，中国国家总理与东欧国家领导人还在布拉格（2013 年）、贝尔格莱德（2014 年）以及苏州（2015 年）会晤，讨论并签署了一些项目。如今这些会晤称为"一带一路"战略的"16 + 1 合作"。③

中国和东欧国家之间的双向交易已经启动，2015 年，双方交易额超过 650 亿美元。"一带一路"战略在东欧的成功取决于它如何密切地证实政府发展经济、提高人口生活水平的努力。④

俄罗斯　2013 年，"一带一路"战略首次宣布时，俄罗斯官方对其持怀疑态度，认为该战略是中国在俄罗斯后院即中亚发挥影响的工具。对此，莫斯科努力推动欧亚经济联盟作为一项竞争项目。然而，2015 年来，俄罗斯改变了想法，参与了一些"一带一路"项目，成为亚洲基础设施投资银行的创始成员国之一。"一带一路"战略则用来规避西方对俄罗斯银行业的制裁，并以此获得急需的投资和信贷额度。

2015 年 2 月，俄罗斯企业签订了"一带一路"战略的第一批融资项

---

① 〔美〕亨利·基辛格：《世界秩序》，胡利平译，中信出版社，2015，第 110~111 页。
② 2013 年 10 月，中国正式宣布"一带一路"战略。
③ 东欧 16 国是：阿尔巴尼亚、波斯尼亚和黑塞哥维那、保加利亚、克罗地亚、捷克共和国、爱沙尼亚、匈牙利、拉脱维亚、立陶宛、马其顿、黑山、波兰、罗马尼亚、塞尔维亚、斯洛伐克和斯洛文尼亚。有关会议和活动的更新公布在中国—中东欧国家合作网站（网址是 http：//www. china - ceec. org/eng/）上。
④ 〔美〕西米恩·詹科夫（彼得森国际经济研究所客座研究员，2009 年至 2013 年任保加利亚副总理和财政部长）：《美国彼得森国际经济研究所智库报告，〈中国"一带一路"动机、范围和挑战〉第六章——"前社会主义国家中的'一带一路'战略"》（山东大学海洋战略中心翻译资料），2016 年 2 月 16 日。

目：投资高达 58 亿美元的莫斯科到喀山（日后又延长至叶卡捷琳堡）之间的 58 亿美元的高速铁路；俄罗斯最大的国有银行——西伯利亚银行 9.66 亿美元的信贷，以资助公路及物流基础设施；以及俄罗斯全国第二大国有银行——外贸银行（TVB）4.83 亿美元的信贷，用于农业和运输投资。高铁项目特别重要，因为它连接的城市将举办 2018 年世界杯。

中俄所有合同都以当地货币结算，而无须担心汇率波动和对美元的依赖。随着时间的推移，中国和俄罗斯的政策制定者期待有完整的"一带一路"战略，相当于 4 万亿美元，这样就会减少美元作为全球货币的力量。①

"欧洲过分关注自己。俄罗斯仍然留恋不久前的过去。中国只顾走向自己的未来。印度既羡慕又嫉妒中国。"布热津斯基也许说得不错。②

南美 "南美国家的人文地理五光十色，但却都有一个共同的经济命运，这一地区的所有国家都在国际债权人手里欠下了深重的债务。"③ "中国有时没有考虑地区政治等问题就投入到重大项目中。"美国彼得森国际经济研究所的一份报告这样写道。④ 在南美，2015 年，中国就不得不面对地区政治变化带来的挑战。

美国达成"跨太平洋伙伴关系协定"的影响

2015 年 10 月 5 日，美国主导的"跨太平洋伙伴关系协定"（TPP）的 12 个谈判国达成原则性协议，同意进行自由贸易，并在投资及知识产权等

---

① 〔美〕西米恩·詹科夫（彼得森国际经济研究所客座研究员，2009 年至 2013 年任保加利亚副总理和财政部长）：《美国彼得森国际经济研究所智库报告，〈中国"一带一路"动机、范围和挑战〉第六章——"前社会主义国家中的'一带一路'战略"》（山东大学海洋战略中心翻译资料），2016 年 2 月 16 日。
② 〔美〕兹比格涅夫·布热津斯基：《战略远见：美国与全球权力危机》，洪曼等译，新华出版社，2015，第 130 页。
③ 〔英〕P. 奥沙利文：《地理政治论——国际间的竞争与合作》，李亦鸣等译，国际文化出版公司，1991，第 162 页。
④ 〔美〕肖恩·迈纳：《美国彼得森国际经济研究所智库报告，〈中国"一带一路"动机、范围和挑战〉第二章——"经济影响和政治影响"》（山东大学海洋战略中心翻译资料），2016 年 2 月 16 日。

广泛领域统一规范。这 12 个国是美国、日本、澳大利亚、文莱、加拿大、智利、马来西亚、墨西哥、新西兰、秘鲁、新加坡和越南。一个规模占全球 40% 的巨大经济圈将应运而生，而中国却被排除在外。

美国已在公开竞争的世界经济舞台上输给了中国。在这种情况下，试图限制中国以阻滞其经济增长的方法，就是组建以美国为首的大规模贸易同盟，以取代真正多边性的全球经济体系。这种大规模贸易同盟是受美国操纵、为实现美国的目标服务的，这正是美国主导 TPP 和“跨大西洋贸易与投资伙伴关系协定”（TTIP）谈判的目的。因此，美国现行政策追求的目标不再是其自 1945 年到世贸组织成立期间积极支持的多边开放型世界经济体系，而是组建一系列由美国主导并将中国排除在外的特惠贸易同盟。《修正美国对华大战略》直接指出，美国应在亚洲建立将中国排斥在外的新的贸易协定。同时寻求通过有意识地将中国排除在外的手段，在美国的朋友和盟友间建立新的特惠贸易协定。美国的贸易结盟并不是为了建立“双赢”关系，只不过是美国遏制中国的工具。①

美国总统奥巴马在一份声明中表示：“当我们超过 95% 的潜在客户都居住在国外时，我们不能让中国这样的国家制定全球经济规则。”②

面对这种局面，中国商务部新闻发言人在回答记者相关提问时表示，TPP 是当前亚太地区重要的自贸协定之一，中方对符合世界贸易组织规则、有助于促进亚太区域经济一体化的制度建设均持开放态度，希望 TPP 与本地区其他自由贸易安排相互促进，共同为亚太地区的贸易投资和经济发展做出贡献。③

中国成立亚投行及人民币加入特别提款权货币篮子

2015 年 12 月 25 日，历经 800 余天筹备，由中国倡议成立、57 国共同

---

① 〔英〕罗思义：《一盘大棋？——中国新命运解析》，江苏凤凰文艺出版社，2016，第 269 页。

② 《12 国 TPP 协定！奥巴马：不能让中国制定全球经济规则》，财经网，2015 年 10 月 6 日，http://finance. ifeng. com/a/20151006/14005778_ 0. shtml。

③ 刘然：《哪些 TPP 成员国与中国已签自贸协定？》，人民网，2015 年 10 月 9 日，http://finance. people. com. cn/n/2015/1009/c1004 – 27678195. html。

筹建的亚投行正式成立，全球迎来首个由中国倡议设立的多边金融机构。同样具有里程碑意义的标志性事件，是国际货币基金组织（IMF）执行董事会11月30日批准人民币加入特别提款权（SDR）货币篮子，新的货币篮子将于2016年10月1日正式生效。

"人们在回顾2015年的国际形势时，很可能会把亚投行看成一件大事。"①

"一带一路"战略以及其他一些计划，如亚投行和新开发银行等，至少在设计时有部分原因是为了抗衡跨太平洋伙伴协议和跨大西洋贸易与投资伙伴协议，并且为未来建立替代性的组织埋下基石。②

中国试图向欧洲和美国传递这样一种信号，即中国想成为亚洲的主导力量，并且中国希望被西方发达国家平等相待。中国已经取得了英国、法国、德国和其他欧洲国家对亚投行这一重大举措的支持。但中国未能说服美国相信中国会坚持透明度和环境保护的国际发展标准。③

在一个日益多极化的世界中，建立一个多货币体系，并更好地利用我们创建的唯一全球性货币——IMF的特别提款权，岂不是更好？中国人民银行行长周小川就是七年前质疑美元地位的第一批人之一，同时中国也不断致力于人民币国际化。这一努力在2015年实现了一个里程碑的突破——IMF董事会同意将人民币添加到决定特别提款权价值的一篮子货币当中。④

IMF总裁拉加德在董事会上同意将人民币添加到特别提款权的一篮子货币当中后说，人民币"入篮"是中国经济融入全球金融体系的重要里程

---

① 吴建民：《如何做大国——世界秩序与中国角色》，中信出版社，2016，第29页。
② 〔美〕克里斯托弗·K. 约翰逊：《美国国际战略研究中心报告〈习近平主席的"一带一路"战略〉》（山东大学海洋战略中心翻译资料），2016年3月16日。
③ 〔美〕肖恩·迈纳：《美国彼得森国际经济研究所智库报告，〈中国"一带一路"动机、范围和挑战〉第二章——"经济影响和政治影响"》（山东大学海洋战略中心翻译资料），2016年2月16日。
④ 〔美〕何塞·安东尼奥·奥坎波（美国哥伦比亚大学教授、哥伦比亚前财政部长）：《中国作为G20主席国在改革国际货币体系上可提供助力》，观察者网，2016年7月15日，http://www.guancha.cn/JoseAntonioOcampo/2016_07_15_367559.shtml。

碑，也是 IMF 对中国过去几年改革货币和金融体系取得进展的认可。持续和深化这些努力将带来更加强劲的国际货币和金融体系，反过来也会支持中国经济与全球经济的增长与稳定。[1]

就其本身而言，美国有其自己的考虑。美国最初反对成立亚投行，它花了 5 年时间才同意对 IMF 进行改革，这一改革给了中国和其他发展中国家在机构决策方面更大的话语权。美国也迫使欧洲限制中国在世界贸易组织（WTO）的市场经济地位。此外，美国阻碍中国加入服务贸易协议（TISA）谈判。来自美国持续的负面干预使中国在赢得美国取得胜利时就会为之欢呼。中国倡导的亚投行（现有 60 多个成员）的成功建立被视为中国在全球软实力战斗中对美的决定性胜利。华盛顿没有阻止国际货币基金组织赋予人民币特别提款权（SDR），因而被视为"一带一路"战略的谨慎支持者。[2]

"一带一路"战略相对较新。如果成功了，就将把欧亚大陆重建成世界最大的经济市场，可能会导致以美元为基础的全球金融体系的转型。其深远的地理和发展意图把它与美国倡导的区域经济协定相对立。[3]

建构"一带一路"是一段探索的旅程

中国的"一带一路"战略是真正的历史性计划。[4]

---

[1] 《国际货币基金组织批准人民币加入特别提款权货币篮子》，新华网，2015 年 12 月 1 日，ht-tp：//news. xinhuanet. com/world/2015 - 12/01/c_ 1117309663. htm。

[2] 〔美〕肖恩·迈纳：《美国彼得森国际经济研究所智库报告，〈中国"一带一路"动机、范围和挑战〉第二章——"经济影响和政治影响"》（山东大学海洋战略中心翻译资料），2016 年 2 月 16 日。

[3] 〔美〕西米恩·詹科夫（彼得森国际经济研究所客座研究员，2009 年至 2013 年任保加利亚副总理和财政部长）：《美国彼得森国际经济研究所智库报告，〈中国"一带一路"动机、范围和挑战〉第六章——"前社会主义国家中的'一带一路'战略"》（山东大学海洋战略中心翻译资料），2016 年 2 月 16 日。

[4] 〔美〕罗伯特·Z. 劳伦斯、弗雷德里克·图希：《美国彼得森国际经济研究所智库报告，〈中国"一带一路"动机、范围和挑战〉第四章——"丝绸之路计划：从历史先例中得到的经验"》（山东大学海洋战略中心翻译资料），2016 年 2 月 16 日。

"在全球化的时代，任何一个走上现代化道路的国家都需要学习，但是学生总要毕业，不能永远跟在别人后面。"①

1837年，美国思想家爱默生在哈佛演讲时说："我们依赖的日子，我们向外国学习的漫长学徒期，就要结束。我们周遭那千百万冲向生活的人，不可能总是靠外国果实的干枯残核来喂养。"②

"一带一路"成为一种思想和信念

"一带一路"不仅是一个个工程项目，还是一种思想信念，由中国提出，在2015年成为世界媒体、学界的主要话题之一，并且已进入欧美政治家、智库的主流话语体系之中。

21世纪的亚洲竞争将是理念的竞争，而不是资源和传统国家间的竞争。③任何一个不参与塑造世界秩序的地区，都有可能被形成的世界秩序吞没。④

"在经济政策方面，如同在其他许多方面一样，中国不仅在实际表现上超过西方，而且在思想观念上也超过西方。"⑤

"殖民地是被征服的，而国家是被收买的。"聪明的国家会小心翼翼地与各大国都保持友好关系，在不结盟的条件下来获得最大的好处。互联互通已经取代区隔成为全球组织新的范式。人类社会正在发生根本性的变革，功能性基础设施，而不是国界，将主导世界的运转。因此客观反映世界的地图不应仅仅强调国家，也应该反映超级都市、高速公路、铁路线、油气管道、通信光缆以及其他象征着全球网络文明的标志。⑥

地缘政治的较量正从领土之争转向互联互通之争，主要表现为全球供

---

① 丁刚：《脱美国化——寻找中国现代化的定位》，人民出版社，2006，第3页。
② 丁刚：《脱美国化——寻找中国现代化的定位》，人民出版社，2006，第21页。
③ 丁刚：《脱美国化——寻找中国现代化的定位》，人民出版社，2006，第103页。
④〔美〕亨利·基辛格：《世界秩序》，胡利平译，中信出版社，2015，第114页。
⑤〔英〕罗思义：《一盘大棋？——中国新命运解析》，江苏凤凰文艺出版社，2016，第248页。
⑥〔美〕帕拉格·康纳：《超级版图：全球供应链、超级城市与新商业文明的崛起》，李亦鸣等译，中信出版社，2016，第XIV页。

应链、能源市场、工业生产以及金融、技术、知识和人才的博弈。尽管互联互通让世界变得更加复杂和难以预测，但它也是增强世界韧性的必然途径。①

"一带一路"倡议向中国提供了展示其全球领导地位的独特机会。中国正在利用此战略，以显示其全球角色从国际议程追随者到议程制定者的转变。②

中国"一带一路"倡议提出后，沿线有数十个国家随之提出或强化了各自的各种发展计划，如俄罗斯的"欧亚经济联盟"、哈萨克斯坦的"光明之路"、越南"两廊一圈"战略、印尼的"全球海洋支点"计划、匈牙利等国的匈塞铁路计划等。

大国之间的互动也需要学习和探索。"作为众多国家中的一个重要国家在21世纪秩序中如何发挥作用，中国没有先例可循。美国则从未和一个在国土面积、影响力和经济实力方面与它相似，但国内秩序却迥然不同的国家长期互动过。"③

得益于地理范围、人口和经济规模以及天然的丰富地质资源，未来几十年，美国在任何可能出现的情况下都仍将是一个超级大国。④"在全球化的今天，如果美国和中国这样的大国迎头相撞，那将是人类的灾难。"⑤

战争的现实由猜忌酿成。⑥ 好消息是，美国前国务卿基辛格发现："现

---

① 〔美〕帕拉格·康纳：《超级版图：全球供应链、超级城市与新商业文明的崛起》，李亦鸣等译，中信出版社，2016，第 XV 页。
② 〔美〕埃德温·M. 杜鲁门：《美国彼得森国际经济研究所智库报告，〈中国"一带一路"动机、范围和挑战〉第三章——"治理挑战"》（山东大学海洋战略中心翻译资料），2016 年 2 月 16 日。
③ 〔美〕亨利·基辛格：《世界秩序》，胡利平译，中信出版社，2015，第 293 页。
④ 〔美〕帕拉格·康纳：《超级版图：全球供应链、超级城市与新商业文明的崛起》，李亦鸣等译，中信出版社，2016，第 339 页。
⑤ 吴建民：《如何做大国——世界秩序与中国角色》，中信出版社，2016，第 41 页。
⑥ 〔英〕P. 奥沙利文：《地理政治论——国际间的竞争与合作》，崔传刚、周大昕译，国际文化出版公司，1991，第 90 页。

在有一位新的领导人（习近平）。他在试图指引方向，在国际社会建立起一个崭新、强大、和平的力量。"①

"美国提供军事支持和技术，中国提供基础设施和出口市场，欧洲派出救援和治理顾问，企业供应链理顺连接流程，这才是地缘政治的最优明星组合。"② 以竞争取代战争的全球化发展则是化解超级大国对峙的唯一对策。

国际上对倡议严肃性的怀疑逐步消散

"中国政府根据丝绸之路倡议启动雄心勃勃的基础设施项目，用不到一年的时间就驱散了对其倡议严肃性的怀疑。"③ 一家印度网站在谈到中国"一带一路"倡议时心情复杂地写道。

"在当今世界，经济增长的希望已经戏剧性地转向东方。被称为'一带一路'倡议的大规模投资项目表明，在引领风气之先和规划未来方面，西方时代几乎已经终结。"④

尽管"一带一路"倡议背后有潜在的地缘战略内容，但是这一因素还是被国外观察者尤其是美国学者过分解读。当然，实现能源补给和相关运输路线的多样化无疑是"一带一路"倡议背后的首要地缘战略考量。然而，"一带一路"倡议的提出更加适合实现中国主要的经济指标而不是中国政府的地缘战略目标。

到目前为止，中国几乎还没收到来自相关接受国家的负面反馈，即使

---

① 《基辛格接受凤凰专访：习近平在国际上建立起崭新形象》，凤凰卫视网，2015 年 3 月 19 日，http：//finance. ifeng. com/a/20150319/13564777_ 0. shtml。
② 〔美〕帕拉格·康纳：《超级版图：全球供应链、超级城市与新商业文明的崛起》，李亦鸣等译，中信出版社，2016，第 338 页。
③ 《印媒：印度在东南亚难敌中国"东进"战略不敌海上丝绸之路》，《环球时报》，2015 年 8 月 10 日，http：//oversea. huanqiu. com/article/2015 -08/7231335. html。
④ 〔英〕彼得·弗兰科潘（牛津大学拜占庭研究中心主任、历史学家）：《彼得·弗兰科潘：丝绸之路复兴宣告西方时代结束》，观察者网，2016 年 4 月 19 日，http：//www. guancha. cn/PeterFrankopan/2016_ 04_ 19_ 357502. shtml。

那些未曾接受中国恩惠，只是在"一带一路"倡议庞大的地缘战略区保持国家利益的国家也没有反对。这确实是意料之外的。①

谨慎和责任：让"一带一路"持续前行

在历史上的辉煌时代，中国也曾面临强大的外部压力，但在全球化的现时代，中国的崛起面临更复杂的国际形势，保持谨慎是必须的。

欧洲作家茨威格在他的最后作品《昨日的世界——一个欧洲人的回忆》中，回想20世纪初欧洲作为世界中心的膨胀以及日后的黯淡沉沦时写道："当时袭击着欧洲的那种自豪和信心的风暴，本身就带着乌云。各方面的繁荣也许太快了，欧洲的国家和欧洲的城市也许强大得太急速了，而且那种浑身是劲的感觉总是诱发人和国家去使用或者滥用那股力量。"②

如何谨慎地适应和引领时代而不是滥用那股力量，是中国领导者和国民都必须学习的课程。

"评判每一代人时，要看他们是否正视了人类社会最宏大和最重要的问题，而政治家必须在结果难料的情况下做出应对挑战的决策。"③

"'一带一路'的规模如此之大，时间跨度如此之长，需要好几代人才能建成。"④ 中国正在参与一场涉及外交和国内经济政策两个级别的比赛。推动中国在地区和世界的领导地位是主要目的，还是说推进中国经济发展、促进其经济转型是主要目的？这是一个针对欧亚大陆的马歇尔计划还是利用中国经济产能过剩的剩余计划？⑤

---

① 〔美〕克里斯托弗·K. 约翰逊：《美国国际战略研究中心报告〈习近平主席的"一带一路"战略〉》（山东大学海洋战略中心翻译资料），2016 年 3 月 16 日。
② 〔奥〕斯蒂芬·茨威格：《昨日的世界——一个欧洲人的回忆》，舒昌善、孙龙生、刘春华、戴奎生译，广西师范大学出版社，2005，第 160 页。
③ 〔美〕亨利·基辛格：《世界秩序》，胡利平译，中信出版社，2015，第 491 页。
④ 吴建民：《如何做大国——世界秩序与中国角色》，中信出版社，2016，第 15 页。
⑤ 〔美〕埃德温·M. 杜鲁门：《美国彼得森国际经济研究所智库报告，〈中国"一带一路"动机、范围和挑战〉第三章——"治理挑战"》（山东大学海洋战略中心翻译资料），2016 年 2 月 16 日。

中国必须充分理解并践行好国际责任。

"一带一路"战略中许多潜在参与国存在诸多问题，如腐败等问题。中国官员喜欢说，他们不干预其他国家的内政。但，如中国等力求以全球经济和金融体系的稳定为己任的国家，不能回避其义务，而对违反国际准则的行为视而不见。实施机制和治理机制将提高"一带一路"战略整体的透明度。对中国的考验，不仅在于其对"一带一路"战略组织、执行有多好，而且在于其在全球经济体系内如何践行好责任。

中国政府在与亚投行建立联系时，出色地践行了他们的职责。"一带一路"活动有关的更大问题是，这些活动并未通过亚投行或其他多边开发银行的审核，而是由中国机构提供资金或由特设联合项目组织。在这些项目中，将应用什么标准和保障措施？若没有相关的国际标准和保障措施的透明度，就会增加腐败范围。为使该战略取得成功，中国应该建立统一的治理架构，以监督每个区域的项目。①

坦赞铁路的失败，提醒中国官员在进行涉及当地承诺和买入的投资时要慎重。基础设施不是一次性的投资，不存在于真空中。要取得成功，中国的"一带一路"战略必须不断致力于其投资项目，并使东道国政府深入参与，以确保负责任的运行和互补政策。②

"慎重且耐心是中国帝国 DNA 的一部分。但是，中国也雄心勃勃、骄傲自豪，清醒地意识到其独特历史只是其命运的序幕。"③

在尚未参与到"一带一路"中的美国，其学界对"一带一路"成功的可能性保持观望态度。有人怀疑"一带一路"项目是否仓促上马，战线会

① 〔美〕埃德温·M.杜鲁门：《美国彼得森国际经济研究所智库报告，〈中国"一带一路"动机、范围和挑战〉第三章——"治理挑战"》（山东大学海洋战略中心翻译资料），2016年2月16日。
② 〔美〕罗伯特·Z.劳伦斯、弗雷德里克·图希：《美国彼得森国际经济研究所智库报告，〈中国"一带一路"动机、范围和挑战〉第四章——"丝绸之路计划：从历史先例中得到的经验"》（山东大学海洋战略中心翻译资料），2016年2月16日。
③ 〔美〕兹比格涅夫·布热津斯基：《战略远见：美国与全球权力危机》，洪曼译，新华出版社，2015，第83页。

不会拉得太长，对可能的意外紧急状况有无足够准备？还有外国观察家关注中国是否因为这是领导人提出的宏伟战略，而将经济行为当作政治任务？此外，中国经济的放缓和周边国家对中国崛起的戒心和焦虑，也会在一定程度上妨碍"一带一路"的顺利实施。①

尽管有众多困难和可能的风险，然而难以否认的是，亚洲对高质量基础设施难以满足的需求，可能会使"一带一路"有另一种结果，即最终会获得些许成功。②

"万无一失地去精确预测事件总是我们力所不及的。势力并非是定义明确的均匀的实体。我们不知道它的方位，也不知道它如何操纵，更不必说解开势力冲突的方程式。"③

好在，"人类的智慧就在于能够抓住新的希望。"④ 李克强总理说。

---

① 余东晖：《华府观察：一带一路意欲何为？美国亦喜亦忧》，中评社，2016 年 4 月 23 日，ht-tp：//www. CRNTT. com。
② 〔美〕克里斯托弗·K. 约翰逊：《美国国际战略研究中心报告〈习近平主席的"一带一路"战略〉》（山东大学海洋战略中心翻译资料），2016 年 3 月 16 日。
③ 〔英〕P. 奥沙利文：《地理政治论——国际间的竞争与合作》，崔传刚、周大昕译，国际文化出版公司，1991，第 95 页。
④ 《李克强：给人才以更多的创新空间宽容失败》，新华网，2016 年 6 月 27 日，http：//news. xinhuanet. com/finance/2016 – 06/27/c_ 129093147. htm。

中央篇

2015 年，党中央、国务院、全国人大、全国政协共同筹划并稳步推进"一带一路"建设。习近平、李克强等党和国家领导人带头推进，国务院各部门纷纷出台具体措施或规划，予以落实推动。

第一章　党和国家领导人高度重视

　　2015 年，围绕"一带一路"，中共中央总书记、国家主席习近平一方面深刻阐释"共商、共建、共享"原则，多次强调"一带一路"是沿线国家的合唱，而不是中国一家的独奏；另一方面积极推动相关项目落实，出访巴基斯坦、哈萨克斯坦、白俄罗斯、英国、越南、新加坡、津巴布韦和南非等 14 国①，互联互通项目始终作为重要议题贯穿其中。在习近平的有力推动下，"一带一路"相关合作项目稳步推进，在沿线各国落地开花。

习近平把握方向

"一带一路"秉持共商、共建、共享原则

　　2015 年 3 月 28 日，习近平在出席博鳌亚洲论坛 2015 年年会开幕式并发表主旨演讲时表示："'一带一路'建设秉持的是共商、共建、共享原则，不是封闭的，而是开放包容的；不是中国一家的独奏，而是沿线国家的合唱。'一带一路'建设不是要替代现有地区合作机制和倡议，而是要在已有基础上，推动沿线国家实现发展战略相互对接、优势互补。在有关

---

① 《习近平的"一带一路"足迹》，中华人民共和国国家互联网信息办公室网站，2016 年 1 月 6 日，http：//www. cac. gov. cn/2016 - 01/06/c_ 1117680773. htm。

各方共同努力下，'一带一路'建设的愿景与行动文件已经制定，亚洲基础设施投资银行筹建工作迈出实质性步伐，丝路基金已经顺利启动，一批基础设施互联互通项目已在稳步推进。"①

南亚是推进"一带一路"建设的重要方向和合作伙伴

2015年4月21日，习近平在巴基斯坦议会发表演讲时强调，南亚地处"一带一路"海陆交汇处，是推进"一带一路"建设的重要方向和合作伙伴。中巴经济走廊和孟中印缅经济走廊与"一带一路"关联紧密，进展顺利。两大走廊建设将有力促进有关国家经济增长，并为深化南亚区域合作提供新的强大动力。②

愿同有关各方一道推进"一带一路"建设

2015年4月22日，习近平在雅加达亚非领导人会议上发表讲话，表示中国愿同有关各方一道推进"一带一路"建设，共同建设好亚投行，发挥好丝路基金作用。③2015年9月26日，习近平在出席联合国发展峰会时也做了相似阐述。④ 亚非领导人会议前后，习近平先后会见了印度尼西亚、日本、津巴布韦、伊朗、柬埔寨等国的最高领导人，进一步推进"一带一路"建设。

出访哈萨克斯坦、俄罗斯和白俄罗斯　推进"一带一路"对接

2015年5月7～12日，习近平先后出访哈萨克斯坦、俄罗斯和白俄罗

① 习近平：《迈向命运共同体　开创亚洲新未来》，中国共产党新闻网，2015年3月29日，ht-tp：//cpc. people. com. cn/n/2015/0329/c64094 – 26765899. html。
② 习近平：《构建中巴命运共同体　开辟合作共赢新征程》，新华网，2015年4月22日，ht-tp：//news. xinhuanet. com/mrdx/2015 – 04/22/c_ 134172435. htm。
③ 习近平：《弘扬万隆精神　推进合作共赢——习近平在亚非领导人会议上的讲话》，中国共产党新闻网，2015年4月23日，http：//cpc. people. com. cn/n/2015/0423/c64094 – 26890358. html。
④ 杜尚泽等：《习近平出席联合国发展峰会并发表重要讲话》，中国共产党新闻网，2015年9月27日，http：//cpc. people. com. cn/n/2015/0927/c64094 – 27638810. html。

斯，与三国领导人分别进行了会谈，共同推进"一带一路"建设。7日，在阿斯塔纳，习近平同哈萨克斯坦总统纳扎尔巴耶夫举行会谈，表示中国愿在平等互利基础上推进丝绸之路经济带建设同哈方"光明之路"新经济政策的对接，实现共同发展繁荣。双方要继续抓好基础设施互联互通大型合作项目，推动能源和金融合作，深化人文合作，继续加强安全合作。①

8日，习近平同俄罗斯总统普京在莫斯科举行会谈。两国元首商定，将中方丝绸之路经济带建设同俄方欧亚经济联盟建设对接。会谈后，两国元首共同签署并发表了《中俄两国关于深化全面战略协作伙伴关系、倡导合作共赢的联合声明》、《关于丝绸之路经济带建设和欧亚经济联盟建设对接合作的联合声明》，并见证了能源、交通、航天、金融、新闻媒体等领域多项合作文件的签署。②

11日，在明斯克，习近平会见白俄罗斯总理科比亚科夫，就建立两国利益和命运共同体提出4点建议。其中强调"推动两国发展战略对接，共建丝绸之路经济带。双方要扩大双边贸易，优化贸易结构，促进贸易平衡。要把中白工业园建设作为合作重点，发挥政府间协调机制作用，谋划好园区未来发展，将园区项目打造成丝绸之路经济带上的明珠和双方互利合作的典范。要本着互利共赢原则，以保障房建设、基础设施、电力、工业现代化改造等项目为导向，扩大中白融资合作"。两位元首相继签署《中白友好合作条约》、《中白关于进一步发展和深化全面战略伙伴关系的联合声明》。③

改革和完善全球经济治理 推动更多国家支持"一带一路"

2015年7月9日，习近平出席在俄罗斯举行的金砖国家领导人第七次会

---

① 《习近平同哈萨克斯坦总统纳扎尔巴耶夫会谈》，中国共产党新闻网，2015年5月8日，http://cpc.people.com.cn/n/2015/0508/c64094 - 26966606.html。

② 《习近平同俄罗斯总统普京会谈》，中国共产党新闻网，2015年5月9日，http://cpc.people.com.cn/n/2015/0509/c64094 - 26973453.html。

③ 《习近平同白俄罗斯总统卢卡申科举行会谈》，中国共产党新闻网，2015年5月11日，http://cpc.people.com.cn/n/2015/0511/c64094 - 26977829.html。

晤。在讨论全球政治与经济问题时，习近平强调，要构建以合作共赢为核心的新型国家关系。他指出，金砖国家要改革和完善全球经济治理，推动更多国家支持金砖国家新开发银行、应急储备安排、"一带一路"、亚投行、丝路基金等倡议，为世界经济增长和国际金融货币体系改革提供动力。①

对接上海合作组织各国发展规划

2015 年 7 月 10 日，在俄罗斯举行的上合组织领导人峰会上，习近平表示，中国希望丝绸之路经济带建设同上海合作组织各国发展规划相辅相成，将同有关国家一道，实施好丝绸之路经济带同欧亚经济联盟对接，促进欧亚地区平衡发展。②

欢迎美国参与到合作中来

2015 年 9 月 22 日，习近平在华盛顿州当地政府和美国友好团体联合欢迎宴会上指出："我们推动共建'一带一路'、设立丝路基金、倡议成立亚洲基础设施投资银行等，目的是支持各国共同发展，而不是要谋求政治势力范围。'一带一路'是开放包容的，我们欢迎包括美国在内的世界各国和国际组织参与到合作中来。"③

希望世界各国共同发展

2015 年 9 月 26 日，习近平在纽约出席联合国发展峰会并发表题为《谋共同永续发展 做合作共赢伙伴》的重要讲话。习近平强调，各国应该以 2015 年后发展议程为新起点，共同走出一条公平、开放、全面、创

① 《习近平出席金砖国家领导人第七次会晤并发表重要讲话》，中国共产党新闻网，2015 年 7 月 10 日，http：//cpc. people. com. cn/n/2015/0710/c64094 - 27281897. html。

② 《习近平出席上合组织乌法峰会举行并发表讲话》，凤凰网，2015 年 7 月 11 日，http：// v. ifeng. com/news/world/201507/012c5b51 - c74b - 4462 - 8bba - f9fdb00f3ae8. shtml。

③ 《习近平在华盛顿州当地政府和美国友好团体联合欢迎宴会上发表演讲》，人民网，2015 年 9 月 23 日，http：//politics. people. com. cn/n/2015/0923/c1024 - 27624636. html。

新的发展之路，努力实现各国共同发展。他表示，中国愿意同有关各方一道，继续推进"一带一路"建设，推动亚投行和金砖国家新开发银行早日投入运营、发挥作用，为发展中国家经济增长和民生改善贡献力量。[1]

把南南合作事业推向更高水平

2015 年 9 月 26 日，习近平在纽约出席并主持由中国和联合国共同举办的南南合作圆桌会并发表讲话。习近平建议，新时期南南合作应致力于探索多元发展道路、致力于促进各国发展战略对接、致力于实现务实发展成效、致力于完善全球发展架构。习近平宣布，为帮助发展中国家发展经济、改善民生，未来 5 年，中国将向发展中国家提供"6 个100"项目支持。他提出要以互联互通、产能合作为突破口，发挥亚投行、金砖国家新开发银行等新机制作用，集中力量做成一批具有战略和示范意义的旗舰和精品项目，产生良好经济、社会、环境效应，为南南务实合作增添动力。[2]

欢迎搭乘中国发展列车

2015 年 10 月 15 日，习近平在北京会见了出席亚洲政党丝绸之路专题会议的外方主要代表。习近平强调：政党和政治家们既要登高望远，又要脚踏实地；既要加强对话沟通，又要促进战略对接；既要积极主动发声，又要汇集各方力量。他指出，稳步推进"一带一路"建设合作是中国"十三五"规划的重要内容。中国将继续奉行与邻为善、以邻为伴的周边外交方针和睦邻、安邻、富邻的周边外交政策，贯彻亲、诚、惠、容的周边外

---

① 《习近平在联合国发展峰会上的讲话（全文）》，新华网，2015 年 9 月 27 日，http://news. xinhuanet. com/politics/2015－09/27/c_ 1116687809. htm。

② 《习近平：要把南南合作事业推向更高水平》，中国共产党新闻网，2015 年 9 月 27 日，ht-tp://cpc. people. cn/n/2015/0927/c64094－27639303. html。

交理念，通过共建"一带一路"推动区域合作。欢迎大家搭乘中国发展的列车，实现共同发展。①

"一带一路"是开放、多元、共赢的

2015 年 10 月 21 日，在出席中英工商峰会时习近平强调，"一带一路"是开放的、多元的、共赢的。他说："'一带一路'是开放的，是穿越非洲、环连亚欧的广阔'朋友圈'，所有感兴趣的国家都可以添加进入'朋友圈'。'一带一路'是多元的，涵盖各个合作领域，合作形式也可以多种多样。'一带一路'是共赢的，各国共同参与，遵循共商共建共享原则，实现共同发展繁荣。这条路不是某一方的私家小路，而是大家携手前进的阳光大道。"② 习近平访英期间，中英双方签署、达成政府间和非商业协议13 项、商业协议 28 项、其他成果 18 项。③

加强中越两国互联互通及产能和投资贸易合作

2015 年 11 月 6 日，习近平在越南国会发表演讲时强调："中越两国经济关联度大、互补性强，利益融合日益紧密。中方高度重视两国发展战略对接，愿在'一带一路'、'两廊一圈'框架内，加强两国互联互通及产能和投资贸易合作，为新形势下中越全面战略合作伙伴关系向更高层次发展注入强劲动力。"④

周边国家是首要合作伙伴

2015 年 11 月 7 日，习近平在新加坡国立大学发表题为《深化合作伙伴

① 侯丽军：《习近平会见出席亚洲政党丝绸之路专题会议的外方主要代表》，新华网，2015 年 10 月 15 日，http：//news. xinhuanet. com/politics/2015 – 10/15/c_ 1116837939. htm。
② 侯丽军等：《习近平出席中英工商峰会并致辞》，新华网，2015 年 10 月 22 日，http：//news. xinhuanet. com/world/2015 – 10/22/c_ 128343862. htm。
③ 《习近平对英国进行国事访问期间中英双方达成的成果》，中国共产党新闻网，2015 年 10 月 23 日，http：//cpc. people. com. cn/n/2015/1023/c64094 – 27730639. html。
④ 《习近平：共同谱写中越友好新篇章》，中国共产党新闻网，2015 年 11 月 7 日，http：//cpc. people. com. cn/n/2015/1107/c64094 – 27788359. html。

关系 共建亚洲美好家园》的演讲时强调："'一带一路'倡议的首要合作伙伴是周边国家，首要受益对象也是周边国家。我们欢迎周边国家参与到合作中来，共同推进'一带一路'建设，携手实现和平、发展、合作的愿景。"①

中土两国加强战略沟通　对接发展战略

2015 年 11 月 14 日，习近平在土耳其会见土总统埃尔多安。习近平强调，中土两国应该加强战略沟通，对接发展战略。会见后，两国元首共同见证了关于共推"一带一路"建设的谅解备忘录，以及基础设施、进出口检验检疫等领域合作协议的签署。②

创新增长路径　共享发展成果

2015 年 11 月 15 日，习近平在二十国集团领导人第十次峰会第一阶段会议上发表题为《创新增长路径　共享发展成果》的演讲。他指出，未来 5 年，中国将按照创新、协调、绿色、开放、共享的发展理念，着力实施创新驱动发展战略，增强经济发展新动力。其中，在对外开放方面，他指出，中国将"坚持深度融入全球经济，落实'一带一路'倡议，以服务业为重点放宽外资准入领域，探索推行准入前国民待遇加负面清单的外资管理模式，营造高标准国际营商环境，打造利益共同体"③。

共同打造开放、包容、均衡、普惠的亚太区域合作架构

2015 年 11 月 18 日，习近平在菲律宾出席亚太经合组织工商领导人峰会发表的主旨演讲中强调："我们坚持开放的区域主义……通过'一带一

---

① 《习近平：深化合作伙伴关系 共建亚洲美好家园》，中国共产党新闻网，2015 年 11 月 8 日，http://cpc.people.com.cn/n/2015/1108/c390439-27789964.html。
② 魏建华、李斌：《习近平会见土耳其总统 签署一带一路谅解备忘录》，新华网，2015 年 11 月 15 日，http://news.xinhuanet.com/fortune/2015-11/15/c_128430116.htm。
③ 《习近平：创新增长路径 共享发展成果》，中国共产党新闻网，2015 年 11 月 16 日，http://cpc.people.com.cn/n/2015/1116/c64094-27817852.html。

路'建设，我们将开展更大范围、更高水平、更深层次的区域合作，共同打造开放、包容、均衡、普惠的区域合作架构。"

习近平提出四点倡议："要通过互联互通对接各国发展战略和规划，找准优先领域和项目。要通过互联互通，实现各区域、各国生产要素互通有无、产业产能优势互补、发展经验互学互鉴，要优化亚太供应链、产业链、价值链，形成亚太规模经济效应和联动效应，实现亚太经济整体振兴。"①

与中东欧五国共同推进"一带一路"

2015 年 11 月 26 日，习近平在北京会见来华出席第四次中国 – 中东欧国家领导人会晤的中东欧 16 国领导人。会见后，习近平和波兰总统杜达、塞尔维亚总理武契奇、捷克总理索博特卡、保加利亚总理博里索夫、斯洛伐克副总理瓦日尼见证了中国同五国分别签署政府间共同推进"一带一路"建设的谅解备忘录。②

中非确定重点实施十大合作计划

2015 年 12 月 4 日，在中非合作论坛约翰内斯堡峰会开幕式上，习近平发表题为《开启中非合作共赢、共同发展的新时代》的演讲，提出中方愿在未来 3 年与非洲在工业化、农业现代化、基础设施、金融、绿色发展、贸易投资便利化、减贫惠民、公共卫生、人文交流、和平安全等十大领域开展务实合作，中方为此将投入总额 600 亿美元的资金。③ 在 12 月 5 日的峰会总结讲话上，习近平表示，中方将本着真、实、亲、诚、对非政策理念和正确义利观，继续同非洲国家一道开拓进取，为实现中非共同发展而

---

① 《习近平在亚太经合组织工商领导人峰会上的演讲（全文）》，中国共产党新闻网，2015 年 11 月 8 日，http：//cpc. people. com. cn/n/2015/1118/c64094 – 27830414. html。

② 《习近平同中东欧五国领导人共同见证签署"一带一路"建设谅解备忘录》，中国新闻网，2015 年 11 月 26 日，http：//www. chinanews. com/tp/hd2011/2015/11 – 26/585506. shtml。

③ 杜尚泽：《习近平出席中非合作论坛约翰内斯堡峰会开幕式并发表致辞》，人民网，2015 年 12 月 4 日，http：//politics. people. com. cn/n/2015/1204/c1001 – 27892293. html。

不懈努力。习近平进一步提出"四个不会改变",即中非平等互信、相互支持的兄弟情谊不会改变,中非合作共赢、共同发展的根本宗旨不会改变,中非相互理解、共同进步的协作精神不会改变,中非风雨同舟、患难与共的坚定意志不会改变等。[①]

加快全球互联网络建设　促进互联互通

2015年12月16日,习近平出席第二届世界互联网大会开幕式并发表讲话。习近平提出,应当"推动互联网全球治理体系变革,共同构建和平、安全、开放、合作的网络空间,建立多边、民主、透明的全球互联网治理体系"。习近平主张加快全球网络基础设施建设,促进互联互通,并表示,中国愿同各方一道,加大资金投入,加强技术支持,共同推动全球网络基础设施建设,让更多发展中国家和人民共享互联网带来的发展机遇。[②]

李克强促进对接

2015年,国务院总理李克强一方面通过国家高层会议推进"一带一路"建设,推动与国内有关发展计划相结合;另一方面积极开展外事活动,出访或经停了12个国家,推动"一带一路"对接有关国家和国际组织的发展计划,构建全方位对外开放新格局,促成铁路、水电、核电、能源、港口等大项目合作。

与各国在相互开放中实现共同发展

2015年1月21日,李克强在瑞士达沃斯世界经济论坛上表示,中国

---

① 《习近平:在中非合作论坛约翰内斯堡峰会上的总结讲话》,中国共产党新闻网,2015年12月6日,http://cpc.people.com.cn/n/2015/1206/c64094 - 27893603.html。

② 《习近平:在第二届世界互联网大会开幕式上的讲话》,中国共产党新闻网,2015年12月17日,http://cpc.people.com.cn/n1/2015/1217/c64094 - 27938930.html。

将大力推动"一带一路"建设，鼓励中国企业"走出去"，与各国在相互开放中实现共同发展。①

与国内区域开发开放结合起来

2015 年 3 月 5 日，李克强在第十二届全国人民代表大会第三次会议上做《政府工作报告》，谈及"协调推动经济稳定增长和结构优化"时，提出要把"一带一路"建设与区域开发开放结合起来，加强新亚欧大陆桥、陆海口岸支点建设。②

中哈可以为相关国家开展产业产能合作提供示范

2015 年 3 月 27 日，李克强总理在同来访的哈萨克斯坦总理马西莫夫举行会谈中指出，中哈开展大规模产能合作，不仅可以将中国"一带一路"倡议同哈萨克斯坦"光明之路"计划相衔接，还可以为相关国家开展产业产能合作提供示范。③ 两国总理共同见证了中哈签署加强产能与投资合作备忘录，以及两国开展钢铁、有色金属、平板玻璃、炼油、水电、汽车等广泛领域产能合作的 33 份文件，项目总金额达 236 亿美元。④

中国装备"走出去"要突出市场运作

2015 年 4 月 3 日，李克强在北京主持召开中国装备"走出去"和推进

---

① 俞铮等：《李克强在世界经济论坛年会上发表特别致辞》，中华人民共和国中央人民政府网站，2015 年 1 月 22 日，http：//www. gov. cn/guowuyuan/2015 – 01/22/content_ 2808005. htm。
② 《李克强：拓展区域发展新空间》，中华人民共和国中央人民政府网站，2015 年 3 月 5 日，ht-tp：//www. gov. cn/guowuyuan/2015 – 03/05/content_ 2826432. htm。
③ 《李克强同哈萨克斯坦总理马西莫夫举行会谈 决定全面开展产能合作并推动取得重要成果》，中华人民共和国中央人民政府网站，2015 年 3 月 27 日，http：//www. gov. cn/guowuyuan/2015 – 03/27/content_ 2839495. htm。
④ 郭金超：《中哈总理举行会谈 决定全面开展产能合作并推动取得重要成果》，中国新闻网，2015 年 3 月 27 日，http：//www. chinanews. com/gn/2015/03 – 27/7165813. shtml。

国际产能合作座谈会并作重要讲话。他强调，推动中国装备"走出去"要突出市场运作，以企业为主导，依照商业原则，灵活运用境外经贸园区、工程总承包、第三方合作等多种"出海"模式，做好国内产能与国外市场的对接，更好契合不同地区尤其是"一带一路"沿线国家的需求。①

亚非国家要不断改善投资贸易的法律环境

2015 年 4 月 13 日，李克强总理在北京出席亚洲 – 非洲法律协商组织第 54 届年会开幕式并表示，愿将"一带一路"倡议与有关国家的发展规划和需求相结合，为深化亚非地区合作带来新契机；亚非国家要不断改善投资贸易的法律环境，主动参与国际经贸游戏规则制定，为自身发展争取更多制度性权利；中国愿与亚非国家完善既有合作平台和机制，积极开展产能合作和产业对接，实现优势互补、共同发展。②

聚焦铁路、电力等具有比较优势的领域

2015 年 5 月 6 日，李克强主持召开国务院常务会议，要求聚焦铁路、电力、通信、建材、工程机械等具有比较优势的领域，对接不同地区尤其是"一带一路"沿线国家需要，以国有企业与民营企业为主体，灵活采取投资、工程建设、技术合作等方式，带动装备等出口，促进相关国家就业扩大和经济发展，用质量和信誉建口碑、树形象。③

央企要创新合作模式，自身发展与造福当地并重

2015 年 6 月 18～19 日，推进中央企业参与"一带一路"建设暨国际

① 《李克强：用中国装备和国际产能合作结缘世界　推动形成优进优出开放型经济新格局》，中华人民共和国中央人民政府网站，2015 年 4 月 3 日，http：//www.gov.cn/guowuyuan/2015 – 04/03/content_ 2842768.htm。
② 《李克强：加强亚非团结合作　促进世界和平公正》，中华人民共和国中央人民政府网站，2015 年 4 月 13 日，http：//www.gov.cn/guowuyuan/2015 – 04/13/content_ 2845976.htm。
③ 《李克强主持召开国务院常务会议（2015 年 5 月 6 日）》，中华人民共和国中央人民政府网站，2015 年 5 月 6 日，http：//www.gov.cn/guowuyuan/2015 –05/06/content_ 2857691.htm。

产能和装备制造合作工作会议在京召开。李克强总理批示指出：推动国际产能和装备制造合作，是新阶段下以开放促进发展的必由之路。“希望同志们牢固树立大局意识，紧密结合‘一带一路’战略，善于抓住和对接当地需求，坚持创新合作模式，坚持市场导向和商业运作原则，更加注重质量信用品牌服务提升，更加注重装备标准技术管理同进，更加注重自身发展与造福当地并重。”①

任内七访，促“一带一路”与欧洲对接

2015年6月28日至7月2日，李克强在担任国务院总理后第七次访欧，出席了第十七次中国欧盟领导人会晤和第十届中欧工商峰会开幕式。在两次会议上，李克强都表达了将“一带一路”、国际产能合作等倡议同欧洲投资计划有效对接的愿望。② 李克强还建议中欧要在基础设施共建上有所突破，欢迎欧方企业积极参与“一带一路”建设。③

华侨华人要架起合作共赢的“彩虹桥”

2015年7月6日，李克强总理在会见世界华侨华人工商大会代表时说，华侨华人要架起中外经济合作共赢的“彩虹桥”，为推进“一带一路”建设、国际产能和装备制造合作发挥积极作用，为中国企业“走出去”积极牵线搭桥，促进中国与世界经济深度融合、互相促进、互利共赢。④

① 《央企参与“一带一路建设”获李克强批示》，中国证券网，2015年6月20日，http：//www.zhicheng.com/n/20150620/22136.html。
② 俞铮：《李克强出席第十七次中国欧盟领导人会晤时强调　开拓中欧关系新局面》，中华人民共和国中央人民政府网站，2015年6月30日，http：//www.gov.cn/guowuyuan/2015-06/30/content_ 2887185.htm。
③ 《李克强在中欧工商峰会上的演讲（全文）》，中华人民共和国中央人民政府网站，2015年6月30日，http：//www.gov.cn/guowuyuan/2015-06/30/content_ 2886643.htm。
④ 《李克强：华侨华人要架起中外经济合作共赢的“彩虹桥”》，中华人民共和国中央人民政府网站，2015年7月6日，http：//www.gov.cn/guowuyuan/2015-07/06/content_ 2892883.htm。

对接越南"两廊一圈"

2015 年 9 月 16 日，李克强总理在会见越南副总理阮春福时指出，中越双方推动"一带一路"同"两廊一圈"有效对接，以国际产能合作带动工业化和经济结构转型升级，有利于两国全面经济合作和区域互联互通，造福两国人民，惠及周边发展。①

打造互利共赢、包容共进的世界发展和利益共同体

2015 年 9 月 10 日，李克强总理在大连第九届夏季达沃斯论坛上表示，"我们提出建设'一带一路'，开展国际产能合作，就是要进一步扩大中国的开放，就是要重塑有利于发挥各国比较优势、更加均衡和普惠的全球产业链，打造互利共赢、包容共进的世界发展和利益共同体"②。

推进金融业为"一带一路"服务

2015 年 10 月 16 日，李克强总理主持召开金融企业座谈会，并强调创新外汇储备使用方式，扩大"两优"贷款规模和使用范围，多种方式为"一带一路"建设和国际产能合作提供全方位服务。③

对接韩国"欧亚倡议"

2015 年 11 月 1 日，李克强总理在首尔出席韩国经济界欢迎午餐会并发表演讲，表示中方支持"一带一路"倡议与"欧亚倡议"的对接，愿用好亚投行等平台，为开展国际产能合作提供助力。④ 而在此前 10 月 31 日

① 《李克强会见越南副总理阮春福》，中华人民共和国中央人民政府网站，2015 年 9 月 16 日，http：//www. gov. cn/guowuyuan/2015－09/16/content_ 2933042. htm。
② 《李克强：在第九届夏季达沃斯论坛上的特别致辞》，中华人民共和国中央人民政府网站，2015 年 9 月 10 日，http：//www. gov. cn/guowuyuan/2015－09/10/content_ 2928840. htm。
③ 《李克强在金融企业座谈会上强调：继续推进金融改革　有效服务实体经济》，中华人民共和国中央人民政府网站，2015 年 10 月 18 日，http：//www. gov. cn/guowuyuan/2015－10/18/content_ 2948908. htm。
④ 《李克强在韩国经济界欢迎午餐会上的主旨演讲（全文）》，中华人民共和国中央人民政府网站，2015 年 11 月 2 日，http：//www. gov. cn/guowuyuan/2015－11/02/content_ 5003318. htm。

与韩国总统朴槿惠的会谈中，李克强也做过类似表述。① 31 日，中韩两国还签署了《关于在丝绸之路经济带和 21 世纪海上丝绸之路建设以及欧亚倡议方面开展合作的谅解备忘录》。②

对接马来西亚新型经济体规划

2015 年 11 月 20 日，李克强总理发表署名文章谈中国与马来西亚关系，他表示，中国推进“一带一路”倡议，实施“大众创业，万众创新”，加快经济结构转型升级，与马来西亚全面推行经济转型、打造更具活力的新型经济体规划互为发展机遇。③

倡议成立“亚洲金融合作协会”

2015 年 11 月 20～23 日，李克强总理出席在吉隆坡举行的第十八次中国 - 东盟（“10＋1”）领导人会议、第十八次东盟与中日韩（“10＋3”）领导人会议和第十届东亚峰会东亚合作领导人系列会议。④ 其间，李克强建议，推动“一带一路”倡议同中国 - 东盟区域国家发展战略对接，共同建设更加紧密的中国 - 东盟命运共同体。李克强表示，中国正在同东亚很多国家推进“一带一路”建设和国际产能合作，倡议区域国家金融机构联合发起成立“亚洲金融合作协会”。⑤

---

① 《李克强同韩国总统朴槿惠举行会谈：坚持中韩关系一个大方向　推动四项国家战略对接　搭建两个合作平台》，中华人民共和国中央人民政府网站，2015 年 11 月 3 日，http：//www. gov. cn/guowuyuan/2015－11/03/content_ 5003726. htm。
② 顾阳：《为中韩合作提供更广阔空间》，中国共产党新闻网，2015 年 11 月 10 日，http：//theory. people. com. cn/n/2015/1110/c40531－27796922. html。
③ 《李克强：历史的航道　崭新的坐标　扬起的风帆》，中华人民共和国中央人民政府网站，2015 年 11 月 20 日，http：//www. gov. cn/guowuyuan/2015－11/20/content_ 5014620. htm。
④ 桂涛等：《李克强出席第十八次中国 - 东盟领导人会议》，中华人民共和国中央人民政府网站，2015 年 11 月 22 日，http：//www. gov. cn/guowuyuan/2015－11/22/content_ 5015175. htm。
⑤ 《李克强出席第十届东亚峰会时强调　秉持团结合作　把东亚打造成世界经济的稳定增长极》，中华人民共和国中央人民政府网站，2015 年 11 月 23 日，http：//www. gov. cn/guowuyuan/2015－11/23/content_ 5015522. htm。

交通基础设施建设是"16 + 1 合作"的重点之一

2015 年 11 月 24 日，李克强总理在苏州出席中国 – 中东欧国家第五届经贸论坛。李克强表示中东欧 16 国占"一带一路"沿线国家总数的 1/4，双方完全可以进一步做好发展战略对接。加强区域交通基础设施建设，同"一带一路"倡议更好对接，是"16 + 1 合作"的重点之一。①

建好中老铁路，打造区域互联互通典范工程

2015 年 11 月 21 日，李克强总理在吉隆坡会见老挝总理通邢，并表示希望双方推动经济合作区、高速公路、铁路等基础设施建设取得新进展，打造区域互联互通典范工程。②

张德江积极推进

2015 年，全国人大常委会委员长、中共中央政治局常委张德江接见了世界各国 53 位领导人，出访了俄国、韩国、印度、老挝 4 个国家，出席了第四次世界议长大会、金砖国家议会论坛和中俄议会合作委员会机制性会议。推进落实"一带一路"，促进与世界各国的合作贯穿于张德江的活动。③ 在第四次世界议长大会上，张德江发出了"中国的发展不仅造福中国人民，而且造福世界人民。中国人民真诚希望同世界各国人民携手建设持久和平、共同繁荣的和谐世界"的呼声。④

---

① 陈二厚：《李克强出席中国 – 中东欧国家第五届经贸论坛开幕式并致辞》，中华人民共和国中央人民政府网站，2015 年 11 月 25 日，http：//www. gov. cn/guowuyuan/2015 – 11/25/content_ 5016278. htm。
② 《李克强：建好中老铁路打造区域互联互通典范工程》，中华人民共和国中央人民政府网站，2015 年 11 月 22 日，http：//www. gov. cn/guowuyuan/2015 – 11/22/content_ 5015209. htm。
③ 《张德江活动报道专页》，中国共产党新闻网，http：//cpc. people. com. cn/zhangdejiang/index. html。
④ 《张德江出席第四次世界议长大会并发言》，中国共产党新闻网，2015 年 9 月 2 日，http：// cpc. people. com. cn/n/2015/0902/c64094 – 27540783. html。

张高丽紧抓落实

2015 年，中共中央推进"一带一路"建设工作小组组长、中共中央政治局常委、国务院副总理张高丽多次主持"一带一路"建设推进工作会议和有关座谈会，主持了中新双边合作机制会议，出席了亚欧互联互通产业对话会，并先后出访 6 个国家，会见了土库曼斯坦、泰国等国的领导人，出席了第十二届中国 – 东盟博览会和中国 – 东盟商务与投资峰会，紧抓"一带一路"建设特别是重点项目的落实。

确保"一带一路"建设工作开好局

2015 年 2 月 1 日，推进"一带一路"建设工作会议在北京召开。张高丽主持会议并讲话。他强调，"一带一路"建设是一项宏大系统工程，要突出重点、远近结合，有力、有序、有效推进，确保"一带一路"建设工作开好局、起好步。他还强调，要坚持共商、共建、共享原则，把握重点方向，强化规划引领，抓好重点项目，畅通投资贸易，拓宽金融合作，促进人文交流，保护生态环境，加强沟通磋商。此外，他还要求各地区部门充分发挥主动性。①

加强长江经济带与"一带一路"衔接互动

2015 年 2 月 6 日，推动长江经济带发展工作会议在北京召开，张高丽主持会议并讲话，要求长江经济带发展要统筹沿海沿江沿边和内陆开放，加强与"一带一路"之间的衔接互动，提升长江经济带开放型经济水平。②

---

① 《张高丽：努力实现"一带一路"建设良好开局》，中国共产党新闻网，2015 年 2 月 2 日，http://cpc. people. com. cn/n/2015/0202/c64094 – 26488560. html。
② 《张高丽：依托黄金水道推动长江经济带发展》，中华人民共和国中央人民政府网站，2015 年 2 月 6 日，http://www. gov. cn/guowuyuan/2015 – 02/06/content_ 2816018. htm。

为亚欧互联互通产业合作提供有力的资金支持

在 2015 年 5 月 27～28 日于重庆举行的亚欧互联互通产业对话会上，张高丽出席并透露称，中国正与"一带一路"沿线国家一道，积极规划中蒙俄、新亚欧大陆桥、中国－中亚－西亚、中国－中南半岛、中巴、孟中印缅 6 大经济走廊建设。亚投行和丝路基金将为亚欧互联互通产业合作提供有力的资金支持。"一带一路"和互联互通相融相近、相辅相成，亚欧互联互通产业合作前景光明。①

激发亚欧大陆新的经济活力和市场潜力

2015 年 5 月 27 日，张高丽出席在重庆召开的亚欧互联互通产业对话会并发表讲话。张高丽表示，亚欧大陆是全球面积最大、人口最多的大陆，也是历史悠久、文化丰富的大陆。亚欧大陆桥自古就是东西方交流的大动脉，促进了各个文明之间的大交流、大融合。随着经济全球化、社会信息化深入发展，亚欧加强互联互通建设已时不我待。要通过创新引领行动，推进两大洲互联互通产业合作，优化整合亚欧大陆的资源禀赋、优势产能等要素，激发亚欧大陆新的经济活力和市场潜力，打造纵横交汇的亚欧大产业、大物流格局，实现以点带面、从线到片的联动发展，将亚欧各方面交流提升到新水平，建设亚欧命运共同体。②

落实中俄共识 加强政策交流

2015 年 6 月 18 日，张高丽在圣彼得堡会见俄罗斯总统普京，并表示此行的目的是落实两国元首共识。张高丽提出：双方要全面落实已达成的各项

---

① 冷万欣：《亚欧互联互通对话举行 张高丽：中国规划"一带一路"6 大经济走廊建设》，观察网，2015 年 5 月 27 日，http：//www.guancha.cn/Neighbors/2015_05_27_321128.shtml。

② 《张高丽在亚欧互联互通产业对话会上的讲话》，新华网，2015 年 5 月 27 日，http：//news.xinhuanet.com/politics/2015-05/27/c_1115429796.htm。

合作协议，造福两国和两国人民；要加强丝绸之路经济带建设和欧亚经济联盟建设对接合作，尽快成立工作机制，并商谈对接的具体领域和合作项目；要积极推进莫斯科—喀山高铁、联合研制远程宽体客机等大项目，以更多的大项目带动双方投资合作；要推动金融全方位合作，协调推进东、西两线天然气合作，努力扩大双边贸易；要充分运用好两国现有合作机制，推动中俄务实合作不断取得新成果，为中俄关系发展做出新的贡献。

同日，张高丽还与俄罗斯第一副总理舒瓦洛夫共同主持了中俄投资合作委员会第二次会议。张高丽表示，中俄投资合作政府间机制 2014 年 9 月正式启动以来，两国投资合作领域不断拓宽，项目不断增多，取得了实实在在的成果。本次会议在第一次会议确定的 32 个重大项目基础上，又确定了第二批重大项目，双方要集中精力推进这些项目落实，推动中俄投资合作不断发展；要进一步突出产能与投资合作的重点领域，推动基础设施、装备制造、石油化工、建材、矿业、汽车、农业等领域合作不断取得新进展；要把财政金融合作作为中俄务实合作的重点开拓领域，开展本币互换、扩大本币结算、本币投融资等合作；要加强政策交流，提高政府审批效率，推动贸易和投资便利化，为扩大投资合作创造良好条件。①

挖掘与立陶宛的合作潜力

2015 年 6 月 21 ~ 22 日，张高丽先后在维尔纽斯会见了立陶宛总理布特克维丘斯和总统格里包斯凯特。张高丽强调，愿积极探讨双方在激光、生物科技、清洁能源等领域开展技术合作。希望两国加强发展战略的对接，重点围绕中欧班列和交通基础设施建设等挖掘合作潜力，争取实现大项目合作突破。中方愿以适当方式参与波罗的海联合铁路项目。张高丽还表示，欢迎立方在"16 + 1 合作"特别是在促进交通物流合作和亚欧互联

---

① 鲁金博等：《张高丽会见俄罗斯总统普京并主持中俄投资合作委员会第二次会议》，中国共产党新闻网，2015 年 6 月 19 日，http://cpc.people.com.cn/n/2015/0620/c64094 - 27185420.html。

互通等方面发挥更大作用。①

落实中塞两国总理在塞尔维亚确定的合作项目

2015 年 6 月 22 日，张高丽在贝尔格莱德会见塞尔维亚总统尼科利奇。张高丽表示，塞尔维亚是中国的真诚朋友和中国在中东欧地区的首个战略伙伴。中国提出的"一带一路"倡议将给沿线国家带来实实在在的利益。塞尔维亚区位优势突出，希望塞方积极参与"一带一路"建设，为两国务实合作赢得新的发展机遇。

24 日，张高丽与塞尔维亚总理武契奇举行会谈。他说，中方始终坚持从战略高度和长远角度看待两国关系，愿同塞方一道，抓紧落实两国总理于 2014 年底在塞确定的合作项目，努力取得互利共赢的实际成果。双方要稳步推进匈塞铁路等交通基础设施领域重大项目合作，深挖产能和投资领域合作潜力，扩大农产品贸易，加强金融合作，进一步密切双方人文交流。②

商讨建立中哈产能合作基金

2015 年 6 月 25 日，张高丽在阿斯塔纳会见哈萨克斯坦总理马西莫夫。张高丽表示，哈萨克斯坦是丝绸之路经济带建设的优先合作伙伴，也是欧亚经济联盟的重要成员国。中方愿与哈方一道，共同推进丝绸之路经济带建设与"光明之路"新经济政策相对接，与欧亚经济联盟相对接，打造中哈利益共同体和命运共同体，维护地区和平与稳定。双方要抓紧把对接重点落在具体合作领域和合作项目上来，争取尽快取得早期收获。张高丽指出，中哈产能合作已初具规模，早期收获项目清单不断拉长，两国地方和企业参与的积极性越来越高。双方要本着合作共赢的

---

① 《张高丽访问立陶宛》，中国共产党新闻网，2015 年 6 月 23 日，http：//cpc. people. com. cn/n/ 2015/0623/c64094 – 27190934. html。

② 《张高丽访问塞尔维亚》，中国共产党新闻网，2015 年 6 月 25 日，http：//cpc. people. com. cn/ n/2015/0625/c64094 – 27203791. html。

精神，坚持政府指导和市场运作，加紧商谈产能与投资合作政府间协议，加快推进项目实施，抓紧解决双方参与产能合作人员签证互惠问题，商讨建立中哈产能合作基金，早日签署新版《鼓励和保护相互投资协定》；要进一步深化能源合作，中方愿以哈方举办 2017 年专项世博会为契机，同哈方开展核能、风能、太阳能等清洁能源合作；继续推进基础设施互联互通，加强政策协调，提高通关效率，保障运输安全，做实做大两国运输物流合作，打造中国和中亚国家海陆联运的便捷通道。加强资金融通，与哈方在亚投行、中国－欧亚经济合作基金和丝路基金框架内开展投融资合作。充分发挥中哈合作委员会作用，为下半年两国领导人会晤做好准备。①

推动与越南的互联互通建设和大项目合作

2015 年 7 月 16 ～ 18 日，张高丽访问越南，并先后会见了越南国家主席张晋创、越南政府总理阮晋勇、副总理阮春福和越共中央总书记阮富仲。在会见张晋创时，张高丽表示，此访的目的就是落实两党总书记达成的共识，同越方探讨加强战略沟通、增进政治互信、推进务实合作、扩大人文交流的具体举措，共同推动中越全面战略合作伙伴关系稳定健康发展。

在会见阮晋勇时，张高丽说，中越两国发展互为重要机遇，要积极推动"一带一路"建设同"两廊一圈"建设有效对接，争取尽早取得早期收获；要坚持用好海上共同开发磋商、基础设施合作和金融与货币合作工作组等平台，统筹推进海上、陆上、金融合作；要深化双方经贸合作，落实好《中越 2012 ～ 2016 年经贸合作五年发展规划》；要积极推动产能合作，特别是高技术、高附加值的优质产能合作；要促进两国地方

---

① 谢亚宏：《张高丽访问哈萨克斯坦》，中国共产党新闻网，2015 年 6 月 27 日，http：//cpc. peo-ple. com. cn/n/2015/0627/c64094 – 27216796. html。

合作，为边境省区务实合作搭建新平台；要扩大人文交流，办好民间和青年友好交流活动。①

7月17日，张高丽在河内会见了越共中央总书记阮富仲。张高丽提出，"我们主张提升务实合作水平，愿加强发展战略对接，深化产能合作，推动互联互通建设和大项目合作，实现互利共赢"②。

瞄准重点方向　形成全国一盘棋

2015年7月21日，"一带一路"建设推进工作会议在北京召开。张高丽主持会议并讲话。张高丽强调，要按照中央和习近平总书记的要求，突出重点，扎实工作，确保"一带一路"建设实现良好开局；要瞄准重点方向，着力推进六大国际经济走廊建设；要聚焦重点国家，积极推动长期友好合作，共同打造互信、融合、包容的利益共同体、责任共同体、命运共同体；要加强重点领域，以互联互通和产业合作为支点，促进国际产能合作和优势互补，推动务实互利合作向宽领域发展；要抓好重点项目，打造一批具有基础性作用和示范效应的标志性工程，抓紧建立权威、规范、全面的"一带一路"重大项目储备库；要加强指导和协调，突出重点地区，明确各省区市的定位，发挥各地比较优势，加强东中西合作，实现良性互动，在参与"一带一路"建设中形成全国一盘棋。③

与东盟落实"2+7"合作框架

2015年9月18日，第十二届中国-东盟博览会、商务与投资峰会在广西南宁开幕。张高丽出席并发表主旨演讲。他表示，中方愿同东盟一

---

① 杨晔：《张高丽与越南党和国家领导人会见会谈》，中国共产党新闻网，2015年7月18日，http：//cpc. people. com. cn/n/2015/0718/c64094 – 27323633. html。

② 《张高丽会见越共中央总书记阮富仲》，新华网，2015年7月18日，http：//news. xinhuanet. com/world/2015 –07/18/c_ 1115967367. htm。

③ 《张高丽：确保"一带一路"建设今年实现良好开局》，新华网，2015年7月21日，http：// news. xinhuanet. com/politics/2015 –07/21/c_ 1115997191. htm。

道，以携手建设"一带一路"、构建更为紧密的中国－东盟命运共同体为目标，进一步落实"2＋7"合作框架，推动双方战略伙伴关系不断取得新进展。①

推动中新友好关系和重点合作项目取得新进展

2015 年 10 月 12 日至 14 日，张高丽应邀访问新加坡，分别会见新加坡总统陈庆炎、总理李显龙，全面梳理两国各领域合作成果，推动中新友好关系和重点合作项目取得新进展。其间，张高丽还与张志贤共同主持中新双边合作联合委员会第十二次会议、苏州工业园区联合协调理事会第十七次会议和天津生态城联合协调理事会第八次会议。

张高丽表示，新加坡是中国重要的合作伙伴和特殊的朋友。中方愿同新方始终从战略高度和长远角度规划和发展两国关系，保持高层密切交往，增加政治互信，深挖务实合作潜力，不断加强双方在经贸、投资、金融、科技创新、生态环保、人力资源和社会治理等领域合作，推动两国企业在"一带一路"沿线国家基础设施建设等领域合作，联手开拓第三方市场，促进中新关系和友好合作在新时期实现更大发展。

他还表示，中方愿同新方一道，积极落实双方领导人提出的各项倡议，推动中国－东盟战略伙伴关系健康稳定向前发展，为地区发展和繁荣做出更大贡献。②

进一步发挥规划的引领作用

2015 年 12 月 1 日，张高丽在广东主持召开"一带一路"建设工作座谈会。他强调，习近平提出的"一带一路"建设得到沿线国家积极响

---

① 《张高丽在第 12 届中国－东盟博览会和中国－东盟商务与投资峰会开幕大会上的致辞（全文）》，中华人民共和国中央人民政府网站，2015 年 9 月 18 日，http：//www.gov.cn/guowuyuan/2015－09/18/content_ 2935007. htm。

② 俞懿春：《张高丽访问新加坡并主持中新双边合作机制会议》，中国共产党新闻网，2015 年 10 月 15 日，http：//cpc. people. com. cn/n/2015/1015/c64094－27699247. html。

应和参与，实现了良好开局；要进一步发挥规划引领作用，确保把国家战略规划和地方实施方案确定的目标任务抓实抓好抓出成效；要强化财税、金融、海关、质检等政策支持，发挥好亚投行和丝路基金的重要作用，为"一带一路"建设提供有力支撑；要完善对外交流平台，推动与沿线国家建立更加紧密的联系，共同构建利益共同体、命运共同体和责任共同体。

第二章　中共中央总体部署

为推动落实"一带一路"建设，中共中央成立推进"一带一路"建设工作领导小组，并在十八届五中全会、中央经济工作会议和深化改革会议上进行总体部署。

成立推进"一带一路"建设工作领导小组①

工作小组集体亮相　2015 年 2 月 1 日，中共中央推进"一带一路"建设工作会议召开，中共中央推进"一带一路"建设工作小组领导成员首次公开亮相。② 其中，张高丽担任领导小组组长，四名副组长分别为中共中央政策研究室主任王沪宁、国务院副总理汪洋、国务委员杨晶和杨洁篪。③ 工作小组办公室设在国家发改委，具体承担工作小组日常工作。④

"一带一路"不存在缺席省份　2015 年 4 月 10 日，在中国国际经济交

---

① 推进"一带一路"建设工作领导小组办公室设在国家发改委。

② 《张高丽：努力实现"一带一路"建设良好开局》，中国共产党新闻网，2015 年 2 月 2 日，http://cpc.people.com.cn/n/2015/0202/c64094 - 26488560.html。

③ 景玥：《"一带一路"建设工作领导小组"一正四副"名单披露》，中国共产党新闻网，2015 年 4 月 17 日，http://renshi.people.com.cn/n/2015/0417/c139617 - 26860492.html。

④ 李丽谦：《"一带一路"领导小组办公室设在发改委》，财新网，2015 年 3 月 30 日，http://economy.caixin.com/2015 - 03 - 30/100795962.html。

流中心组织的《愿景与行动》研讨会上，中央推进"一带一路"建设工作领导小组办公室负责人、国家发展和改革委员会西部开发司巡视员欧晓理强调，"一带一路"是中国今后对外开放和对外经济合作的总纲领，不存在哪个省缺席的问题。工作小组已经要求在 2015 年 9 月完成地方实施方案与国家规划的衔接，最晚 10 月必须完成。①

域外国家也可参与"一带一路"建设 2015 年 4 月 16 日，在中共中央对外联络部举办的"一带一路"专题吹风会上，欧晓理表示，"一带一路"建设面向所有国家开放，无论是沿线国家还是域外国家，均可通过参与共建为本国和区域经济的繁荣发展做出贡献。②

将推进"一带一路"六大经济合作走廊 2015 年 9 月，欧晓理表示，"一带一路"的顶层设计已经完成，下一步将扎实推进全面建设中蒙俄、新亚欧大陆桥、中国 - 中亚 - 西亚、中国 - 中南半岛、中巴、孟中印缅六大经济合作走廊和若干海上重要战略节点。9 月 22 日，欧晓理在新华网 2015 第五届能源高层对话上补充指出，六大国际经济走廊的建设要根据不同情况有所侧重。③

标准联通"一带一路"行动计划发布 2015 年 10 月 22 日，经工作小组同意，工作小组办公室发布《标准联通"一带一路"行动计划（2015 ~ 2017）》。该计划确立了制定完善中国标准"走出去"专项规划和政策措施，深化与沿线重点国家的标准化互利合作等未来三年标准化十大重点任务，并提出要组建标准联通"一带一路"专项领导小组。④

① 丁蕾蕾：《一带一路不存在缺席省份：江苏是交汇点，地方方案 10 月前出》，澎湃新闻网，2015 年 4 月 10 日，http://www.thepaper.cn/newsDetail_forward_1319660。
② 潘洁：《国家发改委：域外国家也可参与"一带一路"建设》，新华网，2015 年 4 月 16 日，http://news.xinhuanet.com/fortune/2015-04/16/c_1114996687.htm。
③ 安蓓：《我国将推进"一带一路"六大经济合作走廊建设》，中华人民共和国中央人民政府网站，2015 年 9 月 23 日，http://www.gov.cn/xinwen/2015-09/23/content_2937361.htm。
④ 《标准联通"一带一路"行动计划（2015~2017）》，中华人民共和国国家发展和改革委员会网站，2015 年 10 月 22 日，http://www.sdpc.gov.cn/gzdt/201510/t20151022_755473.html。

构建开放型经济新体制　加快实施"一带一路"

2015 年 5 月 5 日，中共中央、国务院联合发布了《关于构建开放型经济新体制的若干意见》，明确指出，要加快实施"一带一路"，以"五通"为主要内容，全方位推进与沿线国家合作，构建利益共同体、命运共同体和责任共同体，深化与沿线国家多层次经贸合作，带动我国沿边、内陆地区发展。意见重点对推进基础设施互联互通、深化与沿线国家经贸合作、密切科技人文交流、积极推进海洋经济合作和扎实推动中巴、孟中印缅经济走廊建设五个方面进行了部署。①

十八届五中全会：推进"一带一路"建设

中国共产党第十八届中央委员会第五次全体会议于 2015 年 10 月 26 日至 29 日在北京举行。全会提出推进"一带一路"建设，推进同有关国家和地区多领域互利共赢的务实合作，推进国际产能和装备制造合作，打造陆海内外联动、东西双向开放的全面开放新格局。② 全会审议通过的《中共中央关于制定国民经济和社会发展第十三个五年规划的建议》也对"一带一路"建设提出了具体建议，提出了完善双边和多边合作机制、推进基础设施互联互通和国际大通道建设、加强能源资源合作、共建境外产业集聚区、加强同国际金融机构合作等具体措施。③

中央经济工作会议：三头并进　落实"一带一路"

2015 年 12 月 18 日至 21 日，中央经济工作会议在北京举行。会议提

---

① 《中共中央国务院关于构建开放型经济新体制的若干意见》，新华网，2015 年 9 月 17 日，http：//news. xinhuanet. com/politics/2015 – 09/17/c_ 1116598050. htm。

② 《中共十八届五中全会公报（全文）》，财新网，2015 年 10 月 29 日，http：//www. caixin. com/2015 – 10 – 29/100867990. html。

③ 《中共中央关于制定国民经济和社会发展第十三个五年规划的建议》，新华网，2015 年 11 月 4 日，http：//news. xinhuanet. com/ziliao/2015 – 11/04/c_ 128392424_ 6. htm。

出，扩大对外开放，要更加注重推进高水平双向开放，要抓好"一带一路"建设落实，发挥好亚投行、丝路基金等机构的融资支撑作用，抓好重大标志性工程落地。①

中央全面深化改革会议：教育自觉服务"一带一路"

2015 年 12 月 9 日，习近平主持召开中央全面深化改革领导小组第十九次会议。会议强调，教育对外开放是我国改革开放事业的重要组成部分。要增强服务中心工作能力，自觉服务"一带一路"建设等重大战略。②

中组部：开展"一带一路"专家咨询服务

2015 年 7 月，中共中央组织部会同有关部委组织开展的 2015 年"助力'一带一路'发展"专家咨询服务活动在北京启动。活动主要对接黑龙江、福建、广西、甘肃、青海等"一带一路"建设的重要节点省区。③

中宣部：大力宣传"一带一路" 加强文化交流合作

2015 年 1 月 4 日，中共中央宣传部部长刘奇葆在参观国家博物馆举办的"丝绸之路"文物展时强调，要弘扬丝路精神，加大宣传"一带一路"的力度。他指出，宣传"一带一路"是互利共赢之路，有利于促进我国形成全方位的对外开放新格局，有利于推动沿途国家和地区经济发展、民生改善，努力营造共建共享"一带一路"良好国内外舆论环境。要加强文化

---

① 杨毅沉等：《解读中央经济工作会议六大看点》，新华网，2015 年 12 月 21 日，http：// news. xinhuanet. com/politics/2015－12/21/c_ 1117533459. htm。
② 《习近平主持召开中央全面深化改革领导小组第十九次会议》，新华网，2015 年 12 月 9 日，ht-tp：//news. xinhuanet. com/fortune/2015－12/09/c_ 1117411357. htm。
③ 《"助力'一带一路'发展"专家咨询服务活动在京启动》，新华网，2015 年 7 月 30 日，ht-tp：//news. xinhuanet. com/local/2015－07/30/c_ 1116089782. htm。

交流合作，通过联合办展、合作拍片等方式，充分展示文化交流、商贸沟通的历史成果，加深理解、增进感情，促进我国与丝绸之路沿途国家和地区的经济社会交往，为"一带一路"建设奠定坚实基础。①

统战部：印发服务"一带一路"意见

2015年5月初，中共中央统一战线工作部印发了《关于统一战线服务"一带一路"战略的意见》，就统一战线服务"一带一路"做出部署。意见要求各级统战部门深刻认识"一带一路"的全局意义，准确把握中央关于"一带一路"的重大部署，把服务"一带一路"作为统一战线围绕中心、服务大局的重要任务。②

中联部：成立"一带一路"智库联盟

2015年4月8日，国内首个"一带一路"智库合作联盟由中央外联部牵头成立，迈出了中国智库合力服务"一带一路"的第一步。③

---

① 周玮：《刘奇葆：弘扬丝路精神　大力宣传"一带一路"》，新华网，2015年1月4日，http://news. xinhuanet. com/politics/2015－01/04/c_ 1113870928. htm。

② 焦莹：《中央统战部就统一战线服务"一带一路"战略作出部署》，央广网，2015年5月12日，http://china. cnr. cn/gdgg/20150512/t20150512_ 518537227. shtml。

③ 王斯敏：《智库"抱团出海"服务"一带一路"》，光明网，2015年5月2日，http://news. gmw. cn/2015－05/02/content_ 15538841. htm。

第三章　全国人大审议并通过《亚洲基础设施投资银行协定》

2015 年 11 月 5 日，十二届全国人民大会常务委员会第十七次会议审议通过了《亚洲基础设施投资银行协定》（以下简称《亚投行协定》），全国人大常委会委员长张德江提出要积极推进"一带一路"与世界各国的合作。

十二届全国人大三次会议热议"一带一路"

2015 年 3 月 5 日，十二届全国人大三次会议在人民大会堂开幕。会议期间，"一带一路"成为代表们献策建议的重点内容之一。会议于 3 月 15 日闭幕，通过了《关于政府工作报告的决议》等会议决议。①

全国人大常委会审议并通过《亚洲基础设施投资银行协定》

2015 年 11 月 2 日，第十二届全国人大常委会第五十六次委员长会议在北京举行。会议听取了全国人大外事委员会主任委员傅莹做的关于《亚洲基础设施投资银行协定》审议情况及决定草案代拟稿的汇报。②

---

① 《两会专题》，人民网，http：//lianghui. people. com. cn/2015npc/。
② 《十二届全国人大常委会第五十六次委员长会议在京举行》，中国人大网，2015 年 11 月 2 日，http：//www. npc. gov. cn/npc/xinwen/syxw/2015 – 11/03/content_ 1950026. htm。

　　2015 年 11 月 4 日，第十二届全国人大常委会第五十七次委员长会议在北京举行。会议听取了全国人大常委会副委员长兼秘书长王晨做的关于批准《亚洲基础设施投资银行协定》的决定草案建议表决稿审议情况的汇报。① 同日，第十二届全国人大常委会第十七次会议审议通过《亚投行协定》。《亚投行协定》规定，至少 10 个已签署《亚投行协定》且股份占比不低于 50% 的国家提交批准书，《亚投行协定》即告生效。缅甸、新加坡和文莱已提交批准书。②

---

① 《十二届全国人大常委会第五十七次委员长会议在京举行》，中国人大网，2015 年 11 月 4 日，http：//www. npc. gov. cn/npc/xinwen/syxw/2015 – 11/05/content_ 1950474. htm。

② 《全国人大审议通过〈亚投行协定〉》，中华网，2015 年 11 月 4 日，http：//news. china. com/ domestic/945/20151104/20691228. html。

第四章　国务院完善政策措施

2015 年 3 月，国务院授权国家发改委等发布了"一带一路"建设的纲领性文件——《推动共建丝绸之路经济带和 21 世纪海上丝绸之路的愿景与行动》；2015 年全年，国务院和国务院办公厅还发布了近 20 份促进"一带一路"贸易的有关文件，从实施自由贸易区战略、推进大通关、实施质量工程、改进口岸工作、国家标准化体系建设、知识产权强国建设、支持沿边重点地区开发开放、培育外贸竞争新优势、推进国际产能和装备制造合作、建设新型智库等方面完善政策措施，全方位支持推进"一带一路"建设。

培育"中国服务"的国际竞争力

2015 年 2 月 14 日，国务院印发了《关于加快发展服务贸易的若干意见》，提出要培育"中国服务"的国际竞争力。意见提出，到 2020 年，服务进出口额超过 1 万亿美元，"一带一路"沿线国家在我国服务出口中的占比稳步提升。意见要求大力开拓"一带一路"沿线国家市场，培育具有丝绸之路特色的国际精品旅游线路和产品，要求商务部持续积极与主要服务贸易合作伙伴和"一带一路"沿线国家签订服务贸易合作协议，在双边框架下开展务实合作。[1]

---

[1] 《国务院关于加快发展服务贸易的若干意见》，中华人民共和国中央人民政府网站，2015 年 2 月 14 日，http://www.gov.cn/zhengce/content/2015-02/14/content_9482.htm。

推进大通关建设

2015 年 2 月 3 日，国务院发布了《关于印发落实"三互"推进大通关建设改革方案》，给出了落实"推动内陆同沿海沿边通关协作，实现口岸管理相关部门信息互换、监管互认、执法互助"重大举措的具体改革方案，并明确了重要领域和关键环节改革的推进步骤，提出力争到 2020 年，形成既符合中国国情又具有国际竞争力的大通关管理体制机制。此外，方案还明确提出了畅通国际物流大通道、助推"一带一路"等建设的具体措施，包括建立与"一带一路"和长江经济带发展战略相适应的通关管理机制；建设多式联运物流监管中心；根据"五通"要求，加强与"一带一路"沿线国家口岸执法机构的机制化合作，推进"三互"的海关合作，以及检验检疫、认证认可、标准计量、统计信息等方面的多双边合作；推动签订口岸基础设施互联互通协议等。①

与区域开发开放结合

2015 年 3 月 25 日，国务院发布了《关于落实〈政府工作报告〉重点工作部门分工的意见》。意见要求推进"一带一路"建设，包括：加快互联互通、大通关和国际物流大通道建设；构建中巴、孟中印缅等经济走廊；扩大内陆和沿边开放，促进经济技术开发区创新发展，提高边境经济合作区、跨境经济合作区发展水平。此外，在拓展区域发展新空间方面，意见还提出国家发改委、商务部、财政部等按职责分工负责，把"一带一路"建设与区域开发开放结合起来，加强新亚欧大陆桥、陆海口岸支点建设。②

---

① 《国务院关于印发落实"三互"推进大通关建设改革方案的通知》，中华人民共和国中央人民政府网站，2015 年 2 月 3 日，http：//www. gov. cn/zhengce/content/2015 – 02/03/content_ 9448. htm。

② 《国务院关于落实〈政府工作报告〉重点工作部门分工的意见》，中华人民共和国中央人民政府网站，2015 年 4 月 10 日，http：//www. gov. cn/zhengce/content/2015 – 04/10/content_ 9588. htm。

授权国家发改委等发布"一带一路"《愿景与行动》

2015年3月28日，经国务院授权，国家发改委、外交部、商务部联合发布了《愿景与行动》。文中指出，"一带一路"建设是一项系统工程，要坚持共商、共建、共享原则，积极推进与沿线国家发展战略的相互对接。全文包括"一带一路"建设的时代背景、共建原则等八个方面的内容。

《愿景与行动》指出，共建"一带一路"旨在促进经济要素有序自由流动、资源高效配置和市场深度融合，推动沿线各国实现经济政策协调，开展更大范围、更高水平、更深层次的区域合作，共同打造开放、包容、均衡、普惠的区域经济合作架构。"一带一路"建设将恪守《联合国宪章》的宗旨，坚持开放合作、和谐包容、市场运作、互利共赢等共建原则。"一带一路"建设将积极利用现有双多边合作机制，促进区域合作蓬勃发展。

"一带一路"中，"一带"将重点打通三条线路：中国经中亚、俄罗斯至欧洲（波罗的海）；中国经中亚、西亚至波斯湾、地中海；中国至东南亚、南亚、印度洋。"一路"的重点方向是从中国沿海港口过南海到印度洋，延伸至欧洲；从中国沿海港口过南海到南太平洋。

"一带一路"建设以政策沟通、设施联通、贸易畅通、资金融通、民心相通为主要内容，加强政策沟通是"一带一路"建设的重要保障；基础设施互联互通是"一带一路"建设的优先领域；投资贸易合作是"一带一路"建设的重点内容；资金融通是"一带一路"建设的重要支撑；民心相通是"一带一路"建设的社会根基。

《愿景与行动》还对国内各地区参与"一带一路"建设做出了具体规划，从而充分发挥国内各地区的比较优势，实行更加积极主动的开放战略，加强东中西互动合作，全面提升开放型经济水平，推进"一带一路"建设。[①]

[①] 《国家发展改革委、外交部、商务部联合发布〈推动共建丝绸之路经济带和21世纪海上丝绸之路的愿景与行动〉》，中华人民共和国商务部网站，2015年4月1日，http：//www.mofcom.gov.cn/article/resume/n/201504/20150400929655.shtml。

加强检验检疫与认证认可的国际合作

2015 年 3 月 29 日，国务院办公厅印发了《贯彻实施质量发展纲要2015 年行动计划》，提出要围绕实施“一带一路”，加强检验检疫、认证认可等方面的国际合作。[①]

改进口岸工作　服务“一带一路”

2015 年 4 月 1 日，国务院发布了《关于改进口岸工作支持外贸发展的若干意见》，提出了加大简政放权力度、改进口岸通关服务、创新大通关协作机制和模式、促进与周边国家口岸互联互通等 22 条具体意见。针对“一带一路”建设，意见提出：将边境口岸合作事务纳入与邻国签署的共建“一带一路”合作备忘录等协议，与毗邻国家围绕重点口岸开展合作；完善“一带一路”内陆地区口岸支点布局，支持在国际铁路货物运输沿线主要站点和重要内河港口合理设立直接办理货物进出境手续的查验场所；有序推动边境口岸的对等设立和扩大开放，加快建设丝绸之路经济带重要开放门户和跨境通道；推进 21 世纪海上丝绸之路建设所涉港口对外开放，支持上海、广东、天津、福建等自贸试验区范围内港口、机场的开放和建设等。[②]

对出口沿线国家商品开展“清风”行动

2015 年 4 月 9 日，国务院办公厅印发了《2015 年全国打击侵犯知识产权和制售假冒伪劣商品工作要点》，表示将制定三年行动计划，对出口非洲、阿拉伯、拉美和“一带一路”沿线国家和地区的重点商品开展专项整

---

① 《国务院办公厅关于印发贯彻实施质量发展纲要2015 年行动计划的通知》，中华人民共和国中央人民政府网站，2015 年 6 月 19 日，http：//www. mofcom. gov. cn/article/b/g/201506/20150601018335. shtml。

② 《国务院关于改进口岸工作支持外贸发展的若干意见》，中华人民共和国中央人民政府网站，2015 年 6 月 19 日，http：//www. mofcom. gov. cn/article/b/g/201506/20150601018450. shtml。

治，开展中国制造海外形象维护"清风"行动。①

全面提升与沿线国家的经贸合作水平

2015 年 5 月 12 日，国务院发布了《关于加快培育外贸竞争新优势的若干意见》。意见提出"全面提升与'一带一路'沿线国家经贸合作水平"，并明确列出了深化贸易合作、大力拓展产业投资和优化周边经贸发展格局等支持"一带一路"建设的具体措施。意见还指出，要努力构建互利共赢的国际合作新格局，加强顶层设计，积极同"一带一路"沿线国家和地区商建自贸区，加快形成立足周边、辐射"一带一路"、面向全球的高标准自贸区网络。②

推进国际产能和装备制造合作

2015 年 5 月 13 日，国务院印发了《关于推进国际产能和装备制造合作的指导意见》，提出了 41 条指导意见，并指出推进国际产能和装备制造合作，是推动新一轮高水平对外开放、增强国际竞争优势的重要内容，加快铁路、电力等国际产能和装备制造合作，有利于统筹国内国际两个大局，提升开放型经济发展水平，有利于实施"一带一路"、中非"三网一化"合作等重大战略。意见还提出将与我国装备和产能契合度高、合作愿望强烈、合作条件和基础好的发展中国家作为重点国家，并积极开拓发达国家市场，以点带面，逐步扩展；将钢铁、有色、建材、铁路、电力、化工、轻纺、汽车、通信、工程机械、航空航天、船舶和海洋工程等作为重点行业，分类实施，有序推进。③

---

① 《国务院办公厅关于印发 2015 年全国打击侵犯知识产权和制售假冒伪劣商品工作要点的通知》，中华人民共和国中央人民政府网站，2015 年 4 月 9 日，http：//www.gov.cn/zhengce/content/2015 - 04/09/content_ 9585. htm。
② 《国务院关于加快培育外贸竞争新优势的若干意见》，中华人民共和国中央人民政府网站，2015 年 5 月 12 日，http：//www.gov.cn/zhengce/content/2015 - 05/12/content_ 9735. htm。
③ 《国务院关于推进国际产能和装备制造合作的指导意见》，中华人民共和国中央人民政府网站，2015 年 7 月 27 日，http：//www.mofcom.gov.cn/article/b/g/201507/20150701061179.shtml。

《中国制造2025》对接"一带一路"

2015年5月19日，国务院印发了《中国制造2025》发展规划。规划要求提高制造业国际化发展水平，积极参与和推动国际产业合作，贯彻落实丝绸之路经济带和21世纪海上丝绸之路等重大战略部署，加快推进与周边国家互联互通基础设施建设，深化产业合作。①

以创新驱动与沿线国家的经贸合作

2015年7月22日，国务院办公厅发布了《关于促进进出口稳定增长的若干意见》，指出要深化与"一带一路"沿线国家的经贸合作，突出创新驱动，切实加大稳增长政策落实力度，共同推动对外贸易平稳健康发展。②

设立中国保险投资基金 支持"一带一路"等项目

2015年7月3日，国务院发文同意中国保险投资基金设立方案。该方案中指出，中国保险投资基金将紧密围绕国家产业政策和发展战略开展投资，主要投向"一带一路"、京津冀协同发展、长江经济带等战略项目，以及国际产能合作和"走出去"重大项目等。③

打造国内外贸易融合发展的流通网络

2015年8月28日，国务院印发了《关于推进国内贸易流通现代化建设法治化营商环境的意见》。意见要求"创建内外贸融合发展平台"，服务"一带一路"，促进国内外市场互联互通，打造内外贸融合发展的流通网络。④

---

① 《国务院关于印发〈中国制造2025〉的通知》，中华人民共和国中央人民政府网站，2015年5月19日，http：//www.gov.cn/zhengce/content/2015-05/19/content_9784.htm。
② 《国务院办公厅关于促进进出口稳定增长的若干意见》，中华人民共和国中央人民政府网站，2015年8月28日，http：//www.mofcom.gov.cn/article/b/g/201508/20150801094663.shtml。
③ 《国务院关于中国保险投资基金设立方案的批复》，中华人民共和国中央人民政府网站，2015年7月3日，http：//www.gov.cn/zhengce/content/2015-07/03/content_10000.htm。
④ 《国务院关于推进国内贸易流通现代化建设法治化营商环境的意见》，中华人民共和国中央人民政府网站，2015年8月28日，http：//www.gov.cn/zhengce/content/2015-08/28/content_10124.htm。

整合海关特殊监管区域　服务"一带一路"

2015 年 9 月 6 日，国务院办公厅印发了《加快海关特殊监管区域整合优化方案》。方案指出，未来海关特殊监管区域要发挥要素集聚和辐射带动作用，服务"一带一路"、京津冀协同发展和长江经济带等重大国家战略的实施，促进区域经济协调发展。方案设定了从 2015 年到 2030 年的近中远期目标，提出到 2020 年，海关特殊监管区域要服务"一带一路"发展规划，推进跨国产业联动发展；建立与沿线国家海关特殊监管区域的常态化和务实性合作机制，共商合作规划、合作内容，开展海关制度、建设标准和数据交换等各领域的务实合作。①

应用互联网技术构建国内外一体化市场

2015 年 9 月 18 日，国务院办公厅印发了《关于推进线上线下互动加快商贸流通创新发展转型升级的意见》。意见指出要推进国内外市场一体化，鼓励应用互联网技术实现国内国外两个市场无缝对接，推进国内资本、技术、设备、产能与国际资源、需求合理适配，重点围绕"一带一路"及开展国际产能和装备制造合作，构建国内外一体化市场；深化京津冀、长江经济带、"一带一路"、东北地区和泛珠三角四省区区域通关一体化改革，推进全国一体化通关管理。②

建立面向全球的高标准自由贸易区网络

2015 年 12 月 6 日，国务院发布了《关于加快实施自由贸易区战略的若

---

① 《国务院办公厅关于印发加快海关特殊监管区域整合优化方案的通知》，中华人民共和国中央人民政府网站，2015 年 9 月 6 日，http：//www.gov.cn/zhengce/content/2015 – 09/06/content_10141.htm。
② 《国务院办公厅关于推进线上线下互动加快商贸流通创新发展转型升级的意见》，中华人民共和国中央人民政府网站，2015 年 11 月 17 日，http：//www.mofcom.gov.cn/article/b/g/201511/20151101166564.shtml。

干意见》。意见指出，加快实施自由贸易区战略是我国适应经济全球化新趋势的客观要求，是全面深化改革、构建开放型经济新体制的必然选择；坚持统筹考虑和综合运用国际国内两个市场、两种资源，坚持与推进共建"一带一路"和国家对外战略紧密衔接，坚持把握开放主动和维护国家安全，逐步构筑起立足周边、辐射"一带一路"、面向全球的高标准自由贸易区网络。同时，意见指出，自由贸易区战略的中长期为：形成包括邻近国家和地区、涵盖"一带一路"沿线国家以及辐射五大洲重要国家的全球自由贸易区网络，使我国大部分对外贸易、双向投资实现自由化和便利化。此外，意见还明确提出要积极推进"一带一路"沿线自由贸易区，形成"一带一路"大市场，将"一带一路"打造成畅通之路、商贸之路、开放之路。①

扎实推进沿线国家标准互认工作

2015 年 12 月 17 日，国务院办公厅发布了《关于印发国家标准化体系建设发展规划（2016～2020 年)》，规划提出到 2020 年，基本建成支撑国家治理体系和治理能力现代化的具有中国特色的标准化体系，明确了包括与"一带一路"沿线国家和主要贸易伙伴国家的标准互认工作扎实推进等具体目标。

规划还提出积极发挥标准化对"一带一路"的服务支撑作用，促进沿线国家在政策沟通、设施联通、贸易畅通等方面的互联互通等任务；确立了中国标准走出去工程在内的十大重点工程。②

探索建立沿线国家和地区知识产权合作机制

2015 年 12 月 18 日，商务部、海关总署、国家质量监督检验检疫总局联

---

① 《国务院关于加快实施自由贸易区战略的若干意见》，中华人民共和国中央人民政府网站，2016 年 1 月 27 日，http：//www. mofcom. gov. cn/article/b/g/201601/20160101244060. shtml。
② 《国务院办公厅关于印发国家标准化体系建设发展规划（2016～2020 年）的通知》，中华人民共和国中央人民政府网站，2016 年 3 月 9 日，http：//www. mofcom. gov. cn/article/b/g/201603/2016 0301271521. shtml。

合发布《关于新形势下加快知识产权强国建设的若干意见》。意见确立了"一带一路"等规划引领的原则，提出通过推动构建更加公平合理的国际知识产权规则、加强知识产权对外合作机制建设、加大对发展中国家知识产权援助力度、拓宽知识产权公共外交渠道提升知识产权对外合作水平；还指出积极推动区域全面经济伙伴关系和亚太经济合作组织框架下的知识产权合作，探索建立"一带一路"沿线国家和地区知识产权合作机制。①

支持沿边重点地区开发开放　对接"一带一路"

2015 年 12 月 24 日，国务院发布了《关于支持沿边重点地区开发开放若干政策措施的意见》，指出沿边重点地区是我国深化与周边国家和地区合作的重要平台，正在成为实施"一带一路"战略的先手棋和排头兵，提出了 30 条具体措施。关于"一带一路"，该意见提出加强与"一带一路"沿线国家口岸执法机构的机制化合作，推进跨境共同监管设施的建设与共享，加强跨境监管合作和协调；支持开通"一带一路"沿线国际旅游城市间航线；支持沿边重点地区完善口岸功能，有序推动口岸对等设立与扩大开放，加快建设"一带一路"重要开放门户和跨境通道。②

年内其他政策措施也对接"一带一路"

除了上述文件之外，国务院及国务院办公厅在 2015 年内出台的其他政策文件中也体现了对接"一带一路"的精神。如，《关于进一步促进展览业改革发展的若干意见》（国发，3 月 29 日）、《关于大力发展电子商务加快培育经济新动力的意见》（国发，5 月 4 日）、《中医药健康服务发展规划（2015～2020 年)》（国办发，5 月 7 日）、《关于促进跨境电子商务健康快速

---

① 《国务院关于新形势下加快知识产权强国建设的若干意见》，中华人民共和国中央人民政府网站，2016 年 3 月 9 日，http：//www.mofcom.gov.cn/article/b/g/201603/20160301271428.shtml。
② 《国务院关于支持沿边重点地区开发开放若干政策措施的意见》，中华人民共和国中央人民政府网站，2016 年 1 月 7 日，http：//www.gov.cn/zhengce/content/2016－01/07/content_10561.htm。

发展的指导意见》（国办发，6月16日）、《关于积极推进"互联网＋"行动的指导意见》（国发，7月1日）、《关于加快转变农业发展方式的意见》（国办发，7月30日）、《关于进一步促进旅游投资和消费的若干意见》（国办发，8月4日）、《关于加快发展民族教育的决定》（国发，8月17日）、《关于加快融资租赁业发展的指导意见》（国办发，8月31日）、《关于促进金融租赁行业健康发展的指导意见》（国办发，9月1日）。

此外，国务院先后批准了广东、天津、福建自由贸易试验区总体方案，批准了《进一步深化中国（上海）自由贸易试验区改革开放方案》，同意设立南京江北新区、云南勐腊（磨憨）重点开发开放试验区、福州新区、云南滇中新区、哈尔滨新区，批复《兰州市城市总体规划》、《环渤海地区合作发展纲要》、《苏州工业园区开展开放创新综合试验总体方案》、《西宁市城市总体规划》、《广州市城市总体规划》、《厦门市城市总体规划》，要求上述地区积极对接"一带一路"，加快走出去步伐。

第五章　全国政协监督献策

　　对于"一带一路"建设，2015 年全国政协给予高度重视。在全国政协十二届三次会议前夕，大会新闻发言人吕新华指出，"一带一路"是谋求不同种族、信仰、文化背景的国家共同发展，强调共商、共建、共享。"一带一路"从互联互通做起，倡导成立丝路基金和亚投行，为周边国家和区域合作提供更多的公共产品，是"南南合作"等区域合作的新模式。[①]

　　2015 年 6 月 8 日，全国政协主席、中共中央政治局常委俞正声在北京主持召开调研协商座谈会，邀请民革中央、民盟中央、民进中央、台盟中央、全国工商联负责人和无党派人士代表，就推进"一带一路"建设和制定"十三五"规划建言献策。[②]

　　此外，在 2015 年的其他双周协商座谈会上，"一带一路"也是代表们热议话题。

[①] 李斌等：《（两会授权发布）全国政协十二届三次会议举行新闻发布会》，新华网，2015 年 3 月 2 日，http://news.xinhuanet.com/politics/2015lh/2015-03/02/c_ 1114492851.htm。

[②] 《俞正声主持召开调研协商座谈会　就推进"一带一路"建设和制定"十三五"规划进行座谈交流》，中华人民共和国中央人民政府网站，2015 年 6 月 8 日，http://www.gov.cn/xin-wen/2015-06/08/content_ 2875661.htm。

第六章　最高法提供司法服务

为"一带一路"建设提供司法服务和保障

2015 年 6 月 16 日，最高人民法院出台《最高人民法院关于人民法院为"一带一路"建设提供司法服务和保障的若干意见》，要求各级人民法院切实为"一带一路"建设提供司法服务和保障。最高人民法院同时发布了人民法院为"一带一路"建设提供司法服务和保障的 8 个典型案例。[①]

"一带一路"司法研究中心成立

2015 年 7 月 8 日，最高人民法院"一带一路"司法研究中心成立仪式暨中国法学会"深入研究党的十八届四中全会精神"重点专项课题座谈会举行。最高人民法院院长周强、中国法学会会长王乐泉出席仪式，并强调建设一流智库，提升涉外审判水平，为"一带一路"建设提供有力的司法服务和保障。[②]

[①] 罗沙：《最高法：为"一带一路"建设提供司法服务和保障》，新华网，2015 年 7 月 7 日，http：//www. gov. cn/xinwen/2015 – 07/07/content_ 2893362. htm。
[②] 《最高人民法院 "一带一路"司法研究中心成立》，最高人民法院网，2015 年 7 月 8 日，http：//www. court. gov. cn/zixun – xiangqing – 14953. html。

第七章　最高检构筑防腐屏障

为了防止腐败现象阻碍或影响"一带一路"建设的顺利进行，最高人民检察院先后召开了专门座谈会，启动了国企"走出去"反腐防控研究，发布了专项服务保障意见，建立了"18 + 1 协作机制"，为"一带一路"筑起坚实屏障。①

服务"一带一路"预防在行动

2015 年 4 月 27 ~ 28 日，最高人民检察院职务犯罪预防厅"服务'一带一路'预防工作座谈会"在厦门召开。会议从保障国家重大战略实施的角度，研究了检察机关预防部门服务"一带一路"战略的工作思路和工作重点，使预防工作服务"一带一路"战略有了定位点、立足点和着陆点。会议就《预防保驾 法治护航 服务"一带一路"战略的十条措施（征求意见稿）》进行了座谈。最高检预防厅厅长宋寒松与中国铁建股份有限公司党委常委、纪委书记李春德共同启动了"国有企业'走出去'反腐败法律风险防控研究"课题项目，并代表双方单位签署了合作协议书。该课题旨在构建融预防职务犯罪、内控制度、风险管理于一体的廉洁风险防控体

---

① 《检察机关将建立"18 + 1 协作机制"　构建保障"一带一路"战略实施的预防大格局》，国家发改委法规司，2015 年 7 月 24 日，http：//fgs. ndrc. gov. cn/wqfxx/201507/t20150724_ 742731. html。

系，指导国有企业"走出去"，参与"一带一路"建设。对此后工作，宋寒松表示，会议初步形成了"厦门机制"。该机制建立后，最高检职务犯罪预防厅检察院和各省级预防部门的协作将更为密切。在预防服务"一带一路"战略上，最高检职务犯罪预防厅将牵头制定内容明确、切实可行的协作机制，各省级检察院要做好具体工作，推动协作机制逐步完善。①

发布意见　服务和保障"一带一路"

2015 年 7 月，最高检职务犯罪预防厅出台了《关于做好检察机关预防职务犯罪工作服务和保障"一带一路"战略的十条意见》，明确要求各级检察机关充分发挥预防职能作用，为"一带一路"建设提供支持和服务。意见第一部分要求各级检察机关职务犯罪预防部门，特别是"一带一路"核心区和沿线省份的检察机关预防部门，积极为"一带一路"战略实施提供服务。第二部分是检察机关预防部门为"一带一路"战略实施提供服务的主要内容、工作重点和主要举措，其中包括推动实行工程立项风险防控"双报告"制度。第三部分主要强调检察机关与"一带一路"战略实施部门的联系沟通，了解"一带一路"战略实施的相关政策、信息和预防需求。② 意见强调，最高检将建立和完善与"一带一路"核心区的新疆维吾尔自治区、福建省和其他 16 个相关省份检察机关预防职务犯罪部门的"18 + 1 协作机制"，连带相关职能部门、辐射有关企业及中介组织，经常联系沟通，信息互通共享，工作密切协作，经验互相交流，促进形成预防腐败犯罪，保障"一带一路"战略实施的大机制、大格局。③

① 《服务"一带一路"预防在行动》，万方数据知识服务平台，2015 年 8 月 12 日，http：//d. wanfangdata. com. cn/Periodical/jcfy－yfzwfzzk201503006。

② 《最高检发布意见服务保障"一带一路"建设》，中华人民共和国最高人民检察院网站，2015 年 7 月 23 日，http：//www. spp. gov. cn/zdgz/201507/t20150723_101884. shtml。

③ 《检察机关将建立"18 + 1 协作机制"构建保障"一带一路"战略实施的预防大格局》，国家发改委法规司，2015 年 7 月 24 日，http：//fgs. ndrc. gov. cn/wqfxx/201507/t20150724_742731. html。

第八章　国务院所属部委与机构细化政策措施

在党中央、国务院的领导下，2015 年，国务院所属部委及下属机构将推进"一带一路"建设列为重点工作之一，积极制定相关规划与措施，并取得了显著成果：国家发改委提出抓好"一带一路"规划和产业装备"走出去"；财政部提出推动优势产业走出去，促进互联互通重大项目实施；商务部提出优化全球资源配置，提升"走出去"水平；工业和信息化部提出研究制定发展规划和产业指导目录；国土资源部提出为"一带一路"和"互联互通"做好保障和服务；交通部提出加快推进互联互通和"走出去"战略。① 另外，财政部、国土资源部、国家新闻出版广电总局等多个部门为"一带一路"新增开支。②

国家发展和改革委员会

国家发改委要抓"一带一路"等新经济增长带　2015 年 3 月 5 日，发改委主任徐绍史在十二届全国人大三次会议首场记者会上就经济社会发展

---

① 《2015 部委干什么："一带一路"和走出去高频率出现》，光明网，2015 年 2 月 16 日，ht-tp：//big5. gmw. cn/g2b/economy. gmw. cn/newspaper/2015 – 02/16/content_ 104642837. htm。
② 《中央部门晒预算账本　多个部门为"一带一路"新增开支》，新华网，2015 年 4 月 19 日，http：//news. xinhuanet. com/fortune/2015 – 04/19/c_ 127706348. htm。

与宏观调控的相关问题回答记者。访谈中徐绍史指出，2015 年国家发改委要着力抓好新的增长点，还要抓"一带一路"、京津冀协同发展、长江经济带这些新的经济增长带。①

基础设施建设是"一带一路"优先领域 2015 年 3 月 22 日，主管"一带一路"相关工作的国家发改委党组副书记、副主任何立峰指出，基础设施是互联互通的基础，也是目前制约沿线国家深化合作的薄弱环节，应作为"一带一路"的优先领域。②

启动一批"一带一路"重点合作项目 2015 年 5 月 8 日，国家发改委发布了《关于 2015 年深化经济体制改革重点工作意见》。意见指出，2015 年将启动实施一批"一带一路"重点合作项目，制定政策扶持沿边地区开发开放，加快实施自由贸易区战略，完成亚投行和金砖国家新开发银行筹建工作。③

与联合国沟通"一带一路"生态环境与能源合作 2015 年 6 月 3 日，联合国助理秘书长兼环境署副执行主任易普拉辛·塞奥一行访问国家发改委，与西部司巡视员欧晓理就"一带一路"建设中有关生态环境和能源合作问题进行了会谈。欧晓理表示，中国政府重视"绿色丝绸之路"建设，希望中非加强沟通交流，扩大合作领域，在共建"一带一路"中助推非洲大陆的快速和可持续发展。④

新区发展要衔接"一带一路" 2015 年 7 月 10 日，国家发改委联合国

① 《徐绍史主任就"经济社会发展与宏观调控"的相关问题回答中外记者的提问》，中华人民共和国国家发展和改革委员会网站，2015 年 3 月 5 日，http：//xwzx. ndrc. gov. cn/wszb/201504/t20150413_ 681092. html。

② 荣启涵：《发改委副主任：基础设施建设是"一带一路"战略优先领域》，新华网，2015 年 3 月 22 日，http：//news. xinhuanet. com/2015 – 03/22/c_ 1114721950. htm。

③ 《国务院批转发展改革委关于 2015 年深化经济体制改革重点工作意见的通知》，中华人民共和国商务部网站，2015 年 7 月 24 日，http：//www. mofcom. gov. cn/article/b/g/201507/20150701059572. shtml。

④ 《联合国环境规划署就"一带一路"建设中生态环境和能源合作与发展改革委沟通交流》，中华人民共和国中央人民政府网站，2015 年 6 月 8 日，http：//www. gov. cn/xinwen/2015 – 06/08/content_ 2875614. htm。

家开发银行发布《关于推进开发性金融支持国家级新区健康发展有关工作的通知》。通知要求加强新区发展规划（方案）与"一带一路"、京津冀协同发展、长江经济带、新型城镇化等重大国家战略的有效衔接。①

推进中欧班列建设　2015 年 7 月 29 日，国家发改委副主任何立峰主持召开专题会议，研究部署推进中欧班列建设重点工作，贯彻落实第二次"一带一路"建设推进工作会议精神。②

加快编制"一带一路"综合交通布局规划　2015 年 8 月 3 日，国家发改委内部网站发文称将加快编制"一带一路"综合交通布局规划，加快建设交通重大标志性工程，增强对区域协调发展战略的支撑力。③

促进物流发展对接"一带一路"　2015 年 8 月 11 日，国家发改委官网发文表示，下一步将促进物流业发展与"一带一路"等规划与国家战略紧密结合起来，发挥好物流在重大战略实施中的支撑保障作用。④

鼓励企业发行外债用于"一带一路"　2015 年 9 月 14 日，国家发改委发布《关于推进企业发行外债备案登记制管理改革的通知》。通知提出鼓励资信状况好、偿债能力强的企业发行外债，募集资金根据实际需要自主在境内外使用，优先用于支持"一带一路"、京津冀协同发展、长江经济带与国际产能和装备制造合作等重大工程建设和重点领域投资。⑤

---

① 《国家发展改革委国家开发银行关于推进开发性金融支持国家级新区健康发展有关工作的通知》，中华人民共和国国家发展和改革委员会网站，2015 年 7 月 17 日，http：//www. ndrc. gov. cn/fzgggz/dqjj/zhdt/201507/t20150717_ 738326. html。

② 《领导小组办公室研究部署推进中欧班列建设重点工作》，中华人民共和国国家发展和改革委员会网站，2015 年 7 月 30 日，http：//xbkfs. ndrc. gov. cn/ydyl/201507/t20150730_ 743408. html。

③ 《发挥交通支撑引领作用　促进经济持续健康发展》，中华人民共和国国家发展和改革委员会网站，2015 年 8 月 3 日，http：//www. ndrc. gov. cn/xwzx/xwfb/201508/t20150803_ 744049. html。

④ 《多措并举推动现代物流加快发展》，中华人民共和国国家发展和改革委员会网站，2015 年 8 月 11 日，http：//www. ndrc. gov. cn/gzdt/201508/t20150811_ 744984. html。

⑤ 《国家发展改革委关于推进企业发行外债备案登记制管理改革的通知》，中华人民共和国国家发展和改革委员会网站，2015 年 9 月 15 日，http：//wzs. ndrc. gov. cn/zcfg/201509/t20150915_ 751028. html。

确定"一带一路"官方英文名称 2015 年 9 月，国家发改委会同外交部、商务部等部门对"一带一路"的英文译法进行了规范。在对外公文中，统一将"丝绸之路经济带和 21 世纪海上丝绸之路"的英文全称译为"the Silk Road Economic Belt and the 21st-Century Maritime Silk Road"，将"一带一路"简称译为"the Belt and Road"，英文缩写用"B&R"。①

五举措全力推进"一带一路" 2015 年 10 月 15 日，国家发改委秘书长李朴民在新闻发布会上表示，下一步，国家发改委将采取五大举措推进"一带一路"建设。一是积极推进标志性项目建设。二是稳步打造"六廊多港"，完善多双边合作主体架构。三是推进重点国别合作，打造"一带一路"合作样板。四是持续加强国际沟通交流，让合作共赢理念落地生根。五是统筹国内各种资源，形成推进合力。②

解析"一带一路"包容内涵和平台发展 2015 年 10 月 15 日，国务院新闻办公室举行"一带一路"倡议与共同发展情况吹风会。国家发改委对外经济研究所研究员张建平指出，"一带一路"在合作理念、合作空间、合作领域、合作方式上都是开放包容的，这 4 个特征充分说明"一带一路"是一个新型国际区域合作平台。③

推进"一带一路"四项任务 2015 年 11 月，人民出版社出版《〈中共中央关于制定国民经济和社会发展第十三个五年规划的建议〉辅导读本》。中央改革办常务副主任兼国家发改委副主任穆虹在该读本中指出，"十三五"时期是"一带一路"建设从起步到提速的关键阶段，必须推动"一带一路"建设取得扎扎实实的进展。该读本还指出，"十三五"期间推进"一带一路"建设主要包括四项任务：一是推进基础设施互联互通和国

① 《"一带一路"终于有了官方英译：简称"B&R"》，央广网，2015 年 9 月 23 日，http：//news.cnr.cn/native/gd/20150923/t20150923_519951906.shtml。
② 《发改委：五举措全力推进一带一路建设》，新浪网，2015 年 10 月 15 日，http：//finance.sina.com.cn/stock/t/20151015/101823482525.shtml。
③ 《国新办举行吹风会 解析"一带一路"包容内涵和平台发展》，人民网，2015 年 10 月 16 日，http：//sh.people.com.cn/n/2015/1016/c134768-26811316.html。

际大通道建设，共同建设国际经济合作走廊；二是加强能源资源合作，提高就地加工转化率；三是共建境外产业集聚区，推动建立当地产业体系；四是广泛开展教育、科技、文化、旅游、卫生、环保等领域合作，造福当地民众。

推进"一带一路"语言资源建设 2015 年 12 月 11 日，国家发改委西部司召开"一带一路"语言资源建设座谈会。会上，西部司副司长翟东升提出，各部门今后要加强协调配合，形成合力，突出重点区域、重点国别、重点语种，尽快培养一批急需的语言人才，努力满足"一带一路"建设需求。①

进一步统筹国内国际两个大局 2015 年 12 月 22 日，全国发展和改革工作会议在北京召开。会议指出，"一带一路"建设开局良好，国际产能和装备制造合作取得重要进展。2016 年，国家发改委要进一步统筹国内国际两个大局，持续推进"一带一路"建设，用好国际产能和装备制造合作、周边基础设施互联互通这两个最重要的抓手和平台，培育国际竞争新优势，拓展经济发展新空间，确保"十三五"开好局、起好步。②

扩大区域开放，对接"一带一路" 2015 年 12 月 28 日，国家发改委发布《关于进一步加强区域合作工作的指导意见》，表示将积极贯彻落实"一带一路"等三大国家战略。意见提出：支持各地发挥比较优势，贯彻落实"一带一路"建设顶层设计以及各省（区、市）参与建设"一带一路"实施方案；支持发挥西部地区向西开放前沿阵地、沿海地区龙头引领和内陆腹地战略支撑作用，打造陆海内外联动、东西双向开放的全面开放新格局；重点打造新疆丝绸之路经济带核心区和福建 21 世纪海上丝绸之路核心区；结合六大国际经济合作走廊建设，支持各地深化与沿线国家（地区）交流合作，

---

① 《西部司召开座谈会研究推进"一带一路"语言资源建设》，中华人民共和国国家发展和改革委员会网站，2015 年 12 月 14 日，http://xbkfs.ndrc.gov.cn/gzdt/201512/t20151214_762228.html。
② 《振奋精神 攻坚克难 开拓创新 努力实现"十三五"经济社会发展良好开局》，中华人民共和国国家发展和改革委员会网站，2015 年 12 月 22 日，http://xushaoshi.ndrc.gov.cn/zyhd/201512/t20151222_768321.html。

共建境外产业集聚区，有针对性地培育打造一批共建走廊试点示范省（区、市）；根据"一带一路"建设需要，支持设立新的国际区域合作平台。①

外交部

"一带一路"是各国共参的"交响乐" 2015 年 2 月 2 日，中国外交部部长王毅在中俄印外长会晤结束后与俄罗斯外长拉夫罗夫、印度外长斯瓦拉吉共见记者。王毅表示，"一带一路"不是中国一家的"独奏曲"，而是各国共同参与的"交响乐"。中国愿与所有有意愿的国家和组织携起手来，共同奏响 21 世纪合作共赢的新乐章。

期待斯里兰卡成为 21 世纪海上丝绸之路上的明珠 2015 年 2 月 27 日，王毅在北京同斯里兰卡外长萨马拉维拉共同会见记者时表示，中斯双方已同意建立海岸带和海洋合作联委会，相信中斯合作将成为新时期海上合作的样板，期待斯里兰卡成为"21 世纪海上丝绸之路"上耀眼的明珠。②

2015 年中国外交的重点是全面推进"一带一路" 2015 年 3 月 8 日，在第十二届全国人大三次会议记者会上，王毅在应邀回答记者提问时表示，2015 年中国外交的一个重点就是全面推进"一带一路"，重点是推动互联互通基础设施、陆上经济走廊、海上合作支点建设，促进人文交流合作，加快自贸谈判进程。③

"一带一路"比"马歇尔计划"更古老也更年轻 2015 年 3 月 8 日，王毅在"两会"记者会上表示，"一带一路"比"马歇尔计划"既古老得

---

① 《国家发展改革委关于进一步加强区域合作工作的指导意见》，中华人民共和国商务部网站，2016 年 3 月 11 日，http：//www. mofcom. gov. cn/article/b/g/201603/20160301273489. shtml。
② 《王毅：期待斯里兰卡成为"21 世纪海上丝绸之路"上的明珠》，人民网，2015 年 2 月 28 日，http：//world. people. com. cn/n/2015/0228/c1002 - 26610782. html。
③ 《王毅就中国外交政策和对外关系回答中外记者提问》，新华网，2016 年 3 月 8 日，http：//news. xinhuanet. com/world/2016 - 03/08/c_ 1118270268. htm。

多，又年轻得多，两者不可同日而语。①

"一带一路"是中国向世界提供的公共产品　2015 年 3 月 23 日，王毅出席在北京举行的中国发展高层论坛午餐会并发表演讲，指出，正是秉着合作共赢的理念，中国政府大力推动共建"一带一路"。"一带一路"以交通基础设施建设为重点和优先，契合亚欧大陆的实际需要。"一带一路"是中国向世界提供的公共产品，欢迎各国、国际组织、跨国公司、金融机构和非政府组织都能参与到具体的合作中来。②

打造中蒙俄经济走廊　2015 年 4 月 1 日，王毅在北京与来华进行正式访问的蒙古国外长普日布苏伦举行会谈。王毅提议打造贯穿整个欧亚大陆的中蒙俄经济走廊。③ 双方商定，把中方提出的丝绸之路经济带倡议同蒙方提出的"草原之路"倡议进行战略对接，全面提升和整合双边经贸务实合作；积极落实中蒙经贸合作中期纲要，实现 2020 年双边贸易 100 亿美元目标。双方决定加快推进跨境经济合作区建设步伐；积极研究签署双边自贸协定；加强人文交流，不断夯实两国关系民意基础。④

打造澜沧江–湄公河流域国家命运共同体　2015 年 4 月 6 日，王毅会见来京出席首次澜沧江–湄公河对话合作外交高官会的泰国、柬埔寨、老挝、缅甸和越南高官。王毅提议共同打造澜沧江–湄公河流域国家命运共同体。⑤

匈牙利加入"一带一路"　2015 年 6 月 6 日，王毅在布达佩斯同匈牙利外交与对外经济部部长西亚尔托签署了《中华人民共和国政府

① 《王毅："一带一路"比马歇尔计划更古老也更年轻》，新华网，2015 年 3 月 8 日，http：//news. xinhuanet. com/politics/2015lh/2015 – 03/08/c_ 1114560552. htm。
② 《王毅：构建以合作共赢为核心的新型国际关系》，新华网，2015 年 3 月 23 日，http：//news. xinhuanet. com/world/2015 – 03/23/c_ 1114735844. htm。
③ 《中国外交部：中国提议建设中蒙俄经济走廊》，卫星新闻网，2015 年 4 月 2 日，http：//sput-niknews. cn/economics/20150402/1014297365. html。
④ 《王毅与蒙古国外长普日布苏伦举行会谈》，人民网，2015 年 4 月 27 日，http：//politics. peo-ple. com. cn/n/2015/0402/c70731 – 26789907. html。
⑤ 《王毅：共同打造澜沧江–湄公河流域国家命运共同体》，新华网，2015 年 4 月 6 日，http：//news. xinhuanet. com/2015 – 04/06/c_ 1114880348. htm。

和匈牙利政府关于共同推进丝绸之路经济带和 21 世纪海上丝绸之路建设的谅解备忘录》。这是中国同欧洲国家签署的第一个此类合作文件。①

支持香港担当"一带一路"的"超级联系人" 2015 年 7 月 13 日，访京的香港特首梁振英与外交部副部长张业遂会面，讨论国家"一带一路"发展规划。张业遂表示，外交部会继续支持香港担任"超级联系人"，希望在香港对外交往合作方面给予积极支持。②

丹麦签署《亚投行协定》 2015 年 10 月 27 日，王毅与丹麦外交大臣延森在北京举行会谈，并共同见证了丹麦签署《亚投行协定》的仪式。③

"16＋1 合作"将充分把握"一带一路"契机 2015 年 11 月 24 日，由外交部主持，中国与中东欧国家在苏州联合发布《中国－中东欧国家合作中期规划》。该规划指出，"'16＋1 合作'将充分把握'一带一路'建设带来的重要契机，不断拓展合作空间，同时为'一带一路'建设作出更多贡献"。

2015 年中国与"一带一路"沿线国家发展战略全面对接 2015 年 12 月 12 日，王毅在 2015 年国际形势与中国外交研讨会开幕式上表示，2015 年是"一带一路"构想完成规划并启动实施之年，中国秉持共商、共建、共享原则，与"一带一路"沿线国家发展战略全面对接，已同 20 多国签署"一带一路"合作协议。"一带一路"在欧亚地区率先取得显著进展，我国已同 20 多个国家签署产能合作协议，初步形成覆盖亚、非、拉、欧四大洲的国际产能合作布局。④ 王毅还表示，2016 年中国将以推进"一带一

① 《中国与匈牙利签署"一带一路"合作文件 首个欧洲国家》，观察网，2015 年 6 月 7 日，ht-tp：//www. guancha. cn/europe/2015_ 06_ 07_ 322423. shtml。

② 《外交部：支持港担当"一带一路"超级联系人》，大公网，2015 年 7 月 14 日，http：//zy. takungpao. com/2015/0714/206218. html。

③ 《外交部长王毅与丹麦外交大臣延森举行会谈》，中华人民共和国外交部网站，2015 年 10 月 28 日，http：//www. fmprc. gov. cn/web/gjhdq_ 676201/gj_ 676203/oz_ 678770/1206_ 679062/xgxw_ 679068/t1309725. shtml。

④ 《王毅：2015 年中国与"一带一路"沿线国家发展战略全面对接》，中华人民共和国外交部网站，2015 年 12 月 12 日，http：//www. fmprc. gov. cn/web/wjdt_ 674879/wjbxw_ 674885/t1323788. shtml。

路"建设为主线，突出互联互通与产能合作两大重点，推动中国与世界各国发展战略继续深入对接。①

超 70 个国家同意参与"一带一路" 2016 年 1 月 18 日，网易财经新闻发表信息指出，外交部副部长刘振民表示目前已有超过 70 个国家同意参与"一带一路"。② 两年多来，中国已同土耳其、波兰等约 30 个国家签署共建"一带一路"谅解备忘录。③

商务部

中格签署共建"丝绸之路经济带"合作文件 2015 年 3 月 9 日，中国商务部和格鲁吉亚经济与可持续发展部在北京签署签署了关于加强共建"丝绸之路经济带"合作的备忘录，将在中格经贸合作委员会框架内共同推进"丝绸之路经济带"建设的经贸合作。④

从四方面推动"一带一路"建设 2015 年 3 月 31 日，中国商务部新闻发言人沈丹阳在例行发布会上表示，经贸合作是"一带一路"建设的基础和先导，商务部近期将重点从推进与沿线国家经贸合作、扩大双向投资规模、讨论建设新的自由贸易区、推动实施一批重大合作项目四方面开展工作。⑤

中韩签署中韩自贸协定 2015 年 6 月 1 日，中国商务部部长高虎城代表中国政府在首尔与韩国产业通商资源部长官尹相直共同签署了《中华人

① 蒋涛：《王毅谈一带一路：互联互通与产能合作是重点》，新浪新闻中心，2015 年 12 月 12 日，http：//news. sina. com. cn/c/2015 – 12 –12/doc – ifxmpnqm3154813. shtml。
② 《外交部副部长：超 70 个国家同意参与"一带一路"》，网易新闻，2016 年 1 月 18 日，http：//money. 163. com/16/0118/10/BDJSKEHP00252G50. html。
③ 《发展改革委解读："一带一路"建设取得良好开局》，中华人民共和国中央人民政府网站，2016年 2 月 15 日，http：//www. gov. cn/xinwen/2016 –02/15/content_ 5041257. htm。
④ 《中格签署共建"丝绸之路经济带"合作文件》，和讯网，2015 年 3 月 10 日，http：//news. hexun. com/2015 –03 –10/173921987. html。
⑤ 佳欣：《中国商务部将四方面推动"一带一路"建设》，新华网，2015 年 3 月 31 日，http：//news. xinhuanet. com/fortune/2015 –03/31/c_ 1114828038. htm。

民共和国政府和大韩民国政府自由贸易协定》。①

中乌签署"丝绸之路经济带"经贸合作议定书　2015 年 6 月 15 日，在山东日照举行的中国 – 乌兹别克斯坦政府间合作委员会第三次会议期间，商务部国际贸易谈判代表兼副部长钟山与乌兹别克斯坦对外经济关系、投资和贸易部部长加尼耶夫共同签署了《关于在落实建设"丝绸之路经济带"倡议框架下扩大互利经贸合作的议定书》。②

中澳签订自贸协定　2015 年 6 月 17 日，高虎城与澳大利亚贸易与投资部部长安德鲁·罗布在澳大利亚堪培拉分别代表两国政府正式签署《中华人民共和国政府和澳大利亚政府自由贸易协定》。③

大力推动与"一带一路"沿线国家在基建等领域合作　2015 年 7 月 7 日，商务部新闻发言人沈丹阳表示根据《国务院关于推进国际产能和装备制造合作的指导意见》，商务部将会同有关部门从重点围绕"一带一路"加强对企业"走出去"重点国别和产业的指引，特别是要大力推动与"一带一路"沿线国家在基础设施建设和加工制造等重点领域的合作。④

制定"一带一路"重点项目规划　2015 年 9 月 17 日，商务部国际贸易谈判副代表张向晨在国务院新闻办公室举行的新闻发布会上表示，现在正结合"十三五"规划，专门制定有关"一带一路"重点项目的规划。⑤

出台"一带一路"三年实施方案　2015 年 12 月 25 日，商务部发文，表示将出台"一带一路"三年实施方案。⑥

① 王楷：《中韩签署中韩自贸协定》，央广网，2015 年 6 月 2 日，http：//china. cnr. cn/news/20150602/t20150602_ 518712069. shtml。
② 《中国乌兹别克签署"丝绸之路经济带"经贸合作议定书　第 4 份中外合作文件》，观察者网，2015 年 6 月 17 日，http：//www. guancha. cn/economy/2015_ 06_ 17_ 323707. shtml。
③ 《中澳自贸协定今签订　85. 4% 澳洲进口商品零关税》，网易新闻，2015 年 6 月 17 日，http：//news. 163. com/15/0617/09/ASA7FMVC0001124J. html。
④ 《商务部：大力推动与"一带一路"沿线国家基建等领域合作》，中国新闻网，2015 年 7 月 7 日，http：//www. chinanews. com/cj/2015/07 – 07/7389811. shtml。
⑤ 《商务部：正在制定"一带一路"重点项目规划》，凤凰网，2015 年 9 月 17 日，http：//news. ifeng. com/a/20150917/44676160_ 0. shtml。
⑥ 《2015 年商务工作年终综述之一：加快构建开放型经济新体制》，中华人民共和国商务部网站，2015 年 12 月 25 日，http：//www. mofcom. gov. cn/article/ae/ai/201512/20151201220159. shtml。

国防部

2015 年 7 月 31 日，国防科工网站消息显示，"一带一路"空间信息走廊建设与应用工程（一期）实施方案（2015~2017 年）通过专家评审会。与会专家认为，该项目是实施"一带一路"的重大基础设施和应用工程，有助于促进"一带一路"沿线国家实现空间信息互联互通。[1]

教育部

2015 年，教育部继续推进了以孔子学院为代表的各项对外文化和教育交流活动，同时也积极推进职业教育"走出去"、职业教育改革、高校毕业生就业、教育信息化等工作，落实"一带一路"。此外，教育部语言文字信息管理司副司长田立新表示，"一带一路"语言筑基工程将被写入"十三五"规划。[2]

科技部

亚非杰出青年科学家来华工作　2015 年 3 月 31 日，由科技部国际合作司主办、中国科技交流中心承办的"亚非杰出青年科学家来华工作计划"宣讲会在北京举办。来自"一带一路"亚非地区的 26 个国家驻华使馆科技官员、参与相关计划的外籍青年科学家及科研院所代表出席了会议。[3]

---

[1]《国防科工局"一带一路"空间信息走廊建设与应用方案通过评审》，中华人民共和国中央人民政府网站，2015 年 7 月 31 日，http://www.gov.cn/xinwen/2015-07/31/content_2906543.htm。

[2]《"一路一带"需语言搭桥》，中国政协新闻网，2015 年 10 月 21 日，http://cppcc.people.com.cn/n/2015/1021/c34948-27721166.html。

[3]《落实"一带一路"愿景，促进科技人员交流——"亚非杰出青年科学家来华工作计划"宣讲会在京召开》，中华人民共和国科学技术部网站，2015 年 4 月 14 日，http://www.most.gov.cn/kjbgz/201504/t20150414_118993.htm。

来自11个亚非国家的60多名青年科学家已经来到中国参与科技合作。①

与斯里兰卡签署科技合作备忘录　2015年6月12～14日，由科技部和云南省人民政府共同主办的第一届中国－南亚技术转移与创新合作大会暨中国－南亚科技伙伴计划启动仪式在昆明成功举办。会上，科技部与斯里兰卡高等教育与研究部就共建中斯生物技术联合实验室和共同组织实施中斯科学家交流计划签署合作谅解备忘录。②

"武汉共识"：主动对接"一带一路"等国家战略　2015年6月13日，科技部火炬中心在武汉东湖高新区召开建设世界一流高新区工作座谈会，8家国家高新区管委会的主要负责人及多位专家领导出席并达成"武汉共识"，认为高科技园区必须增强责任感和紧迫感，主动对接"一带一路"等国家发展战略。③

科技援疆落实"一带一路"　2015年8月10日，科技部在乌鲁木齐召开援疆干部座谈会，党组书记、副部长王志刚会见了中组部从科技部选派的5名援疆干部，指出，科技援疆工作是贯彻落实中央提出的创新驱动发展战略和"一带一路"的重要举措。④

科技部发出科技人才服务"一带一路"倡议　2015年8月25日，由科技部主办的科技人才服务"一带一路"建设峰会在京举行。会议宣读了《科技人才服务"一带一路"建设倡议》，还提出定期举办科技人才服务"一带一路"建设峰会，确定峰会长效组织机制，成立由科技、经济、产

---

① 董碧娟：《推进"一带一路"科技合作　亚非11国青年科学家来华工作》，凤凰网，2015年4月19日，http://finance.ifeng.com/a/20150419/13645157_0.shtml.

② 《第一届"中国—南亚技术转移与创新合作大会"在昆明成功举办》，中华人民共和国科学技术部网站，2015年7月8日，http://www.most.gov.cn/dfkj/yn/zxdt/201507/t20150708_120623.htm。

③ 《八家国家高新区达成"武汉共识"：率先驱动发展　冲刺世界一流高科技园区》，中华人民共和国科学技术部网站，2015年6月26日，http://www.most.gov.cn/kjbgz/201506/t20150626_120201.htm。

④ 《科技部召开援疆干部座谈会》，中华人民共和国科学技术部网站，2015年8月14日，http://www.most.gov.cn/kjbgz/201508/t20150814_121169.htm。

业等各方面专家组成的专家顾问组。①

中阿技术转移中心揭牌 2015 年 9 月 10 ~ 13 日，中国 – 阿拉伯国家博览会期间，为落实习近平"一带一路"重要倡议，中国 – 阿拉伯国家技术转移中心揭牌，还举行了中阿技术转移暨创新合作大会。会上，全国政协副主席、科技部部长万钢发表了题为《科技创新共促发展》的主旨演讲，就深化中阿技术转移和科技合作提出了 6 点设想，大会还签署了 12 项科技合作协议。②

中俄科技对接 2015 年 10 月 26 日，中俄总理定期会晤委员会科技合作分委会第十九届例会在俄罗斯杜布纳举行。在例会框架下，双方联合举办了"一带一路"与"欧亚经济联盟"对接暨中俄高技术与创新合作圆桌会议。③

中蒙开创协同创新发展新格局 2015 年 10 月 23 日，中国 – 蒙古国技术转移暨创新合作大会召开。中蒙两国有关部门领导和专家围绕"弘扬丝路精神，传承友谊，深化合作，协同创新，共同发展"这一主题，探讨了两国科技创新前沿，分析了两国技术转移趋势，共享了创新创业经验，现场签订了两国科技园区、科技孵化器及联合实验室等方面的科技合作协议 25 项。④

中塞签署科技合作谅解备忘录 2015 年 11 月 26 日，中国科技部与塞尔维亚教育、科学和技术发展部正式签署《中华人民共和国科学技术部与塞尔维亚共和国教育、科学和技术发展部关于组织中方科学家参加塞方国

---

① 魏艳：《科技部发科技人才服务"一带一路"倡议：打造专有智库》，人民网，2015 年 8 月 25 日，http：/scitech. people. com. cn/n/2015/0825/c1007 – 27514582. html。

② 《2015 中阿博览会科技活动取得丰硕成果》，中华人民共和国科学技术部网站，2015 年 10 月 15 日，http：//www. most. gov. cn/dfkj/nx/zxdt/201510/t20151015_ 122002. htm。

③ 《中俄总理定期会晤委员会科技合作分委会第十九届例会在俄罗斯杜布纳举行》，中华人民共和国科学技术部网站，2015 年 11 月 11 日，http：//www. most. gov. cn/kjbgz/201511/t20151111_ 122286. htm。

④ 《中蒙开创协同创新发展新格局》，中华人民共和国科学技术部网站，2015 年 11 月 11 日，http：//www. most. gov. cn/dfkj/nmg/zxdt/201511/t20151111_ 122319. htm。

家科研项目评审的谅解备忘录》。①

编制"一带一路"专项规划 2016年1月11日，科技部内部网站发表题为《盘点2015 坚持全球视野强化科技开放合作》的文章。文章将2015年科技工作对外开放总结为：编制"一带一路"科技创新合作专项规划，建立中以创新合作联委会机制，推动中俄双边政府间大项目合作，协同建设亚欧科技创新合作中心，推进"上海合作组织科技伙伴计划"实施等。②

工业和信息化部

结合"一带一路"，带动钢铁行业"走出去" 2015年1月20日，工信部原材料工业司与中国钢铁工业协会进行工作交流，并就结合"一带一路"研究钢铁行业"走出去"等方面达成共识。③

推进"一带一路"高速宽带移动网络建设 2015年10月12日，工业和信息化部党组成员、办公厅主任莫玮出席在布达佩斯举办的2015年ITU世界电信展期间表示，希望世界各国加强交流合作，共同推进"一带一路"高速宽带移动网络建设。④

欢迎各国参与"一带一路"空间信息走廊建设 2015年12月28日，工业和信息化部副部长、国家航天局局长许达哲出席亚太空间合作组织2016年新年招待会，并表示中国正在积极推进"一带一路"规划实施，中方诚挚欢迎各国参与"一带一路"空间信息走廊建设。⑤

---

① 《中国和塞尔维亚签署科技合作谅解备忘录》，中华人民共和国科学技术部网站，2015年12月11日，http：//www.most.gov.cn/kjbgz/201512/t20151211_ 122849.htm。

② 《坚持全球视野强化科技开放合作》，中华人民共和国科学技术部网站，2016年1月11日，http：//www.most.gov.cn/ztzl/qgkjgzhy/2016/2016pd2015/201601/t20160111_ 123658.htm。

③ 《工信部与中钢协就结合"一带一路"研究钢铁行业"走出去"达成共识》，东方财富网，2015年1月21日，http：//guba.eastmoney.com/us/news，000629，143128382.html。

④ 刘启诚：《莫玮：加快4G建设，推进"一带一路"高速宽带移动网络建设》，通信世界网，2015年10月13日，http：//www.cww.net.cn/news/html/2015/10/13/20151013t21256860.htm。

⑤ 《工信部：欢迎各国参与一带一路空间信息走廊建设》，新浪财经，2015年12月29日，http：//finance.sina.com.cn/stock/t/2015 - 12 - 29/doc - ifxmxxsr3988597.shtml。

公安部

2015 年，为贯彻落实"一带一路"，公安部参加了东盟、湄公河流域执法安全合作部长级会议；与阿拉伯、约旦、保加利亚等"一带一路"沿线国家和国际刑警组织等国际组织就进一步加强国际和地区执法安全合作进行了多方磋商，取得了良好成果。

2015 年 9 月 22 日，由公安部主办的新亚欧大陆桥安全走廊国际执法合作论坛在江苏省连云港市开幕。中国与俄罗斯、哈萨克斯坦、荷兰、德国等大陆桥沿线 12 国警方应邀参会，研究探讨打造安全走廊，为"一带一路"建设保驾护航的思路举措与合作新模式。①

司法部

加强法律和司法交流合作，服务"一带一路" 2015 年 8 月 18 日，司法部部长吴爱英率团出席了在塔吉克斯坦首都杜尚别举行的第三次上海合作组织成员国司法部长会议，并在会上表示，中国司法部愿同各成员国司法部一道，进一步加强司法部间法律服务领域合作，积极为本地区"一带一路"建设服务。②

成立司法部服务"一带一路"研究中心 2015 年 10 月 14 日，司法部部长吴爱英主持召开党组会议，决定成立司法部服务"一带一路"研究中心。③

发布司法行政服务"一带一路"意见 2015 年 11 月，司法部印发

---

① 丁国锋：《中国与"一带一路"12 国警方共建安全走廊》，人民网，2015 年 9 月 23 日，ht-tp：//world. people. com. cn/n/2015/0923/c157278 – 27624294. html。
② 刘子阳：《进一步加强法律和司法领域交流合作积极为"一带一路"建设服务》，新浪网，2015 年 8 月 19 日，http：//news. sina. com. cn/o/2015 – 08 – 19/doc – ifxfxrai2131176. shtml。
③ 刘子阳：《切实加强理论和实践研究为推进"一带一路"建设作出积极贡献》，法制网，2015 年 10 月 15 日，http：//www. legaldaily. com. cn/leader/content/2015 – 10/15/content_ 6305737. htm?node = 34071。

《关于司法行政工作服务"一带一路"建设的意见》，对司法行政工作服务"一带一路"建设做出部署，提出了7项主要任务。[1]

财政部

签署《亚投行协定》　2015年6月29日，《亚投行协定》签署仪式在北京举行。亚投行57个意向创始成员国的财长或授权代表出席了签署仪式，其中已通过国内审批程序的50个国家正式签署《亚投行协定》，其他尚未通过国内审批程序的意向创始成员国见证了签署仪式。财政部部长楼继伟作为中方授权代表签署《亚投行协定》。楼继伟表示，2015年5月下旬，57个意向创始成员国如期商定了《亚投行协定》文本。《亚投行协定》签署仪式标志着亚投行筹建工作进入《亚投行协定》批准生效和全面做好运营准备的新阶段。年底之前，经法定数量的国家批准后，《亚投行协定》即告生效，亚投行正式成立。[2]

"一带一路"将获财税政策支持　2015年1月初，财政部在部署2015年具体工作时，提出要结合实施"一带一路"规划，加快推进基础设施互联互通。国税总局表示，将积极研究和认真落实服务"一带一路"等三大战略的税收措施。这意味着2015年"一带一路"将迎来财税支持政策。[3]

携手沿线国家落实"一带一路"　2015年7月14日，楼继伟出席在埃塞俄比亚首都亚的斯亚贝巴举行的联合国第三次发展筹资国际会议。会上，楼继伟指出，中国将与有关各方一道积极推动亚投行、金砖银行等多边开发机构的筹建运营工作，并将携手沿线国家落实"一带一路"等新型发展倡议，为全球发展事业贡献新的公共产品，与世界各国实现共同增

---

① 《司法部：努力为"一带一路"建设提供法律服务和保障》，新浪网，2015年11月26日，http://finance.sina.com.cn/sf/news/2015-11-26/093411620.html。

② 李丽辉：《〈亚洲基础设施投资银行协定〉签署仪式举行》，人民网，http://world.people.com.cn/n/2015/0630/c1002-27227275.html。

③ 《"一带一路"规划获批即将出台　将获财税政策支持》，腾讯网，2015年1月13日，http://finance.qq.com/a/20150113/018363.htm。

长、共享繁荣。①

国土资源部

2015年，国土资源部"一带一路"基础地质调查与信息服务计划得到逐步落实，与"一带一路"沿线国家和地区在地学研究和地质调查、能源与矿业等方面的合作也在有序推进。由国土资源部中国地质调查局组织编制的《"一带一路"能源和其他重要矿产资源图集》已于2015年5月出版。② 由国土资源部会同"一带一路"沿线国家和地区合作编制的《亚洲地下水序列图》等合作研究成果也已经发布。③ 这些成果将服务沿线地区基础设施互联互通和经济走廊建设。

环境保护部

中阿签署环境合作备忘录 2015年9月11日，中国–阿拉伯国家环境保护合作论坛在宁夏举行。中国环保部与阿拉伯国家联盟秘书处共同签署环境合作谅解备忘录。④

绿色金融研究助推"一带一路" 2015年11月26日，世界自然基金会与环保部中国–东盟环境保护合作中心共同举办"'一带一路'与绿色金融系列研究"报告发布研讨会。大会指出，中国应借鉴多边开发银行的

① 梁尚刚等：《习近平主席代表、财政部部长楼继伟出席联合国第三次发展筹资国际会议》，新华网，2015年7月15日，http：//news. xinhuanet. com/politics/2015 –07/15/c_ 1115936394. htm。
② 张振芳：《〈"一带一路"能源和其他重要矿产资源图集〉编制工作全面完成》，全国地质资料信息网，2015年7月27日，http：//www. ngac. cn/GTInfoShow. aspx?InfoID = 5164&ModuleID = 73&PageID = 1。
③ 《姜大明在2015中国国际矿业大会开幕式上的致辞》，中华人民共和国国土资源部网站，2015年10月22日，http：//www. mlr. gov. cn/xwdt/jrxw/201510/t20151022_ 1384964. htm。
④ 《中阿环保市场潜力巨大》，新浪网，2015年9月21日，http：//www. hbzhan. com/news/De-tail/100409. html。

国际经验，通过绿色金融推动"一带一路"。①

交通运输部

"一带一路"与国内交通发展规划衔接 2015年3月17日，交通运输部部长杨传堂主持召开专题会议，研究"一带一路"、京津冀协同发展、长江经济带"三大战略"推进情况及下一步工作。杨传堂强调，推进实施"三大战略"，一是将推进"三大战略"作为一项长期工作，狠抓落实，逐项推进；二是统筹"三大战略"在交通运输领域的推进实施，做好与"十三五"规划的衔接；三是全面把握"三大战略"的核心和要义，推动重大项目建设率先突破；四是"一带一路"规划实施方案要进一步贯彻落实好党中央、国务院有关精神，做好与国内交通发展规划的衔接。②

从三方向对接"一带一路"建设 2015年4月16日，交通运输部新闻发言人徐成光在北京举行的新闻发布会上表示，交通运输承载着与沿线60多个国家构建基础设施互联互通的重要使命，将从三个方向对接"一带一路"建设。一是通过规划对接，共同推进国际骨干通道建设。二是抓住交通基础设施的关键通道、关键节点和重点工程，逐步形成内畅外联的国际运输大通道。三是大力推动交通运输企业"走出去"，带动相关产业转型升级。③

审议通过落实"一带一路"规划实施方案 2015年5月29日，杨传堂日前主持召开部务会议。会议审议通过《交通运输部落实"一带一路"

---

① 朱琳：《绿色金融研究助推"一带一路"沿线国绿色发展》，21世纪新闻，2015年11月27日，http://news.21cn.com/caiji/roll1/a/2015/1127/16/30322198.shtml。

② 孙春芳：《交通部推进一带一路 称早晚要上的项目及早推出》，网易新闻，2015年3月19日，http://money.163.com/15/0319/04/AL1UV1LU00253B0H.html。

③ 周音：《中国交通运输部将从三方向对接"一带一路"建设》，中国新闻网，2015年4月16日，http://www.chinanews.com/gn/2015/04-16/7212728.shtml。

战略规划实施方案（送审稿）》。①

中土签署国际公路运输协议草案 2015 年 5 月 25～26 日，土耳其交通部公路局局长穆斯塔法访问中国并在北京与中国交通部签署了《国际公路运输协议草案》。这是中国提出与土耳其共建丝绸之路经济带倡议以来，首次就具体合作项目与土方达成一致。②

农业部

2015 年 6 月 27 日，在贵阳举办的"生态农业与农业国际化的模式创新"分论坛上，农业部副部长屈冬玉强调，要加强"一带一路"沿线国家和地区的农业科技交流，建立"一带一路"农业产业国际合作示范区，推动形成现代农业产业化合作机制。③

文化部

以文化带动"一带一路" 2015 年 2 月 11 日，文化部在 2015 年第一季度例行新闻发布会上表示，目前中国已与丝绸之路经济带沿线国家在官方交流方面建立了很多文化交流机制。2015 年，中国对外文化交流的重点是以文化带动"一带一路"，继续拓展海外文化中心的建设等，落实的海外文化中心建设、运行、业务经费预算达 3.6 亿元，与 2014 年相比，增长率高达 181%。④

---

① 《杨传堂主持召开部务会议 研究以"四个全面"为统领发挥交通先行作用 审议通过落实"一带一路"战略规划实施方案》，中华人民共和国交通运输部网站，2015 年 6 月 1 日，http：//www. moc. gov. cn/zhuzhan/jiaotongxinwen/xinwenredian/201506xinwen/201506/t20150601_ 1827098. html。

② 《土耳其与中国签署国际公路运输协议草案》，中国青年网，2015 年 6 月 16 日，http：//news. youth. cn/jsxw/201506/t20150616_ 6759452. htm。

③ 施维等：《农业部副部长：建立一带一路农业产业国际合作示范区》，中国农业新闻网，2015 年 7 月 1 日，http：//www. farmer. com. cn/tppd/snjj/201507/t20150701_ 1124526. htm。

④ 郭佳：《文化部：重点以文化带动一带一路战略构想》，经济网，2015 年 2 月 12 日，http：//www. ceweekly. cn/2015/0212/104208. shtml。

"一带一路"文化发展规划开题　2015 年 7 月 21 日，《文化部"一带一路"文化发展规划（2016 年~2020 年）》草案起草及相关研究课题开题研讨会召开。文化部外联局局长谢金英指出，按照文化部相关领导的指示，外联局作为文化部"一带一路"工作的牵头司局，正在协同政策法规司、文化产业司等文化部相关司局抓紧编制《文化部"一带一路"文化发展规划（2016 年~2020 年）》，中国传媒大学进行规划的前期预研和草案起草。①

重点资助"一带一路"主题剧（节）目　根据文化部办公厅 2015 年 8 月 11 日发布的《文化部办公厅关于开展"中华优秀传统艺术传承发展计划"民族音乐舞蹈专项扶持工作的通知》，2015 年，中国民族音乐舞蹈扶持发展工程将重点资助国内艺术院团、艺术机构赴"一带一路"沿线地区采风，创演"一带一路"主题剧（节）目。②

国家卫生计生委

2015 年 10 月 14 日，国家卫生计生委办公厅发布了《国家卫生计生委关于推进"一带一路"卫生交流合作三年实施方案（2015~2017）》。根据该方案，为促进我国及沿线国家卫生事业发展，打造"健康丝绸之路"，为"一带一路"建设提供有力支持并做出应有贡献，国家卫生计生委将秉持中央与地方相结合、重点与全面相结合、多边与双边相结合、政府与民间相结合和援助与合作相结合的合作原则，计划在 3 年内开展举办"丝绸之路卫生合作论坛"等 38 个重点项目和活动，涉及合作机制建设等 8 个重点合作领域。③

---

① 刘文杰等：《文化部"一带一路"文化发展规划开题研讨会召开》，中国传媒大学新闻网，2015 年 7 月 23 日，http：//mby. cuc. edu. cn/zcyw/3412. html。
② 《文化部将重点资助"一带一路"主题剧（节）目创演》，中国经济网，2015 年 8 月 18 日，http：//www. ce. cn/culture/gd/201508/18/t20150818_ 6252506. shtml。
③ 《国家卫生计生委办公厅关于印发〈国家卫生计生委关于推进"一带一路"卫生交流合作三年实施方（2015~2017）〉的通知》，中华人民共和国国家卫生和计划生育委员会网站，2015 年 10 月 23 日，http：//www. nhfpc. gov. cn/gjhzs/s7951/201510/7c6079e5164c4e14b06 a48340bd0588a. shtml。

中国人民银行

扩大人民币跨境使用 2015 年 1 月 8 ~ 9 日，2015 年中国人民银行工作会议在北京召开，会议提出了扩大人民币跨境使用等 2015 年的主要工作任务。①

跨境人民币业务积极对接"一带一路" 2015 年 1 月 19 日，2015 年跨境人民币业务暨有关监测分析工作会议在北京召开。会议强调 2015 年要认真贯彻落实人民银行工作会议精神，并提出了要主动作为，积极对接"一带一路"等国家战略实施，不断拓展跨境人民币业务发展空间，深化货币合作，积极有序推进人民币国际化四点工作要求。②

启动丝路基金 2015 年 2 月，中国人民银行行长周小川接受《第一财经日报》记者专访时表示，丝路基金已经开始运行，并于 1 月 6 日召开了第一次董事会会议。他还指出，丝路基金不是中国版马歇尔计划，可以看作投资周期更长的 PE。此外，丝路基金还有投资期限比较长、需要回报、投资项目要求效益的特点，目前不包含外源性资金或捐赠性的资金。③ 2015 年 3 月 12 日，第十二届全国人大三次会议新闻中心举行记者会，丝路基金有限责任公司董事长金琦参会并回答记者提问。金琦指出，丝路基金要遵循对接、效益、合作、开放四项原则。④

加强与多边机构的合作 2015 年 6 月 27 日，中国人民银行研究局副局长易诚在第四届中国（广州）国际金融交易·博览会期间表示，中国跟

---

① 许志平、牛娟娟：《2015 年人民银行工作会议在京召开》，新华网，2015 年 1 月 12 日，http：//www. bj. xinhuanet. com/hbpd/jrpd/jrpd/2015 – 01/12/c_ 1113958366. htm。

② 《央行：积极对接"一带一路"等国家战略实施》，网易财经，2015 年 1 月 20 日，http：//money. 163. com/15/0120/18/AGE0VRP000254IU3. html。

③ 杨燕青等：《周小川：丝路基金起步运作　不是中国版马歇尔计划》，人民网，2015 年 2 月 16日，http：//finance. people. com. cn/n/2015/0216/c1004 – 26573112. html。

④ 《央行行长记者会（实录）》，搜狐网，2015 年 3 月 12 日，http：//news. sohu. com/20150312/n409704290. shtml。

“一带一路”沿线国家的金融合作可涵盖推进亚洲货币的稳定体系和投融资体系、债券市场的合作和开放等多个方面。他还指出，推进“一带一路”合作需重要注意几个方面的问题：一是加强和推进国际公关；二是扎实地进行研究；三是要处理好政府与企业、市场的关系；四是注意金融合作的可持续性；五要加强与多边机构的合作。①

推动人民币国际化　2015 年 11 月，周小川为“十三五”撰写的解读文章表示，“十三五”末，预期人民币跨境收支占我国全部本外币跨境收支的比例超过 1/3，人民币成为一种国际性货币。②

中国加入 SDR　2015 年 11 月 30 日，国际货币基金组织（IMF）执董会批准人民币加入特别提款权（SDR）货币篮子，新的货币篮子将于 2016 年 10 月 1 日正式生效。人民币被认定为可自由使用货币，并将作为第五种国际货币。③

金融支持福建自贸区　2015 年 12 月 9 日，中国人民银行发布金融支持中国（福建）自由贸易试验区建设以及中国（天津）自由贸易试验区建设的指导意见。指导意见指出，在支持福建自贸区建设时，要以深化两岸金融合作为主线，突出特点，促进贸易投资便利化，推动经济转型升级，为两岸经贸合作和 21 世纪海上丝绸之路核心区建设提供金融支持。④

中国加入欧洲复兴开发银行（EBRD）　2015 年 12 月 14 日，欧洲复兴开发银行理事会通过接受中国加入该行的决议。在履行国内相关法律程序后，中国将正式成为该行成员。中国人民银行有关负责人在 15 日表示，

---

① 朱文彬：《央行研究局副局长：资金融通是“一带一路”建设的重要支撑》，凤凰网，2015 年 6 月 27 日，http：//finance.ifeng.com/a/20150627/13802740_0.shtml。

② 《周小川解读“十三五”：人民币将成国际性货币》，中国新闻网，2015 年 11 月 11 日，http：//www.chinanews.com/fortune/2015/11-11/7617132.shtml。

③ 刘劼、高攀：《国际货币基金组织批准人民币加入特别提款权货币篮子》，新华网，2015 年 12 月 1 日，http：//news.xinhuanet.com/2015-12/01/c_1117309624.htm。

④ 《央行发文支持福建天津自贸区建设　重点丝绸之路》，头条网，2015 年 12 月 11 日，http：//toutiao.com/i6226890724843979265/。

中国加入欧洲复兴开发银行将有力推动"一带一路"倡议与欧洲投资计划对接，为中方与欧洲复兴开发银行在中东欧、地中海东部和南部及中亚等地区进行多种形式的项目投资与合作提供广阔空间。①

国家语言文字工作委员会

国家语委组织研究并制定《推进"一带一路"建设语言规划研究行动方案》，并牵头组织开展"一带一路"语言文字专项课题研究。2015 年，经申报和专家评审，首批批准设立 6 个项目。②

国务院国有资产监督管理委员会

召开中央企业参与"一带一路"专题工作会议 2015 年 6 月 18 ~ 19 日，国务院国有资产监督管理委员会（以下简称"国资委"）在京召开推进中央企业参与"一带一路"建设暨国际产能和装备制造合作工作会议，研究部署推进中央企业参与"一带一路"建设、加强国际产能和装备制造合作以及稳增长等工作。③

发布《"一带一路"中国企业路线图》 2015 年 7 月 14 日，国务院国资委新闻中心发布《"一带一路"中国企业路线图》，分交通、电力、建材、通信等多个领域，全方位盘点和展现中央企业"走出去"的发展现

---

① 刘铮、王文迪：《中国加入欧洲复兴开发银行将力推"一带一路"倡议与欧洲投资计划对接》，中华人民共和国中央人民政府网站，2015 年 12 月 15 日，http：//www. gov. cn/xin-wen/2015 - 12/15/content_ 5024153. htm。

② 《国家语委设立"一带一路"语言文字研究专项服务国家战略实施》，中华人民共和国教育部网站，2015 年 12 月 11 日，http：//moe. gov. cn/s78/A19/moe_ 814/201512/t20151211_ 224388. html。

③ 《国资委召开推进中央企业参与"一带一路"建设暨国际产能和装备制造合作工作会议》，国务院国有资产监督管理委员会网站，2015 年 6 月 19 日，http：//www. sasac. gov. cn/n85881/n85926/c1961109/content. html。

状。目前已有 80 多家中央企业在“一带一路”沿线国家设立分支机构，在促进基础设施互联互通方面，中央企业承担了大量“一带一路”战略通道和战略支点项目的建设和推进工作。①

推进“一带一路”建设法律风险防范 2015 年 12 月，国务院国资委政策法规局组织部分中央企业编写的“一带一路沿线国家法律风险防范指引”系列丛书出版发行。② 在此之前，2015 年 7 月 21 日，国资委举办了中央企业参与“一带一路”建设法律风险防范专题视频会暨第一期法治讲堂，扎实推进参与“一带一路”建设的法律风险防范工作。③

海关总署

2015 年，海关总署出台了关于落实“一带一路”的实施方案，出台了关于支持和促进福建、天津、广东自由贸易试验区建设发展的若干措施，以推动自由贸易区服务“一带一路”建设；出台了关于落实“一带一路”的实施方案，以推进互联互通、实施“关通天下”为目标，重点推进了畅顺大通道、提升大经贸、深化大合作三方面工作。到 2015 年底，海关总署已经和 131 个国家签署了 166 份合作文件④，形成了全方位、立体化、网络式的互联互通。

丝绸之路经济带十关区域通关一体化 2015 年 3 月 30 日，海关总署发布《关于开展丝绸之路经济带海关区域通关一体化改革的公告》。根

---

① 华晔迪：《80 多家央企在“一带一路”沿线国家设立分支机构》，凤凰网，2015 年 7 月 14 日，http://finance.ifeng.com/a/20150714/13839649_0.shtml。

② 《国资委系统法治工作简报（第 3 期）》，国务院国有资产监督管理委员会网站，2016 年 1 月 28 日，http://www.sasac.gov.cn/n85463/n327265/n327728/n327747/c2191367/content.html。

③ 《国资委举办中央企业参与“一带一路”建设法律风险防范专题视频会暨第一期法治讲堂》，国务院国有资产监督管理委员会网站，2015 年 7 月 22 日，http://www.sasac.gov.cn/n85463/n327265/n327728/n327747/c1999364/content.html。

④ 蔡梦晓：《海关总署谈“一带一路”通关部署：明年重点深化通关便利化领域合作》，新华网，2015 年 12 月 24 日，http://news.xinhuanet.com/live/2015-12/24/c_1117565668.htm。

据该公告，自 2015 年 5 月 1 日起，海关总署在山东、河南、山西、陕西、甘肃、宁夏、青海、新疆、西藏 9 省（区）内的青岛、济南、郑州、太原、西安、兰州、银川、西宁、乌鲁木齐、拉萨 10 个海关启动丝绸之路经济带海关区域通关一体化改革。① 4 月 2 日，丝绸之路经济带海关区域通关一体化改革领导小组会议召开，十关关长齐聚青岛，凝聚共识，共商改革计划。4 月 13 日，丝绸之路经济带海关区域通关一体化应急协调中心正式启用，来自青岛、济南等 10 个海关的 70 余名海关工作人员入驻。②

优化"一带一路"沿线口岸布局　2015 年 4 月 28 日，海关总署表示，正在研究制定中的国家口岸发展"十三五"规划将与"一带一路"、长江经济带战略相衔接，优化两大战略沿线口岸布局，提升口岸效能、形成开放新优势。③

16 项措施服务"一带一路"建设　2015 年 5 月 27 ~ 28 日，由海关总署主办的"一带一路"海关高层论坛在西安成功召开。据论坛透露，海关总署已制定服务"一带一路"建设实施方案，提出 16 项支持措施，着力畅顺大通道、提升大经贸、深化大合作，加强跨部门合作、跨地区合作和国际海关合作，推动形成全方位、立体化、网络化的互联互通，全力服务"一带一路"建设。④

中俄蒙签署海关合作文件　2015 年 7 月 10 日，在俄罗斯乌法会议中蒙俄元首会晤期间，中国海关与蒙古、俄国签订了《中蒙俄海关关于创造便利条件促进贸易发展的备忘录》和《中蒙俄海关关于边境口岸发展领域

---

① 《中华人民共和国海关总署公告 2015 年第 9 号》，中华人民共和国商务部网站，2015 年 6 月 1 日，http：//www. mofcom. gov. cn/article/b/g/201506/20150600998283. shtml。

② 张翼：《通关"高速路"贯穿丝绸之路经济带》，《光明日报》，2015 年 4 月 22 日，http：//news. gmw. cn/2015 - 04/22/content_ 15439628. htm。

③ 王希：《我国将优化"一带一路"与长江经济带沿线口岸布局》，中华人民共和国中央人民政府网站，2015 年 4 月 28 日，http：//www. gov. cn/xinwen/2015 - 04/28/content_ 2854686. htm。

④ 王希等：《中国海关总署出台 16 项措施服务"一带一路"建设》，新华网，2015 年 5 月 27 日，http：//news. xinhuanet. com/2015 -05/27/c_ 1115427112. htm。

合作的框架协定》。①

与东盟将加强海关合作，服务“一带一路” 在中国－东盟互联互通海关合作研讨会上，海关总署副署长孙毅彪表示，未来中国将与东盟海关在加强贸易便利化、信息共享、执法互助、能力建设、机制衔接等方面进行合作，推动全方位、立体化、网络化的互联互通，服务“21 世纪海上丝绸之路”建设。② 此次会议上通过了《中国－东盟海关互联互通合作研讨会共识》，签订了中越、中老海关合作文件。

19 项措施支持新疆打造“一带”核心区 2015 年 10 月 23 日，海关总署支持新疆丝绸之路经济带核心区建设座谈会在乌鲁木齐召开，公布了支持新疆丝绸之路经济带核心区建设的 19 项措施，涵盖支持多式联运体系建设、促进口岸通道网络建设、强化海关跨境监管合作、支持新疆特殊监管区域建设、推动新疆贸易新业态发展、支持新疆企业“走出去”等方面，可说是打破常规，把最好的政策措施优化叠加在一起。

完成首票“一带一路”水铁联运过境监管业务 2015 年 11 月 13 日，我国海关首票“一带一路”水铁联运过境监管货物启运，顺利开通虎门港与东莞石龙铁路国际物流中心水铁联运过境通道。③

国家税务总局

2015 年，国家税务总局梳理了与“一带一路”沿线 64 个国家签订税收协定情况，在尚未与我国签署协定的国家中择重点开展谈判，同时与一些国家就现行协定进行了修订，并且积极处理了“一带一路”沿线国家的

---

① 蔡梦晓等：《海关总署谈“一带一路”通关部署：明年重点深化通关便利化领域合作》，新华网，2015 年 12 月 24 日，http：//news. xinhuanet. com/live/2015－12/24/c_ 1117565668. htm。

② 杨进欣等：《中国和东盟将加强海关合作服务“一带一路”建设》，中华人民共和国中央人民政府网站，2015 年 9 月 19 日，http：//www. gov. cn/xinwen/2015－09/19/content_ 2935280. htm。

③ 《我关完成首票“一带一路”水铁联运过境监管业务》，中华人民共和国黄埔海关网站，2015 年 11 月 20 日，http：//www. customs. gov. cn/publish/portal114/tab61116/info778725. htm。

相互协商案件。①

加快税收协定谈签，营造合作共赢的税收环境　2015 年 3 月 26 日，国家税务总局局长王军代表我国政府签署了中印尼税收协定议定书和谅解备忘录。② 2015 年 4 月 7 日，王军代表我国政府签署了《中越联合勘探北部湾海上油气资源税收问题的协议》。③ 2015 年 5 月 8 日，王军代表我国政府签署了中俄税收协定议定书。④ 2015 年 10 月，为配合中国 – 中东欧 16 国总理苏州会议，中国与罗马尼亚就修订税收协定达成一致并作为重大外交成果对外宣布。⑤ 2016 年 2 月 3 日，国家税务总局与中国国际贸易促进委员会在京签署《合作备忘录》。⑥

加强沟通合作，帮助企业了解沿线国家税收政策　2015 年 10 月，国家税务总局在前期试点工作经验的基础上，将国别税收信息研究工作全面覆盖"一带一路"沿线国家，以及我国"走出去"纳税人主要投资目的地，共计 95 个国家和地区。截至 2015 年，国家税务总局已编撰完成美国、蒙古、中国香港三份投资税收指南并在税务总局网站公开发布。2015 年税务总局深化国际合作，会同商务部举办了两期以"税收征管与纳税服务"为主题的部分亚洲和非洲国家税收培训班，加强与"一带一路"沿线国家税务主管当局的征管互助和协作。⑦

---

① 《税收服务"一带一路"发展战略　促进企业"走出去"》，国家税务总局网站，2016 年 2 月 2 日，http：//www. chinatax. gov. cn/n810219/n810724/c2003162/content. html。
② 《中印尼签署税收协定议定书及谅解备忘录》，中国税收网，2015 年 3 月 27 日，http：//www. ctaxnews. com. cn/xinwen/kuaixun/201503/t20150327_ 57436. htm。
③ 《中越签署联合勘探北部湾油气资源税收问题协议》，中华人民共和国中央人民政府网站，2015 年 4 月 8 日，http：//www. gov. cn/xinwen/2015 – 04/08/content_ 2843761. htm。
④ 《中俄签署税收协定议定书》，中国税收网，2015 年 5 月 11 日，http：//www. ctaxnews. com. cn/xinwen.. /kuaixun/201505/t20150511_ 59675. htm。
⑤ 《税收服务"一带一路"发展战略　促进企业"走出去"》，国家税务总局网站，2016 年 2 月 2 日，http：//www. chinatax. gov. cn/n810219/n810724/c2003162/content. html。
⑥ 《国家税务总局与中国国际贸易促进委员会签署合作备忘录》，新浪网，2016 年 2 月 5 日，http：//finance. sina. com. cn/roll/2016 – 02 – 05/doc – ifxpfhzn5700014. shtml。
⑦ 《税收服务"一带一路"发展战略　促进企业"走出去"》，国家税务总局网站，2016 年 2 月 2 日，http：//www. chinatax. gov. cn/n810219/n810724/c2003162/content. html。

优化税收服务，让"走出去"的企业走得更稳更远 2015 年 4 月 21 日，国家税务总局发布《关于落实"一带一路"发展战略要求 做好税收服务与管理工作的通知》。① 根据通知，税务总局从谈签协定维权益、改善服务促发展、加强合作谋共赢 3 个方面制定出台了服务"一带一路"发展规划的 10 项税收措施。在谈签协定维护权益方面，进一步加大税收协定谈签和修订的力度，进一步加强税收争议双边磋商机制；在改善服务促进发展方面，建立"一带一路"税收服务网页，举办"走出去"企业培训班，设立 12366 纳税服务热线专席，更好地发挥中介机构的作用，开展面对面宣讲；在加强合作谋求共赢方面，建立"一带一路"沿线国家税收沟通机制，开设税收论坛，尽力对外提供援助。②

国家工商行政管理总局

2015 年，国家工商行政管理总局以服务商事制度改革和落实国家"一带一路"、自由贸易区战略为重点，开展 300 余项多边交流活动，累计与国外机构、国际组织签署 49 项合作协议，参与 10 个自贸区协定谈判，不断扩大国际合作平台。③ 其中包括中国分别与加拿大、新加坡、蒙古签署的知识产权合作谅解备忘录，与俄罗斯签署的反不正当竞争与反垄断领域合作交流协定的谅解备忘录（2016 ~ 2017 年度），与韩国签署的消费者权益保护领域合作谅解备忘录和与马来西亚签署的市场主体准入与商标领域合作谅解备忘录。

---

① 《国家税务总局关于落实"一带一路"发展战略要求 做好税收服务与管理工作的通知》，税屋网，2015 年 4 月 24 日，http：//www. shui5. cn/article/3d/77725. html。
② 蔡岩红：《税总推 10 项税收措施服务"一带一路"》，人民网，2015 年 4 月 20 日，http：//legal. people. com. cn/n/2015/0420/c188502 - 26875235. html。
③ 张茅：《在全国工商和市场监管工作会议上的讲话》，工商研究工作网，2015 年 12 月 31 日，http：//www. saic. gov. cn/yjzx/gzyj/gzyj_ zyjh/zm/201512/t20151231_ 165597. html。

国家质量监督检验检疫总局

在支撑"一带一路"中唱响中国标准　2015 年 3 月 30 日，全国标准化工作会议在京召开。国家质量监督检验检疫总局（以下简称"国家质检总局"）局长支树平在会上表示，2015 年国家质检总局要以改革促进开放合作，提高标准国际化水平，推动中国标准"走出去"，在支撑"一带一路"中唱响中国标准。①

发布推进"一带一路"意见　2015 年 4 月 13 日，国家质检总局发布了《关于推进"一带一路"建设工作的意见》，确立了推动重点区域开发开放、更大力度服务对外贸易发展、加快"三互"和大通关机制改革创新、加强质检国际交流与合作、切实履行质检工作职责五个主要工作任务。②

质检援藏援疆，服务"一带一路"　2015 年 6 月 3 日 2015 年全国质检系统援藏援疆工作会议在乌鲁木齐召开，以提高质检系统服务"一带一路"建设的能力。此外，会议还签订了 2015 年质检系统援疆协议。③

开启丝路检验检疫"区域一体化"　2015 年 6 月 17 日，丝绸之路经济带沿线的中国十大出入境检验检疫局在青岛签署区域一体化合作协议，将实现跨辖区检验检疫一体化作业，预计可为企业节省 20% 到 30% 通关成本。④

联合发布《共同推动认证认可服务"一带一路"建设的愿景与行动》
2015 年 6 月 9 日，在 2015 年世界认可日活动暨认证认可服务"一带一路"

---

①　苏兰:《质检总局:聚力深化改革　支撑"一带一路"　唱响中国标准》，中国经济网，2015 年 3 月 30 日，http://www.ce.cn/cysc/newmain/yc/jsxw/201503/30/t20150330_ 4975669. shtml。

②　《质检总局关于推进"一带一路"建设工作的意见》，温州出入境检验检疫局，2015 年 6 月 3 日，http://wzciq.wenzhou.gov.cn/art/2015/6/3/art_ 6749_ 190812. html。

③　姚彤等:《提高质检系统服务"一带一路"建设能力》，天山网，2015 年 6 月 4 日，http://news.ts.cn/content/2015－06/04/content_ 11342027. htm。

④　《丝路经济带检验检疫开启"区域一体化"》，宁夏政务网，2015 年 6 月 19 日，http://www.nx.gov.cn/zdml/ydyl/107777. htm。

建设愿景与行动启动仪式上，认监委发布了《共同推动认证认可服务“一带一路”建设的愿景与行动》，倡议通过加强沿线国家的双多边合作，积极推进与“一带一路”建设相适应的认证认可合作互认进程。①

部省联手打造“一带一路”质量高地　2015 年 7 月 25 日，由国家质检总局、陕西省质监局与西安交通大学联合共建的中国西部质量科学与技术研究院在西安交通大学正式挂牌成立，共同打造“一带一路”质量高地。② 2015 年 8 月 30 日，山东省政府与国家质检总局在济南签署共同推动“一带一路”战略全力塑造山东开放型经济发展新优势合作协议。③

启动“一带一路”质检行　2015 年 9～12 月，国家质检总局将在全国范围内组织开展“看一带、走一路，2015‘一带一路’质检行”活动。2015 年 9 月 24 日，该活动正式启动。④

局长会促“一带一路”　2015 年 10 月 16 日，国家质检总局召开局长办公会，研究落实促进外贸和“一带一路”建设工作。会上，国家质检总局局长支树平要求，下一步，质检系统要加大改革力度，增进通关便利；加大政策扶持力度，努力扩大进出口；加大技术攻关力度，为外贸增长提供技术支撑；加快建立进出口检验检疫协调机制，加大宣传力度。⑤

高层联合推动“一带一路”食品安全合作　2015 年 11 月 3 日，由国家质检总局主办的“一带一路”（北京）食品安全合作高层对话在北京召开。

① 苏兰：《质检总局、认监委联合发布〈共同推动认证认可服务“一带一路”建设的愿景与行动〉》，中国经济网，2015 年 6 月 9 日，http：//www. ce. cn/cysc/zljd/qwfb/201506/09/t20150609_5590767. shtml。
② 《部省两级质监联手百年高校　共同打造“一带一路”质量高地》，凤凰网，2015 年 7 月 31 日，http：//sn. ifeng. com/zixun/jinrishanxi/detail_ 2015_ 07/31/4175922_ 0. shtml。
③ 《省政府与国家质检总局签共推“一带一路”战略合作协议》，凤凰网，2015 年 8 月 31 日，http：//news. ifeng. com/a/20150831/44554597_ 0. shtml。
④ 娄奕娟：《质检总局“看一带、走一路，2015‘一带一路’质检行”启动》，新华网，2015 年 9 月 24 日，http：//news. xinhuanet. com/food/2015 –09/24/c_ 128264467. htm。
⑤ 《质检总局研究落实促外贸和“一带一路”建设工作》，中华人民共和国中央人民政府网站，2015 年 10 月 19 日，http：//www. gov. cn/xinwen/2015 –10/19/content_ 2949546. htm。

会议形成并审议批准了《"一带一路"食品安全合作高层对话联合声明》。①

国家新闻出版广电总局

中白启动经典图书互译出版项目　2015 年 2 月 11 日，中国和白俄罗斯在第 22 届明斯克国际图书展销会开幕之际签署了《中国国家新闻出版广电总局与白俄罗斯新闻部关于"中白经典图书互译出版项目"合作谅解备忘录》，根据备忘录，中白双方将鼓励两国在出版领域的交流与合作，扩大两国优秀文学作品的翻译出版，2015 ~ 2020 年，双方每年至少各自翻译和出版对方国家 3 ~ 5 部优秀文学作品。据不完全统计，目前中白互译出版的作品已达到 117 种，内容涵盖文学、科技、历史等多个门类。②

24 家单位将成立"一带一路"广播协作网　2015 年 7 月 6 日，由中央人民广播电台主办、国家新闻出版广电总局研修学院协办的"一带一路"广播随行国际论坛在京举行。论坛期间，柬埔寨、哈萨克斯坦等"一带一路"沿线国家的广播电视台与中国中央人民广播电台，以及来自"一带一路"相关省份的省级广播电台代表共 24 家广播电视机构签署了成立"一带一路"广播协作网的合作备忘录，希望通过网络加强交流合作。③

"丝路书香工程"资助 56 家单位　2015 年 8 月 21 日，国家新闻出版广电总局公布了《2015 年"丝路书香工程"重点翻译资助项目公示名单》。经过前期审核、评审委员会评审，确定拟予资助 56 家申报单位的 304 个品种。④

---

① 《"一带一路"（北京）食品安全合作高层对话在京召开》，中华人民共和国中央人民政府网站，2015 年 11 月 4 日，http：//www. gov. cn/xinwen/2015 – 11/04/content_ 5004701. htm。
② 《中白启动经典图书互译出版项目　阎晓宏出席合作备忘录签字仪式》，新华网，2015 年 2 月 13 日，http：//news. xinhuanet. com/politics/2015 – 02/13/c_ 127494363. htm。
③ 《"一带一路"广播协作有了联合体》，中华人民共和国国家新闻出版广电总局网站，2015 年 7 月 7 日，http：//www. gapp. gov. cn/news/1656/255556. shtml。
④ 《2015 年"丝路书香工程"重点翻译资助项目公示名单》，爱微帮，2015 年 8 月 21 日，http：//www. aiweibang. com/yuedu/45786318. html。

力推"一带一路"主题纪录片 2015 年 10 月 22 日，"一带一路"主题纪录片重点项目协调会在西安召开。会上，国家新闻出版广电总局力推"一带一路"主题纪录片创作，力争"三性统一"，讲好丝路故事。①

出版业"一带一路"重点项目签约落地 2015 年 8 月 23 日，由中国出版集团公司和《光明日报》联合主办的第二届中外出版翻译恳谈会暨"一带一路"出版论坛在京举行。中国出版集团公司总裁谭跃出席开幕式并表示，在此次活动中，中国出版集团公司不仅将与俄罗斯、印度、土耳其等国家以及阿拉伯地区的出版商达成 20 多项版权签约协定，还将深入探讨中外出版业如何在"一带一路"战略中发挥更大作用，以及如何进一步密切不同领域的合作。②

与世界知识产权组织签署合作备忘录 2015 年 12 月 1 日，国家版权局和世界知识产权组织在上海签署了《关于进一步加强中国国家版权局与世界知识产权组织双边合作的谅解备忘录》。根据备忘录，双方将在版权领域全面开展合作；在巩固和加强版权领域现有交流合作的基础上，进一步加强版权宣传、人才培养，推动双方高层及工作层交流与沟通，以规划未来合作方向，从而更好地鼓励创新，保护创新成果。③

国家旅游局

拟制"一带一路"三年旅游推广活动计划 2015 年 1 月 8 日，由中国国家旅游局主办的"美丽中国——2015 丝绸之路旅游年"启动仪式在陕西西

---

① 《广电总局力推"一带一路"主题纪录片创作 力争"三性统一" 讲好丝路故事》，中国纪录片网，2015 年 10 月 23 日，http：//www. docuchina. cn/2015/10/23/ARTI1445569787960247. shtml。

② 吴娜等：《聚焦"一带一路"战略下的出版合作》，光明网，2015 年 8 月 24 日，http：//news. gmw. cn/2015－08/24/content_ 16775106. htm。

③ 《国家版权局与世界知识产权组织签署合作备忘录》，人民网，2015 年 12 月 2 日，http：//media. people. com. cn/n/2015/1202/c40606－27880639. html。

安举行。据悉，国家旅游局草拟制定了"一带一路"三年旅游推广活动计划。①

重点抓"一带一路"等区域旅游规划 2015 年 3 月 30 日，2015 年全国旅游规划发展工作会议在安徽合肥召开。会议指出，2015 年旅游局会重点抓好"一带一路"等配合国家战略发展的重点区域旅游规划。②

抓紧制订"一带一路"旅游合作规划 2015 年 6 月 16 日，国家旅游局局长李金早表示正在抓紧制订"一带一路"旅游合作发展战略规划，鼓励中国丝绸之路经济带沿线各省以成立"丝绸之路旅游推广联盟"为契机，加强省际和跨境市场合作。③

2016 年仍聚焦丝路旅游 2015 年 11 月 4 日，《京华时报》根据国家旅游局办公室的相关通知了解到，2016 年，国家旅游局继续以"丝绸之路旅游年"为年度旅游宣传主题。④

"一带一路"沿线将迎 1.5 亿中国游客 2015 年 6 月 19 日，国家旅游局局长李金早在丝绸之路旅游部长会议暨第七届联合国世界旅游组织丝绸之路旅游国际大会开幕式上表示：未来五年，"一带一路"沿线国家将迎来 1.5 亿人次中国游客，旅游消费将超过 2000 亿美元。⑤

国务院侨务办公室

支持"一带一路"沿线的华文教育 2015 年 1 月 14 日，在北京召开的

① 陈雨等：《"美丽中国——2015 丝绸之路旅游年"启动》，环球网，2015 年 1 月 8 日，http：//world. huanqiu. com/hot/2015 - 01/5366066. html。
② 《2015 年全国旅游规划发展工作会议召开》，中华人民共和国国家发展和改革委员会网站，2015 年 4 月 9 日，http：//shs. ndrc. gov. cn/shfzdt/201504/t20150409_ 677074. html。
③ 《李金早：旅游先通　推动"一带一路"建设》，人民网，2015 年 6 月 16 日，http：//culture. people. com. cn/n/2015/0616/c172318 - 27164203. html。
④ 田虎：《国家旅游局：明年仍聚焦丝路旅游》，网易新闻，2015 年 11 月 4 日，http：//news. 163. com/15/1104/03/B7I1JHNJ00014AED. html。
⑤ 雷恺：《国家旅游局局长："一带一路"沿线国家将迎 1.5 亿中国游客》，央广网，2015 年 6 月 19 日，http：//news. cnr. cn/native/city/20150619/t20150619_ 518892690. shtml。

全国侨务办公室主任会议上，国务院侨务办公室（以下简称"国侨办"）主任裘援平表示，侨务工作要引导、支持、帮助华侨华人参与到惠及中国和"一带一路"沿线周边国家的事业当中去，支持沿线国家华文教育事业的发展。①

"一带一路"沿线 4000 万华人华侨大有可为 2015 年 3 月 8 日，国侨办主任裘援平指出，"一带一路"沿线国家有 4000 万华人华侨，将大有可为。②

"一带一路"是华商发展新机遇 2015 年 3 月 29 日，国侨办主任裘援平在博鳌亚洲论坛 2015 年年会"华商领袖与华人智库圆桌会"上表示，"一带一路"为华商提供无限商业和事业发展空间，是侨胞发展新机遇。华商对接，既要与互联互通相关项目对接，也要与打造中国－东盟自贸区升级版对接，更要与中国同"丝绸之路经济带"沿线国家的人文交流对接。③

50 位中亚侨领共议 "一带一路" 2015 年 5 月 5 日，由国侨办主办的"第 37 期华侨华人社团负责人研习班"在西安开班，来自中亚国家的 50 位侨领聚首于此，共同就海外侨团的发展、"一带一路"建设等方面的内容展开交流与研习。④

侨商能在 5 个领域参与"一带一路" 2015 年 6 月 29 日，在国新办举行的发布会上，国侨办指出，在"一带一路"建设中，海外侨商、华人能在推动中国国内产业梯度转移和转型升级、参与互联互通基础设施建设、推动人民币区域化进展、深化海洋经济开发、进一步构建科技智力支撑网络 5 个领域有所作为。⑤

---

① 《国侨办将支持"一带一路"沿线国家华文教育发展》，北京华文学院网站，2015 年 1 月 15 日，http：//www. huawen. edu. cn/detail_ 1234. html。

② 潘杰：《国侨办主任裘援平："一带一路"沿线有 4000 万华人华侨》，浙江在线，2015 年 3 月 8 日，http：//zjnews. zjol. com. cn/system/2015/03/08/020541362. shtml。

③ 《侨办："一带一路"是侨胞发展新机遇》，中华人民共和国中央人民政府网站，2015 年 4 月 30 日，http：//www. gov. cn/xinwen/2015－04/30/content_ 2855740. htm。

④ 张一辰：《50 位中亚侨领聚首西安 "一带一路"引热议》，中国新闻网，2015 年 5 月 5 日，http：//www. chinanews. com/hr/2015/05－05/7254354. shtml。

⑤ 汪徐秋林：《国侨办：侨胞能在 5 个领域对"一带一路"建设有作为》，新华网，2015 年 6 月 29 日，http：//news. xinhuanet. com/live/2015－06/29/c_ 1115752677. htm。

与甘肃省联办"一带一路侨商项目对接会" 2015 年 7 月 6 日，国侨办和甘肃省政府共同举办的首次"一带一路"侨商项目对接会在兰州召开。①

中国银行业监督管理委员会

截至 2015 年 6 月末，中国银行业监督管理委员会（以下简称"银监会"）已与 27 个"一带一路"国家的金融监管当局签署了双边监管合作谅解备忘录（MOU）或合作换文，具体包括蒙古、俄罗斯、中亚 7 国中的 5 个国家、东南亚 11 国中的 7 个国家、南亚 8 国中的 2 个国家、中东欧 16 国的 4 个国家、独联体其他 6 国中的 2 个国家，以及西亚、北非 16 国中的 7 个国家。② 到 2016 年 3 月 14 日，已有 28 个国家与我国银监会签署备忘录。③ 在 MOU 框架下，银监会与有关国家监管当局不断加强跨境监管合作和信息交流，维护互设银行机构的稳健发展。

国家能源局

拟订丝绸之路经济带能源革命行动计划 2015 年全国"两会"期间，国家能源局局长努尔·白克力提出，2015 年将拟订丝绸之路经济带能源生产和消费革命行动计划，以丝绸之路经济带沿线的能源资源富集省区为重点，研究打造绿色能源示范带、能源生产和消费革命示范带。④

---

① 梁峡林：《国务院侨办和甘肃省政府首次联办"一带一路侨商项目对接会"》，每日甘肃，2015 年 7 月 7 日，http：//gansu. gansudaily. com. cn/system/2015/07/07/015602045. shtml。
② 《银监会大力助推银行业支持"一带一路"建设》，中华人民共和国中央人民政府网站，2015 年 9 月 29 日，http：//www. gov. cn/xinwen/2015 – 09/29/content_ 2940502. htm。
③ 《中国银行业服务"一带一路"研讨会在京召开》，中国金融新闻网，2016 年 3 月 26 日，http：//www. financialnews. com. cn/yh/xw/201603/t20160326_ 94588. html。
④ 王秀强：《能源局长：拟订丝绸之路经济带能源革命行动计划》，搜狐网，2015 年 3 月 17 日，http：//news. sohu. com/20150317/n409877288. shtml。

召开"一带一路"专题会议 2015 年 5 月 8 日，国家能源局召开落实"一带一路"战略推进能源国际合作会议，部署能源系统务实推进"一带一路"能源国际合作重点工作任务。①

"十三五"能源发展重点落实"一带一路"战略 2015 年 11 月 11 日，国家能源局发布消息指出，"十三五"我国能源发展要重点落实"一带一路"战略，深化周边和沿线能源国际合作，推动重大能源项目落地，并继续推进核电、水电、火电及特高压输电"走出去"。②

拟定"一带一路"能源专项规划初稿 2015 年 11 月 26 日，《经济参考报》透露，"一带一路"能源专项规划目前已拟定初稿，处于征求意见和完善阶段。按照目前的思路，油气合作将瞄准六大重点领域，包括推进"四个合作区"和"六个产业园区"。③

国家海洋局

合作共赢是建设 21 世纪海上丝绸之路的实质 对于 21 世纪海上丝绸之路，国家海洋局局长王宏在 2015 年 3 月 27 日接受专访时强调了合作共赢的原则，表示将在构建海洋合作伙伴关系、蓝色经济、海洋科技创新、海洋环保和防灾减灾四个方面推进国际合作。④

中国－东盟：建立新的合作机制和平台 2015 年 3 月 28 日，王宏在出席博鳌亚洲论坛 2015 年年会时表示，推动中国－东盟海洋合作，下一步将利用现有合作机制，在 21 世纪海上丝绸之路框架下不断深化、建立新的

---

① 《国家能源局召开落实"一带一路"战略 推进能源国际合作会议》，国家能源局贵州监督办公室网站，2015 年 5 月 14 日，http://gzb.nea.gov.cn/Article/1973.aspx。
② 陈炜伟：《"十三五"我国拟推动核电和特高压输电"走出去"》，中华人民共和国中央人民政府网站，2015 年 11 月 11 日，http://www.gov.cn/xinwen/2015－11/11/content_ 5007073.htm。
③ 《一带一路油气合作瞄准六大领域 能源专项规划初稿拟定》，新华网，2015 年 11 月 26 日，http://news.xinhuanet.com/finance/2015－11/26/c_ 128469143.htm。
④ 《共谱 21 世纪海上丝绸之路新篇章——专访国家海洋局局长王宏》，中华人民共和国国家发展和改革委员会网站，2015 年 3 月 27 日，http://xbkfs.ndrc.gov.cn/ydyl/201503/t20150327_ 668796.html。

合作机制和区域合作平台。①

与海南省签订服务"一带一路"框架协议 2015 年 6 月 7 日，海南省政府与国家海洋局在三亚举行仪式，签订《共同服务"一带一路"战略框架协议》。②

新建南极破冰船和"大洋二号"船 2015 年 8 月 5 日，国家海洋局网站发布信息指出，我国将新建南极破冰船和"大洋二号"船，以为海洋强国建设和"一带一路"实施提供装备支撑。③

与上海对接"一带一路" 2015 年 9 月 15 日，上海市人民政府与国家海洋局在沪签署《关于共同推进上海市海洋事业发展的战略合作框架协议》。该协议包括"一带一路"等国家战略，以及双方加强海洋发展战略合作等六方面内容。④

与江苏对接"一带一路" 2015 年 9 月 13 日，王宏与江苏省委副书记、省长李学勇签订了《关于实施"一带一路"战略、共同推进江苏海洋强省建设合作框架协议》。⑤

与广西对接"一带一路" 2015 年 9 月 18 日，广西壮族自治区政府与国家海洋局在南宁签署《关于共同促进广西海洋事业发展推进广西沿海开发开放合作框架协议》，双方将重点围绕共同促进广西建设"一带一路"有机衔接的重要门户等五个方面开展深入合作。⑥

---

① 姜隅琼：《海洋局：海洋领域将寻找海上丝绸之路新合作点》，中国网，2015 年 3 月 29 日，http：//www. china. com. cn/haiyang/2015 – 03/29/content_ 35184546. htm。

② 《海南省政府与国家海洋局签订〈共同服务"一带一路"战略框架协议〉和〈共建热带海洋大学（筹）协议〉 刘赐贵 王宏证签》，海南网络广播电视台，2015 年 6 月 8 日，http：//www. hnntv. cn/html/2015/hnxwlb_ 0608/59101. html。

③ 路涛：《我国将新建南极破冰船和"大洋二号"船 为海洋强国建设和"一带一路"战略实施提供装备支撑》，中华人民共和国中央人民政府网站，2015 年 8 月 5 日，http：//www. gov. cn/xinwen/2015 –08/05/content_ 2908951. htm。

④ 宋薇萍：《对接"一带一路" 上海与国家海洋局战略合作》，中国江苏网，2015 年 9 月 15 日，http：//economy. jschina. com. cn/system/2015/09/15/026299849. shtml。

⑤ 孙安然：《国家海洋局与江苏省政府签署合作框架协议》，中华人民共和国国土资源部网站，2015 年 9 月 15 日，http：//www. mlr. gov. cn/xwdt/hyxw/201509/t20150915_ 1381116. htm。

⑥ 董文锋：《广西与海洋局签署合作协议 建设广西"一带一路"》，中国网，2015 年 9 月 21 日，http：//www. china. com. cn/haiyang/2015 –09/21/content_ 36641660. htm。

国家邮政局

制定邮政服务"一带一路"指导意见　2015 年 1 月 6 日，国家邮政局局长马军胜在 2015 年全国邮政管理工作会议上提出，2015 年将制定邮政业服务"一带一路"等三大战略的指导意见。①

中俄邮政部门共同助建"一带一路"　2015 年 9 月 17 日，中俄总理定期会晤委员会通信和信息技术分委会第十四次会议在俄罗斯首都莫斯科举行。两国邮政部门为响应"一带一路"倡议，在利用中欧铁路运邮、促进跨境电子商务市场发展方面达成了多项合作共识。②

中西签署双边会议纪要　2015 年 10 月 19～21 日，国家邮政局副局长王梅访问西班牙，并与西班牙公共建设部副部长玛里奥·加塞斯签署《中国国家邮政局和西班牙王国公共建设部双边会议纪要》。③

---

① 《国家邮政局局长马军胜在 2015 年全国邮政管理工作会议上的讲话》，西安市邮政管理局网站，2015 年 1 月 15 日，http：//snxa. spb. gov. cn/ldjh ＿ 10982/201501/t20150115 ＿ 410849. html。

② 《中俄邮政部门达成多项合作共识　助建"一带一路"》，中华人民共和国中央人民政府网站，2015 年 9 月 23 日，http：//www. gov. cn/xinwen/2015 － 09/23/content＿ 2937268. htm。

③ 《国家邮政局和西班牙公共建设部签署双边会议纪要》，新华网，2015 年 10 月 21 日，http：//news. xinhuanet. com/politics/2015 － 10/21/c＿ 128343253. htm。

地方篇

2015 年，各地方政府均做了相应规划，用实际行动积极对接国家"一带一路"建设。其中，11 个省（区、市）申报自贸试验区建设，长江经济带、京津冀、国际产能合作等国家战略也成为地方拓展新空间的重要举措。

第一章　丝绸之路经济带上的省、自治区、直辖市

在丝绸之路经济带沿线，有黑龙江、吉林、内蒙古、北京、山西、河南、陕西、甘肃、宁夏、青海、新疆、重庆、四川、贵州、云南、西藏 16 个省、自治区、直辖市。

黑龙江省

着力打造"中蒙俄经济走廊"　2015 年 1 月 27 日，黑龙江省省长陆昊在黑龙江省十二届人民代表大会第四次会议上做《政府工作报告》时指出，黑龙江以贯彻国家"一带一路"战略规划、加快建设"中蒙俄经济走廊"和黑龙江陆海丝绸之路经济带为契机，深化对俄全方位交流合作，带动对外开放；加大铁路、公路、口岸等互联互通及电子口岸建设力度，推动跨境通关、港口和运输便利化，借助俄远东港口，开展陆海联运；推动同江铁路大桥建设，加快黑河公路大桥前期工作，推进黑瞎子岛建设陆路口岸和共同开发规划工作。①

---

① 《黑龙江省第十二届人民代表大会第四次会议开幕》，人民网，2015 年 1 月 27 日，http：//hlj. people. com. cn/n/2015/0127/c220024－23694471. html。

2月27日，黑龙江省政府出台《推进东部陆海丝绸之路经济带建设工作方案》，从跨境运输体系、基础设施互联互通、配套服务、能源合作开发、跨境产业园区、人文科技交流等方面全方位规划布局黑龙江省东部陆海丝绸之路经济带建设。①

2月28日，黑龙江省首趟中欧班列正式上线运营。②

4月14日，黑龙江省委、省政府公布了《“中蒙俄经济走廊”黑龙江陆海丝绸之路经济带建设规划》，明确了“黑龙江陆海丝绸之路经济带”建设时间表。未来，黑龙江省将布局国际大通道，以大哈佳同、绥满、哈黑和沿边铁路为主骨架，以周边公路、水运、航空、管道、电网、光缆为辅助，建设连接亚欧的国际货物运输大通道。③

8月5日，哈尔滨铁路集装箱中心站建成投用，哈（绥）俄亚集装箱陆海联运首发运营，正式打通“出海口”，形成欧亚高速运输走廊。④

12月22日，国务院印发《国务院关于同意设立哈尔滨新区的批复》，这是2015年国务院批复设立的第5个国家级新区，也是我国唯一的以对俄合作为主题的国家级新区。⑤

黑龙江企业“走出去”　2015年，黑龙江对23个国家和地区备案投资69亿美元，同比增长4.1倍。其中，对俄备案投资41.7亿美元，同比增长1.8倍；对俄承包工程新签合同额1642万美元，同比增长0.1%，完成营业额2.35亿美元，同比增长48.5%。⑥

---

① 《推进东部陆海丝绸之路经济带建设工作方案》，黑龙江省人民政府网，2015年2月27日，http：//www.hlj.gov.cn/wjfg/system/2015/02/27/010708917.shtml。

② 《我国最北省份黑龙江开行首趟中欧班列》，新华网，2015年2月28日，http：//news.xinhuanet.com/2015-02/28/c_1114474147.htm。

③ 《黑龙江省全力推进“龙江丝路带”建设》，东北网，2015年4月14日，http：//heilongjiang.dbw.cn/system/2015/04/15/056452873.shtml。

④ 《哈尔滨铁路国际集装箱中心站开行首趟中亚班列》，人民网，2015年8月5日，http：//hlj.people.com.cn/n/2015/0805/c220024-25856671.html。

⑤ 《国务院关于同意设立哈尔滨新区的批复》，中华人民共和国中央人民政府网站，2015年12月22日，http：//www.gov.cn/zhengce/content/2015-12/22/content_10466.htm。

⑥ 《2015年黑龙江省加快“走出去”成效显著》，中华人民共和国商务部网站，2016年2月4日，http：//www.mofcom.gov.cn/article/resume/n/201602/20160201251715.shtml。

吉林省

实施长吉图开发开放先导区战略，加快畅通对外通道　2015 年 2 月 9 日，吉林省第十二届人大第四次会议开幕，省长蒋超良在做《政府工作报告》时指出，2015 年，吉林将进一步提升对外开放水平，深入实施长吉图开发开放先导区战略，主动融入国家"一带一路"建设。具体措施包括：争取设立韩国产业园区；积极稳妥推进中朝罗先经贸区建设；建设好长春兴隆综合保税区、珲春国际合作示范区，力争中新吉林食品区晋升为国家级开发区；申请设立吉林自贸试验园区；建设长春、延吉空港经济开发区，谋划设立中俄珲春－扎鲁比诺跨境经济合作区；举办好第十届中国－东北亚博览会等。①

2015 年 2 月，长吉产业创新发展示范区管理委员会正式揭牌。示范区规划范围 3710 平方公里，包括长东北和吉林市产业发展示范区两个相连区域。按照现行总体方案，建设示范区一方面是要把长春市这个"中蒙俄经济走廊"节点城市做大做强；另一方面是要通过建设示范区促进长吉图联动发展，加快吉林省东进西联对外开放步伐，使长吉图战略与国家"一带一路"战略紧密结合。②

吉林企业"走出去"　2015 年，吉林省备案设立境外企业和机构 93 家，其中境外企业 86 家，境外机构 7 家，中方协议投资额为 29.2 亿美元，同比增长 117.2%。主要投向俄罗斯、中国香港、美国、朝鲜、泰国、中国台湾等国家和地区，涉及石油换装及运输、物流园区、水泥、种养殖、汽车配件、旅游、医药等行业；对外承包工程重点市场稳固，新签合同额

---

① 《吉林省省长蒋超良作政府工作报告》，人民网，2015 年 2 月 9 日，http：//jl. people. com. cn/n/2015/0209/c351793 - 23843223. html。
② 《打造"一带一路"北线新通道、新平台、新门户》，新华网，2015 年 3 月 15 日，http：//www. jl. xinhuanet. com/2012jlpd/2015 - 03/15/c_ 1114641514. htm。

高速增长。2015 年，吉林省对外承包工程新签合同额达 6.8 亿美元，同比增长 704.3%。[①]

内蒙古自治区

发挥区位优势，加快构建北疆草原"新丝绸之路" 2015 年，内蒙古积极融入丝绸之路经济带和中蒙俄经济走廊建设，呼伦贝尔中俄蒙合作先导区建设规划、满洲里综合保税区获得国家批复，二连浩特－扎门乌德跨境经济合作区建设加快推进。在重点口岸开展大通关改革试点。成功举办首届中蒙博览会。内蒙古版"一带一路"对接方案正在加紧编制。

开通齐海满客运专线 2015 年，内蒙古将投资 650 亿元人民币，开工建设通往满洲里的高铁，高铁名称为齐海满客运专线。目前该项目已经进入前期准备阶段，预计 2020 年底开通。齐海满客运专线是亚欧高速铁路大陆桥的重要组成部分，满洲里西站将预留国际换乘站台及海关等配套设施，届时，满洲里高铁站将成为亚欧第一高速铁路中国区段的第一站。[②]

满洲里：全力打造现代版草原丝绸之路 满洲里加快培育草原丝绸之路大通道，努力形成南接内陆、北连俄蒙、直达欧洲的亚欧陆路新经济走廊，争取使之上升为国家战略，让满洲里成为丝绸之路经济带上的重要节点城市。2015 年 3 月 23 日，国务院正式批复设立满洲里综合保税区，这成为内蒙古自治区首个综合保税区。

内蒙古企业"走出去" 2015 年，内蒙古企业在"一带一路"沿线国家累计设立投资项目 90 个，中方协议投资额 5.19 为亿美元，占全区新

---

① 《2015 年吉林省"走出去"步伐明显加快》，中华人民共和国商务部网站，2016 年 2 月 18 日，http：//www.mofcom.gov.cn/article/resume/n/201602/20160201257542.shtml。

② 《内蒙古满洲里今年年底将开建高铁"齐海满客运专线"》，人民网，2015 年 9 月 24 日，http：//politics.people.com.cn/n/2015/0924/c70731-27630293.html。

设对外投资项目总数的 78%。内蒙古企业"走出去"形势具有以下特点：对外投资主体结构不断优化；投资国别和地区日益广泛，目前已形成立足俄蒙，进军香港、东南亚、澳新，辐射全球的投资布局；合作领域更为宽广，从偏重于资源开发、初级产品制造，发展为涵盖农业、服务业等众多行业大类；政策支持作用不断强化，2012～2015 年，商务部和自治区本级财政专项资金累计投入 1.9 亿元，用于支持重点境外投资合作企业 110 余家，帮助一些企业较好地解决了"走出去"的融资难题。①

北京市

构建国际交往中心，服务国家对外交往大局　2015 年 1 月 23 日，在北京市第十四届人民代表大会第三次会议上，北京市市长王安顺在做《政府工作报告》时重点提到"一带一路"，他指出，北京市将立足国际交往中心定位，服务国家对外交往大局，主动融入国家"一带一路"战略，深化对外交流与合作。具体措施包括：加快外贸转型升级示范基地和出口产品质量安全示范区建设，推进天竺综保区、平谷国际陆港建设发展，支持"双自主"企业扩大出口，促进跨境电子商务发展，培育新的外贸增长点；扩大服务业开放，大力发展服务外包，推动服务贸易健康发展；研究制定促进境外投资发展的实施方案，支持企业走出去。深化京港、京澳、京台合作，发挥侨务对外交流渠道的优势；组织实施好年度援建项目，深入推进对口支援新疆、西藏、青海等地区工作，扎实做好对口帮扶协作等。②

国家"一带一路"总体规划提到了"推进构建北京—莫斯科欧亚高速运输走廊"。作为北京至莫斯科的欧亚高速运输走廊优先项目，未来莫斯

---

① 《对接"一带一路"战略助推企业"走出去"》，《内蒙古日报》，2016 年 3 月 1 日，http：// news. xinhuanet. com/local/2016 – 03/01/c_ 128765016. htm。
② 《王安顺：推进天竺综保区、平谷国际陆港建设发展》，人民网，2015 年 1 月 23 日，http：// bj. people. cn/n/2015/0123/c82837 – 23659724. html。

科—喀山高铁或将成为莫斯科—北京高铁干线的一段和新丝绸之路项目的
一部分。①

2015 年 11 月 25 日，北京市委出台十三五规划建议，提出北京要主动
参与"一带一路"建设，建立与亚投行、丝路基金等平台的对接机制，加
强与沿线国家的关键通道建设，加强科技和人文交流，形成对外开放新
格局。②

北京企业"走出去" 北京中关村企业"走出去"步伐加快。据初步
统计，2015 年中关村企业发起的境外并购案例有 36 起，较 2014 年增加 15
起；披露并购金额为 525.5 亿元，同比增长 45.4%。其中，利亚德并购平
达（Planar）公司的案例，因交易金额大、影响力突出，成为 2015 年中关
村海外并购案例的典型。

山西省

深化区域合作和对外交流 2015 年 1 月 28 日，山西省省长李小鹏在
山西省十二届人大四次会议上做《政府工作报告》时提出，要"积极对接
国家'一带一路'、京津冀协同发展、长江经济带战略，加大承接长三角、
珠三角等地区产业转移的力度，主动融入环渤海经济圈和中原经济区"③。

7 月，山西省政府发布《关于全面扩大开放的意见》。意见指出，牢牢
把握"一带一路"战略机遇成为山西全面扩大开放的首要任务，并明确提
出打造"山西品牌丝路行"开放新名片，依托晋非经贸合作区大力拓展非
洲市场，全面深化与东盟国家的产能合作，依托境外资源加工基地开拓中

① 《中国设计俄首条高铁　全长 770 公里将延伸至北京》，大公财经网，2015 年 5 月 3 日，ht-
tp：//finance. takungpao. com/dujia/2015 - 05/2988904. html。
② 《北京市委关于制定北京市国民经济和社会发展第十三个五年规划的建议》，人民网，2015 年
12 月 8 日，http：//bj. people. com. cn/n/2015/1208/c82837 - 27272223. html。
③ 《李小鹏省长在十二届人大四次会议上的报告》，山西新闻网，2015 年 1 月 28 日，http：//ep-
aper. sxrb. com/shtml/sxrb/20160128/332789. shtml。

亚市场四大举措。

9月，山西省政府常务会议原则上通过《山西省参与建设丝绸之路经济带和21世纪海上丝绸之路实施方案》，提出力争用3年到5年时间，使山西省与沿线省（区、市）和沿线国家的交流合作取得实质性进展。

山西省与国家有关部委的对接现已取得积极进展，有关部委已初步同意将山西省列为中蒙俄经济走廊国内十个合作省份之一。山西省在10月参加的圣彼得堡亚力山德琳娜国际戏剧节项目，被列为国家"一带一路"对外文化交流合作项目。①

山西企业"走出去" 截至2015年底，山西省共有"走出去"企业境内投资主体146户，成立境外主体230户，其中太原115户。投资境外59个国家（地区）。②

河南省

深度融入"一带一路"建设 2015年1月28日，河南省十二届人大四次会议开幕，河南省省长谢伏瞻在《政府工作报告》中重点提到，2015年，河南将深度融入"一带一路"建设，推动中原腹地走向开放前沿。③

全面加快郑州国际陆港建设 在国家"一带一路"规划中，郑州的定位是：支持建设航空港、国际陆港，加强内陆口岸与沿海、沿边口岸通关合作，开展跨境贸易电子商务服务试点。郑州正在打造包括郑欧班列在内的郑州国际陆港，与郑州航空港一体联动，通过密集的航空、铁路网络，将中原与世界连接起来。郑欧班列、E贸易、综保区是郑州国际陆港建设

---

① 《山西将搭上"一带一路"快车》，山西省人民政府网，2015年11月3日，http://www.shanxi.gov.cn/n16/n8319541/n8319732/n17531488/n17531503/19225456.html。
② 《2015年山西"走出去"企业146户，成立境外主体230户》，人民网，2016年3月11日，http://sx.people.com.cn/n2/2016/0311/c189132-27915117.html。
③ 《深度融入"一带一路"建设 推动中原腹地走向开放前沿》，《郑州日报》，2015年1月28日，http://zzrb.zynews.cn/html/2015-03/08/content_641682.htm。

的"三驾马车"：郑欧班列形成强大的集疏运能力；E 贸易带来大批跨境网购物品分拨业务；国家铁路一类口岸和铁路集装箱中心站奠定大通关基础，郑州国际陆港核心区内正在申报经开综合保税区，将实现物流、出口加工和保税区特殊政策的有机结合。①

申报自贸区　自贸区由郑汴洛捆挷组成，可说是一区多片，合计 120 平方公里。河南省已确定由郑、汴、洛联合申报自贸区，以省为主，省、市、区协调推进，边申报建设，边先行先试。目前，河南省正积极与商务部对接、研究，下一步将"申自"方案具体化，细化自贸区的意义、基础条件、优势、功能定位。②

2015 年 12 月 1 日，河南省发改委发布的《河南省参与建设丝绸之路经济带和 21 世纪海上丝绸之路实施方案》明确了河南省积极参与"一带一路"建设的战略部署。其中，河南的战略定位是："一带一路"重要的综合交通枢纽和商贸物流中心，新亚欧大陆桥经济走廊区域互动合作的重要平台，内陆对外开放高地；战略布局是：根据国家"一带一路"走向，充分发挥各地优势，以郑州、洛阳为主要节点，以其他中心城市为重要节点，加强外部联系，强化内部支撑，构建"两通道一枢纽"（即构建东联西进的陆路通道、构建贯通全球的空中通道、构建内陆开放的战略枢纽），形成共同参与"一带一路"建设的整体格局。③

河南企业"走出去"　2015 年，河南省对外非金融类直接投资（实际）达 18.4 亿美元，同比增长 192%，位居各省、自治区、直辖市第 11 位，中部 6 省首位。河南省对"一带一路"沿线的 12 个国家投资合计 6591 万美元，对外投资的行业主要涉及租赁和商务服务业、其他服务业、

① 《郑欧班列成丝路经济带引擎　打造内陆无水港》，天山网，2015 年 2 月 10 日，http：//news. ts. cn/content/2015 – 02/10/content_ 11006607. htm。

② 《河南自贸区申报方案出炉》，东方今报网，2015 年 4 月 30 日，http：//www. jinbw. com. cn/dzb/html/2015 – 04/30/content_ 226795. htm？div = – 1。

③ 《河南省参与建设丝绸之路经济带和 21 世纪海上丝绸之路实施方案》，河南省人民政府网，2015 年 12 月 1 日，http：//www. henan. gov. cn/jrhn/system/2015/12/01/010603882. shtml。

房地产业、建筑业、批发和零售业、制造业、农业。①

陕西省

打造西安内陆型改革开放新高地　2015 年 5 月 22 日，由兴业银行等数家大型机构共同发起设立的丝绸之路黄金基金在西安举行启动仪式，标志着该行在服务"一带一路"建设上又迈出了重要一步。丝绸之路黄金基金是"一带一路"战略规划提出后我国成立的规模最大的专项基金。②

2015 年 7 月 3 日，《陕西省"一带一路"建设 2015 年行动计划》（以下简称《行动计划》）正式发布。《行动计划》要求，2015 年，陕西省将积极促进互联互通建设，以大通关促进大开放，实施丝绸之路经济带沿线 10 省区市海关区域通关一体化改革，加快口岸建设和网上丝绸之路建设，推进西安港、西安铁路物流集散中心建设，启动空港、陆港快速干道的联动发展，开通西安至阿拉木图、伊斯坦布尔、罗马、洛杉矶、悉尼（或布里斯班）等的国际航线，打通陕西省向西开放的空中通道。《行动计划》在搭建对外开放平台方面提出积极推进自贸区申报工作、办好 2015 欧亚经济论坛、办好第二十二届农高会、办好第五届陕粤港澳经济合作活动周等内容。其中，建设网上丝绸之路、开通丝绸之路旅游专列、组建丝绸之路大学联盟成为亮点。③

为打造立体交通枢纽，构筑互联互通交通网络，西安向西开通了"长安号"国际货运班列，2015 年实现了从每月一班到每周两至三班的常态化运营，目前已累计开行 137 班，发车 6974 车，发运出口货物 19.3 万吨，

---

① 《2015 年河南省对外投资创新高　投资额达 18.4 亿美元》，《河南经济报》，2016 年 2 月 2 日，http://fec.mofcom.gov.cn/article/ywzn/xgzx/guonei/201602/20160201249971.shtml。
② 《陕西成立国内最大丝路专项基金　助力 "一带一路" 建设》，人民网，2015 年 5 月 22 日，http://sn.people.com.cn/n/2015/0522/c226647 - 24967999.html。
③ 《陕 "一带一路" 2015 行动计划出炉　"网络丝路" 成亮点》，中国新闻网，2015 年 7 月 3 日，http://www.chinanews.com/gn/2015/07 - 03/7383616.shtml。

货物目的地遍及中亚5国的44个站点；向东开行了西安至青岛的国际货运班列，目前已累计开行73班，其中，回程53班，实现了双向对开；同时，启动了西安咸阳国际机场到国际港务区"货运快速专线"建设，完成了空港陆港货运快速连接线规划设计方案研究报告。

2015年4月27日，西安海关与青岛、济南等国内10个海关共同签署了《丝绸之路经济带海关合作协议》，"西安港"成为中国首个获批国际代码和国内代码的内陆港口，并相继获批筹建国家进口肉类、粮食指定口岸。

西安市还加大了对丝绸之路经济带重点项目的支持力度。2015年，全市整合设立丝绸之路经济带财政专项资金7.23亿元，比2014年增加了3.18亿元。建立了包含115个项目、总投资3283亿元的丝绸之路经济带重点项目库。下一步将加快推进已发布的115个丝绸之路经济带重点项目建设，加大项目策划、包装力度，筹备建立第三批丝绸之路经济带重点项目库。①

陕西企业"走出去"　截至2015年末，陕西共有239个境内主体，在境外设立355家境外企业和机构，累计对外投资31亿美元，业务遍布全球50多个国家和地区。仅2015年陕西省就新设境外企业69家；对外投资6.66亿美元，同比增长47%。②

甘肃省

加快兰州开发开放　按照甘肃省委、省政府《"丝绸之路经济带"甘肃段建设总体方案》的部署，2015年，甘肃省在加强政策沟通、设施联

---

① 《我市加快推进115个丝路经济带重点项目建设》，《西安日报》，2015年12月24日，http：//epaper. xiancn. com/xarb/html/2015 – 12/24/content_ 403562. htm。
② 《陕西：借力"一带一路"优势企业走出去》，央视网，2016年6月5日，http：//news. east-day. com/eastday/13news/auto/news/china/20160605/u7ai5700702. html。

通、贸易畅通、资金融通、民心相通等方面创造性地开展工作，在一些重点领域取得了突破性进展，"一带一路"建设成效显著。

将兰州建成西部的陆路口岸和"无水港" 2015 年 3 月，敦煌机场国际航空口岸获批对外开放。甘肃积极争取申请将嘉峪关机场航空口岸对外开放列入国家"十三五"口岸发展规划，并且还将马鬃山口岸恢复通关纳入中蒙边界口岸会晤内容。为进一步加快口岸开放步伐，甘肃省编制了全省"十三五"口岸发展规划，全力推进兰州、武威铁路口岸的规划申报和对外开放，争取将兰州建成西部的陆路口岸和"无水港"。

打造丝绸之路经济带货物集散中心 为加快打通空中通道，甘肃省在巩固原有国际航线的基础上，于 2014 年开通了兰州至迪拜、第比利斯和新加坡的航线，于 2015 年上半年又新开了兰州至圣彼得堡、法兰克福和日本大阪的航线，截至目前，全省已开通 14 条国际和地区航线。为加快陆路口岸建设，甘肃省密集开通了"天马号"（武威—阿拉木图）中欧班列、"兰州号"（兰州—阿拉木图）中亚国际货运班列、兰州—汉堡中欧国际货运班列、嘉峪关号（嘉峪关—阿拉木图）酒钢钢材中亚国际货运专列等，并实现了常态化运营。

进一步加强国际贸易合作 甘肃省在白俄罗斯明斯克市、伊朗德黑兰市、吉尔吉斯斯坦比什凯克市和新疆霍尔果斯口岸以及印度尼西亚雅加达市设立了 5 个商务代表处。甘肃省商务厅在霍尔果斯口岸中哈国际边境合作中心建设了甘肃特色商品展示展销馆，并于 2015 年 1 月 25 日正式开馆。在对外投资项目方面，省内资源加工型骨干外贸企业金川公司、酒钢集团、白银公司、兰州海默科技公司、天水星火机床公司加快"走出去"步伐，建立境外生产加工基地。①

申报中国（兰州）自由贸易园区 2015 年 12 月 17 日，由兰州市委编

---

① 《甘肃打造"丝绸之路"黄金段 一带一路建设显四大亮点》，中国甘肃网，2015 年 9 月 7 日，http://www.gscn.com.cn/province/system/2015/09/07/011108190.shtml。

制的"十三五"规划建议明确提出兰州将"争取建成中国（兰州）自由贸易区、增强核心节点城市支撑能力"。甘肃省将依托兰州新区为核心区申报自贸区，以武威保税区和兰州新区综合保税区主要作为生产加工基地，打造西北产业聚集的战略平台。①

筹建"一带一路"国际结算中心　2015 年 11 月 18 日，中国数字信息与安全产业联盟甘肃省工作委员会和金融委员会已与甘肃省及兰州新区达成合作意向，将利用甘肃省丝绸之路经济带优势和中国数字信息与安全产业联盟的项目和核心技术优势，筹建"一带一路"国际结算中心、"空中丝绸之路"和离岸数据金融注册中心，共同搭建兰州新区丝路经济带数据金融综合服务平台。②

甘肃企业"走出去"　2015 年，甘肃省组织参加了 17 个省外境外展会，展示面积累计达 2000 平方米，展位客流量累计达 80 万人，发放宣传资料近 10 万份。共组织甘肃 500 多家企业、500 多种产品参会参展，商品销售总成交额近 5000 万元。③ 据统计，2015 年全年从甘肃"运出去"的货物总值达到 2 亿美元，从甘肃"走出去"的各类企业境外投资达 35 亿美元。④

宁夏回族自治区

推进宁夏内陆开放型经济试验区建设　国家发改委、外交部、商务部联合发布的《愿景和行动》对宁夏做出了明确的定位：打造丝绸之路经济

---

① 《兰州十三五规划　重点打造新区自贸区和国际港务区》，《兰州晨报》，2015 年 12 月 18 日，http：//news. focus. cn/lz/2015 - 12 - 18/10597070. html。

② 李昕：《我省将建"一带一路"国际结算中心》，兰州新闻网，2015 年 11 月 19 日，http：//rb. lzbs. com. cn/html/2015 - 11/19/content_ 1430008. htm。

③ 《积极引导　主动作为　全力推进我省企业向西开放迈出新步伐》，甘肃商务网，2016 年 3 月 9 日，http：//www. gsdofcom. gov. cn/channels/gsswzk/gsswzk/34235. html。

④ 《2015 年甘肃省经济增长 8%　圆满的收官之战》，《甘肃日报》，2015 年 12 月 30 日，http：//gansu. gscn. com. cn/system/2015/12/30/011223040. shtml。

带战略支点，把宁夏定位为主要面向阿拉伯国家及世界穆斯林地区开展交流合作的内陆开放型经济试验区，把银川定位为丝绸之路经济带主要节点城市。

积极建设中阿"空中丝绸之路" 2015年6月18日，银川河东机场三期扩建工程3600米跑道已试飞成功，投入使用后，将满足中阿博览会和洲际大型飞机的运行要求。已与四川航空公司签订协议，9月初开通成都—银川—迪拜航线航班，并积极与国航对接，开通北京—银川—迪拜航线。正在对接阿联酋航空公司开通迪拜—银川—郑州航线，对接卡塔尔航空公司开通多哈—银川航线。宁夏货运航空公司成立并于9月投入运营，这为建设"中阿空中丝绸之路"迈出了关键一步。2015年，宁夏还开行了西部货运快列，开辟了银川至青岛、连云港、秦皇岛等出海通道。

银川综合保税区正式封关运行 银川综合保税区成功复制上海自贸试验区7项海关监管创新制度和8项检验检疫监管创新制度，积极筹建进口肉类和进境水果种苗口岸，引进外向型企业134家。2015年，银川综合保税实现进出口总额20.74亿美元，比2014年增长19.69%。跨境贸易电子商务出口业务上线运行，这为宁夏乃至全国中小企业打开中东地区消费市场提供了良好的贸易通道。①

宁夏企业"走出去" 2015年，宁夏积极引导企业"走出去"闯市场，到境外投资项目。宁夏的中银绒业、宝塔石化等企业在28个国家和地区设立了95家境外企业，其中32家设在"一带一路"沿线国家，全区对外直接投资累计达到20亿美元。在境外产业园区建设上，宁夏联合广东省与沙特阿美石油公司成立合资公司，在沙特吉赞经济城共建中沙产业园，在阿曼杜古姆建设产业园。目前已有5家宁夏企业共同组建投

---

① 《宁夏内陆开放型经济试验区：丝绸之路经济带上的"金字招牌"》，人民网，2015年7月3日，http://nx.people.com.cn/n/2015/0703/c192482-25447432.html。

资公司签署了园区建设和土地租赁协议，20 个项目列入"一带一路"战略项目库。①

青海省

加快西宁开发开放　青海省人民政府 2015 年《政府工作报告》提出，青海省丝绸之路经济带建设的主要任务是：以西宁、海东、格尔木等城市为支撑，按照"五通"要求，深度融入丝绸之路经济带，加快形成"西融两廊、东联一带"开放新格局。②

2015 年 7 月 2 日，泉州—长沙—西宁航线首航成功，在"一带一路"发展战略下，西宁与我国海上丝绸之路的起点泉州架起了空中航道，极大地方便了青海、湖南、福建三省政商合作、旅游往来与对外开放。③

布局"一带一路"建设物流节点。从青海省经信委获悉，在国家"一带一路"建设中，青海省将启动以西宁、海东、海西为中心，打通连接我国西部省份乃至沿海经济发达地区与周边国家的物流快速通道。重点支持建设 3 大物流战略节点，分别为西宁市、海东市、格尔木市。重点支持一级节点城市 6 个，包括丝绸之路经济带确定的全国性物流节点城市西宁市，区域性物流节点城市平安和格尔木，具备区域辐射力和服务能力的枢纽城市循化、大通和德令哈。④

2015 年 12 月 25 日，青海省委书记骆惠宁主持召开省委常委会议，会议审议并原则上通过了《青海省参与建设丝绸之路经济带与 21 世纪海上

① 《主动融入"一带一路"，在中阿合作中做出宁夏贡献》，今日中国网，2016 年 3 月 4 日，http：//www. chinatoday. com. cn/chinese/sz/sd/201603/t20160301_ 800050411. html。

② 《青海省人民政府 2015 年政府工作报告》，人民网，2015 年 2 月 4 日，http：//leaders. people. com. cn/n/2015/0204/c58278 – 26504964. html。

③ 《西宁与海上丝绸之路起点相连》，《西宁晚报》，2015 年 7 月 3 日，http：//www. xnwbw. com/html/2015 – 07/03/content_ 44658. htm。

④ 《青海省合理布局"一带一路"建设物流节点》，青海省人民政府网，2015 年 8 月 26 日，http：//www. qh. gov. cn/zwgk/system/2015/08/26/010176161. shtml。

丝绸之路实施方案》。该方案指出，积极参与"一带一路"建设，是青海省进一步扩大对外开放和拓展发展空间的重大机遇，要推进产业投资与合作步伐，加快现代综合物流中心和保税区建设，打造绿色生态走廊，开创青海全方位对外开放新格局。①

随着青海省驻土库曼斯坦经贸联络处的建立，贸易往来已上升至"国家间的交流"。2015 年，青海商务、教育部门组织了由 40～50 家省内纺织、地毯、中药和藏药材、新能源、钾肥、电力设施、市政工程、道路交通、农畜养殖等企业组成的经贸和教育代表团，赴土库曼斯坦进行对接洽谈，寻求合作机会，投资数额近亿元。

据青海省商务厅有关部门负责人介绍，青海将加快土耳其橄榄油精炼厂，吉尔吉斯斯坦比什凯克市、伊朗德黑兰市的中国（青海）特色商品国际展示及营销中心的建设。此外，青海将吸引巴基斯坦及周边国家入驻青海西宁南川工业园区，打造"世界羊毛地毯制造中心"和"世界手工地毯集散地"。②

新疆维吾尔自治区

打造丝绸之路经济带核心区　在国家发改委、外交部、商务部联合发布的《愿景和行动》中，新疆被定义为丝绸之路经济带核心区，要深化与中亚、南亚、西亚国家的交流合作。

新疆此前已明确自己在"一带一路"中的定位，做了积极规划和推进，并出台了《新疆丝绸之路经济带核心区建设实施意见及行动计划纲要》。在 2015 年 1 月 20 日发布的政府工作报告中，新疆提出要推进丝绸之

---

① 《省委召开常委会议　研究安排明年十大民生工程　部署我省"一带一路"建设》，青海省人民政府网，2015 年 12 月 27 日，http：//www.qh.gov.cn/zwgk/system/2015/12/27/010194400.shtml。
② 张曦：《青海加快打造"一带一路"经贸合作升级版》，新华网，2015 年 9 月 15 日，http：//news.xinhuanet.com/fortune/2015－09/15/c_ 1116562810.htm。

路经济带核心区建设，加快落实丝绸之路经济带核心区建设实施意见和行动计划，加快五大中心建设。按照北、中、南通道建设规划，切实抓好重大基础设施项目建设和储备。具体工作部署包括：积极推动中巴经济走廊及面向中亚、西亚、南亚和欧洲的物流通道、信息通道建设；突出与周边国家道路联通、信息相通；以乌昌为重点，南北疆铁路沿线重点城市为支点，切实加快外贸转型升级，加快外销工业品特别是机电产品、农产品展示采购市场建设；支持乌鲁木齐亚欧经贸合作试验区建设；大力发展边境贸易；鼓励边贸企业扩大原油等重要资源性产品进口，鼓励企业开展对外承包工程合作；加速出口市场多元化发展；加快喀什、霍尔果斯经济开发区，中哈霍尔果斯边境经济合作中心，阿拉山口、喀什综合保税区建设；扩大整车进口；积极推动跨境人民币结算业务，增加外汇交易币种和交易量；加快口岸基础设施现代化，实现通关便利化；积极组织开行西行货运班列；积极推进中欧班列集结编组中心、进出口货物分拨中心、乌鲁木齐空港陆路港建设；加快制定物流业发展政策措施，提高物流效率、降低物流成本；大力发展服务贸易和跨境电子商务；支持企业通过链条式转移、集群式发展、园区化经营，创新"走出去"方式；加快境外园区建设；强化招商引资，推动产业合作；支持内地企业依托我区发展对外贸易、境外投资、服务贸易、工程承包和劳务合作；加强与周边国家科技、教育、文化、体育、卫生等领域的交流合作；加快中国-中亚科技合作中心建设；抓好医疗服务中心建设先行启动工作；落实好历届中国-亚欧博览会签约成果等。①

2015年1月2日，据乌鲁木齐市第十五届人民代表大会第四次会议消息，乌鲁木齐市将积极申报亚欧经贸合作试验区，加快综合保税区和乌鲁木齐陆路港建设。②

① 《新疆维吾尔自治区人民政府2015年政府工作报告》，人民网，2015年1月26日，http://leaders.people.com.cn/n/2015/0126/c58278-26451453.html。
② 《乌鲁木齐市将积极申报亚欧经贸合作试验区》，新疆网，2015年1月12日，http://www.xinjiangnet.com.cn/xj/corps/201501/t20150112_4174304.shtml。

2015 年 1 月 8 日，喀什综合保税区通过国家验收。喀什综合保税区于 2014 年 9 月 2 日经国务院批准设立。由于紧邻喀什国际机场、314 国道、315 国道和规划中的中吉乌、中巴国际铁路，喀什综合保税区的交通优势十分明显。①

新疆企业"走出去"　2015 年，新疆维吾尔自治区政府组织 220 家企业赴乌兹别克斯坦、格鲁吉亚等国参加国际展会，部分重点企业已在国外承揽了一批输变电、纺织项目。积极推进矿产加工企业抱团"走出去"，开拓中亚市场；积极推动"十大进出口产业集聚区"建设，使 94 个国家级和自治区级园区形成规模，进一步增强其聚集产业发展的能力。②

重庆市

打造重庆西部开发开放重要支撑　2015 年以来，重庆全面融入国家"一带一路"建设和长江经济带发展，积极构建大通道、大通关、大平台开放体系，形成了寸滩水港、江北国际机场、团结村铁路中心站 3 个交通枢纽、3 个一类口岸、3 个保税监管区。渝新欧国际铁路联运大通道成为中欧贸易陆上货运主通道，在组织返程货源、开通国际邮运、开放铁路口岸、获批汽车整车进口口岸、设立铁路保税物流中心（B 型）、班列提速降费等方面取得新突破。两路寸滩保税港区获准开展贸易多元化试点，设立进境水果和肉类指定口岸。

2015 年 8 月 31 日，重庆市市长黄奇帆主持召开重庆市推动"一带一路"和长江经济带发展领导小组第一次全体会议，审议并原则上通过了《重庆市贯彻落实国家"一带一路"战略和建设长江经济带三年行动计划》

---

① 《喀什综合保税区通过国家验收》，新华网，2015 年 1 月 9 日，http：//news. xinhuanet. com/fortune/2015 – 01/09/c_ 1113940637. htm。
② 《2016 年自治区经济和信息化工作会顺利召开》，新疆维吾尔自治区人民政府网站，2016 年 1 月 20 日，http：//www. xinjiang. gov. cn/xxgk/zwdt/bmdt/2016/260829. htm。

以及相关工作规则。会议还就重庆市如何更好地主动融入国家战略，推动"一带一路"和长江经济带发展进行了研究部署。三年行动计划分为综合交通体系建设、能源设施建设、水利基础设施建设、创新驱动产业转型升级、内陆开放高地建设、长江上游生态安全屏障建设、体制机制创新保障几个部分，每个部分的重大项目、重大事项都要落实到 2015 年至 2017 年三年工作中。①

两江新区：互联互通，对接"一带一路" 两江新区作为重庆建设内陆国际物流枢纽的核心区域，在不到 20 公里的半径内，空港、铁路港、保税港、信息港与水港 5 港交汇，组成了连接"一带一路"的战略枢纽。2015 年 4 月，中西部唯一贸易功能区在两江新区正式启动。6 月，果园港集装箱公司开通的"上海—重庆—南充"往返集装箱班轮，打通了四川东南部地区的物资出海通道；7 月 5 日，四川广安至重庆果园港的集装箱水水中转班轮首航，打通川东北地区与长江沿线重要港口的联运环节。在水港方面，除"水水转运"之外，7 月 9 日，一列满载 64 个标箱的集装箱班列由成都抵达重庆果园港，实现了"铁水联运"，这标志着作为长江上游重要枢纽港的重庆果园港铁、公、水联运功能全面实现无缝对接。②

向东向西国际贸易大通道全面形成 重庆目前以两路寸滩保税港区、西永综合保税区、铁路保税物流中心（B 型）为主体的水、空、铁全面开放格局基本确立，以长江黄金水道尤其是以渝新欧国际铁路等为支撑的向东向西国际贸易大通道全面形成。③

设立重庆南彭公路保税物流中心（B 型） 据中国政府网 12 月 10 日消息，海关总署、财政部、国家税务总局、国家外汇管理局联合发文，批

① 《主动融入国家战略 推动"一带一路"和长江经济带发展》，《重庆商报》，2015 年 9 月 1 日，http://e.chinacqsb.com/html/2015-09/01/content_499339.htm。
② 《两江新区：互联互通，对接"一带一路"》，《中国经济导报》，2015 年 11 月 13 日，http://www.ceh.com.cn/epaper/uniflows/html/2015/11/13/A03/A03_48.htm。
③ 《"渝新欧"开行 452 班助推"一带一路" 重庆与欧洲联系更紧》，华龙网，2015 年 11 月 13 日，http://cq.cqnews.net/html/2015-11/13/content_35758089.htm。

准设立重庆南彭公路保税物流中心（B 型）。南彭公路保税物流中心（B
型）批准设立建设面积为 0.137 平方公里。当地官方的设想是，该基地可
以为东南亚的水果、食物、木材等产品提供保税仓储服务，辐射 21 世纪海
上丝绸之路沿线国家（特别是东盟 10 国），形成覆盖中国 - 中南半岛经济
走廊建设所需的保税物流功能。①

"3 + N"机制助力重庆企业"走出去" 2015 年 4 月，中国进出口银
行重庆分行与重庆市外经贸委、重庆对外经贸（集团）公司正式签署了
《支持企业"走出去"战略合作协议》，共同建立了"3 + N"长期战略合
作机制。"3"即中国进出口银行重庆分行、重庆市外经贸委和重庆对外经
贸（集团）公司，"N"即 N 家重庆外向型企业。该合作协议旨在通过
"3 + N"机制搭建的对外贸易服务平台，创新金融服务手段，为重庆市对
外开放提供全方位的服务。其中，重庆市外经贸委将从政策扶持、政府指
导角度支持和引导企业；中国进出口银行重庆分行将利用政策性导向强的
优势为平台内小微企业提供资金融通，并对一系列对外合作项目和口岸经
济建设项目提供贷款支持；重庆对外经贸（集团）公司将利用其多年海外
经营形成的渠道和资源优势为企业海外发展提供有效信息并参与投资
合作。②

重庆企业抱团投资埃塞俄比亚 2015 年，重庆市对埃塞俄比亚进出口
总额达 3985.57 万美元，同比增长 16.79%。③

四川省

实施"251 三年行动计划" 2015 年 5 月，四川提出启动实施"251 三

---

① 王静：《重庆新设保税物流中心 中国 - 中南半岛经济走廊建设再落一子》，《21 世纪经济报
   道》，2015 年 12 月 11 日，http://epaper.21jingji.com/html/2015 - 12/11/content_ 27527.htm。
② 《"3 + N"机制助力重庆企业"走出去"》，新华网，2015 年 4 月 17 日，http://www.cq.xin-
   huanet.com/2015 - 04/17/c_ 1115006072.htm。
③ 《重庆企业借助"渝洽会"抱团投资埃塞俄比亚》，新华网，2016 年 5 月 24 日，http://silk-
   road.news.cn/news/1246.shtml。

年行动计划"，力争通过 3 年左右努力，将四川建设成为我国实施"一带一路"战略、推进西向南向开放的核心腹地。"2"即深度拓展 20 个重点国家，具体举措是立足四川产业、贸易、投资等竞争优势，结合沿线国家经济现状、资源禀赋和发展诉求，锁定俄罗斯、新加坡、印度、捷克、沙特阿拉伯等 20 个国家集中进行开拓、精耕细作。"5"即优先抓好 50 个重大项目，也就是在"走出去"和"引进来"项目中，加强与沿线国家在四川优势产业、新兴产业、过剩产业上的合作，选择 50 个投资额 1000 万美元以上、工程承包合同额 1 亿美元以上的重大产业化和基础设施项目，重点跟踪，强力促进。"1"即实施 100 家优势企业示范引领，主要是选择长虹、成达、宏华、东方电气等 100 户与沿线国家具有较好贸易投资基础、具备较强竞争实力的骨干龙头企业，实施重点引导、形成示范。①

搭建平台，加快建设区域合作先行区　2015 年 4 月 24 日，德国北威州中心项目启动仪式在四川天府新区成都直管区举行。北威州中心项目总投资约 20 亿元人民币。项目包含八大功能区，未来将建成德国企业在中国西部的总部中心，成为北威州企业赴川投资的"灯塔"。近年来，四川还就川法生态科技园、中德中小企业合作园、中法成都生态园、中韩产业园、中国遂宁 – 东盟国际产业园等项目与相关国家达成了合作协议，一批各具特色、充满活力的国家产业合作园区和创新示范城正成为四川对外开放的重要平台和融入"一带一路"的重要载体。②

大力推进"一带一路"建设 31 项重点工作　2015 年 9 月 6 日，四川省政府第 97 次常务会议审议通过了《四川省推进"一带一路"建设重点工作（2015～2016）》。31 项重点工作涉及加快构建进出川国际大通道、提

---

① 《四川启动实施"一带一路"战略"251 三年行动计划"》，四川省人民政府网，2015 年 5 月 7日，http：//www. sc. gov. cn/10462/10464/10465/10574/2015/5/7/10334993. shtml。
② 《四川主动作为融入"一带一路"》，四川在线网，2015 年 5 月 9 日，http：//sichuan. scol. com. cn/ggxw/201505/10151049. html。

升经贸合作水平、大力推进国际产能合作、拓展金融合作领域、密切人文交流合作、创新开放型体制机制、建立健全工作机制 7 个方面。①

全力建设出川综合运输大通道 四川省"十三五"规划纲要编制工作正在有序推进，其中一项主要内容为围绕参与"一带一路"和长江经济带建设，大力发展内陆开放型经济。为了更好地走出去、引进来，四川正全力建设出川综合运输大通道，"十三五"期间将规划建设 10 条高速铁路通道，新增 8 条出川高速公路，加快形成以成都为枢纽的 5 大洲客货直飞网络。②

支持成都创设内陆自由贸易试验区 2015 年 12 月 9 日，四川省商务厅厅长谢开华在新闻发布会上表示，未来五年，四川除了集中力量建设天府新区、绵阳科技城等对外开放窗口，还会精心组织好西博会等重大国际性展会，也将积极建设对外经济走廊，提升蓉欧快铁、中亚班列"双黄金国际通道"。同时，还将加强海关特殊监管区域建设，拓展成都高新综合保税区功能，发挥成都空港、青白江铁路口岸等的保税物流中心作用，运用汽车、粮食、冻肉等进口口岸功能，支持成都创设内陆自由贸易试验区，积极推广上海自贸区可复制经验。③

四川企业"走出去" 2015 年，四川省对外投资企业数增长 29.5%，中方投资额增长 2.3 倍，成达、中铁二院、华西能源、四川能投、四川铁投、四川路桥等一批国际产能合作项目取得积极进展。④

贵州省

发挥优势，融入"一带一路" 2015 年以来，为积极融入"一带一

---

① 《四川推进"一带一路"建设　近期要干这 31 件大事》，四川省人民政府网，2015 年 9 月 7 日，http：//www. sc. gov. cn/10462/12771/2015/9/7/10351459. shtml。
② 《四川融入"一带一路"规划　建设出川综合运输大通道》，四川新闻网，2015 年 11 月 2 日，http：//scnews. newssc. org/system/20151102/000615566. htm。
③ 《四川继续实施"一带一路 251 行动计划"　强化与美俄欧澳韩合作》，四川新闻网，2015 年 12 月 9 日，http：//scnews. newssc. org/system/20151209/000627568. htm。
④ 《关于四川省 2015 年国民经济和社会发展计划执行情况及 2016 年计划草案的报告》，《四川日报》，2016 年 1 月 25 日，http：//sichuandaily. scol. com. cn/2016/02/05/20160205434074051836. htm。

路"战略，贵州通过黔深欧国际海铁联运班列、中欧班列的开通，打通与"一带一路"国家的便捷物流大通道；通过建设贵安新区、贵阳综合保税区、双龙临空经济区以及各类开发区，打造一批高水平的对外开放平台；依托资源富集、能源充足优势，积极承接产业转移，大力发展新兴产业。

2015年3月5日，贵州省省长陈敏尔在《政府工作报告》中提出，贵州要培育对外开放方面新的增长点，积极参与"一带一路"、长江经济带建设等国家战略的实施，加快对外通道、开放口岸、综合保税区建设，打造西部内陆地区开放型经济新高地。①

便捷物流大通道正式形成。2015年7月1日，从贵阳到德国杜伊斯堡的黔深欧海铁联运班列、中欧班列正式开行，标志着贵州与"一带一路"国家的便捷物流大通道正式形成。从出海通道看，贵阳为始发站，通过铁路至深圳，以铁海联运方式运至欧美国家，融入"21世纪海上丝绸之路"；从陆路通道看，由贵阳向北经重庆、西安、兰州、乌鲁木齐，再向西经哈萨克斯坦、俄罗斯、白俄罗斯、波兰，最终抵达德国杜伊斯堡，融入"丝绸之路经济带"。②

国家级数据中心接连落户，贵州用大数据助力"一带一路"。从2014年初提出大数据产业发展元年，到2015年8月写入国务院《促进大数据发展行动纲要》，贵州用两年的时间，奋力冲到中国大数据产业领域的前沿，做出了一系列超常规的探索：按照官方的计划，未来三年，贵州省将通过"内容中心—服务中心—金融中心"的产业路径，推动大数据产业实现三个阶段跨越：第一步，2015年力争把贵州打造成国家级的大数据内容中心；第二步，2016年力争把贵州打造成国家级的大数据服务中心。贵州的大数据中心向着多样化方向发展。目前中国电信云计算贵州信息园1.1期、

---

① 《陈敏尔：积极主动适应新常态　加快培育新的增长点》，新华网，2015年3月6日，http：// www. gz. xinhuanet. com/2015－03/06/c_ 1114541476. htm。
② 《贵州与"一带一路"沿线国家便捷物流大通道正式形成》，《贵州日报》，2015年7月2日，http：//www. scio. gov. cn/ztk/wh/slxy/31208/Document/1439804/1439804. htm。

中国移动（贵州）大数据中心、中国联通贵安云数据中心一期建成运营。中电乐触、高新翼云、翔明科技等第三方数据中心已建成并投运，数据中心服务器达到 2.2 万台；北京供销社数据中心、惠普数据中心等一批项目已经启动，预计到 2015 年服务器规模将达 5 万台。

2015 年 7 月 21 日，中华文化云项目正式签约落户贵州，并将由中国联通（贵安）云数据基地承载。"中华文化云"最主要的功能是汇集国家文化资源数据，并借助联通在"一带一路"上的通信布局，完成文化的对外输出，让更多国家的人了解、喜欢中国文化，加强中国与其他国家的文化交流互动。

同样是在 7 月，首个国家级旅游数据中心落户中国联通贵安大数据中心。10 月 10 日，贵州联通大数据中心以国家旅游局数据中心为依托，整合贵州省旅游局基础数据，正式对外发布了"贵州旅游大数据指数"。贵州将利用这些数据资源打造三大国家级数据中心，即依托三大运营商打造国家大数据内容中心，形成国家大数据服务中心，将贵阳、贵安建成国家大数据金融中心。[1]

贵州企业"走出去" 贵州海上丝路国际投资有限公司是贵州省拓展印度市场的"桥头堡"。2015 年 4 月，印度安得拉邦首席部长奈杜来华访问，贵州省组织 9 家企业赴北京和印方开展接洽和交流，促成贵州海上丝路国际投资有限公司与印度安得拉邦政府及索马集团签署合作谅解备忘录，达成了合作开发基础设施和工业园区的战略协定；5 月 13 日，积极推动企业参加"中国－印度经贸论坛"，最终推动贵州海上丝路国际投资有限公司与印度最大的基础设施建设运营商 GMR 集团签署合作协议。[2] 截至 2015 年末，贵州省"走出去"企业共有 78 家，其中对外承包工程类企业

① 《贵州用大数据助力"一带一路"深度推进跨界融合》，中国经济网，2015 年 11 月 16 日，ht-tp：//www. ce. cn/cysc/newmain/yc/jsxw/201511/16/t20151116_ 7026864. shtml。
② 《贵州统一战线积极推动民营企业融入"一带一路"》，《贵州日报》，2015 年 9 月 21 日，ht-tp：//www. gz. xinhuanet. com/2015－09/21/c_ 1116620397. htm。

29 家，这其中包括贵州茅台酒厂有限责任公司、贵州省地质矿产资源开发股份有限公司等，境外投资类企业 48 家，对外劳务合作公司 1 家。①

云南省

建设面向南亚东南亚辐射中心 在国家发改委、外交部、商务部联合发布的《愿景和行动》中，云南的定位是面向南亚、东南亚的辐射中心，发挥云南区位优势，推进与周边国家的国际运输通道建设，打造大湄公河次区域经济合作新高地。

把云南建设成为我国面向南亚东南亚的辐射中心，是习近平总书记在 2015 年 1 月考察云南时提出的重大战略构想。2015 年 3 月 9 日，云南省委书记李纪恒在接受《云南日报》采访时说，把云南建设成面向南亚东南亚的辐射中心，这涉及经济辐射、交通辐射、市场辐射、社会公共服务功能辐射、科技教育辐射等方面的内容，既涵盖硬件建设，也包括软实力提升的要求。具体而言，就是要把云南建设为面向南亚东南亚的区域性经济中心、战略枢纽、我国对外开放新高地、公共服务基地、国家建设和谐周边的重要依托。②

加快"七出省、五出境"公路网络全面升级 2015 年底，云南高速公路通车总里程已达 4005 公里③，5 年后将达到 6000 公里。航空网建设方面，在 2015 年实现泸沽湖机场通航的基础上，加快推进沧源机场、澜沧机场、昆明长水国际机场配套工程项目建设，同时重点开辟东南亚南亚国际航线。能源网方面，依托中缅油气管道，云南已初步形成了由电、气、油、煤组成的全能源网；建成了 9 条通向越南、老挝、缅甸的电力通道；

---

① 《"十二五"期间我省"走出去"工作成效显著》，贵州省人民政府网站，2016 年 1 月 15 日，http：//www. gzgov. gov. cn/xwzx/bmdt/201601/t20160115_ 367226. html。

② 《云南：建面向南亚东南亚辐射中心》，《云南日报》，2015 年 3 月 9 日，http：//politics. peo-ple. com. cn/n/2015/0309/c70731 – 26660212. html。

③ 《2015 年全国高速公路通车里程一览表》，中国高速网，2015 年 12 月 28 日，http：//www. chi-na – highway. com/Home/News/bencandy/id/112770. html。

天然气支线管道建设全面推进；油气管道建设达到 5000 公里。通信方面，依托昆明区域性国际通信交换中心的业务扩充，云南已有 3 家基础电信运营企业开通多条面向东南亚地区的国际光缆。

打造中国－南亚博览会综合性区域合作平台　目前云南省已与越南、老挝、缅甸、泰国、印度分别建立了多个地方合作机制，打造了中国－南亚博览会综合性区域合作平台，初步形成了一个以云南为门户、周边为基础、大湄公河次区域合作和孟中印缅经济走廊建设为重点，涵盖东南亚南亚的多层次宽领域区域性国际合作新格局。这些合作机制的建立，对与周边国家的政策沟通起到了积极作用。

开创全新的非主要货币清算模式　2015 年 6 月 13 日，中国农业银行泛亚业务中心在昆明成立，并在河口、磨憨和瑞丽 3 个国家级口岸同时成立分中心，开创了全新的非主要货币清算模式。富滇银行实现了对缅甸、越南、老挝 3 个接壤国家的瑞丽、河口、磨憨 3 大口岸的金融服务全覆盖，将充分利用与老挝老中银行的业务联系，开展跨境人民币汇款直通业务。目前富滇银行已实现中老、中泰、中越跨境结算，能够为客户提供人民币、老挝基普、泰国泰铢和越南盾的跨境结算服务。①

与中国进出口银行签署战略合作协议　2015 年 12 月 24 日，中国进出口银行与云南省政府在昆明签署《服务"一带一路"战略建设面向南亚东南亚辐射中心战略合作协议》。根据协议，中国进出口银行将立足于"一带一路"战略和云南省情，逐年加大在云南的信贷投放额度，鼓励和支持云南省企业使用其独有的优惠利率贷款，加大对云南省与周边国家及地区互联互通、电力、信息和仓储物流等基础设施建设的金融支持力度，积极培育新的合作增长点，为云南省经济社会发展提供有力支持。②

---

① 《云南积极融入推进"一带一路"建设》，中国经济网，2015 年 10 月 16 日，http：//www.ce. cn/xwzx/gnsz/gdxw/201510/16/t20151016_ 6717729. shtml。

② 《进出口银行与云南省人民政府签署支持"一带一路"战略合作协议》，中国进出口银行网站，2015 年 12 月 29 日，http：//www. eximbank. gov. cn/tm/Newlist/index_ 343_ 27959. html。

云南企业"走出去"　2015 年，民营企业成为云南"走出去"的生力军，共完成进出口总额 192.3 亿美元，占云南省进出口总额的 78.4%。其中，完成进口总额 43.6 亿美元，占云南省进口总额的 55.2%；完成出口总额 148.8 亿美元，占云南省出口总额的 89.4%。随着面向南亚东南亚辐射中心建设和沿边开发开放的快速推进，各类开放型园区建设全面提速，区域次区域合作展现出勃勃生机，电子商务及跨境电子商务再掀新潮。[①]

西藏自治区

推进与尼泊尔等国家的边境贸易和旅游文化合作　2015 年 1 月 18 日，在西藏自治区十届人大三次会议上，自治区主席洛桑江村在做政府工作报告时提出，2015 年西藏将加快建设南亚大通道，对接"一带一路"和孟中印缅经济走廊，推动环喜马拉雅经济合作带建设。[②]

进一步推动南亚陆路大通道建设　西藏自治区商务厅披露，"十二五"期间，国家和自治区财政安排专项资金用于拉萨航空港、樟木口岸、吉隆口岸，以及亚东边贸通道基础设施改造和边贸市场建设。同时，通过国家援外资金加大了对尼泊尔莎拉公路、拉蹾旱码头等口岸配套设施建设的支持力度，有效提升了尼方口岸的功能，进而极大地增强了货物吞吐能力。

不断改善、优化外贸发展环境与平台　近年来，西藏与周边国家通过不断探索多元化互利合作模式，于 2014 年成功将"中国西藏－尼泊尔经贸洽谈会"升格为国家级；西藏与尼泊尔合作成立喜马拉雅航空公司，打开了西藏航空进入国际市场的窗口；吉隆口岸实现了中尼双边开放；于 2015 年 9 月成立的西藏边境贸易商会，已通过相关平台顺利实现与尼方商

---

① 《云南省 2015 年货物贸易进出口总额达 245.3 亿美元》，云南网，2016 年 2 月 3 日，http：//yn. yunnan. cn/html/2016－02/03/content_ 4153164. htm。

② 《2015 年西藏"两会"：政府工作报告（全文）》，人民网，2015 年 1 月 22 日，http：//xz. people. com. cn/n/2015/0122/c138901－23652126－5. html。

会间的互联互通。

开通海关通关"高速路",助力外贸开发开放 据拉萨海关监管通关处副处长辜红卫介绍,为主动落实中央"一带一路"战略部署,拉萨海关已于 2015 年初按照海关总署安排,与全国同步,先后启动了丝绸之路经济带海关区域通关一体化改革和区区联动工作。[①]

打造旅游文化升级版 据人民网 2015 年 9 月 30 日报道,在第二届中国西藏旅游文化论坛上,西藏自治区主席洛桑江村表示,西藏将以"富民兴藏"为统领,构建西藏旅游文化大产业,着力打造拉萨国际旅游文化城市、林芝国际生态旅游区和冈底斯国际旅游合作区,结合"一带一路"的战略布局,打开与南亚国家旅游文化交流的大门,打造旅游升级版。[②]

西藏"引进来"与"走出去" "十二五"期间,西藏招商引资到位资金 1037 亿元。其中累计引进外商投资企业 34 家,涵盖矿产业、食(饮)品业、商贸服务业、民族手工业等多个行业,实际利用外资 5.93 亿美元。[③]

[①] 春拉:《"一带一路"助力西藏外贸开发开放》,新华网,2015 年 10 月 20 日,http://news. xinhua08. com/a/20151020/1565356. shtml? f = arelated。

[②] 《西藏将借"一带一路"机遇 打造旅游文化升级版》,人民网,2015 年 9 月 30 日,http:// society. people. com. cn/n/2015/0930/c1008 - 27653925. html。

[③] 《截至 2015 年西藏外贸进出口总额累计实现 759. 53 亿元》,中国西藏新闻网,2016 年 3 月 19 日,http://www. xzxw. com/xw/201603/t20160319_ 1130563. html。

第二章　21世纪海上丝绸之路上的省、
自治区、直辖市

21 世纪海上丝绸之路上有辽宁、河北、天津、山东、江苏、上海、浙江、福建、广东、广西、海南 11 个省、自治区、直辖市。

辽宁省

加快"辽满欧"、"辽蒙欧"和北极东北航道建设　2015 年，辽宁省同时建设"辽蒙欧"西、东两条国际海铁联运通道，西线规划建设锦州港，沿锦赤、赤大白、巴新、巴珠线等铁路线，经内蒙古锡林郭勒盟珠恩嘎达布其口岸、蒙古毕其格图口岸、蒙古乔巴山后，并入俄罗斯铁路，通达欧洲，全长约 1240 公里；东线谋划推进丹东港，沿沈丹、京哈、平齐、白阿线等铁路，经内蒙古阿尔山口岸至蒙古国乔巴山后，并入俄罗斯铁路，通达欧洲，全长约 1730 公里。与此同时，辽宁省还以大连港等为海上起点，建设过南海、经印尼、辐射南太平洋区域和经白令海峡到欧洲北极东北航道的海上大通道。

重点推进八大境外工业园区建设　2015 年，辽宁省将俄罗斯、蒙古国和中东欧确定为企业"走出去"的重点地带，不断推进俄罗斯巴什科尔托斯坦石化工业园、中俄尼古拉商贸物流保税园区、哈萨克斯坦远大建材产业园、蒙古霍特工业园 5 个境外工业园区建设；沿"一路"方向重点推进印尼辽宁镍铁工业园、印度特变电综合产业园、纳米比亚黄海汽车组装物流园 3 个境外工业园区建设。①

营口：搭建"对内放开、对外开放"的四大平台　面对全新的发展机遇，营口迅速搭建起"对内放开、对外开放"的四大平台：营口综合保税区报告通过评审，进入申报程序；营口中韩自贸示范区申办积极推进，写入 2015 年省《政府工作报告》；营口港经满洲里到达欧洲的集装箱班列每周"六连发"，对接潍坊至营口的辽鲁陆海甩挂航线，形成国际物流大通道；企业直接对外投资和海外并购项目遍及亚非欧美 25 个国家和地区，玉原集团罗马尼亚麦道（中国）工业园区晋升省级境外经贸合作园区，成为辽宁省企业走进欧盟的重点区域。②

大连港与德国国家铁路公司打造中欧班列　2015 年 11 月 17 日，大连港集团对外发布消息称，大连港与德国国家铁路公司近日在瑞典签署打造中欧班列的战略合作协议。目前，大连港陆续开通了"辽满欧"和"哈欧"国际过境班列。根据协议，双方将利用各自的资源优势，以大连为中转点，共同搭建服务平台，联合打造连接东亚、东南亚、华东、华南、俄罗斯、欧洲的国际陆海联运大通道，并合作开通点对点中欧班列。此次双方战略合作协议的签署，预示着以大连为起点的中欧过境集装箱班列发展正式步入快车道，将推动大连港海铁联运的业务向亚洲和欧洲等地区进一步延伸。③

丹东：推动蒙古和俄罗斯两大通道建设　丹东港是目前中国对韩国、朝鲜和日本贸易的最重要、最便捷的港口。丹东港分 3 个港区，即大东港

---

① 《辽宁：构建陆海联运经济走廊》，中国经济网，2015 年 5 月 5 日，http：//www.ce.cn/xwzx/gnsz/gdxw/201505/05/t20150505_ 5281166.shtml。
② 《营口搭起双向开放四大平台》，辽宁新闻网，2015 年 6 月 14 日，http：//liaoning.nen.com.cn/system/2015/06/14/017757546.shtml。
③ 《借力"一带一路"建设　大连港与德铁打造中欧班列》，中国新闻网，2015 年 11 月 17 日，http：//www.chinanews.com/cj/2015/11-17/7628175.shtml。

区、浪头港区和海洋红港区，拥有生产性泊位 42 个，占地面积 65 平方公里，目前已经开通了连接丹东与日本、韩国、俄罗斯、巴西、印度等国家和地区的 100 多个港口的客货运航线。近年来，丹东重点建设深水港区、大型专业化泊位和自动化装卸系统等现代陆域配套设施。未来 3 年至 5 年，丹东港将新建大型深水泊位 60 余个，综合吞吐能力将达到 3 亿吨。依托港口优势，丹东加快发展临港产业，拉动本市相关产业的发展。铁路运输方面，丹东在沿"丝绸之路经济带"方向正努力推动蒙古和俄罗斯两大通道建设。

沈阳深入实施"走出去"战略 2015 年，沈阳积极开展国际产能合作，沈阳市的企业在印度、乌干达、白俄罗斯等国家建立项目基地，如北方重工、联立铜业分别在境外拿到 6 亿美元和 8 亿美元项目大单，"沈满欧"班列开辟了对外经贸合作新通道，全市新签对外投资协议额、承包工程合同额分别为 5.7 亿美元和 17.57 亿美元。成功举办德国企业沈阳行暨中德智能制造创新论坛、"韩国周"等大型经贸活动，城市知名度和影响力大幅提升。[①]

河北省

加快融入"一带一路"，与京津冀协同发展 河北省在 2015 年初出台的《关于主动融入国家"一带一路"战略促进河北省开放发展的意见》中提出了积极对接和参与国家"一带一路"战略工作的总体要求，明确提出以交通基础设施建设和促进投资贸易便利化为重点，通过产业、城市、港口联动开发，构筑"一带一路"重要支点，为培育打造京津冀新经济增长极提供有力支撑。[②]

---

① 《沈阳市 2016 年政府工作报告》，中国沈阳政府网，2016 年 1 月 11 日，http：//www. sheny-ang. gov. cn/zwgk/system/2016/01/11/010140134. shtml。

② 《两会："一带一路"，河北如何找到新路径》，河北经济网，2015 年 3 月 5 日，http：//www. hbjjrb. com/yaowen/yw/201503/749993. html。

唐山：打造"一带一路"建设的重要枢纽　2015 年以来，唐山市着力强化港口功能，扩大临港产业规模，充分彰显对外开放优势，全力推进沿海经济大发展，初步形成港口"大通关"格局。举世瞩目的曹妃甸港区正式对外开放，可以成功接卸 40 万吨级超大型矿石船舶，正由集输大港向综合贸易大港拓展；京唐港区 20 万吨级矿石码头已投入使用；丰南港区口岸建设正式列入国家口岸发展规划。临港产业和基础配套设施建设进展顺利，曹妃甸铁矿石、煤炭、木材、再生资源等 6 个大宗商品交易中心建设日益加快，特别是张唐铁路于 2015 年底通车后，曹妃甸将打通连接大西北以及外蒙、俄罗斯的大通道，形成以港口为核心、以海陆通道为为主干的交通网络，使唐山成为"一带一路"建设的重要枢纽。[①]

河北企业"走出去"　2015 年以来，河北省企业对"一带一路"国家的产品出口量和对外投资额均呈上扬之势。截至 12 月，河北省对"一带一路"国家累计投资项目达 177 个，其中商务服务类项目约占 15%。[②]

从 2015 年开始，河北省鼓励大型企业到境外建设 5 个工业园区，其中包括河北省建投集团与力宝集团等在印尼投资共建的井里纹中国工业园区，河北一达建设开发有限公司在印尼投资建设的力宝中国重工业园，安平丝网工业园在泰国投资建立的洛加纳中国河北丝网工业园等；鼓励英利集团通过投资 9 亿元人民币在泰国建立 600 兆瓦电池和 300 兆瓦组件项目，建立海外重要生产基地，力争到 2017 年跻身全球光伏产业首位；鼓励长城汽车通过在俄罗斯、伊朗、保加利亚、乌克兰等国合作建立的 KD 组装厂和在俄罗斯的年产 15 万台整车生产项目，建立境外重要生产基地，到 2017 年成长为全球自主品牌跨国企业。[③]

---

① 《唐山将成为"一带一路"建设的重要枢纽》，中国经济网，2015 年 12 月 28 日，http：//in-tl. ce. cn/sjjj/qy/201512/28/t20151228_ 7892953. shtml。

② 《"一带一路"助河北企业加速"走出去"》，《河北日报》，2015 年 12 月 19 日，http：//www. he. xinhuanet. com/news/2015－12/19/c_ 1117513442. htm。

③ 《共建一带一路河北不会靠边站》，《河北青年报》，2015 年 4 月 14 日，http：//www. hbqnb. com/html/zhoukan/jingjiquan/2015/0414/39591. html。

天津市

努力打造"一带一路"战略新支点 2015 年 3 月 9 日，天津市十二届全国人大三次会议举行了代表团全体会议，市长黄兴国在接受记者采访时表示，天津市是中蒙俄经济走廊的主要基地、海上丝绸之路的战略要地、"一带一路"交汇点，同时也是亚欧大陆桥东部最近的起点。在"一带一路"建设中，天津市将继续发挥港口航运的优势，发挥先行先试的优势，利用自贸区探索新的投资贸易规则，推动产品服务走出去；发挥金融创新优势，发挥海洋经济的优势等。①

打造北方国际物流新平台 2015 年 2 月，天津市推出的《现代物流业发展三年行动计划》指出，天津将打造我国北方国际物流新平台，将天津建成"一带一路"的北方桥头堡和京津冀城市群国际物流网络的战略核心。②

海铁联运，搭建"一带一路"快速通道 作为我国北方第一大港，天津港是承接日韩货物通往中亚、欧洲的最短起点，目前已开通韩国、日本航线近 30 条，每月航班 110 余班，是天津承揽日韩货物的有力支撑，是参与"一带一路"和过境班列运输的重要保障；同时，这里也是我国目前唯一拥有满洲里、二连浩特和阿拉山口（霍尔果斯）三条大陆桥过境通道的港口。随着海铁联运日益完善，目前天津港拥有天津新港—阿拉山口班列、天津新港—满洲里—莫斯科班列、天津新港—二连浩特班列三条过境班列，为日韩等地商品发往欧洲、俄罗斯、蒙古搭建了一条"快速通道"。③

出台"一带一路"建设实施方案 2015 年 11 月 13 日，天津市委代理

---

① 《天津市长黄兴国：天津是中蒙俄经济走廊主要基地 做足"一带一路"文章》，中国网，2015 年 3 月 9 日，http：//ocean. china. com. cn/2015 –03/09/content_ 35001994. htm。

② 《天津打造北方国际物流新平台 "现代物流业发展三年行动计划"推出》，《天津日报》，2015 年 2 月 20 日，http：//www. tianjin. gov. cn/News/2015/0220/content_ 94953. html。

③ 《新区打造"一带一路"战略新支点》，滨海新区政府门户网站，2015 年 12 月 17 日，ht-tp：//www. bh. gov. cn/html/BHXQZWW/BHJJ22158/2015 –12 –17/Detail_ 889605. htm。

书记、市长黄兴国主持召开市政府第 60 次常务会议，审议并原则上通过《天津市参与丝绸之路经济带和 21 世纪海上丝绸之路建设实施方案》。实施方案明确了天津市参与"一带一路"建设的战略定位、战略布局、发展目标和保障措施，提出了推进基础设施互联互通、打造经贸合作升级版、推动产业与技术合作、提升金融开放水平、推动海上全面合作、密切人文交流合作 6 个方面的重点任务，梳理汇总了天津市与沿线 20 个国家和地区的 100 个重点项目，内容涉及基础设施、能源资源合作、产业合作、自贸金融、人文交流等方面。[①]

天津企业"走出去" 2015 年，天津市全年备案新增对外投资企业机构为 197 家，同比增长 87.62%；境外投资中方投资额为 74.6 亿美元，同比增长 1.6 倍；中方过亿美元项目达 16 个，同比增长 4.3 倍。其中自贸区内企业境外投资更成为一大亮点：2015 年，天津自贸区企业新设境外企业机构为 61 家，占全市的 31%；中方投资额为 56.3 亿美元，占全市的 76%。[②]

山东省

主动对接国家"一带一路"规划 2015 年，山东省加强了与欧洲、美国、日本、韩国、东南亚和澳大利亚经济体的合作，与世界 500 强及行业领军企业的经贸联系进一步密切；抓住中韩、中澳自贸协定正式实施机遇，在贸易、投资、金融、旅游、交通和产业合作等领域争取先行先试；加快推动威海中韩自贸区地方经济合作示范区和烟台中韩产业园建设；积极申建中国（山东）自由贸易试验区；研究设立参与建设"一带一路"引

---

① 《落实"一带一路"战略　大力推进开放发展》，《天津日报》，2015 年 11 月 14 日，http：//www.tj.gov.cn/tblm/indexpicnews/201511/t20151116_282612.htm。
② 《自贸区带动津企"走出去"　境外投资规模大》，《滨海时报》，2016 年 2 月 16 日，http：//www.tj.xinhuanet.com/bhpd/2016-02/16/c_1118055618.htm。

导基金，扶持"鲁新欧"铁路货运发展；实施丝绸之路经济带海关区域通送一体化，建设东亚海洋合作平台等重大项目。①

加速推动中小企业"走出去" 2015 年以来，山东加速推动中小企业"走出去"步伐，引导中小企业抱团出海，带领 200 余家中小企业赴阿联酋、土耳其、立陶宛、法国、韩国、德国、巴西、阿根廷开拓国际市场，并与立陶宛企业局、投资发展局签署了《山东－立陶宛关于加强友好合作的备忘录》，与慕尼黑及上巴伐利亚工商联合会签署了《山东省中小企业局与德国慕尼黑及上巴伐利亚工商联合会关于加强经济贸易合作的备忘录》，为双方企业合作牵线搭桥。②

青岛：打造国家"一带一路"战略综合枢纽城市 2015 年，围绕打造"一带一路"北方重要门户城市的目标，青岛市制定并实施了《青岛市加快"走出去"实施国家"一带一路"战略行动计划》，布局推进一批投资贸易重点项目。其中包括海尔俄罗斯家电、海信埃及家电等 30 个产业转移项目，约旦油页岩矿、蒙古铅锌矿等 20 个境外资源能源开发项目，南车四方、电建三、中石油七建等优势企业在轨道交通、电力能源、路桥建设等领域实施的 20 个国际承包工程项目，10 个国际服务贸易合作项目。③

青岛港逐步发挥自己的优势，在深化与海上丝绸之路 15 个沿线港口的合作、加快国际化步伐方面最近动作频频。继 2015 年 4 月 23 日与南亚巴基斯坦瓜达尔港成功建立友好港关系后，4 月 27 日，青岛港又与东南亚柬埔寨王国第一大港西哈努克港签署建立友好港关系意向书。截至 2015 年，青岛港已铺设了近 20 条通达山东、辐射西部、直至中亚的铁路班列线路，并在河南郑州、陕西西安合作共建了内陆港，通过新疆阿拉山口和霍尔果

---

① 《山东：主动对接"一带一路"战略取得显著成效》，中国证券网，2016 年 1 月 24 日，ht-tp：//finance. ifeng. com/a/20160124/14186472_ 0. shtml。

② 《山东中小企业将目光转向"一带一路" 借助自贸协定走出去》，《经济导报》，2015 年 12 月 21 日，http：//www. shandongbusiness. gov. cn/index. php/public/html/news/201512/360983. html。

③ 《青岛乘"一带一路"顺风车 布局 80 个重点项目》，《半岛都市报》，2015 年 3 月 30 日，ht-tp：//www. dzwww. com/shandong/sdnews/201503/t20150330_ 12126678. htm。

斯两个边境口岸，开通了连接日韩、东南亚和中亚 5 国，贯穿东西的"过境海铁联运大通道"。①

2015 年 12 月 30 日，建设"一带一路"枢纽型港口示范基地暨青岛港航产业发展联盟成立会议在青岛召开。国务院发展研究中心国研智库理事会秘书长王燕青在会议上将"'一带一路'枢纽型港口研究示范基地"牌匾授予青岛，标志着青岛建设"一带一路"枢纽型港口的宏伟蓝图正式启动。会上，"青岛国际航运大数据交易中心"、"青岛国际航运大数据研究院"揭牌成立，航运金融融资、青岛国际航运交易所重组、青岛港航联合商品贸易场 3 个项目集中签约。随着这几个项目的逐渐实施，青岛用"互联网＋"理念打造"智慧港航"新平台，积极推动青岛将港口的区位优势转化为交易优势、贸易优势，为建设国际自由贸易港和"一带一路"枢纽型港口奠定坚实基础。②

烟台：打造"一带一路"建设尖兵　对于融入"一带一路"，烟台市委、市政府高度重视，要求编制了《烟台市参与"一带一路"建设实施方案》，在规划布局、招商引资、保险服务、交流宣传等方面做了很多部署，全力打造对外开放新高地。

2015 年 9 月，在"2015'一带一路'媒体合作论坛"上，烟台市委副书记、市长张永霞说，烟台将开辟"一带一路"运输新通道，积极推动中韩铁路轮渡和渤海海峡跨海通道等战略项目，加快推进环渤海高铁等三条铁路线的规划建设，开始启用年吞吐量可达一千万人次的烟台蓬莱国际机场。2016 年，贯穿东西的德龙烟铁路开通运行，直达欧洲的铁路国际班列将形成新的亚欧联营大通道。

烟台拥有一个国家级高新区和一个保税港区及东部海洋经济新区。

---

① 《青岛：借"一带一路"产业升级》，新浪财经网，2015 年 6 月 1 日，http：//finance. sina. com. cn/hy/20150601/140322316560. shtml。

② 《青岛正式启动 "一带一路"枢纽型港口建设》，大众网，2015 年 12 月 30 日，http：//qingdao. dzwww. com/xinwen/qingdaonews/201512/t20151230_ 13597081. htm。

2015 年，按照“两国双园”模式规划建设的中韩烟台产业园，是中韩两国政府重点推进的产业园区。6 月 1 日，烟台中韩产业园新闻发布会暨项目签约仪式在韩国首尔成功举办。烟台正在通过推进中韩产业园建设，全力构建中韩产业合作的“升级版”。烟台中韩产业园规划总面积 349 平方公里，包括新兴产业区、临港经济区和现代服务业聚集区，形成“一园三区”空间布局。同时，在烟台港与国内外战略合作伙伴共同努力下，一条从几内亚矿山到国内终端厂家用户、集多式联运为一体的完整产业链条全面建成，烟台港集团正在将烟台港建设成为“一带一路”的海陆双向战略支点。①

威海：建设中韩地方合作示范区　威海与韩国仁川隔海相望、航线密集，具有“海运价格、空运速度”的物流优势。2015 年 6 月，中韩自贸协定签署，作为唯一一个被选定为地方经济合作示范区的中国城市，威海市的示范区建设总体框架已全面拉开。据威海市商务局副局长于明涛介绍，威海市已经整合威海经济技术开发区、威海临港经济技术开发区两个国家级开发区的优势资源，规划并建设了中韩自贸区地方经济合作开放试验区，作为对接仁川自由经济区的核心区。目前试验区的产业发展规划已完成；正在规划中韩现代服务业产业园、中韩综合保税物流园、中韩文化旅游产业园、中韩海洋高新技术合作园、中韩健康养老产业园、中韩医疗器械与医用制品产业园、中韩现代物流产业园、中韩合作产业园 8 个特色园区。②

2015 年 7 月 10 日，自韩国发运，经威海、霍尔果斯过境至哈萨克斯坦的全省首票丝绸之路经济带海关区域通关一体化过境货物顺利通关，实现过境货物在边境口岸不落地、不换装，直通中哈自贸区，韩国—威海—丝绸之路经济带沿线国家贸易通道初具雏形。随着这票货物的顺利通关，

---

① 《开放融合进行时　烟台做“一带一路”探路者》，大众网，2015 年 10 月 14 日，http：//www.dzwww.com/2015/mtx/jcbw/201510/t20151014_13178104.htm。

② 《威海中韩自贸区地方经济合作示范区建设全面展开　将建 8 个特色园区》，《中国日报》，2015 年 9 月 17 日，http：//cnews.chinadaily.com.cn/2015-09/17/content_21909830.htm。

威海口岸的公路过境业务已延伸至喀什、吐尔尕特、二连浩特、伊尔卡什、霍尔果斯、凭祥、友谊关 7 个口岸，由韩国进口的电子产品、日用百货、化妆品、服装等商品自威海海运口岸进境，继而过境运输至蒙古、哈萨克斯坦、越南等国家，打通我国通往周边国家的高速物流通道，为威海外贸发展再添活力。①

日照：全力打造"五通"示范区 日照针对"一带一路"国家战略和打造"五通"示范区，在 2015 年工作要点中围绕"五建"工作列出了多达 80 项的重点任务。日照市委书记杨军介绍，日照正在打造一批重大开放平台，进一步深化和扩大与中西亚、欧洲、东南亚和东北亚沿线国家和地区及国内主要节点、支点城市的合作交流，加快构建"西延、东扩、南进、北拓"的对外开放新格局和开放性经济新体制，以把日照打造成"一带一路"与东北亚经济圈的交汇枢纽和"五通"示范区。

日照港是日照拓展与"一带一路"沿线区域合作的核心战略资源。以港口建设为带动，日照将进一步拓展多式联运国际运输业务，加快集装箱联运与国际中转、陆桥过境运输发展。日照已先后与吉尔吉斯斯坦卡拉巴尔塔市签署了友好合作备忘录，与哈萨克斯坦有关企业就发展多式联运、集装箱过境运输等签署了战略合作协议，与土耳其就推动经贸、文化、旅游等领域深入合作达成共识。

日照与东亚国家和东盟的国际贸易往来日趋活跃，特别是与韩国的经贸合作持续升温。目前，当地已形成以现代汽车集团为龙头的汽车及核心零部件产业集群，年产值达 577.6 亿元。威亚发动机四工厂、派沃泰变速箱三期等重点项目也在加快推进，与韩国产业合作的优势将进一步放大。②

潍坊：滨海区打造国际合作示范园区 一是推动产业合作。重点支持

---

① 《威海成连接中韩自贸区与丝绸之路经济带新节点》，新华网，2015 年 9 月 22 日，http://www.sd.xinhuanet.com/wh/2015-09/22/c_1116643358.htm。

② 《山东日照全力打造"一带一路""五通"示范区》，新华网，2015 年 6 月 14 日，http://news.xinhuanet.com/fortune/2015-06/14/c_1115609714.htm。

润丰化工开展国际化经营，指导企业建立完善制造、仓储、配送、销售及信息化的全球化营销网络，目前该企业已在越南、泰国、马来西亚等国家设立 25 家子公司或分支机构。二是加强能源合作。协助海王化工在老挝万象省设立钾盐矿项目，推动联兴科技公司与印尼国家石油公司加快"年产 30 万吨煅烧石油焦合资公司项目"的建设进度。三是推进港口开放。组建潍坊港集团，加快推进潍坊港 5 万吨级航道和 17 个万吨级以上码头建设，加强与营口港、大连港的合作，推动潍坊至旅顺客滚航线早日开通，力争年内开通华东、华南内贸航线和潍坊至韩国集装箱班轮航线，全年完成吞吐量 3000 万吨、30 万标箱。①

东营：优势企业积极"走出去" 2015 年以来，越来越多的东营企业走进"一带一路"沿线的国家和地区。金宇轮胎公司、奥戈瑞公司分别在越南和印尼建设子午胎项目，可以规避国际贸易壁垒；永泰集团并购英国考普莱公司，迈进了国际高端市场等，通过积极"走出去"，东营市出口商品的国际竞争力和品牌知名度得到不断提升。众多企业在承包国际工程、对外投资等领域拓展海外市场，取得了令人瞩目的成绩。例如，科瑞、齐海等龙头企业在政府支持下，累计在塔吉克斯坦、印度、俄罗斯、乌兹别克斯坦、土耳其 7 个"一带一路"沿线国家和地区设立公司和办事处 14 家，中方累计投资 9100 多万美元。目前，科瑞装备有限公司通过 EPC（工程总承包）的方式对外承包工程项目 3 个，项目合同额累计 3.6 亿美元，实现了一条龙承包服务。此外，信诚等多家企业向哈萨克斯坦、土库曼斯坦、印度尼西亚、巴基斯坦 4 个国家累计派遣专业技术人员 83 人，成立钻井服务、设备服务专业人才队伍 3 支，为与"一带一路"沿线国家进行经济合作提供了有利的技术支撑。

滨州：建全省首家全模式跨境电商平台 2015 年 12 月底，位于山东

---

① 《潍坊市滨海区积极融入"一带一路" 战略打造国际合作示范园区》，山东商务网，2015 年 10 月 8 日，http：//www.shandongbusiness.gov.cn/public/html/news/201510/355011.html。

省滨州市邹平经济技术开发区（国家级）内的滨州保税物流中心迎来该中心倾力打造的"全球速购"跨境电商平台的正式上线运行，这也是山东省首家全模式的跨境电商平台。通过该平台，不仅能够实现跨境电商保税备货、跨境直购、O2O线下体验线上交易，还可实现跨境电子商务的出口。这是滨州融入"一带一路"大战略，推动区域制造业转型发展，结合"互联网＋"思路而做出的创新实践。①

山东企业"走出去" 据山东省发改委经济合作处统计，2015年1～12月，全省备案核准境外投资企业（机构）589家，中方投资156亿美元，分别增长12.4%和148%；累计有实际出资的境外投资企业441家，中方投资57.8亿美元。

对"一带一路"沿线国家和地区的投资快速增长。2015年，"一带一路"沿线国家和地区中方投资50.2亿美元，增长78.5%，主要集中在印度尼西亚、巴基斯坦、马来西亚、柬埔寨等东盟国家和俄罗斯。

山东科瑞控股集团有限公司以"一带一路"沿线国家的需求为导向，找到各方合作的切入点，推动油气合作向多领域、多层次、多主体和多维度的全产业链合作方向发展，同时以全方位合作为引领，带动集团技术和装备"走出去"。营销网络已涵盖"一带一路"沿线国家东盟9国，西亚14国，南亚4国，中亚5国，独联体6国，中东欧10国。

民营企业"走出去"带动作用明显。2015年，山东省民营企业境外投资中方投资128.3亿美元，占比82.2%。淄博宏达矿业与山东焦化合资建设秘鲁邦沟铁矿项目，总投资17亿美元，是截至目前山东省在境外实施的规模最大的铁矿项目。玉皇化工利用美国当地廉价的页岩气为原材料，投资建设4950吨/天然气制甲醛项目，总投资达11.59亿美元，开创了山东省民营企业在发达国家开展石化项目的先河。

---

① 《滨州建全省首家全模式跨境电商平台 掘金"一带一路"》，大众网，2015年12月29日，http://paper.dzwww.com/dzrb/content/20151229/Articel05008MT.htm。

国际产能合作进展显著。按照国家发改委的部署，根据山东省产业发展情况、境外投资项目集中度及友好省州对接情况，争取了 17 个重点国别，代表国家发改委开展组织对话、对接项目、服务企业等工作。2015年，山东省国际产能合作中方投资 16.8 亿美元，增长 2.7 倍。①

江苏省

建设沿东陇海线经济带 2015 年以来，江苏省加快"一带一路"交汇点、连云港东中西区域合作示范区及中哈物流中转基地建设，打造战略出海口；主动融入长江经济带建设，深化长三角区域合作；强化开放平台功能，推广上海自贸区可复制改革试点经验，积极推进苏州工业园区、昆山海峡两岸产业合作试验区和各海关特殊监管区建设。

2015 年 5 月 6 日，江苏省委、省政府召开会议，专题部署贯彻落实"一带一路"和长江经济带建设国家战略。7 月 25 日，《江苏省参与建设丝绸之路经济带和 21 世纪海上丝绸之路的实施方案》正式出台，对两大战略在江苏省落地做出全面部署。《落实国家"一带一路"战略部署建设沿东陇海线经济带的若干意见》则将沿东陇海线经济带建设提上议事日程。

2015 年 8 月 20 日，江苏省政府召开会议，通报落实"一带一路"战略建设的有关情况。江苏省发展改革委主任陈震宁宣布：沿东陇海线产业带升格为沿东陇海线经济带。江苏聚焦连云港、徐州作为重要节点城市的综合优势，兼顾淮安、盐城、宿迁紧密联系区域的策应互动作用，将沿东陇海线产业带升格为经济带，试图在苏北发展的大区域中造就一个新的"徐连一体化"，并以此带动沿东陇海线城市成为带路经济战略中的新"增

---

① 《走出去，助山东企业转型》，《大众日报》，2016 年 2 月 25 日，http：//paper. dzwww. com/dzrb/content/20160225/Articel09002MT. htm。

长极"。①

大力推动中哈（连云港）物流合作基地项目建设　2015 年 8 月 31 日，在中国与哈萨克斯坦两国元首共同见证下，江苏省政府与哈国铁签署战略合作框架协议，中哈（连云港）物流合作基地等一批合作项目相继启动。截至 11 月 30 日，该基地累计进出集装箱 19.3 万标箱，营业收入达 3900 万元。中哈（连云港）物流合作项目二期（粮食中转基地）、哈国"霍尔果斯—东门"经济特区无水港项目、中哈（连云港）国际物流园项目、"霍尔果斯—东门"经济特区等项目正加快推进。

推进长江经济带建设　2015 年 8 月以来，江苏省委、省政府相继出台了《关于贯彻落实〈国务院关于依托黄金水道推动长江经济带发展的指导意见〉的实施意见》、《长江经济带综合立体交通走廊规划江苏实施方案》和《2015 年推动长江经济带发展重点任务分工方案》，进一步理清发展思路，明确工作重点，把沿江地区产业结构调整、转型发展放到长江经济带建设的开放大平台上考量推进。②

江苏企业"走出去"　2015 年，苏州市企业中方协议投资额为 3000 万美元以上大项目共有 26 个，中方协议投资额为 13.2 亿美元，占总额的 64.4%。全年月均备案"走出去"项目逾 20 个，实际对外投资额月均 1.35 亿美元，印证了苏州企业的对外投资活动非常活跃。③ 2015 年，南京在"一带一路"沿线 26 个国家签订承包工程项目 97 个，完成营业额 15.2 亿美元。2015 年，南京市赴"一带一路"沿线国家投资 24 个项目，较 2014 年同期增加 11 个，中方协议投资额为 2.3 亿美元，占总额的 11%，同比增长 3.3 倍。④

---

①　王海平：《江苏打造一带一路新增长极　东陇海线升级经济带》，《21 世纪经济报道》，2015 年 8 月 21 日，http://finance.sina.com.cn/china/dfjj/20150821/023923023837.shtml。

②　《江苏抢抓"一带一路"和长江经济带建设机遇　双向并进，拓展对外开放新空间》，中国江苏网，2015 年 12 月 25 日，http://jsnews.jschina.com.cn/system/2015/12/25/027463008.shtml。

③　《2015 年苏州新增对外投资项目 251 个　同比增长 20.1%》，江苏省人民政府网站，2016 年 1 月 21 日，http://www.jiangsu.gov.cn/zwfw/lstd/qy/qyxxdt/201601/t20160121_418970.html。

④　《2015 年南京市境外投资额跃居全省第一》，江苏省人民政府网站，2016 年 2 月 28 日，http://www.jiangsu.gov.cn/gzdt/201602/t20160228_422790.html。

上海市

加快推进上海自贸区建设　2015 年以来，上海借力自贸区建设，推进开放型经济发展，积极落实"一带一路"战略，拓展全球投资贸易网络，支持企业加快"走出去"步伐。

2015 年 5 月 14 日，上海举行首届民盟经济论坛，论坛以"中国经济发展与'一带一路'战略实施"为主题，上海市副市长艾宝俊在论坛上介绍了上海参与"一带一路"的建设情况。根据介绍，上海积极推进"一带一路"战略实施方案已初步形成，将与上海"四个中心"建设、具有全球影响力的科创中心建设、自贸试验区建设等国家战略实现联动。上海的"一带一路"方案将重点聚焦经贸投资、金融合作、人文交流、基础设施等四大领域。在经贸投资领域，上海将拓展投资贸易网络，巩固传统市场优势，大力拓展新兴市场；借助上海在"一带一路"沿线国家举办经贸展会的平台，与展会举办城市建立经贸合作伙伴关系；加快实施"走出去"战略，鼓励上海优势领域企业把握商机，培育和壮大市场主体；在人文交流领域，上海将积极打造多边交流网络，进一步加强教育培育合作，根据沿线国家的教育需求，支持各类院校开展境外办学；基础设施方面，将结合上海建设国际枢纽港的目标，进一步加快海港、空港建设，完善上海与长三角铁路通道的互联互通，积极融入欧亚铁路网。①

成立"一带一路"贸易商企业联盟。上海通过搭建贸易网络、参与投资贸易标准制定、汇聚国际投资贸易服务机构三大举措，落实"一带一路"建设工作。2015 年 3 月 27 日，由上海进出口商会牵头，会同其他国家级的商会以及"一带一路"沿线国家和地区的主要商协会，成立

---

① 《上海推进"一带一路"实施方案已初步形成》，新华网，2015 年 5 月 15 日，http：//news.xinhuanet.com/house/sh/2015 - 05 - 15/c_ 1115294119. htm。

"一带一路"贸易商企业联盟。该联盟将通过企业之间的交流互动，使上海和"一带一路"沿线国家和城市的贸易投资更加密切、更加频繁。①

上海企业"走出去" 上海已形成以产业链、创新链、价值链为扩张动力的对外投资合作新格局。2015 年，上海市对外直接投资总额 573 亿美元，同比增长 3.7 倍，规模居全国之首；新签对外承包工程合同额 111 亿美元，连续 8 年超百亿美元。上海企业"走出去"网络遍布全球，已涉及 178 个国家和地区，国际产能和装备制造合作取得积极进展，"一带一路"建设成为全球价值链合作热点。2015 年，上海对"一带一路"沿线国家的直接投资额为 95 亿美元、贸易额为 870 亿美元、新签对外承包工程合同额为 54 亿美元，并从传统的商品和劳务输出为主发展到商品、服务、资本输出"多头并进"。②

浙江省

推进浙江海洋经济发展示范区、舟山群岛新区建设 2015 年 1 月 21 日，浙江省省长李强在政府工作报告中指出，要着力提升浙江省在全国的战略地位，积极参与丝绸之路经济带和 21 世纪海上丝绸之路等战略的实施，大力推进宁波–舟山港一体化，积极推进全省沿海港口、义乌国际陆港的整合与建设，加强江海联运、海陆联运体系建设。另外，"义新欧"中欧班列运行常态化也将稳步推进。③

杭州：打造"网上丝绸之路" 2015 年 6 月 23 日，《中国（杭州）

---

① 《上海推三大举措落实"一带一路"》，新华网，2015 年 4 月 15 日，http：//news. xinhuanet. com/local/2015 – 04/15/c_ 127690028. htm。

② 《2015 年上海对外直接投资总额 573 亿美元 居全国之首》，中国经济网，2016 年 2 月 18 日，http：//district. ce. cn/zg/201602/18/t20160218_ 8931204. shtml。

③ 《浙江省人民政府 2015 年政府工作报告》，人民网，2015 年 1 月 27 日，http：//leaders. peo-ple. com. cn/n/2015/0127/c58278 – 26457874. html。

跨境电子商务综合试验区实施方案》正式发布。在北京举行的"中国跨境电商发展论坛"上，杭州市委常委佟桂莉提出杭州建设综试区，服务"一带一路"国家战略的使命：发挥基础设施互联互通和电子商务的双重便利优势，打造线上线下融合发展的"网上丝绸之路"，构建"一带一路一网"新格局。通过3年至5年的改革试验，综合试验区将建设成全国跨境电子商务创业创新中心、跨境电子商务服务中心、跨境电子商务大数据中心三大中心。①

义乌：成为建设"新丝绸之路"的新起点　为了推进"一带一路"建设，义乌正在规划建设丝路新区、陆港新区和科创新区三大新区。与此同时，当地还在开发跨境电子商务"海外仓"，计划加强与"一带一路"沿线国家和地区的经贸合作，把义乌打造成为丝绸之路经济带新起点，以及沿线国家和地区商品进入我国市场的重要一站。推进"新丝绸之路"跨区域商贸流通合作，以"义乌试点"金融专项改革为切入点，大力推进与中亚、西亚、中东、东南亚等国家和地区的人民币跨境业务。推进"新丝绸之路"跨区域交通物流合作，通过打造现代化的物流服务平台，进一步加强与宁波港、上海港以及边境口岸的无缝对接，创新"大通关"便利化运行机制。推进义乌国际陆港城市建设，把"义乌港"打造成真正具有域名及口岸功能的目的港和始发港。②

宁波：加快"港口经济圈"建设　宁波市已编制了《宁波参与"一带一路"建设行动纲要》、《国际港口城市联盟建设实施方案》、《扩大经贸合作实施方案》、《扩大人文交流实施方案》、《网上丝绸之路试点工作实施方案》4个子方案。同时，宁波市正抓紧向国家有关部委汇报沟通，争取将宁波"港口经济圈"建设上升为国家战略，列入国家"十三五"规划。

---

① 《杭州将打造"网上丝绸之路"》，《光明日报》，2015年8月16日，http：//news. gmw. cn/
2015 – 08/16/content_ 16683984. htm。

② 闵琦：《义乌打造"新丝绸之路"战略支点》，《中国经济导报》，2015年6月16日，http：//
www. ceh. com. cn/xwpd/2015/06/861307. shtml。

最近，宁波围绕"港口经济圈"建设，抓紧谋划建设一批重大功能支撑平台，即打造一批港口开发合作平台、打造一批区域科技创新平台、打造一批产业合作共建平台、打造一批贸易物流发展平台、打造一批经贸人文交流平台。①

浙江企业"走出去"　2015 年，浙江省以并购形式实现境外投资项目 135 个，同比增长 92.86%；并购额达 51.09 亿美元，同比增长 3.59 倍；并购地区也从主要集中在美国、德国、日本、意大利、以色列等发达国家和地区，逐渐向印度尼西亚、印度等"一带一路"沿线国家延伸。②

福建省

全力打造 21 世纪海上丝绸之路核心区　国家发改委、外交部、商务部联合发布的《愿景和行动》明确提出支持福建建设 21 世纪海上丝绸之路核心区。为贯彻落实国家"一带一路"重大倡议，加快福建省 21 世纪海上丝绸之路核心区建设，2015 年 11 月 17 日，福建省发布《福建省 21 世纪海上丝绸之路核心区建设方案》（以下简称《方案》），明确了福建省 21 世纪海上丝绸之路核心区建设的四大功能定位、重点合作方向、主要任务等。

四大功能定位：21 世纪海上丝绸之路互联互通建设的重要枢纽、21 世纪海上丝绸之路经贸合作的前沿平台、21 世纪海上丝绸之路体制机制创新的先行区域、21 世纪海上丝绸之路人文交流的重要纽带。

重点合作方向：打造从福建沿海港口南下，过南海，经马六甲海峡向西至印度洋，延伸至欧洲的西线合作走廊；打造从福建沿海港口南下，过

---

① 《宁波已编制参与"一带一路"建设行动纲要》，《解放日报》，2015 年 5 月 5 日，http：//www. jfdaily. com/guonei/bwyc/201505/t20150505_ 1479085. html。

② 《海外并购涌起"浙江潮"　2015 年并购数量全国第一》，浙江在线新闻网，2016 年 5 月 24 日，http：//news. zj. vnet. cn/content/17296. html。

南海，经印度尼西亚抵达南太平洋的南线合作走廊；打造从福建沿海港口北上，经韩国、日本，延伸至俄罗斯远东和北美地区的北线合作走廊。

主要任务：加快设施互联互通，推进产业对接合作，加强海洋合作，拓展经贸合作，密切人文交流合作，发挥华侨华人优势，推动闽台携手拓展国际合作，创新开放合作机制，强化政策措施保障。

根据《方案》，福建省将支持泉州建设 21 世纪海上丝绸之路先行区，支持福州、厦门、平潭等港口城市建设海上合作战略支点；支持漳州发挥两岸产业对接集中区优势和莆田、宁德发挥深水港口等优势，拓展与海上丝绸之路沿线国家和地区加强合作交流；支持三明、南平、龙岩等市建设海上丝绸之路腹地拓展重要支撑。

泉州：建设 21 世纪海上丝绸之路先行区　在国家"一带一路"的发展愿景中，福建泉州被确定为 21 世纪海上丝绸之路先行区。发挥海外华侨华人、民营经济和伊斯兰文化积淀等优势，在推动华侨华人参与核心区建设、民营企业"走出去"、海上丝绸之路文化国际交流、国际金融合作创新、制造业绿色转型等方面发挥先行先试作用，全面提升与东南亚、南亚、西亚、北非等国家和地区的开放合作水平。[①]

厦门：建设海上丝绸之路战略支点城市　根据厦门市政府印发的《建设海上丝路战略支点城市 2016 年工作方案》（以下简称《方案》）提出，厦门要打造海上丝绸之路海洋合作、互联互通、经贸合作、人文交流四大枢纽，着力建设区域性"走出去"的重要集聚地、口岸和综合服务平台，做大进出口，做强港口，不断创新合作机制。《方案》提出，厦门要打造海洋合作枢纽，加快中国－东盟海洋合作中心建设；依托厦门南方海洋研究中心，加强与东盟国家在海洋渔业科技领域合作；推动厦门海洋高技术产业基地和科技兴海产业示范基地建设与对外合作，打造南方海洋创业创

---

① 《〈福建省 21 世纪海丝核心区建设方案〉发布　将支持泉州建设海丝先行区》，闽南网，2015 年 11 月 17 日，http://www.mnw.cn/quanzhou/news/1034114.html。

新基地。《方案》还明确，厦门要打造互联互通枢纽，拓展海上通道；加快建设东南国际航运中心，推进东渡邮轮母港南部综合体全面开工建设。①

福建企业"走出去" 截至 2015 年 12 月，福建省备案的"走出去"的企业有 693 家，总投资额达 2 亿美元，分布在全球 5 大洲 82 个国家和地区，涉及行业有贸易、承包工程、劳务合作、生产加工、农业开发、金融、旅游、船务运输等。从"走出去"的目的地来看，香港仍是福建企业投资最热门之地，多达 254 家；东盟是福建企业境外投资的第二大目的地，其中印度尼西亚 41 家、新加坡 16 家、越南 16 家、马来西亚 10 家。此外，投资美国的有 57 家，投资台湾的有 31 家，投资澳大利亚的有 15 家。②

广东省

打造"一带一路"的战略枢纽、经贸合作中心和重要引擎 2015 年 6 月 3 日，广东省政府新闻办召开新闻发布会，公布了《广东省参与建设"一带一路"的实施方案》（以下简称《实施方案》）。据悉，广东省是全国率先上报《实施方案》、率先完成与国家"一带一路"战略规划衔接、率先印发《实施方案》的省份。《实施方案》包括指导思想、战略定位、发展目标、战略布局、重点任务、保障机制等内容，并提出将广东省打造成为"一带一路"的战略枢纽、经贸合作中心和重要引擎。

在重要基础设施互联互通方面，广东将深化港口、机场、高速公路、高速铁路和信息互通的国际合作，打造国际航运枢纽和国际航空门户，面向沿线国家，构筑联通内外、便捷高效的海陆空综合运输大通道。其中，包括：加强广州、深圳、珠海、湛江、汕头等港口建设，组建海上丝绸之

---

① 《厦门海上丝路支点城市建设定位四大枢纽》，《中国海洋报》，2016 年 3 月 24 日，http：//ep-aper. oceanol. com/shtml/zghyb/20160324/59624. shtml。
② 《借力"一带一路" 闽企"走出去"激情燃烧》，中国新闻网，2015 年 12 月 14 日，ht-tp：//www. fj. chinanews. com/news/2015/2015 - 12 - 14/330006. shtml。

路货运物流合作网络；打造世界一流粤港澳大湾区，建设国际金融贸易中心、科技创新中心、交通航运中心、文化交流中心，建设粤港澳大湾区物流枢纽；打造"空中丝绸之路"，增加广州、深圳至东南亚地区国家的国际航线和航班，开通与沿线国家主要城市的航班。

《实施方案》充分考虑了广东自身的区位优势和经济优势，与其他省份相比，该方案的特点体现在三个方面：一是突出21世纪海上丝绸之路的建设，这包括建设世界级港口群，也包括推进海洋领域的合作和滨海旅游，以港口合作来建设珠三角湾区，建设一批国际旅游度假区；二是突出与港澳合作，重点是建设粤港澳大湾区，包括合作发展航运、跨境基础设施，也包括依托港澳的金融服务、专业服务等，为经贸发展提供支撑，也包括依托港澳来对接营商规则，使广东的营商环境更加国际化、法治化；三是突出经贸合作，利用广交会、高交会等平台，扩大与沿线国家的贸易往来，在境外建立一些产业园区，推进农业制造业和服务领域的投资合作。①

东莞：积极建设21世纪海上丝绸之路"先行市" 2015年以来，东莞利用已开通"粤新欧"国际专列的优势，成功推动国家批准设立石龙铁路国际物流中心并临时对外开放，并正在争取作为申报东莞铁路口岸扩大开放项目之一，纳入《国家口岸"十三五"规划》，使石龙货运站成为"一带一路"国际物流的节点和国际货运的枢纽。此外，东莞还出台了《东莞市航空货物资助资金管理办法》，强化了对深圳、广州机场东莞货运站的资金支持，成功启用了全国最大的城市候机楼，打造了对接香港机场的"中国超级干线"，铺设了东莞通达沿线国家的"空中丝路"。②

深圳：全面落实"一带一路"战略 深圳以交通互联、经贸合作、人

---

① 《广东公布参与建设"一带一路"实施方案 九项重点任务》，《南方日报》，2015年6月4日，http://www.gd.gov.cn/govpub/zwdt/bmdt/201506/t20150608_214279.htm。

② 《东莞积极建设21世纪海上丝绸之路"先行市"》，东莞时间网，2015年10月29日，http://news.timedg.com/2015-10/29/20268034.shtml。

文交流为重点，全面参与"一带一路"建设，构建新时期对外开放"双通道"，加快打造信息丝绸之路，推动华为、中兴通讯等更多信息技术企业的产品、服务和标准走出国门，让沿线国家共享信息经济红利。并且，依托自贸区建设和前海开发开放的政策优势，发起设立深圳丝路基金，探索更多本外币、境内外、离在岸市场合作路径，畅通"一带一路"建设投融资渠道。

广东自贸区前海蛇口片区挂牌　2015 年 4 月 27 日，中国（广东）自由贸易试验区深圳前海蛇口片区正式挂牌。当日，深圳市政府与招商局集团签署的《关于深化合作加快推进中国（广东）自由贸易试验区前海蛇口片区发展建设框架协议》成为前海与蛇口共同推动自贸区建设的纲领性文件。[①]

布局前海深港现代服务业合作区　国家在深圳西部珠江口地区布局了15 平方公里的"前海深港现代服务业合作区"，并将其作为广东三个自贸试验区片区之一。这一片区拥有自贸试验区、深港合作区、保税港区三区叠加的特殊优势，实行"比经济特区更特"的先行先试政策。经过几年的快速发展，前海市场化、法治化、国际化的营商环境已经初步形成，吸引了一大批海内外优质企业入驻。目前，前海入驻企业累计达 6.7 万余家，平均每天新增约 200 家，其中金融、科技、现代物流是主导的产业类型，已经形成现代服务业集聚发展的态势。深圳正把前海作为落实"一带一路"战略的综合性战略平台，着力促进现代服务业特别是金融业开放创新，推进深港澳更紧密合作，积极构建与国际投资贸易基本规则有机衔接的制度框架，为与"一带一路"沿线各国、各地区实现更紧密合作提供支撑和服务。[②]

---

① 《广东自贸区前海蛇口片区挂牌　建"一带一路"战略支点》，《21 世纪经济报道》，2015 年 4 月 28 日，http：//business. sohu. com/20150428/n412010031. shtml。

② 《前海成为"一带一路"综合性战略平台》，《深圳特区报》，2016 年 2 月 25 日，http：//www. sztalent. org/content/2016－02/25/content_ 12849043. htm。

广东企业"走出去"　　2015 年，广东省新增对外协议投资 259.5 亿美元，同比增长 104.9%。其中，制造业实际对外投资增长 1.6 倍，电气制造业大涨 11 倍。华为、美的、海能达、比亚迪等民营企业依靠跨国经营布局成为广东省国际化经营的佼佼者。据广东省商务厅统计，对外投资中民营企业占九成。截至 2015 年底，广东省共设立境外企业 6492 家，遍及全球 129 个国家（地区），涉及 19 个产业门类。境外投资存量 601.2 亿美元。其中，深圳市 2015 年境外中方协议投资额 165.7 亿美元，占广东省的半壁江山。①

广西壮族自治区

加快形成"一带一路"有机衔接的重要门户　　在国家发改委、外交部、商务部联合发布的《愿景和行动》中，广西的定位是 21 世纪海上丝绸之路与丝绸之路经济带有机衔接的重要门户。

2015 年 12 月 3 日，中共广西壮族自治区第十届委员会第六次全体会议召开，会议就制定国民经济和社会发展第十三个五年规划提出建议。建议指出，"十三五"时期，广西有三大定位，即基本建成面向东盟的国际大通道、西南中南地区开放发展新的战略支点、21 世纪海上丝绸之路与丝绸之路经济带有机衔接的重要门户。②

近年来，广西"海、陆、江、空、信"并进，充分发挥区位优势，加强连通东盟、衔接"一带一路"的互联互通基础设施建设。在建设中国 – 东盟海上通道方面，广西加快北部湾港航基础设施建设，截至 2015 年，北部湾港拥有万吨级以上泊位达 74 个，集装箱班轮航线 30 多条，每周 50 多

---

① 《广东对外投资猛增 104.9%》，《南方日报》，2015 年 2 月 25 日，http：//epaper.southcn.com/nfdaily/html/2016 – 02/25/content_ 7519235.htm。
② 《广西加快创建北部湾自贸区　积极融入"一带一路"建设》，人民网，2015 年 12 月 9 日，http：//gx.people.com.cn/n/2015/1209/c179430 – 27276734.html。

个班次，港口吞吐能力达到 2 亿吨。

在不断完善海运线路的同时，广西正在积极探索与东盟、与欧洲的公铁联运线路，逐步打造一头连接 21 世纪海上丝绸之路，一头连接丝绸之路经济带的国际通道。2015 年开通的"越南—广西—苏满欧"线路能够通过中越直通车把越南的货物运输到中国友谊关口岸，然后前往苏州保税港区，再接驳苏满欧国际列车从内蒙古满洲里口岸出境，最后经蒙古抵达俄罗斯。

不仅在基础设施方面，而且在农业、旅游等领域广西与"一带一路"国家的合作也取得进展。据广西农业科学院国际合作处副处长吕荣华介绍，广西在越南建立了"中越农业综合示范基地"，在老挝、柬埔寨、泰国也有水稻、蔬菜等农业技术合作项目。这些项目不仅为当地提供适合生产的农作物品种，还提供配套的栽培技术。①

广西企业"走出去" 据统计，2015 年，广西共有 10 家企业在境外投资办厂、承包工程、设立分支机构，共注册境外子公司 38 家（统计含港、澳、台地区），总资产为 217.17 亿元。②

海南省

加大国际旅游岛开发开放力度 国家发改委、外交部、商务部联合发布的《愿景和行动》提出，"加大海南国际旅游岛开发开放力度"，加强海口、三亚等沿海城市港口建设。海南是我国第一海洋大省，扼海上丝绸之路的要冲。为了抢抓"一带一路"建设重大机遇，海南省委提出，以打造中国旅游特区作为参与"一带一路"建设的重要突破口，建成世界一流的

---

① 《广西：打造"一带一路"有机衔接的重要门户》，新华网，2015 年 8 月 31 日，http：//news. xinhuanet. com/fortune/2015 – 08/31/c_ 1116429755. htm。

② 《广西支持和鼓励企业"走出去" 掘金"一带一路"》，中国新闻网，2016 年 5 月 24 日，ht-tp：//www. gx. chinanews. com/cj/2016 – 05 – 24/135984. shtml。

精品旅游目的地，打造国际旅游岛的升级版。

全面提升基础设施水平，加快构建陆海空立体交通体系　凤凰岛国际邮轮港二期项目正在连续赶工。而整个二期项目完工后，凤凰岛可同时停靠5艘邮轮，年接待能力将达到200万人次。此外，博鳌机场已于2015年3月开工建设，海口美兰机场二期、三亚凤凰机场三期改扩建也正在加紧建设之中，海南西环高铁建设更是争分夺秒，2015年6月底完成轨道铺设，12月30日正式开通运营。①

海口打造海上丝绸之路支点城市　海南省委常委、海口市委书记孙新阳表示，海口要发挥好海南的陆海空枢纽门户优势，深化区域经贸合作和文化交流，推进南海资源开发和服务保障基地建设，努力将海口打造成"21世纪海上丝绸之路"战略支点城市、大南海开发的区域中心城市和海南"首善之城"。

海口港作为全国25个主要枢纽港之一，属国家一类开放口岸；未来的中心港区马村港将是超亿吨级的深水大港。空港有海口美兰国际机场，开设了200条国内外航线。粤海铁路连通琼州海峡，是南北货运、人员往来的重要通道。因此，海口提出要把港口作为融入21世纪海上丝绸之路战略的先行突破口，完善海口港配套功能，整合琼州海峡两岸港口资源，强化海口港在全岛和环北部湾的核心枢纽地位。加快美兰机场扩建，提高其国际国内航空运输中转联动能力，努力把美兰机场打造成为连接内陆与东南亚及洲际的国际航空转运枢纽。2015年下半年，海口分别与韩国釜山海云台和蒙古乌兰巴托市结好，至此，海口的国际友城（包括友好交流城市）增至30个，遍布五大洲26个国家。②

海口签约首个海上丝绸之路国际友好港。2015年11月11日，海口市

①　《海南打造旅游特区破题"一带一路"建设》，新华网，2015年4月27日，http://news.xin-huanet.com/2015-04/27/c_1115104456.htm。
②　单憬岗：《占海上丝绸之路独特的区位优势　海口打造海丝支点城市》，《海南日报》，2015年10月26日，http://haikou.hinews.cn/system/2015/10/26/017890883.shtml。

交通运输和港航管理局与马来西亚巴生港务局签署合作谅解备忘录，双方正式缔结为友好港。这是海口市落实"一带一路"战略首个签约的海上丝绸之路沿线国际友好港。①

三亚进军中国游轮产业 2015 年 8 月 21 日，中国交通建设集团有限公司与中国港中旅集团公司签署协议成立合资公司，并与三亚市政府签署合作协议，三方宣布将联手进军中国邮轮产业。合资公司计划通过购买、并购、合作等方式，组建中国交建港中旅自有品牌的邮轮船队，实现中国邮轮民族品牌零的突破，并计划在年内完成三亚到西沙的首航，以近海航线为依托，开展差异化经营，逐步向远洋航线发展，实现中国的"邮轮梦"。2015 年 8 月 8 日，凤凰岛国际邮轮港已经成功接待 13.8 万吨的超大型邮轮，这是海南省迄今为止靠泊吨位最大、带来旅客最多的豪华邮轮。②

海南企业"走出去" 2015 年，海南对外直接投资 9.9 亿美元，同比增长 37.1%。企业"走出去"呈现多个亮点。一是投资领域日益广阔。除越南、印尼、莫桑比克等一些周边国家（地区）和发展中国家外，投资触角向美国、比利时、英国、法国、新西兰、新加坡等发达国家延伸。二是投资产业更广。涉及航空和物流运输、能源矿产、汽车、电力、建材、农业机械、食品加工等众多行业。③

---

① 《海口签约首个"海上丝绸之路"国际友好港》，海口网，2015 年 11 月 12 日，http://www.bluehn.com/science/news/content/2015/1112/1333.html。
② 《中交建与港中旅两央企合资　联手三亚进军邮轮产业》，中国网，2015 年 8 月 21 日，http://finance.china.com.cn/news/20150821/3303717.shtml。
③ 《多领域发力推进　海南企业"走出去"呈现多个亮点》，《海南日报》，2016 年 1 月 26 日，http://www.hinews.cn/news/system/2016/01/26/030095126.shtml。

第三章　长江经济带上的省

根据中共中央政治局 2016 年 3 月 25 日审议通过的《长江经济带发展规划纲要》，长江经济带覆盖上海、江苏、浙江、安徽、江西、湖北、湖南、重庆、四川、云南、贵州 11 个省市。因部分省市前文已有论述，本章仅介绍安徽、江西、湖北、湖南 4 省。

安徽省

积极推动开放大通道建设　2015 年以来，安徽省抢抓"一带一路"和长江经济带建设战略机遇，扩大东西双向、对内对外开放，加快形成内陆开放新高地。

出台"一带一路"实施方案，积极推动开放大通道建设　2015 年，安徽省研究制定了《安徽省"一带一路"实施方案》，同时还配套印发了 2015 年重点工作任务，细化责任单位、职责分工和工作要求。目前已收集基础交通、贸易平台、产能合作和人文交流等"一带一路"合作重点项目 100 多个，项目估算总投资达 1 万亿元。

在基础设施建设方面，安徽省积极推动开放大通道建设，推进"合新欧"国际货运班列加密开行，新开通合肥—宁波铁海联运班列，建成合肥、蚌埠铁路无水港，实现铁海联运。合福铁路已正式开通运营，商合杭高速铁路可行性研究报告也无获国家发展改革委批复，即将开工建设。①

扩大"一带一路"国家进口 2015 年 1 月，安徽省官方出台《关于加强进口的实施意见》，明确提出，扩大"一带一路"国家进口，抓住国家重大开放战略机遇，鼓励企业扩大丝绸之路、海上丝绸之路沿线和长江经济带向西延伸的国家和地区进口重要资源和消费品；扎实推进与俄罗斯伏尔加河沿岸联邦区合作，鼓励安徽省内企业到俄罗斯投资加工生产并扩大加工产品进口。

合肥：主动融入"一带一路" 在国家发改委、外交部、商务部联合发布的《愿景和行动》中，合肥市被纳入"内陆开放型经济高地"范畴，成为节点城市。合肥市市长张庆军表示，合肥当前正主动融入"一带一路"、长江经济带等国家发展新棋局中，使其成合肥经济增长"新引擎"。当前，合肥向西新亚欧国际货运班列实现常态化开行，向东合肥水运港由实现通江达海向打造"江淮航运中心"迈进。②

安徽企业"走出去" 安徽省《"一带一路"沿线国家投资国别指南》显示，2015 年，安徽省政府与"一带一路"沿线国家签订 1000 万美元以上项目 46 个、合同额 29.7 亿美元。对沿线国家实际投资近 4 亿美元、增长 5.7 倍。面对"一带一路"沿途国家新的市场机遇和发展前景，安徽企业"走出去"正从规模扩张向质量提升转变、从单打独斗向协同并进转变，实现"造船出海"。业务涉及国际工程承包、矿产资源开发、农业合作、星级酒店、连锁超市经营等各个领域。③

江西省

积极拓宽陆上、海上、空中、数字四大通道 2015 年以来，江西积极

---

① 《安徽：加大对"一带一路"投资》，《中国经济导报》，2015 年 12 月 11 日，http：//www.ceh.com.cn/xwpd/2015/12/881708.shtml。
② 《安徽借风凭力融入"一带一路"》，中国新闻网，2015 年 6 月 4 日，http：//www.chinanews.com/gn/2015/06－04/7322092.shtml。
③ 《"一带一路"引爆安徽企业"走出去"》，《中国经济时报》，2016 年 6 月 7 日，http：//silk-road.news.cn/news/1953.shtml。

拓宽陆上、海上、空中、数字四大通道，全面与国际接轨。江西省商务厅已经出台 33 条措施，积极参与"一带一路"建设，将江西打造成为"丝绸之路经济带"和"21 世纪海上丝绸之路"的战略连接点和内陆开放型经济战略高地。

2015 年 2 月 12 日，江西省商务厅出台了《关于积极参与"一带一路"战略的措施和意见》，提出要拓宽陆上、海上、空中、数字四大通道。①

出台"一带一路"建设方案 2015 年 5 月 15 日，江西省政府印发《江西省参与丝绸之路经济带和 21 世纪海上丝绸之路建设实施方案》。根据方案，江西将依托国内国际大通道，重点谋划向西北、向西南、向东南三大战略走向；争取建立昌北国际机场口岸签证（注）点，支持赣州黄金机场申报建设航空口岸，推动赣州黄金机场升级为国际机场；积极对接"汉新欧"、"渝新欧"等中欧国际铁路班列；发挥九江城西港启运港优势，加快建设赣都高等级航道及集疏运体系；积极开行江西省至宁波、厦门、福州、莆田、深圳等沿海口岸的铁海联运班列，促进常态化运行；大力提升南昌昌北国际机场枢纽地位，改造 T1 国际航站楼；支持赣州黄金机场申报建设航空口岸，推动赣州黄金机场升级为国际机场；加密南昌至乌鲁木齐、西安、厦门、昆明、南宁等国内干线航班，争取开通洲际航线；努力把景德镇建设成世界陶瓷文化交流中心、世界陶瓷技术研究中心、世界陶瓷文化创意中心等。②

组建五大产业联盟，参与"一带一路"建设 2015 年 12 月 29 日，从江西省发改委获悉，江西省正在组建五大产业联盟，引导江西企业抱团出海，携手开拓国际市场，参与"一带一路"建设。五大产业联盟包括江西海外基础设施建设联盟、海外能源资源开发联盟、海外工业投资联盟、海

---

① 《把世界揽进来　江西"四大通道"与国际接轨》，《江西日报》，2015 年 4 月 28 日，http://www.vccoo.com/v/b9e5d8。

② 秦海峰：《江西印发"实施方案"　将全面参与"一带一路"建设》，人民网，2015 年 7 月 9 日，http://jx.people.com.cn/n/2015/0709/c190260-25522638.html。

外农业投资联盟、民营企业"走出去"合作联盟。产业联盟由江西省对外合作重点领域的行业龙头企业及有丰富海外投资经验的企业,联合有关行业企业组建。据了解,江西海外能源资源开发联盟、江西海外基础设施建设联盟两大联盟近期将挂牌成立,其余合作联盟计划 2016 年上半年陆续成立。①

江西企业"走出去" 2015 年,江西全省对外承包工程规模不断扩大,全年对外承包工程完成营业额 35.1 亿美元,增长 22.98%。江西国际、中鼎国际和江西中煤 3 家外经企业连续多年入围全球最大 250 家国际承包商。对外投资发展迅猛,对外直接投资额达 10.03 亿美元,增长56.1%,投资领域集中在工程建筑业、矿产资源开发、商务服务业、农业、制造加工业五大行业。②

湖北省

加快大通道、大平台、大通关建设 2015 年以来,湖北省积极对接"一带一路"沿线国家的资源、产业和市场,加快大通道、大平台、大通关建设,积极开展基础设施、贸易往来、产业开发、资源利用、人文交流等领域的合作。把对接"一带一路"和长江经济带建设、长江中游城市群发展等战略结合起来,搭建多领域、多层次的交流协作平台,把湖北加快打造成内陆开放型经济高地。

畅通铁、水、空通道 近年来,武汉新港在中西部地区核心港、枢纽港的地位显著增强。据统计,2015 年,武汉新港水水中转占比达到36.9%,成为川渝陕豫湘等省市内外贸集装箱的目的地港和中转港。

---

① 李美娟:《江西组建五大产业联盟参与"一带一路"建设》,新华网,2015 年 12 月 29 日,ht-tp://news.xinhuanet.com/fortune/2015 - 12/29/c_ 1117608269.htm。
② 《2015 年江西"走出去"成绩突出》,中华人民共和国商务部驻上海特派员办事处,2016 年 1 月15 日,http://shtb.mofcom.gov.cn/article/shangwxw/zonghsw/201601/20160101235339.shtml。

2015 年 1 月 27 日，阳逻港口岸成为长江中上游首个进口水果指定水运口岸；武汉新港正在积极申报空港综合保税区。9 月 28 日，武汉至日本、韩国集装箱快班航线启航。水运大步向前，铁路、航空也不落后。"汉新欧"班列自 2014 年恢复常态化运营后，2015 年去程 98 列、回程 66 列；预计 2016 年发送和返程 537 列。"汉新欧"班列连接武汉和数个欧洲主要城市，而货物辐射范围却包括欧亚大陆 20 多个国家和国内长江以南地区。武汉直飞国际及地区的航线逐渐增至 36 条，可直飞亚、欧、美、澳四大洲的巴黎、旧金山、黄金海岸、罗马等城市。近期，武汉直飞东京、迪拜的航线也将开通。武汉已成为中部地区首个具有 72 小时过境免签权的城市。①

武汉物流中心建设初具国际化雏形　湖北省运管局局长陶维号介绍，湖北将依托铁水公空"四位一体"的交通优势，致力于建成华中物流中心，打造中西部地区国际货物进出大通道。2015 年 11 月 25 日，宜昌三峡保税物流中心（B 型）获批复。这是继武汉、黄石两大保税物流中心之后湖北获批的第三家。②

湖北企业"走出去"　截至 2015 年底，湖北在海外投资企业和机构超过 620 家，总投资额达 60 亿美元，业务遍布全球 70 多个国家和地区。"走出去"步伐明显加快，2011 年至 2015 年，湖北地方企业（中央在湖北企业除外）中方协议投资额从 8.5 亿美元增至近 40 亿美元，增长近 4 倍；民营企业成为"走出去"的主力军，仅海外设立企业数量和投资规模两项指标，民营企业均占湖北地方企业总量的八成；"一带一路"区域是投资重点。仅 2015 年，湖北企业在"一带一路"区域签订的投资协议总额近 11 亿美元，同比增长 8 倍。从投资行业看，有钢铁、水泥、电力、采矿、

① 《湖北积极对接"一带一路"战略　打造内陆开放高地》，新华网，2016 年 1 月 9 日，http://www.hb.xinhuanet.com/2016-01/09/c_1117722981.htm。
② 《物流中心中部崛起"一带一路"融推进发》，湖北省交通运输厅网站，2015 年 12 月 28 日，http://www.hbjt.gov.cn/zwdt/ywkb/111966.htm。

轻工机械等传统行业，也有光电子、生物医药、汽车等先进制造业、高新技术和战略新兴产业，覆盖面广。①

湖南省

建设"一带一路"内陆核心腹地 2015 年 8 月 14 日，湖南省政府对外发布《湖南省对接"一带一路"战略行动方案（2015～2017 年)》。根据方案，湖南省相关企业将在海外建设 80 个、总投资 3000 亿元的"一带一路"重大项目，并围绕基础设施、经贸、产业投资等 8 大合作领域，实施装备产能出海、对外贸易提升、引资引技升级、基础设施联通等 6 大行动，力争打造成"一带一路"的重要腹地和内陆开放的新高地。

根据方案，湖南省将在基础设施联通方面抓紧推进蒙西至华中煤运通道、怀邵衡、黔张常等铁路建设，打通面向西北的铁路通道，直接连通中国－中亚经济走廊；加快焦柳怀化至柳州段、湘桂衡阳至柳州段电气化改造、张吉怀铁路等项目建设，打通面向中国－东盟经济走廊和北部湾地区的通道。同时，培育发展"湘欧快线"，实施长沙黄花机场飞行区东扩工程、空港配套工程等项目，将长沙机场打造成长江中游重要的国际空港枢纽。推进张家界荷花国际机场改扩建；加快推进湘江、沅水 2 条国家高等级航道和洞庭湖区高等级航道建设，推动深水航道向上延伸，推进城陵矶港与上港集团的合作，将其打造成为长江中游重要的航运物流中心等。②

打造跨境电商"绿色捷径"。长沙市获批国家跨境贸易电子商务服务试点城市后，根据试点工作方案和湖南省、市相关领导的指示，明确以金霞保税中心为试点承接基地，规划建设"跨境电商服务试点园区"，并设

---

① 《鄂企海外投资遍布 70 多个国家和地区》，《中国贸易报》，2016 年 6 月 1 日，http：//fec.mof-com.gov.cn/article/ywzn/xgzx/guonei/201606/20160601330238.shtml。

② 《湖南省对接"一带一路"战略行动方案》，湖南省人民政府网，2015 年 8 月 14 日，http：//www.hunan.gov.cn/2015xxgk/fz/zfwj/szfwj/201508/t20150817_1820628.html。

立"跨境电商监管中心"。2015 年 9 月底，湖南跨境电商试点完成跨境进口系统建设，跨境直购进口正式开通。①

湖南企业"走出去"　据统计，湖南"走出去"的企业累计 1177 家，实际对外投资额达 75.53 亿美元，遍布全球六大洲 86 个国家和地区，连续多年稳居全国前列、中部 6 省首位。数据显示，湖南民营企业对外投资最青睐的是亚洲尤其是东盟地区，1177 家"走出去"湘企中 790 家分布在亚洲，占比达 67%。欧美则是湖南企业投资的新战场。2015 年，长沙对美国的投资项目达到 10 个，同比翻了一番，以中联重科、时代新材、湘电风能、三一集团为代表的优势企业，也通过一系列跨国并购积极进军欧美市场。②

---

① 《跨境电商　打通湖南对接一带一路大通道》，《长沙晚报》，2015 年 9 月 28 日，http：//www. icswb. com/newspaper_ article – detail – 162239. html。

② 《"走出去"湖南企业已达 1177 家　连续多年中部第一》，《长沙晚报》，2016 年 2 月 24 日，http：//hunan. voc. com. cn/xhn/article/201602/201602240821542366. html。

第四章　港澳台地区

对于港澳台，国家发改委、外交部、商务部联合发布的《愿景和行动》提出：发挥海外侨胞以及香港、澳门特别行政区独特优势作用，积极参与和助力"一带一路"建设，为台湾地区参与"一带一路"建设做出妥善安排。2015年以来，香港针对"五通"提供多元商贸平台，争取在国家建设"一带一路"中发挥独特作用；澳门在经济财政施政方针中专门提出了澳门参与及助力"一带一路"建设的具体规划；台湾海协会会长陈德铭组织台商考察"一带一路"，积极寻求两岸经济合作商机。

香港特别行政区

2015年8月13日，据香港《成报》报道，香港特区行政长官梁振英重申，香港在国家建设"一带一路"中发挥独特作用，同时也可为本港社会、经济持续发展提供新动力。自中央提出"一带一路"后，特区政府已开始系列讨论和研究，并听取了业界意见，研究本港执行策略，并针对"一带一路"提出的"五通"，提出建设集资融资和财富管理平台、商贸物流促进平台、高端专业服务平台、多元旅游平台、新兴产业平台共5个平台。

随着"一带一路"经济体贸易和经济发展，对高端专业服务的需求会日益增加，而香港在会计、法律等多个领域都有优秀的人才，在营运和管理铁路、机场、港口、供电、供气等基础设施方面有输出服务的丰富经验，也可成为项目支持基地，为"一带一路"沿线提供顾问服务、参与营运管理基础建设。特区政府下一步将论证在"一带一路"沿线选点和布点的策略问题，同时研究具体执行，包括设立专职机构等问题。①

香港考察团赴甘肃考察丝绸之路经济带建设。2015 年 9 月，新任香港特别行政区政府驻北京办事处主任傅小慧一行围绕丝绸之路经济带建设，加强香港与甘肃合作交流赴甘肃考察。傅小慧表示，甘肃与香港交流合作密切，甘肃在国家向西开放战略中的地位重要，香港特区政府驻京办将发挥桥梁纽带作用，为陇港两地经贸科技文化交流牵线搭桥，促进两地优势互补，实现双赢。②

香港特区政府立法会促请政府把握"一带一路"机遇。2015 年 10 月 29 日，香港特区立法会通过商界议员廖长江提出的议案，促请政府把握"一带一路"机遇，以为香港整体经济寻找可持续发展新方向。香港特区政府商务及经济发展局局长苏锦樑在就议案进行总结发言时表示，香港作为高度外向型的经济体，应该积极运用自身在各个范畴的优势，争取在这个重大倡议中扮演重要的角色。苏锦樑说，特区政府已就如何参与"一带一路"展开初期工作，2016 年亦会在香港举办国际论坛。另外，香港贸发局将举办研讨会和搜集不同国家信息，设立网页，政府亦乐意和商界一同外访，到"一带一路"沿线国家，增加交流和沟通。③

澳门特别行政区

2015 年 11 月 17 日，澳门特区行政长官崔世安在做 2016 年度施政报

① 《梁振英再谈香港在"一带一路"作用》，新华网，2015 年 8 月 14 日，http：//news. 163. com/15/0814/13/B100VLRR00014JB5. html。
② 《香港考察团来甘考察丝绸之路经济带建设》，《甘肃日报》，2015 年 9 月 28 日，http：//gsrb. gansudaily. com. cn/system/2015/09/28/015719194. shtml。
③ 《香港特区立法会通过动议 促政府把握"一带一路"机遇》，新华网，2015 年 10 月 29 日，http：//news. xinhuanet. com/gangao/2015－10/29/c_ 1116981740. htm。

告时指出，特区政府将把握国家"十三五"规划、"一带一路"建设的机遇，以及内地自贸试验区建设的契机，提升特区在国家经济发展、对外开放中的地位和功能，进一步创造更多有利的条件，增加澳门未来经济发展的新动力。而在 2016 年特区政府各范畴的施政方针中，"一带一路"也成为重要的关键词。在经济财政施政方针中，特区政府专门提出了澳门"参与及助力'一带一路'建设"的具体规划。

规划指出，充分发挥澳门"一国两制"的制度优势与归侨侨眷融通中外的优势，协助澳门归侨及业界参与"一带一路"建设，同时努力为内地、澳门及"21 世纪海上丝绸之路"沿线国家和地区企业的经贸往来牵线搭桥。此外，把握中央明确澳门习惯水域管理范围的契机，加快发展海洋经济，作为参与"一带一路"倡议的其中一个切入点。

规划指出，促进中葡商贸合作服务平台与"一带一路"倡议有机结合，特别是发挥澳门中国与葡语国家人民币清算平台的作用，配合人民币国际化，积极推动澳门以及内地与葡语国家的金融合作。规划还提出，通过与国家开发银行等的合作机制，让澳门特区部分财政储备参与"一带一路"建设与投资。

在社会文化施政方针中，特区政府则提出"响应国家'一带一路'倡议，在澳门成立世卫组织医药合作中心，促进中医药的进一步发展和应用"；"配合国家'一带一路'倡议，发挥参与国际旅游组织的优势，与内地携手合作，提升丝绸之路文化旅游品牌的国际影响力"。[1]

澳门国际贸易投资展览会热议"一带一路"发展机遇。2015 年 10 月23 日，在第 20 届澳门国际贸易投资展览会（MIF）上，"一带一路"成为海内外与会者口中的"热词"。此次 MIF 盛况空前，逾 50 个国家和地区的代表团参展参会。与会人士认为，"一带一路"将为区域合作带来重大机

---

① 《"一带一路"首次写入澳门特区行政长官施政报告》，新华网，2015 年 11 月 17 日，http：// news. xinhuanet. com/gangao/2015 - 11/17/c_ 1117173732. htm。

遇。由于澳门的特殊地理位置和经济区位角色，在推进"一带一路"建设中具有独特优势，本届 MIF 多个论坛与会议均以"一带一路"为主题，其中包括"国际贸易投资论坛 2015"、"'一带一路'澳门青年创业机遇"、"'一带一路'之延伸——通过古代海上丝绸之路加强中国与拉美紧密联系以促进亚洲和拉丁美洲经济整合和文化交流"等。澳门特区政府经济财政司司长梁维特表示，"一带一路"的发展蓝图为正在构建世界旅游休闲中心及中国与葡语国家商贸合作服务平台的澳门提供了新的发展空间。而内地自由贸易试验区及粤港澳大湾区的建设、《内地与澳门关于建立更紧密经贸关系的安排》的进一步开放等多项政策形成叠加效应，也为澳门有效参与区域合作提供了新的动力，为澳门经济发展迈向新的阶段创造了条件。①

台湾地区

2015 年 5 月 3 日，由中共中央台办海峡两岸关系研究中心和中国国民党国政研究基金会共同举办的第十届两岸经贸文化论坛在上海浦东隆重举行。中共中央政治局常委、全国政协主席俞正声和中国国民党主席朱立伦出席论坛开幕式并致辞。论坛提出建立沟通平台，务实研究探讨台湾参与"一带一路"建设、区域经济合作和亚洲基础设施投资银行的方式等问题。朱立伦说，大陆最近提出来的亚投行、"一带一路"，以及台湾提出来参与东南亚的投资，其阐述的目标是一致的，这是我们未来新的市场与挑战，所以对于区域经济合作，台湾积极加入，这一点也跟大陆表达了立场。②

海协会会长陈德铭率台商考察"一带一路"。由海协会会长陈德铭率

---

① 《澳门国际贸易投资展览会热议"一带一路"发展机遇》，中国新闻网，2015 年 10 月 23 日，http：//money. 163. com/15/1023/20/B6KV3JKN00254TI5. html。
② 《两岸将探讨台参与"一带一路"》，《新京报》，2015 年 5 月 4 日，http：//epaper. bjnews. com. cn/html/2015－05/04/content_ 574930. htm？ div =－1。

领的台商"一带一路"考察团于 2015 年 10 月 16 日至 22 日先后赴陕西、宁夏和甘肃等地进行考察。全国台企联会会长郭山辉表示,希望能借此机会了解各地政府的投资项目,并结合台商在大陆的长久基础,在提供技术给当地的同时,也能促进自身产业转型升级。海基会董事长林中森也表示,"一带一路"范围广阔,希望通过考察能帮助台商掌握商机。①

2015 两岸企业家紫金山峰会召开。2015 年 11 月 4 日,2015 两岸企业家紫金山峰会在南京圆满闭幕。就大陆"十三五规划"、"一带一路"等国家战略为两岸带来的经济合作新机遇,与会的两岸企业家进行了热烈讨论,普遍认为:两岸经济合作进入"深水区",须适应经济新常态下提出的新要求,创新两岸合作模式。与会台商提出,要共同规划"十三五"期间两岸经济合作,解决两岸产业合作遇到的问题,让更多的台湾普通民众、青少年和中小企业受益。除此之外,与会代表认为,"一带一路"规划有利于深化两岸经济合作,台湾企业应当在人才国际化、效益化营运、现代化风险控管和商业化成本核算等方面发挥优势,积极参与,共同打造产业价值链。②

① 《海协会长陈德铭将率台商 考察"一带一路"》,华夏经纬网,2015 年 10 月 10 日,http://www. huaxia. com/tslj/lasq/2015/10/4579047. html。
② 《"十三五"规划带来两岸合作新机遇 大陆 + 台湾共同打拼"一带一路"》,中国新闻网,2015 年 11 月 4 日,http://www. chinanews. com/df/2015/11 - 04/7606233. shtml。

第五章　区域协同发展：京津冀、长江
经济带、环渤海地区

　　2014 年底召开的中央经济工作会议明确提出重点实施"一带一路"、京津冀协同发展、长江经济带三大战略。2015 年以来，三大战略顶层设计规划次第出台，开始全面破题，以交通基建为先行，实际操作层面的推进也开始提速，政策效应已经初步显现。2015 年 10 月 12 日，国家发改委印发《环渤海地区合作发展纲要》①，这对于加快环渤海地区合作发展，推进实施"一带一路"、京津冀协同发展、长江经济带等国家重大战略和区域发展总体战略具有重要意义。三大战略以及环渤海地区合作发展之间并不是并列的关系，侧重点并不相同，涉及范围、出发点也不尽一样。当然，几大发展战略之间也存在相互关联的内在逻辑，肩负寻找中国经济新动力的共同使命。

京津冀

　　2015 年 4 月 30 日，中共中央政治局召开会议，审议通过《京津冀协同发展规划纲要》（以下简称《纲要》）。《纲要》指出，推动京津冀协同

---

① 《国家发展改革委关于印发环渤海地区合作发展纲要的通知》，中华人民共和国中央人民政府网站，2015 年 10 月 24 日，http://www.gov.cn/xinwen/2015 – 10/24/content_ 2953190. htm。

发展是一个重大国家战略，核心是有序疏解北京非首都功能，要在京津冀交通一体化、生态环境保护、产业升级转移等重点领域率先取得突破。这意味着，经过一年多的准备，京津冀协同发展的顶层设计基本完成，推动实施这一战略的总体方针已经明确。

2015年7月，北京、天津和河北先后审议通过各自贯彻《纲要》的方案，根据功能定位对推进协同发展做出部署。这意味着京津冀协同发展战略进入全面布局推进的重要阶段。目前，三地的功能定位已经明晰。首都北京战略定位为"四个中心"——全国政治中心、文化中心、国际交往中心、科技创新中心；天津市为"全国先进制造研发基地、北方国际航运核心区、金融创新运营示范区、改革开放先行区"；河北省为"全国现代商贸物流重要基地、产业转型升级试验区、新型城镇化与城乡统筹示范区、京津冀生态环境支撑区"。京津冀的整体定位是"以首都为核心的世界级城市群、区域整体协同发展改革引领区、全国创新驱动经济增长新引擎、生态修复环境改善示范区"。

京津冀协同发展将以"一核、双城、三轴、四区、多节点"为骨架进行空间布局。"一核"指北京；"双城"是指北京、天津，这是京津冀协同发展的主要引擎，要进一步强化京津联动，全方位拓展合作广度和深度，加快实现同城化发展，共同发挥高端引领和辐射带动作用；"三轴"指的是京津、京保石、京唐秦三个产业发展带和城镇聚集轴，这是支撑京津冀协同发展的主体框架；"四区"分别是中部核心功能区、东部滨海发展区、南部功能拓展区和西北部生态涵养区，每个功能区都有明确的空间范围和发展重点；"多节点"包括石家庄、唐山、保定、邯郸等区域性中心城市和张家口、承德、廊坊、秦皇岛、沧州、邢台、衡水等节点城市，重点是提高其城市综合承载能力和服务能力，有序推动产业和人口聚集。①

---

① 《京津冀协同发展路线图明晰　重点领域率先突破》，搜狐财经网，2015年8月24日，ht-tp：//business.sohu.com/20150824/n419562333.shtml。

长江经济带

长江经济带发展战略是我国三大经济战略规划之一，与京津冀一体化发展战略南北遥相呼应，是中国未来数年最重要的区域发展战略。长江经济带覆盖上海、江苏、浙江、安徽、江西、湖北、湖南、重庆、四川、云南、贵州11个省市。

在长江经济带发展规划出炉之前，11省市的相关工作已经围绕《推动长江经济带发展的指导意见》展开。目前，安徽、江西、四川、重庆、江苏、上海等省市已经针对《推动长江经济带发展的指导意见》出台了实施细则。在实施细则中，相关省份均提出了本省可以依托黄金水道推动长江经济带发展的工作要点、重点任务以及责任分工，并都具体落实到相关的负责单位。

2015年4月，安徽省政府出台《关于贯彻国家依托黄金水道推动长江经济带发展战略的实施意见》。意见明确，安徽省将着力打造畅通高效的黄金水道和快捷大运量综合立体交通走廊，构建高水平对内对外开放平台，合力建设长三角城市群。

2015年7月，江苏省出台贯彻落实《国务院关于依托黄金水道推动长江经济带发展的指导意见》的实施意见。江苏省将着力建设"五个区"，即长江南京以下江海联运港区、全球先进制造业和现代服务业集聚区、长江流域内外开放合作先导区、长三角城市群北翼核心区、全国生态文明建设先行示范区。①

2015年8月5日，上海市政府发布关于贯彻《国务院关于依托黄金水道推动长江经济带发展的指导意见》的实施意见，提出上海市要搞好与国

---

① 《江苏将着力打造长江经济带建设先行先导区》，人民网，2015年7月11日，http：//js.people.com.cn/n/2015/0711/c360301-25541289.html。

家层面的对口衔接与协调，全面贯彻指导意见和国家即将出台的发展规划纲要，率先在改革开放、创新发展、交通设施和生态环保等重点领域取得突破性进展，为长江经济带和全国发展作出新贡献。根据实施意见，上海将在大力发展水上运输、完善综合交通体系、促进产业转型升级、推进新型城镇化、扩大对外开放、强化生态建设和环境治理、加强组织保障等七大领域发力。①

国家发改委加快推进长江经济带建设。2015 年 12 月 31 日，国家发改委发布了《关于进一步加强区域合作工作的指导意见》。指导意见要求积极贯彻落实三大国家战略，深入推进重点领域合作，充分发挥合作平台的作用等。其中提出认真组织实施即将出台的《长江经济带发展规划纲要》，加快推进长江经济带建设；支持沿江 11 省市建立和完善地方政府协商合作机制，高起点高水平合作建设综合交通运输体系，推进沿江产业有序转移和优化升级，加强流域生态环境保护和建设，推动上中下游地区协调发展、沿海沿江沿边全面开放；发挥长三角区域合作组织的作用，加快推进长三角一体化，带动长江经济带协调发展。②

环渤海地区

2015 年 9 月 27 日，经李克强总理签批，国务院批复同意《环渤海地区合作发展纲要》（以下简称《纲要》）。批复称其将助力京津冀，加快环渤海地区合作发展，对于推进实施"一带一路"、京津冀协同发展等国家重大战略和区域发展总体战略具有重要意义。据了解，《纲要》由北京市牵头建协调机制。批复提出，以基础设施互联互通、生

---

① 《上海出台长江经济带发展意见：完善综合交通体系》，《证券时报》，2015 年 8 月 5 日，ht-tp：//kuaixun. stcn. com/2015/0805/12396271. shtml。
② 《发改委：〈长江经济带发展规划纲要〉即将出台》，中国新闻网，2015 年 12 月 31 日，ht-tp：//www. chinanews. com/cj/2015/12 – 31/7696206. shtml。

态环境联防联治、产业发展协同协作、市场要素对接对流、社会保障共建共享为重点，努力把环渤海地区建设成为中国经济增长和转型升级新引擎、区域协调发展体制创新和生态文明建设示范区、面向亚太地区全方位开放合作门户。环渤海地区覆盖北京、天津、河北、山西、内蒙古、辽宁、山东 7 省市，"一带一路"的具体措施。①

---

① 《助推一带一路战略　环渤海地区合作发展纲要获批》，大公网，2015 年 9 月 28 日，http：// news. takungpao. com/mainland/focus/2015 – 09/3191041. html。

国际篇

2015年，联合国、上海合作组织、中国－东盟"10＋1"等多个国际组织及中亚、北亚、西亚、中东欧、东南亚、南亚、非洲、南太平洋、东亚、西欧、北美、中南美－加勒比地区等70多个国家和地区对参与"一带一路"表达积极态度。

第一章　国际及政府间合作组织和机构

2015 年，联合国（UN）、上海合作组织（SCO）、中国－东盟"10＋1"、亚太经合组织（APEC）、亚欧会议（ASEM）、中国－中东欧国家领导人会议、亚洲合作对话（ACD）、亚信会议（CICA）、中阿合作论坛、中国－海合会战略对话、大湄公河次区域经济合作（GMS）、中亚区域经济合作（CAREC）、中非论坛等国际及政府间合作组织和机构普遍对"一带一路"持积极肯定的态度，并希望在"一带一路"建设中发挥积极作用。

联合国 （UN）

希望中国的"一带一路"能够在沿线所有国家促进经济合作与发展。2015 年 4 月 20 日，"'一带一路'：新型国际合作模式"论坛在纽约联合国总部举办。第 69 届联合国大会主席库泰萨出席论坛。与会中外人士就"一带一路"的内涵与前景等进行研讨。库泰萨在论坛上致辞说，希望中国的"一带一路"能够在沿线所有国家促进经济合作与发展。他表示，"一带一路"将为实现后 2015 年全球发展议程创造机会并提供动力。①

---

① 《联合国总部举办"一带一路"论坛》，人民网，2015 年 4 月 22 日，http：//scitech. people. com. cn/n/2015/0422/c1057 – 26882769. html。

联合国环境署非常欢迎"一带一路"，并愿意提供技术方面的支持。2015 年 6 月 3 日，联合国助理秘书长兼环境署副执行主任易普拉辛·塞奥一行访问国家发改委，与西部司巡视员欧晓理就"一带一路"建设中有关生态环境和能源合作问题进行了会谈。易普拉辛·塞奥表示，联合国环境署非常欢迎"一带一路"，并愿意提供技术方面的支持。①

中方愿与联合国探讨共建"一带一路"的优先领域。2015 年 9 月 6 日，杨传堂在北京会见了到访的联合国副秘书长兼亚太经社会执行秘书阿赫塔尔一行，双方就深化"一带一路"建设、交通运输互联互通等领域合作交换了意见。杨传堂表示，建设亚欧运输通道的设想与中国"一带一路"建设高度契合。中方愿探讨共建"一带一路"的合作优先领域和路线图。②

让沿线的人们享受到"一带一路"的成果。2015 年 10 月 22 日，联合国副秘书长、联合国开发计划署（UNDP）署长、联合国发展集团主席、新西兰前总理克拉克在接受财新记者采访时表示，我们对"一带一路"非常感兴趣。"一带一路"关乎"联系"，是表明中国愿意与其他国家合作、分享繁荣的态度。"一带一路"将带来重大的基础设施建设，亚洲基础设施投资银行将提供支持。UNDP 希望能够为"一带一路"中人的发展做出贡献，让沿线的人们享受到"一带一路"的成果。我们与中国政府有接触，希望能够分享我们在这方面的经验。③

上海合作组织 （SCO）

2015 年 7 月 10 日，上海合作组织成员国元首理事会第十五次会议在

---

① 《联合国环境署与国家发改委会谈"绿色丝路"》，新华网，2015 年 6 月 11 日，http：//www.gs. xinhuanet. com/news/2015 –06/11/c_ 1115587108. htm。

② 《交通运输部部长与联合国副秘书长兼亚太经社会执行秘书就"一带一路"建设等交换意见》，中华人民共和国中央人民政府网站，2015 年 9 月 7 日，http：//www. gov. cn/xinwen/2015 –09/07/content_ 2926127. htm。

③ 《联合国副秘书长克拉克：愿参与"一带一路"》，财新网，2015 年 10 月 22 日，http：//special. caixin. com/2015 –10 –22/100865613. html。

俄罗斯乌法举行。会上，元首们一致支持建设丝绸之路经济带的倡议，认为应保障经济社会可持续发展，促进贸易投资便利化，完善物流、信息通讯等基础设施建设，促进工业、交通、通信、农业、创新合作，深化文化、科技、卫生、旅游、体育等领域合作。①

中国 – 东盟 "10 + 1"

2015 年 11 月 21 日，在马来西亚吉隆坡举行的第十八次中国 – 东盟（"10 + 1"）领导人会议上，东盟国家领导人积极评价东盟 – 中国关系发展取得的成绩，赞赏中方大力推进《落实东盟 – 中国面向和平与繁荣的战略伙伴关系联合宣言行动计划》，认为中国的发展对整个地区的稳定和发展有利，欢迎中方提出的共建"一带一路"倡议，期待亚投行尽早发挥作用。②

亚太经合组织 （APEC）

2015 年 11 月 18 日至 19 日，APEC 第二十三次领导人非正式会议于菲律宾首都马尼拉举行。APEC 秘书处执行主任艾伦·博拉尔德在接受新华社记者专访时说，得益于各国在经济一体化方面的努力，亚太地区已经在商品贸易尤其是制造业方面成功实现一体化，接下来的重点领域是服务业和互联互通。推进服务业的重要一步是基础设施建设，这在 APEC 的工作目标和中国提出的"一带一路"倡议中都有所体现。博拉尔德认为，APEC 和"一带一路"将发挥互补作用，助力亚太地区基础设施建设。他

---

① 杜尚泽、陈效卫：《习近平出席上海合作组织乌法峰会并发表重要讲话》，《人民日报》，2015 年 7 月 10 日，http://paper.people.com.cn/rmrb/html/2015 – 07/11/nw.D110000renmrb_ 20150711_ 2 – 01.htm。

② 《李克强出席第十八次中国 – 东盟领导人会议》，新华网，2015 年 11 月 22 日，http://news.xinhuanet.com/politics/2015 – 11/22/c_ 1117218191.htm。

认为，中国的"一带一路"与 APEC 地区互联互通的目的是一致的。人们在寻求各种新的贸易路线，如果中国周边的路线具有竞争力，就将催生该区域对服务业的需求。①

亚欧会议 （ASEM）

作为亚欧两大洲唯一的政府间合作论坛，亚欧会议有 53 个成员，经济总量约占全球的 55%，人口、贸易额约占世界的 60%，在推进互联互通方面有着得天独厚的优势。中国亚欧会议高官张小康 2015 年 5 月发文表示，从现实来看，亚欧会议成员都看好互联互通将为亚欧大陆带来的共同繁荣的愿景。中国近年来提出的"一带一路"等合作倡议对区域互联互通合作起到了重要激发和助推作用。中方倡导的互利共赢原则以及平等协商的姿态和务实高效的作风令很多国家动容，纷纷表示愿与中方对接。欧盟亚欧会议高官就曾表示，2014 年欧方将互联互通列为首脑会议主要议题，就是受到中方"一带一路"的启发。②

2015 年 5 月 27 至 28 日，来自亚欧会议成员工商、政府和学术界代表相聚中国重庆，共同出席亚欧互联互通产业对话会，围绕"创新引领行动，推进亚欧互联互通"这一主题进行了广泛深入且富有成果的讨论，并通过了《重庆倡议》。倡议提出，"我们强调增强亚欧互联互通的重要性，鼓励建立多边和双边对话平台，包括成立亚欧互联互通高级别工作组，以更有效开展政策交流，探寻共同利益，协调各方立场"。7 月 15 日，外交部网站发布亚欧互联互通产业对话会成果文件。文件提出了亚欧会议成员国在推动亚欧基础设施互联互通、构建亚欧开放型贸易投资体系、促进亚

---

① 《专访亚太经合组织秘书处执行主任博拉尔德》，新华网，2015 年 11 月 18 日，http：//news. xinhuanet. com/world/2015 - 11/18/c_ 1117181908. htm。

② 《中国亚欧会议高官张小康：资金协调与互信是互联互通三大关键》，澎湃新闻网，2015 年 5 月 21 日，http：//www. thepaper. cn/newsDetail_ forward_ 1333705。

欧金融市场开放和投融资创新、提升亚欧产业链、价值链和创新链合作水平以及深化亚欧人文交流、完善亚欧政策沟通与协调机制等 6 大方面的 12 项具体倡议及措施，为进一步深化欧亚合作指明了方向。①

中国－中东欧国家领导人会议

2015 年 11 月 26 日，国家主席习近平在人民大会堂集体会见来华出席第四次中国－中东欧国家领导人会晤的中东欧 16 国领导人。波兰总统杜达、塞尔维亚总理武契奇、拉脱维亚总理斯特劳尤马等参加会见的中东欧国家领导人表示，中东欧国家同中国有着友好的传统，当前都面临着经济转型和发展的相同任务，"16 + 1 合作"为中东欧国家同中国开展更广泛合作提供了新的平台。中东欧国家在产业现代化、节能环保、交通物流、基础设施等领域同中方合作潜力巨大，支持并愿积极参与"一带一路"建设。会见后，习近平和波兰总统杜达、塞尔维亚总理武契奇、捷克总理索博特卡、保加利亚总理鲍里索夫、斯洛伐克副总理瓦日尼见证了中国同五国分别签署政府间共同推进"一带一路"建设的谅解备忘录。②

亚洲合作对话 （ACD）

2015 年 5 月 17 ~ 19 日，ACD 共建"一带一路"合作论坛暨亚洲工商大会在福建省福州市召开。会上，各国与会代表围绕 ACD 和"一带一路"建设的关系，推动金融、经贸等领域交流合作进行深入讨论。各方普遍认为，丝绸之路曾是连通东西方的重要纽带，是亚洲国家共享和平、合作与

---

① 《外交部发布亚欧互联互通产业对话会成果文件》，人民网－国际频道，2015 年 7 月 15 日，ht-tp：//world. people. com. cn/n/2015/0715/c1002 – 27308341. html。
② 《习近平集体会见中东欧国家领导人》，《人民日报》，2015 年 11 月 26 日，http：//paper. peo-ple. com. cn/rmrbhwb/html/2015 – 11/27/content_ 1636505. htm。

发展的重要象征。当前，亚洲面临难得的发展机遇，中方提出建设"一带一路"倡议正逢其时。亚洲各国应充分利用各自人力、技术、文化、能源等资源，实现相互补充、互利共赢，形成合力；应充分发挥本地区现有多边金融合作机构优势，共同支持本地区基础设施建设，扶持重点产业发展；应支持区域会展业发展，为各国企业搭建交流信息、采购产品和了解前沿技术的平台。此外，亚洲各国还应加强和推进工商界合作，提升区域整体竞争力。①

亚信会议 （CICA）

2015 年 5 月 25 日至 26 日，亚信非政府论坛首次年会在北京召开，主题为"未来十年的亚洲：安全与发展"。论坛由习近平主席在 2014 年亚信上海峰会上倡议成立，是中方任亚信 2014～2016 年主席国的一项重要举措。约 400 名中外代表与会，深入探讨了当前亚洲安全形势、亚洲安全观，以及中国倡议的"一带一路"等问题。与会代表在探讨亚洲安全观时都不约而同地谈及发展对安全的重要性，并高度评价建设"一带一路"、组建亚投行等中方倡议对推动本地区发展、促进地区安全发挥的重要作用。②

中阿合作论坛

2015 年 5 月 26 日，由中国贸促会与阿拉伯国家联盟秘书处及阿方有关单位共同主办的中阿合作论坛第六届企业家大会暨第四届投资研讨会在黎巴嫩贝鲁特成功举行。黎巴嫩总理萨拉姆在论坛开幕式上发表主旨演

---

① 《亚洲合作对话共建"一带一路"合作论坛暨亚洲工商大会举行》，中国政府网，2015 年 5 月 21 日，http：//www. gov. cn/xinwen/2015 - 05/21/content_ 2865873. htm。
② 《亚信代表热议亚洲安全形势　高度认同"一带一路"》，人民网，2015 年 5 月 27 日，ht-tp：//world. people. com. cn/n/2015/0527/c1002 - 27064063. html。

讲。萨拉姆总理指出，中国国家主席习近平提出的"一带一路"倡议建立在和平共处和互利共赢基础之上，将为各相关国家的发展和繁荣提供良机，黎巴嫩希望在"一带一路"建设中发挥积极作用，并参与亚洲基础设施投资银行的建设。本届大会为期两天，会议主题为"共建丝绸之路经济带"，主要目标是宣介习近平主席提出的中阿共建"一带一路"合作的理念，深化企业在能源、农业与食品加工、机电、轻工与纺织、基础设施、金融与投资等重点领域的合作。①

2015 年 6 月 10 日，中阿合作论坛第十二次高官会议在埃及开罗阿盟总部举行。会议由论坛中方秘书长、外交部西亚北非司司长邓励和埃及外交部负责亚洲事务的部长助理穆拉德共同主持。会议重点讨论了中阿合作共建"一带一路"和促进产能合作等议题。与会代表在发言中积极评价论坛第六届部长级会议以来中阿关系和论坛建设取得的成果，着重就加强双方在经贸、能源、基础设施、航天、卫星、新能源等领域务实合作提出建议，并达成一系列重要共识。面对持续动荡的地区形势，阿方高度重视参与"一带一路"建设，表示愿以此为契机，不断完善论坛机制建设，充实和丰富中阿战略合作关系内涵。②

2015 年 11 月 10 日，中阿合作论坛第六届中阿关系暨中阿文明对话研讨会在卡塔尔首都多哈拉开帷幕。中国代表团团长、外交部前部长李肇星，卡塔尔外交大臣助理拉希德·本·哈利法共同主持开幕式并分别致辞。哈利法在致辞中表示，中阿关系延续千年，有着自己的特点和独到之处，成为各国人民间与各种文明间友好关系的典范，特别是中阿关系在各方面相互依赖，互利共赢。哈利法还表示，希望本届研讨会可以推动中阿文明间的对话，加强双方人文交往，为双方共建新丝绸之路提供更为广阔

---

① 《第六届中阿合作论坛企业家大会在贝鲁特开幕》，新华网，2015 年 5 月 26 日，http：//news. xinhuanet. com/2015 – 05/26/c_ 1115416786. htm。

② 《中阿合作论坛第十二次高官会在埃及开罗阿盟总部举行》，中华人民共和国外交部官网站，2015 年 6 月 11 日，http：//www. fmprc. gov. cn/web/wjdt_ 674879/sjxw_ 674887/t1272401. shtml。

的思路和想法。①

中国－海合会战略对话

海合会国家作为"一带一路"沿线的重要枢纽，是中国共建"一带一路"的重要合作伙伴。2015 年，沙特、科威特、卡塔尔、阿联酋、阿曼已正式成为亚洲基础设施投资银行创始成员国，中国与沙特、卡塔尔发表的联合声明中写入支持共建"一带一路"的内容，中国还与卡塔尔、科威特签署了相关合作协议。②

大湄公河次区域经济合作 （GMS）

2015 年 6 月 11 日，第七届大湄公河次区域经济走廊论坛在昆明举行。本届论坛的主要任务是落实 2014 年大湄公河次区域第五次领导人会议成果，继续推动次区域交通走廊向经济走廊转化，积极解决在促进地方政府和企业参与次区域经济合作中面临的问题。③ 同日，大湄公河次区域跨境电子商务合作平台企业联盟在昆明正式成立。该联盟致力于推动大湄公河次区域跨境电子商务发展，扩大各成员国之间的贸易量，共享次区域消费大市场。④

6 月 13 日，大湄公河次区域金融合作论坛在昆明举行。来自中国、泰国、马来西亚、缅甸、老挝、大湄公河次区域商务理事会、中国－东盟合

---

① 《"中阿合作论坛"第六届"中阿文明对话研讨会"开幕》，国际在线网，2015 年 11 月 10 日，http：//gb. cri. cn/42071/2015/11/10/6611s5161738_ 1. htm。

② 《牵手"一带一路"，中国中东共铸发展新梦想》，人民网，2016 年 1 月 19 日，http：//politics. people. com. cn/n1/2016/0119/c1001 - 28067728. html。

③ 《大湄公河次区域第七届经济走廊论坛在昆明举行》，中国日报网，2015 年 6 月 11 日，http：//cnews. chinadaily. com. cn/2015 - 06/11/content_ 20976267. htm。

④ 侯文坤、浦超：《大湄公河次区域跨境电子商务合作平台企业联盟在昆明成立》，凤凰资讯，2015 年 6 月 11 日，http：//news. ifeng. com/a/20160611/48955197_ 0. shtml。

作基金的金融专家普遍认为，随着大湄公河次区域合作不断升级，GMS有关国家应鼓励开展重大合作项目，积极参与区域内金融合作，拓宽融资渠道，引导各类投资主体参与，为区域内互联互通筹集资金，扩大合作成果在经济走廊沿线地区的覆盖面，深入推动各国金融行业合作、实现互利共赢。①

8月3~4日，大湄公河次区域交通论坛第19次会议在柬埔寨首都金边举行。中国、老挝、缅甸、泰国、柬埔寨、越南等GMS六国、亚洲开发银行及部分GMS发展伙伴代表共同出席了会议。会议听取了各国关于本国列入《GMS投资框架2014~2018年执行计划》的交通领域项目的进展及GMS铁路联盟的相关工作汇报，讨论了有关道路基础设施资产管理和研究建立交通基础设施自然灾害保险/再保险机制等问题。②

8月18~19日，第四次大湄公河次区域特设工作组会议在缅甸内比都召开。来自中国、缅甸、老挝、泰国、柬埔寨、越南以及亚洲开发银行的官员和专家参加会议。会议通报了第七届GMS经济走廊论坛的有关情况，并重点就城市竞争力、跨境经济合作区、边境经济合作区以及边境城镇发展等议题进行探讨。会议还对2015~2016年度GMS城镇化重点任务进行部署。③

9月9~11日，大湄公河次区域经济合作第二十次部长级会议在缅甸首都内比都举行，中国财政部副部长刘昆率中国代表团与会。本次会议的主题是"有效推动战略规划实施，实现次区域可持续和包容性发展"。会议审议了GMS城镇化发展战略框架，通报了区域投资框架合作项目规划执行计划落实情况及优先合作领域最新进展，并就如何有效推动GMS相关战

---

① 《大湄公河次区域金融合作论坛举行》，《云南日报》，2015年6月14日，http://yn. yunnan. cn/html/2015 -06/14/content_ 3780735. htm。

② 《大湄公河次区域交通论坛第19次会议在金边举行》，中华人民共和国交通运输部网站，2015年8月7日，http://www. moc. gov. cn/sj/guojihzs/shuangbianyqyhz_ gjs/201508/t20150807_ 1860381. html.

③ 《地区司率团参加第四次大湄公河次区域城镇化特设工作组会议》，网易新闻，2015年8月21日，http://news. 163. com/15/0821/14/B1I3L5CM00014JB5. html.

略规划的实施，加强 GMS 合作机制与东盟经济共同体建设、"一带一路"等合作倡议的对接等议题进行了探讨。来自柬埔寨、中国、老挝、缅甸、泰国、越南 6 个成员国的部长级政府官员，亚洲开发银行、有关国际组织及域内外国家的代表出席了会议。①

11 月 18 日，大湄公河次区域农业科技交流合作组第七届理事会暨农业科技合作交流研讨会在昆明召开。来自柬埔寨、老挝、泰国、越南等国家以及中国农科院、中国热带农科院等国内相关科研院所、企业的代表，围绕建立联合研究中心、继续深化和推广合作成果、进一步加强与东南亚国家开展合作进行了交流研讨。②

12 月 28 日，云南大学大湄公河次区域研究中心和社会科学文献出版社联合发布《大湄公河次区域合作发展报告（2015）》，提出打造大湄公河次区域合作新高地，把云南建成面向南亚、东南亚的辐射中心。发布会上，与会专家还分析了 2014～2015 年大湄公河次区域合作的热点问题和发展趋势，结合"一带一路"与"澜湄合作机制"建设等新形势对我国进一步推动次区域合作深入发展提出了对策和建议。③

中亚区域经济合作 （CAREC）

2015 年 9 月 25 日，中亚区域经济合作第十四次部长级会议在蒙古国首都乌兰巴托举行。本次会议主题为"中亚区域经济合作下的互联互通与经济转型"。蒙古国总理赛汗比勒格、亚洲开发银行行长中尾武彦、中亚区域经济合作机制各成员国部长级官员以及世界银行和国际货币基金组织

---

① 张云飞：《大湄公河次区域经济合作第二十次部长级会议在缅甸举行》，新华网，2015 年 9 月 10 日，http：//news. xinhuanet. com/world/2015－09/10/c_ 128217190. htm。

② 陈云芬：《专家聚昆研讨大湄公河次区域农科合作》，云南网，2015 年 11 月 19 日，http：//news. hexun. com/2015－11－19/180662866. html。

③ 《2015〈大湄公河次区域蓝皮书〉在昆发布》，《云南信息报》，2015 年 12 月 29 日，http：//news. hexun. com/2015－12－29/181475604. html。

的代表出席会议。中尾武彦发表讲话说，当前全球经济面临困难，在此形势下，中亚区域经济合作机制各成员国应加强区域合作、加深互联互通、增加跨境贸易和投资，以此提高各成员国经济发展预期。他表示，亚洲开发银行将一如既往地支持 2015 年 3 月在乌鲁木齐成立的中亚区域经济合作学院，为各成员国在交通、能源、贸易和互惠政策这 4 个优先领域提供智力支撑。①

中非合作论坛 （CACF）

2015 年 12 月，第二次中非合作论坛峰会在南非约翰内斯堡举办。本次峰会的主题"中非携手并进：合作共赢、共同发展"。习近平主席同南非总统祖马共同主持并讲话，会议通过《中非合作论坛约翰内斯堡峰会宣言》和《中非合作论坛——约翰内斯堡行动计划（2016～2018）》。这将是继 2006 年 11 月以来举行的第二次中非合作论坛峰会。中国政府还发表了第二份《中国对非洲政策文件》，全面阐述新形势下中国对非洲政策的新理念、新主张、新举措。包括 42 位国家元首和政府首脑、非盟委员会主席祖马在内的中非合作论坛 52 个成员代表出席。

在峰会开幕式上，南非总统祖马、穆加贝总统、非盟委员会主席恩科萨扎娜·德拉米尼 – 祖马分别致辞。他们盛赞中非传统友谊和合作成果，高度评价习近平主席关于深化中非合作的重要举措，热烈欢迎中方宣布的促进中非合作措施，支持把中非关系提升为全面战略合作伙伴关系，表示愿同中方携手并肩，共同开创中非关系更加光明的未来。②

---

① 《中亚区域经济合作第 14 次部长级会议在乌兰巴托举行》，新华网，2015 年 9 月 25 日，http：//news. xinhuanet. com/world/2015 – 09/25/c_ 1116684303. htm。
② 《中非合作论坛约堡峰会：具有里程碑意义的历史性盛会》，新华网，2015 年 12 月 6 日，http：//news. xinhuanet. com/ttgg/2015 – 12/06/c_ 1117369668. htm。

第二章 外国政府

到 2015 年底，全球已有超过 70 个国家同意参与"一带一路"。① 总体来看，沿线国家对"一带一路"倡议态度积极。东南亚、中亚、中东欧一直积极参与；俄美在改变态度，尝试参与；欧洲有意将容克投资计划与"一带一路"对接；日本、印度等国家仍有疑虑。

中 亚

2015 年，中亚 5 国与我国"一带一路"合作已经取得实质性进展，在基础设施建设、金融投资、农业以及企业合作等相关领域取得丰硕果实。除土库曼斯坦外，其余 4 国都已成为亚投行创始成员国。

哈萨克斯坦 2015 年 5 月，习近平主席访问哈萨克斯坦。9 月，哈萨克斯坦总统纳扎尔巴耶夫访华，双方领导人互访促进了"一带一路"与哈方"光明之路"经济战略的对接。② 3 月和 12 月，哈萨克斯坦总理马西莫夫对中国分别进行 2 次访问，促成中哈签署了加强产能与投资合作备忘录，以及两国开展钢铁、有色金属、平板玻璃、炼油、水电、汽车等广泛领域

---

① 《外交部副部长：超 70 个国家同意参与"一带一路"》，网易新闻，2016 年 1 月 18 日，ht-tp：//money. 163. com/16/0118/10/BDJSKEHP00252G50. html。
② 《哈萨克斯坦"光明大道"如何对接中国"一带一路"》，北极星电力网，2015 年 5 月 11 日，http：//news. bjx. com. cn/html/20150511/616617 - 4. shtml。

产能合作的 33 份文件，项目总金额达 236 亿美元。① 两国高层的高频互访为两国各个领域合作创造了有利条件，在过去一年中，两国签署了中哈产能与投资政府框架协议，建立起了部门间工作机制，并启动设立了产能合作基金，共同打造了国际产能合作"新样本"。②

除了高层互访外，哈方与中方在其他层面的交流也日益频繁。2015年 7 月，哈萨克斯坦驻华参赞在"丝绸之路经济带城市国际论坛"上表示，哈方期待与中方在基础设施、对外贸易、金融、文化以及其他领域的合作。③ 9 月，"一带一路"媒体国际论坛举行，哈萨克斯坦《真理报》和国际通讯社代表分别表示，在媒体宣传方面，他们广泛宣传、实时报道，认为这对于中哈两方都是很好的发展契机。④ 10 月，"一带一路"万里行圆桌会议在阿斯塔纳举行，中哈两方就经贸落地、项目对接进行了探讨。⑤

中哈两方"一带一路"合作成果也在 2015 年有了收获：2 月，连云港—阿拉木图中亚班列首发；李克强总理访哈确定的 52 个项目中，汽车组装、聚丙烯项目已经开工；中哈贸易合作取得重大成绩，中国已经成为哈方最大的贸易伙伴。

中哈合作交流前景广阔，但哈方担心过于依赖中国，因此对中国移民和投资都有相应的限制。有评论认为，中哈合作存在以下风险：就经济而言，哈萨克斯坦是依附能源的经济结构；在政治上存在"接班人问题"和民族隐患，而且地缘环境政治不稳定，面临"颜色革命"的危险；此外，我国与美

---

① 《中国正规划一带一路经济走廊》，腾讯财经，2015 年 5 月 28 日，http：//finance. qq. com/a/20150528/029055. htm。
② 王辛夷：《哈萨克斯坦总理年内二度访华　中哈打造国际产能合作"新样本"》，《每日经济新闻》，2015 年 12 月 15 日，http：//www. gov. cn/zhengce/2015 – 12/15/content_ 5024267. htm。
③ 《哈萨克斯坦驻华商务参赞：每年六十亿美元改善交通》，新浪财经，2015 年 6 月 19 日，http：//finance. sina. com. cn/hy/20150619/093222475556. shtml。
④ 《国际传媒巨头共话"一带一路"》，一带一路门户网，2015 年 10 月 10 日，http：//www. edailu. cn。
⑤ 《"一带一路"万里行哈萨克斯坦举办圆桌会　推进中哈经贸合作》，一带一路门户网，2015 年 10 月 10 日，http：//www. edailu. cn。

俄在对哈经贸上也存在激烈竞争。①

吉尔吉斯斯坦　2015年4月，吉尔吉斯斯坦正式成为亚投行创始成员国。12月，吉尔吉斯斯坦总统阿坦巴耶夫在年度记者会上说，"我们非常感谢中国以及中国国家主席习近平对吉尔吉斯斯坦的支持和帮助，吉尔吉斯斯坦响应并积极参与一带一路建设"，他强调，吉方支持中国－吉尔吉斯斯坦铁路项目建设。②

截至2015年底，我国与吉尔吉斯斯坦除了达成共识、协议外，在矿业、农业、石油管道建设、黄金加工、铁路公路道路建设等一些基础性建设项目以及金融投资也已取得实质性进展，如：6月，中国银联正式进军吉尔吉斯斯坦金融市场；7月，紫金矿业左岸金矿项目举行了试投产仪式，吉尔吉斯斯坦新总理萨利耶夫参加并作出重要指示③。另外，由哈、中、吉三国共同申报的丝绸之路"长安－天山廊道路网"已经成为世界文化遗产。

吉尔吉斯斯坦希望与中国合作，搭上"一带一路"的快车，却担心过分依赖中国，因此，希望发展与俄罗斯的关系，以牵制中国。有评论认为，中吉两国合作存在以下风险：一方面，吉经济水平和基础设施建设比较落后，投资的回收期较长；另一方面，存在大国干预的政治风险和因民族问题、与邻国摩擦问题带来的政局动荡的政治风险。④

塔吉克斯坦　2015年1月，塔吉克斯坦正式成为亚投行创始成员国。7月，习近平主席和塔吉克斯坦总统拉赫蒙共同出席了乌法峰会。9月，塔吉克斯坦总统来华参加了中国人民抗日战争暨反法西斯战争70周年活动，两国领导就中塔关系达成共识。7月，塔吉克斯坦外交部长阿斯洛夫

---

① 储殷、柴平一：《一带一路投资政治风险研究之哈萨克斯坦》，中国网，2015年3月19日，http://www.china.com.cn/opinion/think/2015-03/19/content_35098191.htm。
② 《中国政府网吉尔吉斯斯坦总统表示愿积极参与"一带一路"建设》，新浪网，2015年12月25日，http://news.sina.com.cn/c/2015-12-25/doc-ifxmxxst0440551.shtml。
③ 《中国矿企在"一带一路"沿线又结硕果》，中国新闻网，2015年8月1日，http://business.sohu.com/20150801/n417984486.shtml。
④ 储殷：《"一带一路"投资政治风险研究之吉尔吉斯斯坦》，中国网，2015年4月3日，http://opinion.china.com.cn/opinion_18_126218.html。

在中国社科院俄罗斯东欧中亚研究所做了演讲，他表示，塔吉克斯坦全力支持"一带一路"倡议，此倡议为塔吉克斯坦走向出海口、连接欧洲、融入世界经济提供了新机遇。①

塔吉克斯坦和中国在铁路公路等基础设施建设方面已经有了很多合作，中塔两方在能源、建材、矿石原料、淡水以及银行等领域也有合作潜力并已取得相应成果：2015年，广州地质五队三次到塔吉克斯坦勘探找矿，解决了塔由于技术和资金问题而导致的资源开发利用率低的问题。② 2015年4月，中泰新丝路塔吉克斯坦农业纺织产业园正式开工，这是继中塔工业园后中塔园区的又一突破。塔吉克斯坦总统在奠基仪式上表示，塔政府欢迎企业家特别是中国企业家来投资，塔政府愿提供最好的投资环境和平台。③

中塔两国关系持续升温，塔方对"一带一路"也积极支持，但有评论认为也存在相应风险。一方面，塔吉克斯坦基础设施落后，中国对塔吉克斯坦的援助项目多集中在交通等基础设施领域，回收期长，而且其交通不便，电力不稳定，外债水平高，让中国企业投资很受限；另一方面，塔吉克斯坦常成为大国觊觎的对象，阿富汗局势也影响其国内安全，乌兹别克斯坦和塔吉克斯坦经常有摩擦，塔国内因地域利益集团也存在政治风险。④

乌兹别克斯坦 2015年3月，习近平主席打电话祝贺乌兹别克斯坦总统乌卡里莫夫连任，体现了两国政治互信与支持。4月，中国驻乌兹别克斯坦大使孙立杰表示中乌在天然气管道、能源、交通、化工、高新技术等各个领域都有合作，中国到乌兹别克斯坦的客运货运航线都已开通，在旅

① 邓之湄：《塔吉克斯坦外长："一带一路"助塔融入世界经济》，《社科院专刊》，2015年8月7日，http://cass.cssn.cn/yaowen/201508/t20150807_2110160.html。
② 《多国首脑博鳌将论"一带一路"》，《东方早报》，2015年3月20日，http://news.163.com/15/0320/10/AL54E0F400014AED.html。
③ 《中国连接塔吉克斯坦建专业产业园区》，《中国企业报》，2015年7月28日，http://www.bhi.com.cn/ydyl/gwdt/12711.html。
④ 储殷、柴平一：《一路一带投资政治风险研究之塔吉克斯坦》，中国网，2015年3月27日，http://www.china.com.cn/opinion/think/2015-03/27/content_35173715.htm。

游考古和文化等领域的合作前景广阔①。6 月，第三届中国 – 乌兹别克斯坦政府间合作委员会会议在日照召开，双方对相关合作项目进行了研讨并签署了《关于在落实建设"丝绸之路经济带"倡议框架下扩大经贸合作的议定书》。7 月，乌兹别克斯坦副总理兼财政部长阿济莫夫到访青岛，签订了一系列合作协议②。

中乌合作前景广阔，但有评论认为存在以下风险：一方面乌兹别克斯坦经济欠发达，基础设施落后，投资回收期长；另一方面乌兹别克斯坦存在接班人问题，这是乌兹别克斯坦政局最大的变数，此外乌兹别克斯坦极端宗教势力很大、乌俄关系存在严重摩擦。③

土库曼斯坦 2015 年 4 月，土库曼斯坦专家在"土库曼斯坦 – 中国交通可持续发展合作研讨会"上表示，土库曼斯坦希望借助"一带一路"的东风学习借鉴中国高铁修建和运营技术。④ 6 月，土库曼斯坦驻华大使吉纳尔·鲁斯塔莫娃在第三届中国 – 中亚合作论坛上表示"一带一路"倡议是个宏大项目，对整个欧亚大陆发展都具有重要意义，土方将积极参与"一带一路"实施进程，在多领域与中国展开交流合作。⑤ 10 月，鲁斯塔莫娃在参加首届"一带一路"国家大使人大行活动时表示，2015 年，双方在许多领域都有合作，在国际上相互支持，土方完全支持习近平主席关于建立丝绸之路经济走廊"一带一路"的构想，土方在中国上海等地将设领事处和贸易代表处，为商人、游客提供便利。⑥

---

① 《中乌共建"一带一路"正在进行中——访中国驻乌兹别克斯坦大使孙立杰》，新华网，2015 年 5 月 1 日，http：//news. xinhuanet. com/2015 – 05/01/c_ 1115150304. htm。

② 《"一带一路"合作项目备忘录》，《人民日报》（海外版），2015 年 7 月 11 日，http：//news. ifeng. com/a/20150711/44146041_ 0. shtml。

③ 储殷、柴平一：《"一带一路"投资政治风险研究之乌兹别克斯坦》，中国网，2015 年 4 月 13 日，http：//opinion. china. com. cn/opinion_ 57_ 126957. html。

④ 《专家："一带一路"将为中土两国交通合作带来新机遇》，新华，2015 年 4 月 21 日，http：//news. jxnews. com. cn/system/2015/04/21/013795411. shtml？COLLCC = 1162750270&。

⑤ 辛闻：《土驻华大使：土方积极参与"一带一路"构想与进程》，中国网，2015 年 6 月 17 日，http：//news. china. com. cn/txt/2015 – 06/17/content_ 35839594. htm。

⑥ 《土库曼斯坦大使：支持"一带一路"构想，加强双边关系》，人民网 – 国际频道，2015 年 10 月 13 日，http：//world. people. com. cn/n/2015/1013/c1002 – 27692446. html。

有评论认为，中土合作面临以下风险：一方面，土库曼斯坦经济发展落后，基础设施不健全，投资回收期长，风险大；另一方面，民主化改革影响其国内政治稳定，管线问题带来多方摩擦，民族宗教问题也不少。①

蒙古、俄罗斯

蒙古和俄罗斯是我国"一带一路"的重要合作伙伴、亚投行创始成员国。2015 年 7 月，中蒙俄三方元首批准了中蒙俄三方合作中期路线图，提出编制《中蒙俄经济走廊规划纲要》。蒙古正积极推进"草原之路"倡议与"一带一路"的对接，俄罗斯也在寻求欧亚经济联盟规划与"一带一路"的对接。

蒙古 2015 年 9 月，蒙古国总统额勒贝格道尔吉出席中华人民抗日战争暨世界反法西斯战争胜利 70 周年纪念活动。与习近平会见时，额勒贝格道尔吉表示，希望双方抓紧落实加强两国务实合作达成的共识，加大项目合作，推动蒙中全面战略伙伴关系深入发展。② 10 月，蒙古国外长普日布苏伦在记者会上表示，蒙古国成为"永久中立国"，对蒙古国的外交政策，包括与中俄两个邻国的外交政策不会产生影响。这是继 2015 年 9 月蒙古国总统额勒贝格道尔吉公开表示蒙古将逐步成为"永久中立国"后，蒙古再次就这一问题向外界释放信息。蒙古成为"永久中立国"之后，中蒙关系也将随之发生一定变化，并对"一带一路"倡议的推进产生一定影响。③ 11 月，蒙古国总统访华，习近平强调中蒙已就加快推进中方"丝绸之路经济带"倡议和蒙方"草原之路"倡议对接达成共识，双方可在推动具体项

---

① 储殷：《"一带一路"投资政治风险研究之土库曼斯坦》，中国网，2015 年 4 月 22 日，ht-tp：//opinion. china. com. cn/opinion_ 30_ 127930. html。

② 《习近平会见蒙总统额勒贝格道尔吉》，央视网，2015 年 9 月 3 日，http：//news. cntv. cn/2015/09/03/VIDE1441280914210216. shtml。

③ 储殷：《蒙古永久中立对"一带一路"的影响》，"一带一路百人论坛"，2016 年 3 月 30 日，http：//mp. weixin. qq. com/s？ _ _ biz = MzA5MTgxOTk2Mg = = &mid = 403471717&idx = 1&sn = 27255f717aaf26579e84c9fc5ef14dd3&scene = 0#wechat_ redirect。

目的同时，探讨商签两国政府间关于发展战略的协议，额勒贝格道尔吉表示全面支持与发展中蒙全面战略伙伴关系，推动双方关系深入发展。① 会后两国元首见证了经济技术、食品安全、基础设施建设、航空、能源、金融等领域双边合作文件的签署。

蒙古希望借"一带一路"契机走出去。2015 年 2 月，在"中蒙建筑及城市建设洽谈会"上，许多蒙古的工程城建项目对中国敞开怀抱。为鼓励中国企业投资，蒙方提供了许多优惠政策，还修订了《外国投资法》。② 2015 年 5 月，蒙古国驻华大使策登扎布 – 素和巴特尔在亚洲合作对话—共建"一带一路"合作论坛上表示，为利用"一带一路"带来的机遇，蒙方积极以"草原之路"对接，与中方开展各领域的合作交流。③ 蒙古国家议会主席恩赫赛汗表示，中蒙俄经济走廊将有力推动三方跨境运输能力建设，蒙方特别支持并结合自身国情提出"草原之路"来响应发展高速公路、铁路、天然气管道、石油管道，为中俄提供过境运输。④

目前，中蒙在铁路、公路、管道、港口等基础设施方面签订了相关合作项目，天然气、石油等能源领域前景广泛，两国的贸易投资也如火如荼，教育、科技、文化以及体育等相关人文领域的交流也日益频繁。

我国与蒙古的合作取得实质进展，但有评论认为存在以下风险：一方面，中蒙贸易类型单一，多以原材料为主，投资多在地质矿山领域，其他方面热情不足，合作多以基础设施为主，回收期长；另一方面，蒙古政治连续性和稳定性差，有一定的排华思潮，国内政治环境不太理想，而且中

① 《习近平同蒙古国总统会谈》，《人民日报》（海外版），2015 年 11 月 11 日，http：//news. ifeng. com/a/20151111/46197141_ 0. shtml。

② 《"一带一路"效应显现：蒙古国修法免税"求关注"》，搜狐财经，2015 年 2 月 12 日，ht-tp：//business. sohu. com/20150212/n408948168. shtml。

③ 宋薇萍、王宙洁：《对接中国"一带一路"战略 蒙古国拟打造"草原之路"走廊》，中国证券网，2015 年 5 月 18 日，http：//news. cnstock. com/news/sns_ bwkx/201505/3433446. htm。

④ 《"一带一路"构想助蒙古国打通"草原之路"》，新华网，2015 年 4 月 23 日，http：//news. xinhuanet. com/2015 – 04/23/c_ 1115066487. htm。

蒙关系面临美、俄、日等国家及国际组织的挑战。①

俄罗斯 自"一带一路"倡议提出后，俄罗斯的态度经历了三个阶段，即由质疑反对到批评声音式微再到寻求规划对接②，现在正积极以不仅是参与者而且是创造者的身份参与其中。2015 年 4 月，俄罗斯正式成为亚投行创始成员国。

2015 年是"一带一路"建设全面开局之年，也是中俄合作的黄金时期，中俄领导人在各种场合共见面 4 次，就双方战略伙伴关系达成高度共识，见证多项合作协议和项目的签署。5 月，习近平出席俄罗斯卫国战争胜利 70 周年庆典期间，与俄总统普京和总理梅德韦杰夫会谈，商讨把中方丝绸之路经济带建设与俄方跨欧亚大通道建设、欧亚经济联盟发展相对接，并签署了涉及能源、航天、税务、投资的相关合作文件③，其间签署了 32 项协议，达 250 亿美元，签署了"丝绸之路经济带"与欧亚经济联盟合作对接联合声明。9 月，俄总统普京来华参加纪念中国人民抗日战争暨世界反法西斯战争胜利 70 周年大会，两方领导进行了会谈，普京表示俄方坚定致力于深化俄中全面战略伙伴关系，愿继续推进两国在能源、石化、金融、航天、科技和制造业等领域的务实合作，加强同中方在联合国等国际和地区组织中的协调与配合。④ 此外，在乌法峰会和土耳其 G20 峰会上，习近平和普京也进行了会晤。2015 年 6 月，圣彼得堡国际经济论坛上，俄总统普京在演讲中提到俄中两国在建设共同经济空间方面的合作在不断加强，欧亚经济联盟同"丝绸之路经济带"的对接也在落实中。⑤

---

① 储殷、柴一平：《"一带一路"投资政治风险研究之蒙古》，中国网，2015 年 3 月 11 日，ht-tp：//opinion. china. com. cn/opinion_ 8_ 124008. html。

② 《俄罗斯对"一带一路"态度的转折：拿捏之后，战略融入》，新浪微博，2015 年 7 月 27 日，http：//www. weibo. com/p/1001603869176958722241。

③ 关健斌：《习近平主席访俄七大看点》，《中国青年报》，2015 年 5 月 8 日，http：//politics. people. com. cn/GB/n/2015/0508/c1001 -26966796. html。

④ 《普京出席中国 2015 阅兵并会见习近平　中俄签署 20 余项合作协议》，观察者网，2015 年 9 月 3 日，http：//www. guancha. cn/economy/2015_ 09_ 03_ 332946. shtml。

⑤ 《普京：亚太是世界经济最大动力源　将对接一带一路》，一带一路门户网，2015 年 6 月 21 日，http：//www. edailu. cn/new/detail/id/3056. html#。

除中俄高层领导频繁会晤以外，中俄商务贸易方面也进展顺利。2015年4月，在中国进出口企业年会暨中国对外贸易500强年会上，俄驻华商务代表索罗金谢尔盖表示，俄罗斯是"一带一路"的积极参与者，"丝绸之路经济带"与俄罗斯跨欧亚发展带相对接，中俄之间有互补性，双方要努力推进各方面合作①。

中俄两国以一系列实际行动落实"一带一路"倡议，合作成果颇丰。2015年3月，俄加入亚投行；2015年8月，中俄共建的首座跨江大桥俄方开工，预计2017年竣工；中国参加建设的莫斯科到喀山高铁项目2015年也已落实。在金融方面，中俄签署了本币互换协议，人民币和卢布直接换算的领域和规模不断扩大；2015年，俄罗斯签下了第一个"一带一路"倡议下的融资项目，包括高铁、信贷、农业和运输等。

中俄两国是全面战略伙伴关系，政治上互信、经济上互补，对"一带一路"倡议，俄如今也是全面支持，但俄国内还是存在质疑之声。中国积极宣传解释这一倡议，寻求与俄各领域多方面合作，但有评论认为存在以下风险：经济上，俄存在严重的通货膨胀问题，而且基础设施设备相对落后，前期投入可能较大；政治上，针对外来投资方面的政策不够稳定，法律不够完善，而且腐败问题根深蒂固，政府效率不高，黑社会组织犯罪活动很猖獗。②

东　亚

日、韩、朝三国与中国一衣带水。对"一带一路"倡议，2015年，韩国态度积极，希望能与自己的"欧亚合作倡议"对接；日本官方仍未直接

---

① 《谢尔盖：俄罗斯积极参与"一带一路"》，新浪财经，2015年4月30日，http：//russia.ce.cn/cr2013/sbdt/myhz/201504/30/t20150430_ 5252174. shtml。
② 任琳、伊林甸甸：《"一带一路"投资政治风险研究之俄罗斯》，中国网，2015年5月13日，http：//opinion.china.com.cn/opinion_ 51_ 129651_ 3. html。

表态，但提出了应对措施；朝鲜政府未表明态度，但学者开始探讨。

韩国 韩国对"一带一路"倡议持支持态度。3月，韩国正式加入亚投行。2015年9月，韩国总统朴槿惠来华出席中国人民抗日战争暨世界反法西斯战争胜利70周年纪念活动，与习近平主席进行了会谈。习近平指出，两国高层互访频繁，双方正式签署自由贸易协定，在亚投行框架内合作取得新进展，两国人文交流水平提高，韩方"欧亚合作倡议"同"一带一路"建设契合，中方欢迎韩方积极参与"一带一路"建设和亚投行工作；朴槿惠表示，韩方愿积极推进韩中各领域合作，加强"欧亚倡议"同"一带一路"倡议的协调与对接。①

2015年1月，在第十三次中韩经济部长会议上，双方达成共识，决定将"一带一路"和"欧亚倡议"作为2015年中韩双边合作的要点，共建"新万金韩中经济合作园区"。6月，中国商务部部长高虎城和韩国产业通商资源部长官尹相直在韩国首尔分别代表两国政府正式签署《中华人民共和国政府和大韩民国政府自由贸易协定》，根据中韩自由贸易规定，两国工业制品中现行征收税的90%将在20年内取消。② 10月，中韩两国签署了《关于在丝绸之路经济带和21世纪海上丝绸之路建设以及欧亚倡议方面开展合作的谅解备忘录》。③

韩国对"一带一路"的关注越来越紧密，"一带一路"为韩国发展提供了新的契机，韩各方面人士对"一带一路"进行了探讨，认为"一带一路"使韩国可以有机会与中国一起参与东南亚、中亚、中东等地区的经济开发，共建地区和平与繁荣；"一带一路"建设将改善韩国物流环境，韩方的"欧亚合作倡议"是构建连接韩国釜山、朝鲜、俄罗斯、中国、中亚、欧洲的丝

---

① 《习近平会见韩国总统朴槿惠等八国元首》，《新华每日电讯》，2015年9月3日，第1版，http：//news. xinhuanet. com/mrdx/2015－09/03/c_ 134582608. htm。
② 《中韩自贸协定正式签署》，中国发展网，2015年7月7日，http：//www. chinadevelopment. com. cn/zj/2015/07/925057. shtml。
③ 顾阳：《为中韩合作提供更广阔空间》，中国共产党新闻网，2015年11月10日，http：//theory. people. com. cn/n/2015/1110/c40531－27796922. html。

绸之路快速铁路，在欧亚构建电力、天然气和输油管线等能源网络，"一带一路"建设助力新亚欧大陆桥的迅速推进，韩国因此多了一个通往欧洲的新选择；通过参与"一带一路"，韩国企业可以在社会间接资本建设市场上发挥作用，不仅可以参与建筑领域，还有望进军运输、旅游和物流等领域。①

日本 对于"一带一路"，日本官方未直接表态，但提出了应对计划。据俄罗斯卫星网报道，日本财务大臣麻生太郎 2015 年 3 月在记者会上表示，日本不打算加入中国主导筹建的亚洲基础设施投资银行。5 月，麻生太郎在阿塞拜疆召开的亚洲开发银行年度总会上强调：为回应亚洲庞大的基础设施建设的需求，日本将扩大对优质基础设施建设的投资，并强调，在中国主导的亚洲基础设施投资银行备受关注的情况下，日本也将扩大对优质基础设施建设的投资。② 5 月，在《日本经济新闻》主办的"亚洲的未来"研讨会上，日本首相安倍晋三宣布投资 1100 亿美元支持亚洲基础设施建设。③ 安倍宣布这一计划时，中国倡导的亚投行正在新加坡举行为期 3 天的筹建会议。11 月，安倍晋三在东盟商务与投资峰会上公布了"高质量基础设施合作伙伴关系：投资亚洲的未来"实施细则。④

日本民间和社会各界对"一带一路"的关注也在逐渐增加，看法不一。富士通总研发表文章认为，"一带一路"是"与世界接轨的"加速与升级，"与世界的发展方向是一致的"。日本国际贸易投资研究所资深研究员江源规由认为：从东亚区域经济角度上看，"一带一路"是以对外投资为轴，促进区域合作、寻求共同发展；从世界经济发展角度来看，"一带一路"和亚投行表达了大多数发展中国家对于当前世界经济发展秩序的质

① 《财经观察：韩国迎接"一带一路"东向暖风》，新华网，2015 年 5 月 25 日，http：//news. xinhuanet. com/world/2015－05/25/c_ 127840263. htm。

② 《日本不打算加入亚洲基础设施投资银行》，新浪财经，2015 年 3 月 14 日，http：//finance. si-na. com. cn/world/20150314/164121722188. shtml。

③ 《日本投千亿美元搞亚洲基建 与亚投行"抢生意"》，中国台湾网，2015 年 5 月 22 日，ht-tp：//www. taiwan. cn/xwzx/jrbd/201505/t20150522_ 9860302. htm。

④ 《日本公布"高质量基础设施合作伙伴关系"实施细则》，亚太财经与发展中心，2016 年 6 月4 日，http：//afdc. mof. gov. cn/pdlb/yjcg/201512/t20151217_ 1619343. html。

疑。日本学界的担忧主要体现在三方面：其一，从微观上看，中资企业在"一带一路"沿线各国的投资，势必与早已开始海外投资的日本企业产生竞争；其二，从宏观上看，日本警惕中方日渐扩大的在东亚和世界范围内的经济影响力；其三，从政治层面上看，日本学界认为中国联合陆上与海上两重力量，改变地缘政治格局，有牵制日本的实际效果。[1]

11月，日本前首相鸠山友纪夫在国际金融论坛2015年会上表示，"一带一路"是个伟大构想，其目标在于让中国与亚欧大陆其他国家更好地进行合作，但"一带一路"也应该进一步向东延伸，囊括日本和韩国，日本应该以更充沛的精力和更快的速度加入亚投行，推动亚投行与亚开行的合作，共同提高亚洲基础设施水平。[2]

朝鲜 韩联社2015年4月24日援引中国驻朝鲜大使馆网站上的一份声明称，中国驻朝鲜大使李进军4月在与朝鲜对外经济相李龙男举行会谈时发出邀请，邀请朝鲜加入丝绸之路计划，但朝鲜对外经济相李龙男并没有对此做出回应。[3] 但是朝鲜学者已开始对"一带一路"进行探讨。9月，数名朝鲜学者来华参加"图们江论坛"，与中国学者就罗先经贸区的问题和发展进行对话。与会期间，朝鲜学者也谈及中国"一带一路"发展规划，称应对此进行深入思考。金日成综合大学经济学部教授李明淑说，只是在《劳动新闻》上看过相关内容，朝方没有进行充分讨论进而达成共识，但我们应该进行深入思考；经济学部副教授崔秀光称，国家层面并没有正式公开发表意见，朝鲜也想参与"一带一路"，但还没有对此进行更多的思考，还有余地。[4]

---

① 许元荣、郑妮娅：《日本怎么看待中国"一带一路"》，《第一财经日报》，2015年8月11日，http://news.sohu.com/20150811/n418549544.shtml。
② 《日本前首相："一带一路"应向东延伸至日韩》，中国新闻网，2015年11月8日，http://world.people.com.cn/n/2015/1108/c157278-27790678.html。
③ 《中国邀朝鲜加入"一带一路" 朝方未正式回应》，《参考消息》，2015年4月26日，http://nk.news.sohu.com/20150426/n411919971.shtml。
④ 《朝鲜学者来华讨论经贸合作 称应对"一带一路"深入思考》，环球网，2015年9月22日，http://world.huanqiu.com/exclusive/2015-09/7541091.html。

东南亚

"一带一路"倡议提出后，东南亚各国反响热烈，印度尼西亚、柬埔寨正在积极地与本国规划对接，新加坡、缅甸、越南等国国家领导人与中国的走动与交流频繁，泰国、马来西亚与我国的合作项目众多，东帝汶、文莱热切盼望互联互通等基础设施投资，因南海等问题，菲律宾态度暧昧。除东帝汶外，东南亚其余10国都成为亚投行创始成员国。中国与东南亚以"互联互通"为主体，初步构建起多元的合作体系。

新加坡 2015年7月，新加坡总统陈庆炎访华。在谈及"一带一路"时，陈庆炎表示，中方提出的"一带一路"和亚投行倡议十分重要，相信本地区国家将从中受益，新方很高兴能成为亚投行创始成员，愿在此框架下积极参与有关合作，愿同中方加强在民航、货运、物流、金融、高科技、教育、人文、安全等领域的合作。[1] 访华期间，中新两国签署了教育交流合作备忘录。

11月，中国国家主席习近平访问新加坡，并取得丰富成果。两国领导人发表了联合声明，一致决定将中新关系确定为与时俱进的全方位合作伙伴关系。两国领导人一致同意要与时俱进、创新思路，充实拓展两国全方位合作布局；宣布启动并全力支持在中国西部地区设立第三个政府间合作项目——中新（重庆）战略性互联互通示范项目；继续建设好苏州工业园区和天津生态城，启动中新自由贸易协定升级谈判，推动双边经济关系迈上新水平；积极探讨两国企业在"一带一路"倡议下，开拓第三方市场合作模式，共同打造区域产能合作金融支撑平台。此外，双方还签署了金融、教育、科技、城市治理等一系列成果文件，两国务实合作有望实现全方位发展。[2]

① 《习近平同新加坡总统陈庆炎举行会谈》，中华人民共和国外交部网站，2015年7月4日，http://news.sohu.com/20150704/n416169400.shtml。

② 《习近平主席访问越南、新加坡成果丰硕》，央视网，2015年11月9日，http://news.cntv.cn/2015/11/09/ARTI1447023863592946.shtml。

新华网报道，习近平在访问新加坡期间宣布，中新正式启动以重庆为运营中心的第三个政府间合作项目。①

新加坡官方看好"一带一路"。新加坡前外交部长杨荣文表示，"一带一路"是世界性的，各个国家基于某种协议都可以使用这一种系统，各方都得益于这其中的互联互通，"一带一路"与殖民主义有本质的区别；新加坡驻华大使罗家良建议将"一带一路"和东盟互联互通蓝图等东南亚其他区域性战略结合起来，实现共同价值。

有评论认为新加坡是"一带一路"沿线风险最小的国家，但并不是没风险。一方面，其国内存在因政权交错更替、政党轮流执政、政府政策的变化而造成的政府违约风险，政府为保护民族工业而区别性干预投资的风险，以及资金转移风险；另一方面，在国外，新加坡与越南等邻国存在各项争端，可能会有突发情况。②

印度尼西亚 "21世纪海上丝绸之路"与印度尼西亚提出的"海上高速公路"计划高度契合，双方正积极努力实现规划对接。

2015年3月，印度尼西亚总统佐科出席博鳌论坛并与习近平进行了会晤，两国签署了关于加强两国全面战略伙伴关系的联合声明。该声明指出，双方将携手打造"海洋发展伙伴"。4月，习近平出访印度尼西亚参加亚非领导人会议和万隆会议60周年纪念活动并与印度尼西亚总统佐科会晤，中印尼两国元首的再次会晤为两国"上天入海"式的全面战略伙伴关系搭建了更细密的网络、更便捷的通道和更宽广的丝绸之路。③

10月，印度尼西亚前外长马尔迪·纳塔勒加瓦在出席2015成都国际论坛时表示，中国提出的"一带一路"的倡议能够很好地促进东南亚国家

① 《新加坡专家认为新中启动第三个政府间合作项目意义重大》，新华网，2015年11月18日，http://news.xinhuanet.com/world/2015-11/08/c_1117074787.htm。
② 张华：《"一带一路"投资风险研究之新加坡》，中国网，2015年4月9日，http://opinion.china.com.cn/opinion_51_126651.html。
③ 《习近平访问印尼，多重使命带来多喜临门》，央视网，2015年4月23日，http://world.people.com.cn/n/2015/0423/c157278-26894930.html。

互联互通和进一步发展，无论是亚太区域，还是更深远的地区，"一带一路"倡议都能够起到非常深远的作用。①

2015年1月，中国-印度尼西亚高层经济对话第一次会议在北京举行，双方表示，将加强在重大基础设施建设、电力等领域的合作，签署了《中华人民共和国政府和印度尼西亚共和国政府高层经济对话第一次会议纪要》和关于电站合作的意向书。3月，中国国家发展和改革委员会主任徐绍史在北京会见了印度尼西亚国企部部长莉尼·苏玛尔诺，双方就推动两国合作特别是基础设施和产业领域重大项目合作达成了诸多共识。②

印度尼西亚是"21世纪海上丝绸之路"的重要节点，两国政府间的合作投资进行得很顺利，印度尼西亚很欢迎中国企业投资，但有评论认为存在以下风险：一方面，两国虽是友好往来，但印度尼西亚国内因民族主义存在排华情绪，同时存在恐怖主义的潜在威胁；另一方面，印度尼西亚国内政策不稳定，而且腐败严重。③

文莱 2015年4月，驻文莱大使杨健在官邸举行媒体座谈会，重点介绍"一带一路"倡议的背景、目标、范围、合作重点、融资方式等，并重点就"一带一路"对中国与东盟以及中国与文莱未来合作的重要意义做了阐释，表示有关倡议将给中文-文莱合作带来更多机遇，有利于双方实现互利共赢，共同发展。④ 文莱驻华大使张慈祥表示，文莱是21世纪海上丝绸之路沿线国家之一，很欢迎这项提议，在"2035宏愿"经济战略下文莱将采取措施使经济多元化，期待与中国在教育、旅游、基建、文化等领域开展合作。⑤

---

① 《胡春华出席2015从都国际论坛 六国前政要共论"一带一路"》，《新快报》，2015年10月10日，http://news.ifeng.com/a/20151017/45317955_0.shtml。

② 朱贤佳：《中国与印尼"一带一路"合作迎来重要时点》，中国证券网，2015年4月19日，http://www.cnstock.com/v_news/sns_bwkx/201504/3404032.htm。

③ 黄日涵、梅超：《"一带一路"投资政治风险研究之印度尼西亚》，中国网，2015年3月13日，http://opinion.china.com.cn/opinion_64_124264.html。

④ 《驻文莱大使杨健举行"一带一路"媒体座谈会》，财经资讯，2015年4月24日，http://finance.ourxun.com/n2264900c38.aspx。

⑤ 董彦、魏嘉琳：《文莱驻华大使张慈祥：文莱积极参与"一带一路"建设》，《中国报道》，2015年第10期，http://www.cqvip.com/read/read.aspx?id=666270290#。

两国在官方和民间的交流都很密切，合作也有成效，中国 – 文莱农业产业园已落户南宁市，港口物流合作也在有序进行，海南人民和文莱华人更是同宗同祖，来往密切，除了在传统的油气产业外，两国在农业、旅游、文化教育等领域发展潜力很大。但有评论认为也存在相应的风险：一方面，中国和文莱在南海问题上存在争端，这或多或少会影响投资与合作，而且宗教文化的差异对此也会有影响；另一方面，中国和文莱之间的贸易可能受到 TTP 规则的影响。①

东帝汶　2015 年 6 月，东帝汶计划与战略投资部部长古斯芒在澳门举行新闻发布会时表示，"一带一路"是一种多边及多层次的战略，其中最重要的组成部分是基础设施建设，"一带一路"通过海陆空三个维度实现互联互通，让整个国际社会的未来呈现不一样的场面，应该抓住这样的机会和战略节点。②

东帝汶是世界上最贫穷的国家之一，基础设施落后，严重缺乏资金，但是个新兴国家，百业待兴，各行各业的投资机会很多，尤其在农业、石油、交通和旅游等领域。有评论认为中国与东帝汶的合作存在以下风险：一方面，在内部，社会东西部族群歧视严重，东西区之间的矛盾时不时爆发，严重影响社会治安，还有就是政党斗争严重，当局政权合法性较差；另一方面，在外部，多方势力渗透，大国博弈，其难以做到真正的独立自主。③

菲律宾　近两年菲律宾与中国关系因南海问题心存芥蒂，但"一带一路"倡议并没有越过菲律宾。2015 年 12 月底，几经波折后，菲律宾驻华大使巴西里奥代表政府在北京签署《亚洲基础设施投资银行协定》，

---

① 黄日涵、梅超：《"一带一路"投资政治风险研究之文莱》，中国网，2015 年 7 月 11 日，ht-tp：//opinion. china. com. cn/opinion_ 68_ 133368. html。

② 《点赞"一带一路"：沿线国家的表情和声音》，《上海证券报》，2015 年 6 月 23 日，http：//stock. hexun. com/2015 – 06 –23/176932774. html。

③ 黄日涵：《"一带一路"投资政治风险之东帝汶》，中国网，2015 年 5 月 25 日，http：//opinion. china. com. cn/opinion_ 40_ 130440. html。

强调菲律宾是以创始成员国的身份加入亚投行。菲律宾企业家也表示，无论是在政治上还是在经济上，菲律宾都将从中国的"一带一路"倡议中获益，他们希望进一步加强同中国商业人士的交流，讨论该倡议带来的机遇。①

虽然近两年两国关系一般，但是贸易往来还是非常频繁，中国是菲律宾第三大贸易伙伴，在其他领域也有合作空间。但有评论认为存在以下风险：一方面，菲律宾排华情绪很严重；另一方面，其国内腐败、官僚主义严重，家族资源垄断，社会秩序及治安不太稳定，恐怖主义活动猖獗。②

越南 2015年，两国领导人积极走动，努力推进双边关系。2015年4月，越南主席阮富仲访问了中国，其间双方发布了《中越联合公报》，对南海问题进行了协商，还签署了《中国共产党和越南共产党合作计划（2016~2020年）》。11月，习近平主席访问越南，就中越南海主权问题进行了进一步交流，落实和推动了此前已经达成的有关基础设施建设、农业、产能合作以及人文交流等领域的合作协议，实现了中国"一带一路"倡议与越南"两廊一圈"计划的合作对接。③

2015年7月，国务院副总理张高丽在河内会晤了越南总理阮晋勇，强调两国正值发展合作的重要时机，应积极推动"一带一路"倡议同"两廊一圈"计划有效对接，落实好《2012~2016中越经贸合作五年发展规划》；阮晋勇积极评价越中关系全面改善发展的势头，认为当前形势下，两国比任何时候都更需要和平稳定的环境，将精力集中到合作发展上，这符合两国和两国人民的根本利益，愿同中方一道，促进两国发展战略对接，加强

---

① 《菲律宾企业家：菲将从"一带一路"合作中获益》，《中国日报》，2015年3月9日，ht-tp：//world. huanqiu. com/hot/2016 - 03/8678562. html。
② 黄日涵：《"一带一路"投资风险研究之菲律宾》，中国网，2015年3月26日，http：//opinion. china. com. cn/opinion_ 97_ 125397. html。
③ 《习近平首访越南"一带一路"对接"两廊一圈"》，和讯新闻，2015年11月5日，http：//news. hexun. com/2015 - 11 - 05/180372026. html。

双方产能合作，鼓励两国地方合作、人文交流。① 此外，9 月，越南副总理阮春福在中国－东盟博览会开幕式上表示，越南将积极参与"一带一路"建设。10 月，越南拟任驻华大使邓明魁在河内表示，越南将积极研究参与"一带一路"建设，这说明越南官方正在积极推动本国发展规划与"一带一路"相对接。

"一带一路"对于改进中越关系是个新契机，由此产生的合作与投资机会将会越来越多，除了农业、商业、基建，两国在跨境交通网络建设方面的合作也有了初步成效，2015 年 4 月，连接越南、中国和俄罗斯的越南—广西—苏满欧公铁联通跨境线路开通。

老挝 2015 年 9 月，老挝副总理宋沙瓦·凌沙瓦出席第 12 届中国－东盟博览会和中国－东盟商务与投资峰会，高度评价中方提出的"一带一路"倡议，认为这将促进本地区的文明发展富强。中老双方的铁路和卫星项目完成后将有助于把老挝从"陆锁国"变为"陆联国"，同时，也将促进中国与东盟在"一带一路"框架下的进一步融合。②

6 月，老挝公共工程与运输部副部长、中老铁路项目联合工作组老方组长拉塔纳玛尼表示，老挝变"陆锁国"为"陆联国"的战略设想随着老中铁路筹备工作和"一带一路"的不断推进，已上升为国家战略。老挝－中国铁路建设项目是老挝政府基础设施建设工作的重中之重，也是实现"陆联国"战略的最重要一环。③

10 月，中国国家开发银行举行的开发性金融支持老挝经济社会发展研讨会在云南开幕，老挝国家银行副行长瓦塔纳·达拉罗表示希望中国国家开发银行早日在老挝设立代表处或分行，以进一步加大对老挝的融智融资

① 《张高丽晤越南总理："一带一路"对接"两廊一圈"》，大公财经，2015 年 7 月 18 日，http：//finance. takungpao. com/dujia/2015 – 07/3064415. html。
② 《老挝副总理："一带一路"促进中国—东盟合作》，人民网，2015 年 9 月 18 日，http：//world. people. com. cn/n/2015/0918/c157278 – 27605907. html。
③ 《老挝官员："一带一路"助老挝转为"陆联国"》，新华网，2015 年 6 月 4 日，http：//news. xinhuanet. com/world/2015 –06/04/c_ 1115517015. htm。

支持力度，加强在"八五"国民经济和社会发展规划编制、金融合作、基础设施建设、民生事业发展等方面的合作，帮助老挝政府不断提升推动国家经济社会发展的能力和水平。①

11月，"一带一路"首个电网合作项目——230千伏老挝北部电网工程投产。

随着中老双方合作的不断深入，愿投资老挝的中国企业越来越多。但也有评论认为存在以下风险：一是南海问题，如果南海问题持续升温，老挝的立场可能倾向越南，而且"中国威胁论"在其国内有很大影响；二是台湾问题，长期来看，如果台湾向老挝持续投资，老挝很可能亲台。②

柬埔寨 2015年，针对此倡议，柬方各领域都行动了起来。10月，柬埔寨首相洪森在北京出席"一带一路"国际金融交流研修班开幕式表示，"一带一路"国际金融交流研修班将促进政府机构和民间交流，进一步夯实两国双边关系，对区域金融和经济一体化发展起到积极作用。2015博鳌论坛前夕，柬埔寨合作与和平研究院主席西里武亲王表示，他非常支持"一带一路"构想，中国推动"一带一路"建设，显示了中国对世界的开放，亚投行和丝路基金将促进区域发展和互联互通，而这些都将会是地区和平稳定的重要保障。③

6月，柬埔寨公共工程与运输部国务秘书Lim Sidenine在第六届国际基础设施投资与建设高峰论坛上表示，"一带一路"将带来很多共赢机会，柬埔寨为此制定了包括六大战略的规划，"一带一路"的倡议贯通了亚洲和欧洲以及非洲的部分区域，这将会带来很多共赢的机会，此倡议将会带

---

① 《国开行携手老挝政府助推"一带一路"发展》，《金融时报》，2015年10月13日，http：//money.163.com/15/1013/08/B5PV18OC00253B0H.html。

② 黄日涵、梅超：《"一带一路"投资政治风险研究之老挝》，中国网，2016年3月5日，http：//opinion.china.com.cn/opinion_62_144762.html。

③ 《柬埔寨前副首相：非常支持中国"一带一路"构想》，新华网，2015年3月26日，http：//politics.people.com.cn/n/2015/0326/c70731-26756014.html。

来大量的资本和人力资源。①

中柬互联互通与交流合作在"一带一路"框架内顺利展开，在空运、海运以及人文交流方面，两国合作在不断加强，"西港特区"已成为中柬合作的样板。但有评论认为其风险在于：一方面，在柬埔寨国内，其政党斗争激烈，可能会影响国外投资者；另一方面，在外部，柬埔寨可能受到东盟和美国的影响，对华态度可能改变。②

缅甸 2015年4月和9月，习近平主席分别在三亚和北京会见了缅甸总统吴登胜，两国元首就发展中缅关系深入交换意见，一致同意不断巩固和加强双边关系，共同推动中缅全面战略合作伙伴关系持续健康稳定发展。9月会谈时，习近平表示，中方赞赏缅方支持"一带一路"倡议，愿同缅方密切配合，统筹推进有关项目合作，推进人文交流，为带动缅甸经济社会发展发挥积极作用；吴登胜表示，缅方感谢中方长期以来给予的大量帮助和支持，缅方愿继续深化同中方在基础设施互联互通等各领域务实合作。③

缅甸官方纷纷表态支持"一带一路"：4月，缅甸执政党联邦巩固与发展党主席吴瑞曼访华前在仰光机场接受新华社记者专访，高度赞赏中国提出的"一带一路"倡议，表示对现代丝绸之路发展计划非常感兴趣；6月，缅甸建设部部长Kyaw Lwin在第六届国际基础设施投资与建设高峰论坛主题论坛上表示，缅甸对"一带一路"倡议寄予厚望，愿意加强与亚洲各国的互联互通，希望在沿岸地区建设一些港口项目，通过建设能源管道等方面的跨境项目；9月，缅甸总统发言人吴耶图在接受国际在线记者专访时说，"一带一路"倡议将会为包括缅甸在内的东南亚、南亚、中亚国家创造更多的商机，缅甸会抓住这次商机；9月，缅甸战略与发展研究院主席吴·暖芒森在第八届中

---

① 《柬埔寨部长：对接"一带一路"柬埔寨制定六大战略规划》，中国证券网，2015年6月5日，http://news.cnstock.com/news/sns_bwkx/201506/3453799.htm。

② 黄日涵、梅超：《"一带一路"投资政治风险研究之柬埔寨》，中国网，2015年9月2日，http://opinion.china.com.cn/opinion_17_136517.html。

③ 《习近平会见缅甸总统：赞赏缅方支持"一带一路"》，中国新闻网，2015年9月4日，http://news.sohu.com/20150904/n420407296.shtml。

国－东盟智库战略对话论坛上表示，"一带一路"共建如果成功实施，将会对各个不同的国家和地区带来重大的影响，缅甸希望能够有机会加入当中。

中缅两方在积极推进"一带一路"进程，越来越多的机会摆在中国企业面前，但必须注意以下投资风险：一方面，缅甸内部局势紧张动乱不断；另一方面，在外部，缅甸推行大国平衡外交，美国重返亚洲会影响中国企业投资。还有就是，在缅投资必须征得民众认可，履行相应的责任，否则就会有相应的后果。①

泰国　泰国政商界普遍期待在"一带一路"框架下发挥其东盟中心国家的优势，与中国开展各领域的合作。2015年2月，泰国总理巴育会见到访的国务委员兼国防部长常万全。巴育表示，泰中两国关系亲密友好，两国高层来往频繁，经贸、文化及基础设施建设等各领域的务实合作不断发展，泰方赞赏和支持中国的"一带一路"构想，愿积极参与相关合作并从中获益。② 4月，张高丽在人民大会堂会见来访的泰国副总理兼国防部部长巴威一行。巴威说，泰方高度重视发展泰中全面战略合作伙伴关系，将继续推动泰中铁路合作，积极参与"一带一路"建设，深化各领域交流，推动泰中关系全面深入发展。③ 5月，泰国前副总理素拉杰在亚洲合作对话——共建"一带一路"合作论坛暨亚洲工商大会说，"一带一路"启动后，亚洲40多个国家都能从更好的基础设施中获益，这显然有助于推动商品贸易、服务贸易、投资、消费以及亚洲资本市场的发展。④

2015年，泰国首次出任中国－东盟博览会主题国，围绕第12届东博会主题"21世纪海上丝绸之路——共创海洋合作美好蓝图"，泰中

---

① 任林、牛恒：《一带一路投资政治风险研究之缅甸》，中国网，2015年3月18日，http：//www. china. com. cn/opinion/think/2015 –03/18/content_ 35084282. htm。

② 《泰国总理巴育会见常万全　称愿参与一带一路并获益》，新华网，2015年2月6日，http：//news. china. com/zh_ cn/international/1000/20150206/19285663. html。

③ 《张高丽会见泰国副总理　谈铁路等一带一路项目》，中央电视台，2015年4月9日，http：//news. hexun. com/2015 –04 –09/174825925. html。

④ 《泰国前副总理素拉杰："一带一路"有助各国互利共赢》，中国新闻网，2015年5月18日，http：//www. chinanews. com/gn/2015/05 –18/7284329. shtml。

两国政、商、学各界代表进行深入探讨与交流。2014 年底建立的宋卡府等 5 个边境经济特区在 2015 年已开始发挥作用，边境经济特区在很多方面得到了特别关照和政策优惠，包括为外来劳工提供便利、减免企业所得税等，泰国政府的边境经济特区战略与中国提出的共建"一带一路"倡议是相契合的。此外，2015 年，克拉运河合作事宜也有进展，5 月，泰国与中国企业签署了《克拉运河合作备忘录》，开始对此展开研究。①

泰国希望在"一带一路"中扮演重要角色，以巩固其在东盟的核心国位置，也希望得到中国的投资，共享发展红利。中泰在基建、道路、物流、农业、金融和旅游等领域合作前景广阔，但有评论认为存在以下风险：一方面，在其国内，政治连续性、稳定性比较差，军变、政变不断，南部三个省因宗教等问题争端不断，导致社会不稳定；另一方面，在外部，中泰关系可能受到美国"重返亚洲"政策的影响，从而影响双方投资和贸易，再加上恐怖活动的威胁，外部环境风险也应当注意。②

马来西亚　2015 年，马来西亚接任东盟轮值主席国，中马合作在基建、物流、交通等领域取得很大进展。2015 年 11 月，李克强出席"10 + 1"和"10 + 3"领导人会议并访问马来西亚，这对两国战略伙伴关系有巨大作用，使双方贸易上了一个新台阶。11 月 23 日，中马在吉隆坡发表《中华人民共和国和马来西亚联合声明》（以下简称《声明》）。《声明》提到，马方欢迎中方提出的共建丝绸之路经济带和 21 世纪海上丝绸之路合作倡议，双方同意在该框架下加强发展战略对接，推进务实合作。③

此前的 4 月，马来西亚驻华大使拿督再努丁·叶海亚在广西访问时表

① 《泰国发展战略对接"一带一路"》，人民网，2015 年 7 月 20 日，http：//world. people. com. cn/n/2015/0720/c1002 - 27328884. html。
② 黄日涵、梅超：《一带一路投资政治风险研究之泰国》，中国网，2015 年 3 月 21 日，http：// www. china. com. cn/opinion/think/2015 -03/31/content_ 35199866. htm。
③ 《中华人民共和国和马来西亚联合声明（全文）》，新华网，2015 年 11 月 24 日，http：// news. xinhuanet. com/world/2015 -11/24/c_ 128459810. htm。

示，马来西亚十分看好"一带一路"建设的重要作用，将加快推进"两国双园"建设，进一步拓展双方合作领域、提升合作层次，实现互利双赢。①

7月，马来西亚交通部长、马华总会会长廖中莱在"'一带一路'中国–马来西亚工商界对话"时强调，为了配合"一带一路"，马来西亚已准备就绪，将优势与实际需要对接，深化马中双边合作，扮演协调和穿针引线的角色，让马来西亚成为中国开启东盟和周边国家的门户。②

中马双方的交流合作除了在传统的贸易、农业、旅游等领域外，在电信、海洋产业，港口等领域也有很大合作空间，但有评论认为合作过程中要注意以下风险：一方面，其国内党派斗争激化，政局不稳，存在毒品带来的社会治安问题，还有就是国内有排华情绪；另一方面，受美国影响比较大，还与邻国存在领土争端。③

南　亚

南亚诸国中印度态度暧昧，其他国家积极响应。巴基斯坦与中国在"一带一路"框架下的"1＋4"模式已经形成；尼泊尔、孟加拉国官方表示积极参与"一带一路"，希望从互联互通等建设中获利；马尔代夫首次建立经济特区以响应"一带一路"；斯里兰卡合作项目出现波折，但有望协商解决。而且，南亚6国全部成为亚投行创始成员国。

巴基斯坦　2015年4月，习近平主席访问巴基斯坦，这是中国"一带一路"合作与愿景提出后外访第一站。在与巴总理谢里夫会谈时，双方一致同意将中巴关系提升为全天候战略合作伙伴关系。谢里夫表示，"一带

---

① 《马来西亚驻华大使：看好"一带一路"　加快推进"两国双园"建设》，新华网，2015年4月8日，http：//world. people. com. cn/n/2015/0408/c157278 – 26815337. html。

② 《马交通部长：马来西亚参与"一带一路"建设的十大优势》，驻马来西亚经商参处，2015年7月20日，http：//china. huanqiu. com/News/mofcom/2015 – 07/7054717. html。

③ 张华、白何菲：《一带一路投资风险研究之马来西亚》，中国网，2015年4月14日，http：//world. people. com. cn/n/2015/0414/c1002 – 26841446. html。

一路"合作与愿景提出的巴中经济走廊,是两国合作的标志性项目,对促进本地区和平与繁荣意义重大,巴基斯坦愿同中方密切配合,巴方支持中方的"一带一路"倡议,将积极参与亚洲基础设施投资银行建设。① 习近平主席访巴期间双方签订的项目都与中巴经济走廊有关,并提出中巴合作以中巴经济走廊建设为中心,以瓜达尔港、能源、基础设施建设、产业合作为四大重点,形成"1+4"合作布局,并且双方将积极推进喀喇昆仑公路升级改造二期、瓜达尔港东湾快速路等重点合作项目。②

9月,巴基斯坦总统侯赛因来华出席中国人民抗日战争暨世界反法西斯战争胜利70周年纪念活动,其间与习近平会晤。习近平表示,为使中巴经济走廊建设取得重要进展,双方要加紧研究与制定走廊远景规划,中方愿就加快推进两国产能和工业园区合作、有关民生项目开发建设等同巴方密切沟通;侯赛因表示,巴方珍视同中方兄弟般的友好关系,积极致力于以中巴经济走廊建设为中心,推进两国各领域务实合作,将继续加强同中方在国际事务中的协调与配合。③

4月20日,丝路基金、三峡集团与巴基斯坦私营电力和基础设施委员会在伊斯兰堡共同签署了《关于联合开发巴基斯坦水电项目的谅解合作备忘录》。

有评论认为中巴双方投资与合作也存在风险。一方面,巴基斯坦国内安全局势不容乐观,因恐怖主义、地区主义、宗教矛盾而导致的暴力流血事件频发;另一方面,中巴的大规模合作势必会引起印度、美国的注意,这也是潜在风险之一。④

---

① 《中巴经济走廊:一带一路重大项目》,《新闻晨报》,2015 年 4 月 21 日,http://news. ifeng. com/a/20150421/43594495_ 0. shtml。

② 《中巴经济走廊:一带一路重大项目》,《新闻晨报》,2015 年 4 月 21 日,http://news. ifeng. com/a/20150421/43594495_ 0. shtml。

③ 《习近平会见韩国总统朴槿惠等八国元首》,《新华每日电讯》,2015 年 9 月 3 日,第 1 版,http://news. xinhuanet. com/mrdx/2015 -09/03/c_ 134582608. htm。

④ 尹继武:《"一带一路"投资政治风险研究之巴基斯坦》,中国网,2015 年 4 月 29 日,http://opinion. china. com. cn/opinion_ 83_ 128483_ 2. html。

尼泊尔 2015 年 3 月，国家主席习近平和尼泊尔总统亚达夫在博鳌论坛上会见，习近平表示，中方愿同尼方尽快开启自贸协定谈判，欢迎尼方积极参与"一带一路"建设；尼方表示，坚定支持"一带一路"倡议和亚投行建设，希望加强南盟与中国的合作，促进本地区互联互通和经济发展。① 3 月，尼泊尔驻华大使马斯基在接受记者采访时特别提到"一带一路"，表示尼泊尔对丝绸之路经济带非常感兴趣，因为尼泊尔能够从中获益，尼方已经向中国政府提出希望能够被纳入这一经济发展战略。②

有评论认为中国与尼泊尔合作须注意以下风险：一方面，其国内政局混乱动荡不安，导致社会秩序混乱，行政规范性不强，加之工会和政党的关系比较紧密，国内整体大环境有待整治；另一方面，其受地缘政治的影响大，投资合作可能受中、印、尼三方关系的影响。③

孟加拉国 2015 年 8 月，商务部长高虎城访问孟加拉国，拜会了孟加拉国总理哈西娜。哈西娜总理表示，孟方积极响应并参与习近平主席提出的"一带一路"倡议，欢迎更多中国企业在孟加拉国投资建设产业园区、参与基础设施和重大项目合作，愿与中方共同推进孟中印经济走廊建设，促进两国及沿线国家共同发展。中方与孟方签署了有关经济技术合作文件，双方围绕共建"一带一路"、双边贸易、投资及产业园区合作等议题交换了意见，达成了广泛共识。④ 11 月，孟加拉国驻华大使 M. 法兹勒·卡里姆先生就中孟关系接受专访，他表示："孟中印缅经济走廊"和"一带一路"两大规划主要内容高度融合，希望借助"一带一路"，中孟共同开创"亚洲世纪"。⑤

① 《习近平会见尼泊尔总统亚达夫》，新华网，2015 年 3 月 29 日，http：//news. xinhuanet. com/politics/2015－03/29/c_ 127632760. htm。

② 《尼泊尔冀纳入"一带一路"规划》，国际在线，2015 年 3 月 6 日，http：//finance. takungpao. com/hgjj/q/2015/0306/2936247. html。

③ 任林：《"一带一路"投资政治风险研究之尼泊尔》，中国网，2015 年 5 月 15 日，http：//opinion. china. com. cn/opinion_ 54_ 129854. html。

④ 《高虎城：愿与孟加拉国深入推进"一带一路"合作》，天山网，2015 年 8 月 27 日，http：//news. hexun. com/2015－08－27/178662171. html。

⑤ 《孟加拉国驻华大使：借助"一带一路"希望中孟共同开创"亚洲世纪"》，人民网强国论坛，2015 年 11 月 11 日，http：//www. people. com. cn/n/2015/1111/c32306－27803771. html。

中孟之间的交流合作日益频繁，不仅在基建、商贸等领域有交流，而且旅游、教育等领域的人文交流也在进行中。作为"一带一路"重要的交通支点工程的帕德玛大桥就是一个很好的例子。但有评论认为，中孟合作存在以下风险：一方面，孟加拉国内部的政党斗争仍在继续，政治危机未彻底解决，政府腐败严重，效率不高，社会治安情况差；另一方面，在外部，美国、印度在此地区扩大影响力，孟内政受此影响大。①

印度　印度对于中国推进"21世纪海上丝绸之路"有重要作用，中国邀请印度共建共谋的"绣球"已经抛出，但印度至今态度暧昧。

2015年5月，印度总理莫迪访华，两国元首就双方关系达成共识，为"一带一路"的开展注入了新活力。其间，双方签署了45项文件，包括24项政府间协议和21项商业协议，合作领域涵盖航空航天、地震合作、海洋科考、智慧城市、网络、金融、设备、教育以及政党、地方、智库交往等各个方面，但是印度并未以官方的名义正面回答对"一带一路"的态度。

印度对"一带一路"倡议始终保持着谨慎的态度，目前在其国内有三种态度：一是印度应该加入，印度需要互联互通的基础设施建设，需要中方的投资，加入"一带一路"对印度有很大好处；二是印度不应该加入，"一带一路"是中国要在印度洋上获得"落脚点"耍的花招，反映出中国在这一地区逐渐加强的影响力；三是印度应该制定应对策略，为此印度先后提出了"季风计划"和"香料之路"，且投资和伊朗重新翻新查巴哈尔港口，旨在扩大自己在南亚和非洲的影响力，以对冲"一带一路"在此地区的影响。②

印度虽未对"一带一路"正式表态，但双方的合作仍在继续。印度是"一带一路"的关键节点，中方正在努力疏通，期待印度能积极参与

① 任林、牛恒：《"一带一路"投资政治风险研究之孟加拉》，中国网，2015年3月30日，http://opinion.china.com.cn/opinion_22_125722.html。
② 中国人民大学重阳经济研究所：《印度人怎么看中国的一带一路》，新浪专栏，2015年6月17日，http://finance.sina.com.cn/zl/china/20150617/090022453371.shtml。

其中。有评论认为与印度交流合作应注意以下风险：一方面，中印关系因领土、宗教等争端受到很多负面影响；另一方面，在印度国内，社会治理不到位，社会秩序不太好，因宗教等问题存在各种矛盾，恐怖主义的威胁也无时不在。①

马尔代夫　2015 年 6 月，马尔代夫驻华大使费萨尔·穆罕默德在"2015 丝绸之路经济带城市国际论坛"上表示，"一带一路"能够促进亚洲、欧洲和非洲的联系，加强区域经济合作和人文交流，从而促进各国走上共赢发展之路，中国和马尔代夫可以在贸易和经济方面进行互补，希望借助中国的力量使得马尔代夫成为印度洋的一个贸易枢纽。② 12 月，穆罕默德在"全球治理与国家责任"国际研讨会上表示，"一带一路"是全球合作的典范，为促进全球治理方式的转变提供了一个非常有效的合作框架，我们应该重燃"丝绸之路"的合作精神，以双赢的目标去实现共同的和互利的目的，通过共享，实现各方共赢。③

马尔代夫对"一带一路"的支持是务实的，为响应"一带一路"首次建立经济特区，马尔代夫政府启动了一个主要的基础设施计划；马方还希望可以借助中国的力量成为印度洋的一个贸易枢纽，其政府也已制订了相关计划，并进行了投资，以推动地区贸易发展，响应"一带一路"倡议。

马方对外来投资门槛较低，政策优惠，在渔业、交通运输、旅游和新能源产业等领域有很大的投资合作空间，但有评论认为存在以下风险：一方面，存在投资可能被国有化的风险，而且配套设施不完善；另一方面，其国内政治稳定性差，政局动荡，恐怖活动也增加了潜在风险。④

---

① 刘世强：《"一带一路"投资政治风险研究之印度》，中国网，2015 年 6 月 24 日，http：//o-pinion. china. com. cn/opinion_ 31_ 132231. html。
② 《马尔代夫驻华大使："一带一路"促进各国共赢发展》，中国经济网，2015 年 6 月 18 日，ht-tp：//intl. ce. cn/specials/zxxx/201506/18/t20150618_ 5684528. shtml。
③ 《马尔代夫驻华大使："一带一路"是全球协同合作典范》，新浪网，2015 年 12 月 12 日，ht-tp：//news. sina. com. cn/c/2015 - 12 -12/doc - ifxmpxnx5025235. shtml。
④ 张华：《"一带一路"投资风险研究之马尔代夫》，中国网，2015 年 4 月 18 日，http：//opinion. china. com. cn/opinion_ 33_ 127533. html。

斯里兰卡 2015 年 1 月，斯里兰卡新政府上台后，把中国交通建设集团投资的科伦坡港口项目叫停，此纠纷一度成为各国关注的焦点，也敏感地牵涉到外界对中斯关系的猜测和斯里兰卡对"一带一路"态度的猜测。3 月，斯里兰卡总统西里塞纳对中国进行国事访问并出席博鳌亚洲论坛 2015 年年会，其间他与习近平主席进行了会谈，双方就双边关系达成共识。西里塞纳表示，新政府将采取比过去更有力的措施，继续发展同中国的友好合作和斯中人民友谊，斯方希望在 21 世纪海上丝绸之路框架内加强同中方合作，愿与中方一道落实好两国业已达成的各项协议，目前科伦坡港口出现的情况是暂时的，问题不在中方，斯方欢迎中国企业更多赴斯里兰卡投资，并将向投资者提供健康的投资环境。①

2015 年 12 月，斯里兰卡驻华大使卡鲁纳塞纳·科迪图瓦在接受记者采访时表示，"一带一路"不只是有利于经济发展，而且能够促进各国的人文交流，符合各国人民的利益，地理位置的重要性决定斯里兰卡在未来的海上贸易中无可替代，所以在中国"一带一路"倡议实施过程中，斯里兰卡也有一席之地，希望能够把斯里兰卡建设成地区的转运中心。②

近年来中斯合作领域不断扩大，贸易保持较快的增长势头，虽然合作过程中出现摩擦，但合作潜力仍很大，中方参与了其海港、机场、发电站等重要基础设施建设，如火电发电项目、汉班托塔港口、贾夫纳内环公路等，但科伦坡港口事件的发生提醒我们以后也应该注意投资风险。③

西 亚

对于"一带一路"，西亚各国的态度不一。阿富汗、伊朗、伊拉克国

---

① 《斯里兰卡总统西里塞纳访华晤习近平：港口城问题不在中方》，观察者网，2015 年 3 月 26 日，http：//www.guancha.cn/Neighbors/2015_03_26_313751.shtml。

② 陶彦：《斯里兰卡驻华大使："一带一路"提供了共享繁荣的机会》，无界新闻，2015 年 12 月 30 日，http：//news.hexun.com/2015-12-30/181517579.html。

③ 《"一带一路"投资政治风险研究之斯里兰卡》，中国网，2015 年月 29 日，http：//opinion.china.com.cn/opinion_26_128626.html。

家领导人正在与中国国家领导人积极沟通，对此热情很高；卡塔尔、塞浦路斯官方表示积极参与；土耳其、以色列、阿塞拜疆、格鲁吉亚4月份正式成为亚投行创始成员国；阿曼已经提出规划对接，科威特的丝绸城、巴林的龙城、阿联酋和黎巴嫩的合作项目也已进入务实阶段；也门、巴勒斯坦由于战争动荡，参与受到影响。

阿富汗 2015年5月，阿富汗驻华大使法拉希在共建"一带一路"合作论坛暨亚洲工商大会上表示，中国的"一带一路"帮助阿富汗迎来更好的机遇，阿富汗国内提出了2015年至2024年的十年规划，通过执行倡议措施来和"一带一路"进行对接。[①] 6月，在丝绸之路经济带城市国际论坛上，阿富汗商会高级副会长汗·阿罗科扎伊指出：在古丝绸之路上，阿富汗是连接东西方的纽带，阿富汗希望能够重拾当年的地位，而新丝绸之路将是阿富汗走向繁荣可以借助的重要契机，未来中国很多船运有可能改为借助西部的陆地运输，阿富汗希望能成为中转站。阿富汗还有很多潜在的合作项目，天然气管道就是其中重要的一项。[②]

有评论认为中阿合作要注意以下风险：一方面，在其国内，恐怖主义依旧十分严重，这将对阿富汗稳定造成长期负面影响，部落势力强大，中央政府对部落地区控制力弱，部落封闭且相互间存在矛盾，毒品交易泛滥，短期内不会有太大改善；另一方面，美、印等大国对中国在阿富汗的影响存有戒心。[③]

伊拉克 2015年12月，伊拉克总理阿巴迪访华，并分别会见习近平主席和李克强总理，双方决定进一步提升双边关系水平，建立中伊战略伙伴关系。习近平表示，中方愿在"一带一路"框架内加强两国发展战略对

① 宋薇萍、王宙洁：《阿富汗驻华大使：十年规划对接"一带一路"》，中国证券网，2015年5月18日，http：//news. cnstock. com/news/sns_ yw/201505/3433448. htm。
② 余鹏飞：《阿富汗商会副会长："一带一路"系阿富汗复兴关键所在》，中国台湾网，2015年6月19日，http：//www. taiwan. cn/xwzx/gj/201506/t20150619_ 10077838. htm。
③ 周帅：《"一带一路"投资政治风险研究之阿富汗》，中国网，2015年5月7日，http：//opin-ion. china. com. cn/opinion_ 39_ 129139_ 3. html。

接，开展互利合作，帮助伊方加强能源、电力、通信、基础设施建设等重点领域重建。阿巴迪表示，伊方愿加强两国在经济、能源、电力、通信、基础设施、安全等领域合作，进一步推动两国人民友好往来，欢迎中国企业加大对伊拉克投资，愿努力为此提供必要的保障。①

此前的 6 月，伊拉克外长易卜拉欣·贾法里在访华时表示，"一带一路"建设将使沿线各国从中获益，伊拉克希望在现代丝绸之路建设中发挥积极作用，伊拉克在基础设施建设等方面有着巨大的需求，而中国既有能力也有丰富的经验来帮助伊拉克实施战后重建。②

中伊有巨大的合作潜力，但有评论认为存在以下风险：一方面，伊拉克石油产业基础设施薄弱，缺乏销路，前景不明确；另一方面，教派和民族分歧严重，中央政府孱弱，局势动乱，安全威胁很大。③

伊朗 2015 年 2 月，伊朗总统鲁哈尼在德黑兰会见了中国外交部部长王毅，表示伊朗高度重视发展对华关系，愿积极响应中方"一带一路"倡议，与中方拓展基础设施、能源、产能、农业、旅游等领域合作。④ 4 月，伊朗正式成为亚投行创始成员国。

4 月，习近平主席在雅加达会见了伊朗总统鲁哈尼。习近平强调，中方高度重视发展中伊关系，要以"一带一路"为主线，以互联互通和产业合作为支点，推动双方务实互利合作向宽领域发展。鲁哈尼认同习主席的说法，希望扩大两国能源、科技、铁路、港口等基础设施领域的合作。⑤

4 月，中国石油集团副总经理汪东进接见伊朗石油部副部长扎马尼亚一

---

① 《伊拉克总理访华会见习李 晋战略伙伴签能源大单》，观察者网，2015 年 12 月 23 日，ht-tp：//mil. news. sina. com. cn/dgby/2015 – 12 – 23/doc – ifxmttme6239021. shtml。
② 《伊拉克外长：伊方将积极参与"一带一路"建设》，人民网，2015 年 6 月 26 日，http：//world. people. com. cn/n/2015/0626/c157278 – 27214959. html。
③ 王晋、孙黎：《"一带一路"投资政治风险研究之伊拉克》，中国网，2015 年 5 月 26 日，ht-tp：//www. china. com. cn/opinion/think/2015 – 05/26/content_ 35660516. htm。
④ 《伊朗总统会见王毅：愿积极响应中方"一带一路"倡议》，中国经济网，2015 年 2 月 16 日，http：//www. chinanews. com/gn/2015/02 – 16/7070025. shtml。
⑤ 《习近平会见伊朗总统：以"一带一路"为主线务实互利合作》，新华网，2015 年 4 月 24 日，http：//news. hexun. com/2015 – 04 – 24/175268727. html。

行，双方就加强原油领域的合作深入交换了意见，扎马尼亚在访问前表示，代表团此行将讨论恢复中国在伊朗的油气项目。[①] 伊朗境内铁路运输十分不发达，因此中伊两方在此领域合作空间很大，由中国企业参与承建的德黑兰—马什哈德铁路电气化改造项目即将开工，此项目将会带动沿线经济发展和国际合作。已经有相关专家提议修建从新疆乌鲁木齐到伊朗首都德黑兰的国际高铁，跨越丝绸之路，并克服不同铁路标准的跨境连接问题。

伊朗是中东乱局中的"稳定绿洲"，与伊朗合作对推进"一带一路"有重要的意义，但有评论认为存在以下风险：首先，伊朗核问题如何解决是伊朗投资环境中最大的不确定因素；其次，伊朗国内制度体系严格，这给投资带来了一定的阻力，还有就是国内保守派和改革派矛盾不断，国内政局动荡；最后，在能源领域，伊朗的能源产业引进外资是通过回购合同的方式进行，容易引起投资者与伊朗的争议。[②]

阿塞拜疆　自"一带一路"倡议提出后，阿塞拜疆一直积极参与，2015 年 4 月正式成为亚投行创始成员国。12 月，阿塞拜疆总统阿利耶夫访华，旨在进一步促进中阿关系发展，发挥中国在"复兴古丝绸之路"战略中的重要作用，实现两国发展战略对接。[③] 其间，他与习近平主席会谈。习近平表示，中方愿同阿方共同规划两国关系发展方向，推动各领域合作不断取得新进展，中方赞赏阿方积极响应和支持中方关于共建丝绸之路经济带的倡议，双方签署中阿政府间关于共同推进丝绸之路经济带建设的谅解备忘录，标志着两国务实合作迈入新阶段。阿利耶夫表示，阿中是好朋友、好伙伴。近年来，两国政治、经济、人文交流合作快速发展，此次访华期间双方还将签署一系列合作文件，相信将推动双边关系进一步深入发

① 《中国伊朗高层互访：增加对华石油出口　推动"一带一路"》，观察者网，2015 年 4 月 8 日，http：//www. guancha. cn/Third – World/2015_ 04_ 08_ 315133. shtml。
② 尹继武、高强：《"一带一路"投资政治风险研究之伊朗》，中国网，2015 年 5 月 6 日，http：//opinion. china. com. cn/opinion_ 92_ 128992. html。
③ 《阿塞拜疆总统访华　发挥中国复兴古丝路的重要作用》，《中国青年报》，2015 年 12 月 9 日，http：//news. sina. com. cn/c/2015 – 12 – 09/doc – ifxmifze7674820. shtml。

展。阿方乐见中国实现自己的发展战略，积极支持"一带一路"倡议，愿参与相关合作。会谈后，两国元首共同签署《中阿关于进一步发展和深化友好合作关系的联合声明》，共同见证了《中阿关于共同推进丝绸之路经济带建设的谅解备忘录》及经贸、司法、民航、教育、交通、能源等领域双边合作文件的签署。①

2015 年 11 月，中国国务院副总理汪洋在会见到访的阿塞拜疆副总理沙里福夫时表示，中阿是政治互信、经济互惠、人文互鉴的好朋友、好伙伴，希望双方抓住共建"一带一路"的机遇，加强投融资领域合作，提升基础设施建设互联互通水平，深化地方间合作，不断培育中阿务实合作新的增长点。

2015 年，上海合作组织乌法峰会决定接纳阿塞拜疆成为该组织对话伙伴国，这也为中阿合作提供了新平台。2015 年 12 月，中国政府援助阿塞拜疆市政清洁车辆项目在中联重科麓谷工业园举行了发车仪式；阿塞拜疆开通了银联支付；中建材投资建设了阿塞拜疆最大的水泥厂。

阿塞拜疆目前正在进行经济结构转型，努力实现经济多元化，除了传统的能源产业，现在正在努力打造欧亚枢纽，在陆空两方面都有涉及，因此合作投资机会很大。但有评论认为也存在相应风险：一是与亚美尼亚因"纳卡"地区存在冲突；二是其平衡外交政策和与西方联系的加强引起了俄罗斯的不满，这是潜在的危险因素。②

格鲁吉亚 2015 年 3 月，格鲁吉亚宣布加入亚投行。3 月，格鲁吉亚副总理克维里卡什维利访华，在接受新华社专访时表示，建设"一带一路"不仅将有利于推动丝路沿线国家在基础设施、能源、交通、制造业等领域的合作，还将为这些国家开展文化和人文交流提供更多的机会，格鲁吉亚准备全

---

① 《习近平同阿塞拜疆总统阿利耶夫会谈　两国元首同意进一步发展和深化中阿友好合作关系》，中华人民共和国外交部网站，2015 年 12 月 10 日，http://www.fmprc.gov.cn/web/wjdt_674879/gjldrhd_674881/t1323223.shtml。

② 储殷、柴平一：《"一带一路"投资政治风险研究之阿塞拜疆》，中国网，2015 年 5 月 21 日，http://opinion.china.com.cn/opinion_39_130239.html。

面参与“一带一路”建设，打造从南高加索、经中亚到中国具有竞争优势的交通运输走廊。其间，中格签署了在“一带一路”框架内开展合作的协议，双方还将共同研究签署自由贸易协定的可能性。[①] 9 月，格鲁吉亚总理伊拉克利·加里巴什维利在对外经济贸易大学发表主题为《发展丝绸之路伙伴关系——格中合作与远景展望》的讲话。他表示，格鲁吉亚凭借地理位置优势，可作为“一带一路”连接欧亚的桥梁，双方应不断加强基础设施建设，深入格中合作伙伴关系，拓展贸易与投资发展，推进世界和平。[②]

2015 年中格两方签署了关于启动中国 – 格鲁吉亚自由贸易协定谈判可行性研究的联合声明和关于加强共建“丝绸之路经济带”合作的备忘录，两国在葡萄酒、经贸等领域合作良好，而且中格铁路货运线路正式开通，两国未来将会有更紧密的合作。但也有评论认为存在以下风险：一方面，阿布哈兹和南奥塞梯问题的悬而未决仍然是格鲁吉亚最大的政治风险；另一方面，格鲁吉亚国内政局存在一定变数。[③]

约旦 2015 年 9 月，约旦国王阿卜杜拉二世出席 2015 中国 – 阿拉伯国家博览会并与习近平主席会晤，双方决定建立中约战略伙伴关系，全面推进各领域合作，更好地惠及两国人民。阿卜杜拉二世表示，约方愿与中方深化共建“一带一路”合作，推进能源、基础设施等领域大项目建设，共谋发展繁荣。两国元首共同签署了《中华人民共和国和约旦哈希姆王国关于建立战略伙伴关系的联合声明》，共同见证了教育、经济技术等领域双边合作文件的签署。[④]

2015，卡拉莱大使在接受新华社记者采访时表示，约旦始终向世界各

① 《格副总理：“一带一路”建设开启丝路沿线国家合作新时代》，新华网，2015 年 3 月 10 日，http://world.people.com.cn/n/2015/0310/c157278 – 26670942.html。
② 张胜磊：《格鲁吉亚总理：我们国家可作为“一带一路”连接欧亚的桥梁》，中国青年网，2015 年 9 月 11 日，http://edu.youth.cn/2015/0911/2040769.shtml。
③ 储殷、柴一平：《“一带一路”投资政治风险研究之格鲁吉亚》，中国网，2015 年 10 月 21 日，http://opinion.china.com.cn/opinion_62_139362.html。
④ 《习近平会见约旦国王阿卜杜拉二世》，新华网，2015 年 9 月 9 日，http://news.xinhuanet.com/politics/2015 –09/09/c_1116513789.htm。

国开放并保持交流，也期待能在中国提出的"一带一路"中发挥重要作
用，约旦正在与周边国家商讨陆续展开一些较大的工程，比如连接约旦与
伊拉克巴士拉地区的输油管道项目、连接约旦与周边国家并延伸至南部欧
洲的高铁项目等，这些项目都可以成为中国"一带一路"的组成部分。①
2015 年中阿博览会期间，双方签署了农业、卫生、投资、金融、交通、能
源等领域 11 项合作协议，汉能控股集团与约旦签署合作框架协议，计划帮
助约旦建设光伏项目群和风电项目群，推进约旦国内可再生能源发展。

有评论认为也存在风险：一是其国内政治腐败，政府效率低下，为投
资者提供的服务有限，还有就是社会矛盾加剧；二是长期受到恐怖主义的
威胁，地区不稳定，周边国家战乱。②

塞浦路斯 2015 年 10 月，塞浦路斯总统尼科斯·阿纳斯塔夏季斯
访华。其间，他与习近平主席进行了会谈。习近平表示，希望双方巩固
传统政治互信，保持两国高层交往，加强政府、立法机构、政党等层面
的对话和交流；全面拓展各领域合作，充分发挥各自优势，有力推进双
方经贸、能源、文化、教育、旅游、基础设施建设等领域合作，不断丰
富两国关系内涵；保持国际事务上的密切配合，共同为促进世界和平与
发展做出贡献。阿纳斯塔夏季斯表示，塞浦路斯珍视与中国的友好合作
关系，感谢中方在塞浦路斯问题上所持的客观公正立场，"一带一路"
倡议对亚洲各国的和平繁荣至关重要，对欧洲国家的持续发展也是宝贵
机遇。③ 在接受新华社记者专访时他表示，"一带一路"将活力无限的
东亚经济圈同欧洲经济圈连接在一起，并为沿线国家和地区创造了一
个共赢的局面，塞浦路斯将积极参与并推广"一带一路"倡议的核心

---

① 《约旦驻华大使：期待约旦在"一带一路"战略中发挥重要作用》，搜狐财经，2015 年 9 月 17
   日，http：//business. sohu. com/20150907/n420591068. shtml。
② 王晋：《"一带一路"投资政治风险研究之约旦》，中国网，2015 年 9 月 8 日，http：//opinion.
   china. com. cn/opinion_ 27_ 136827. html。
③ 《习近平会见塞浦路斯总统》，中华人民共和国外交部网站，2015 年 10 月 5 日，http：//www.
   fmprc. gov. cn/web/wjdt_ 674879/gjldrhd_ 674881/t1306299. shtml。

价值。① 在中国人民大学发表演讲时他表示，塞方有多重理由期望"一带一路"，由于经济危机的影响，"一带一路"提得恰逢其时，能降低失业率，吸引投资，帮助解决欠发达问题，塞方能在推动"一带一路"中扮演积极角色，希望作为"海上丝绸之路"的经停点。②

12月，中国外交部部长王毅在尼科西亚会见阿纳斯塔夏季斯。王毅表示，中方希望塞浦路斯问题在联合国相关决议基础上早日得到公正合理的解决，欢迎塞方积极参与共建"一带一路"，愿根据塞方发展需要和中国对外开放战略，将海运、港口、基础设施、油气开发、旅游和农业作为未来中塞互利合作的重点领域。阿纳斯塔夏季斯表示，塞方热切希望参与中国"一带一路"建设，吸引更多中国公司来塞浦路斯投资。塞方坚定奉行一个中国政策，感谢中方长期以来在塞浦路斯问题上给予的理解和支持，希望中方继续发挥建设性作用。③

以色列 2015年4月，以色列正式成为亚投行创始成员国。3月，以色列驻华大使马腾表示，以色列看好丝绸之路经济带和21世纪海上丝绸之路，因为这两大规划可以帮助各个经济体、社会、人民和国家架起联系的桥梁，而以色列希望自己能够参与其中并发挥建设性作用。④

5月，以色列港口发展及资产公司与上海国际港务集团签署协议，正式授予上港集团以色列海法新港码头25年的特许经营权；6月，以色列利夫纳特、瑞沃勒斯等农业巨头与中国金正大集团签署战略合作协议，共同将以色列高端农业产品、技术和商业模式引入中国。此外，"一带一路"在以色列商界引起了高度重视，在2015年度以色列商务会议上，以色列亚

---

① 《塞浦路斯总统："一带一路"战略将为沿线国家创造共赢局面》，新华网，2015年10月14日，http://news.ifeng.com/a/20151014/44930733_0.shtml。
② 史博超：《塞浦路斯总统：塞方多重理由期盼"一带一路"》，中国经济网，2015年10月15日，http://www.chinanews.com/gn/2015/10-15/7571350.shtml。
③ 《塞浦路斯希望参与中国"一带一路"建设》，新华网，2015年12月23日，http://finance.huanqiu.com/br/overseas/2015-12/8242623.html。
④ 《以色列看好"一带一路"战略》，《国际商报》，2015年3月3日，http://intl.ce.cn/sjjj/qy/201503/03/t20150303_4713762.shtml。

洲中心举办了多个与中国有关的讨论会，其中一个讨论会的主题是"中国'一带一路'：以色列怎样融入大局"。①

以色列与我国在农业、高新技术产业、基建、港口等领域合作潜力很大，投资环境也很好，但有评论认为也存在相应的风险：一方面，在其国内，以色列政府中存在官僚主义、低效率以及规章制度不透明等问题，而且受自然环境的制约比较严重；另一方面，巴以冲突短时间内很难得以解决，以色列的地缘环境也在逐渐恶化。②

巴勒斯坦 2015 年 4 月，中国中东问题特使宫小生访问巴勒斯坦，表示未来中东问题的解决应该是一个全面的解决，并希望习近平主席提出的"一带一路"倡议能够为推动中东地区未来经济的发展及和平创造有利条件。9 月，中国驻巴勒斯坦办事处举办庆祝新中国成立 66 周年招待会，中国驻巴勒斯坦办事处主任陈兴忠表示，中国愿在"一带一路"倡议和中阿合作论坛框架下加强与巴勒斯坦的务实合作。中国两次提出关于"一带一路"的话题和愿望，但巴勒斯坦并没有从正面回答。

沙特阿拉伯 2015 年 1 月，沙特正式成为亚投行创始成员国。3 月，沙特阿拉伯石油公司总裁、首席执行官哈立德·法利赫在中国发展高层论坛"深化互联互通，推进一带一路"分会场表示，新的海上丝绸之路将中国的西部与沙特阿拉伯的石油终端通过印度洋连接起来，将中国这一庞大蓬勃的经济体与沙特巨大的石油储量和能源驱动的经济体连接起来，这是一种独一无二的特殊契合。③ 沙特基础工业公司董事长萨乌德亲王在 2015 年博鳌亚洲论坛年会上也表示，"一带一路"应该得到赞赏，因为它将给沿线国家人民带来实实在在的好处，推动贸易往来。

① 《以色列商务会议关注中国"一带一路"战略》，国际在线，2015 年 12 月 8 日，http：//gb. cri. cn/42071/2015/12/08/7551s5190811. htm。
② 任林：《"一带一路"投资政治风险研究之以色列》，中国网，2015 年 4 月 19 日，http：//o-pinion. china. com. cn/opinion_ 44_ 127544_ 3. html。
③ 《特阿拉伯石油公司总裁："一带一路"助推中沙两国形成特殊契合》，财经网，2015 年 3 月 22 日，http：//economy. caijing. com. cn/20150322/3845413. shtml。

12月，沙特经济和发展委员会主席、副王储兼国防大臣穆罕默德与中方商签合作建设"一带一路"谅解备忘录。"一带一路"倡议不仅得到沙特政府的高度重视，其商界也开始寻求该框架下的合作，12月，中国和沙特阿拉伯企业精英在利雅得举行研讨会，共商"一带一路"可能给双方带来的巨大商机。①

中沙两方在各领域的合作潜力巨大，中国制造业在规模、经验、性价比等方面具有优势，沙特工商界在能源、石化、投融资等方面的优势明显，因此两者合作将实现优势互补。但有评论认为也存在风险：一方面，在国内，经济过度依赖石油部门，国内宏观经济与政府财政极易受到油价涨跌的影响，社会形势因青年失业率高、严重的女性歧视、地域差异、什叶派少数族群的反抗等面临潜在不稳定性，再加上宗教冲突，沙特国内形势充满不确定性；另一方面，在外部，沙特地缘政治风险高，面临的恐怖主义风险也不容小觑。②

巴林　2015年9月，巴林成为本届厦门国际投资贸易洽谈会上首个以主宾国身份参会的海湾国家。巴林商工部部长扎耶德·阿尔扎亚尼在接受记者专访时指出，巴林衷心希望能继续加深与中国的合作，并坚定支持中国提出的"一带一路"，即在阿拉伯世界与中国之间建立一个利益共同体。③ 在巴林的强力支持及推动下，"巴林龙城"于2015年12月正式营业，这是在巴林落实"一带一路"的第一个实例。其间，巴林经济发展委员会首席执行官哈立德·艾勒鲁迈希表示，巴林十分关注"一带一路"，将在"一带一路"中发挥独特作用。

2015年，中巴往来日益频繁。巴林经济发展委员会高级经贸代表团访

---

① 《中国和沙特企业精英共商"一带一路"商机》，搜狐财经，2015年12月4日，http://business.sohu.com/20151204/n429673007.shtml。

② 任林：《"一带一路"投资政治风险研究之沙特阿拉伯》，中国网，2015年4月7日，http://opinion.china.com.cn/opinion_85_126385_2.html。

③ 《巴林年底建成中国"龙城"　积极融入"一带一路"战略》，大公财经，2015年9月11日，http://finance.takungpao.com/dujia/2015-09/3161687.html。

问中国，与多家中国企业和机构签订了 15 份谅解备忘录及意向书，其间巴林经济发展委员会首席执行官哈立德·艾勒鲁迈希表示，巴林政府希望继续深化与中国的合作，并坚定支持中国的"一带一路"倡议。

巴林有良好的商业投资环境，双方在金融、旅游、通信、基建等领域合作潜力很大，对中国企业也很欢迎，但也有评论认为存在相应的风险：首先，其国内反对派针对王室的示威活动有很大的社会隐患；其次，在外部，美国不会放松对海湾地区的控制，中巴合作投资势必会受到影响；最后，巴林经济受国际油价波动影响很大。①

黎巴嫩 2015 年 5 月，黎巴嫩总理塔马姆·萨拉姆在出席第六届中阿合作论坛企业家大会暨第四届投资研讨会开幕式时表示，"一带一路"倡议建立在和平共处和互利共赢基础之上，将为各相关国家的发展和繁荣提供良机，黎巴嫩希望在"一带一路"建设中发挥积极作用，在经贸、工业和金融等领域与中国开展合作，积极成为中国商品进入阿拉伯国家的通道，黎巴嫩希望参与亚洲基础设施投资银行的建设。② 5 月，黎巴嫩经济和商业部长哈基姆在接受新华社专访时表示，中国领导人提出的共建"一带一路"倡议非常重要，对推动中国与"一带一路"沿线国家建立伙伴关系具有重要意义，希望尽快召开黎中混委会会议，讨论进一步加强双边合作的途径，进而签订推动两国经贸合作的协议。③

除官方外，中黎商人也在积极关注"一带一路"。在第六届中阿合作论坛企业家大会召开前夕，阿拉伯农工商会总联盟名誉主席卡萨在接受采访时表示，黎巴嫩是"一带一路"路线图的一部分，作为一名阿拉伯和黎巴嫩企业家，他愿尽全力推动"一带一路"建设，并为"一带一路"构想

---

① 张华、白荷菲：《"一带一路"投资政治风险研究之巴林》，中国网，2015 年 5 月 18 日，ht-tp：//opinion. china. com. cn/opinion_ 62_ 129962. html。

② 《黎巴嫩总理高度评价中国"一带一路"倡议》，搜狐网，2015 年 5 月 28 日，http：//mt. sohu. com/20150528/n413971901. shtml。

③ 《黎巴嫩经济和商业部长：黎巴嫩高度赞赏中国"一带一路"倡议》，新华网，2015 年 5 月 13 日，http：//news. xinhuanet. com/world/2015 – 05/13/c_ 1115269005. htm。

获得成功献计献策。6月，中阿立购电子商务有限公司携中国代表团抵达贝鲁特，与黎巴嫩总理萨拉姆及黎巴嫩农业部长哈桑举行会晤，双方就中国企业到黎巴嫩开展投资合作及建设进行了讨论，就中阿立购与黎巴嫩相关转口贸易合作等事宜进行洽谈。①

中黎双方在铁路、港口、工业、能源等基础设施建设合作前景广阔，但有评论认为也存在风险：一方面，其国内政治派别长期对立，政治矛盾极易转化为军事冲突；另一方面，极易受到周围动荡的影响，再加上恐怖主义威胁，黎巴嫩经济发展可能受到波及。②

卡塔尔 2015年3月，在博鳌亚洲论坛上卡塔尔首相阿卜杜拉表示，卡塔尔是最早响应"一带一路"倡议的国家之一，卡塔尔重视能源领域的互联互通建设，将修建更多的石油、天然气运输网络，向亚洲各国输送清洁能源，以实际行动呼应"一带一路"上的互联互通建设。③ 4月，卡塔尔埃米尔塔米姆在多哈埃米尔宫表示，卡塔尔高度重视"一带一路"倡议，愿意积极参与，并为之做出贡献。在接见中国驻卡塔尔大使高有祯时他表示，卡塔尔愿就"一带一路"倡议继续同中方共同努力，不断推进两国在各个领域的友好交往与合作，加强两国战略伙伴关系。④ 正如卡塔尔国驻华大使苏尔坦·曼苏里在2015中国航海日论坛上说的，"一带一路"是一项重要的倡议，卡塔尔是参与者，而非普通的通道。12月，卡塔尔"2015中国制造展"在多哈会展中心举行，进一步促进了中卡两国的经贸发展。

卡塔尔投资环境好、潜力大，但有评论认为近年其所面临的风险也在

---

① 《中阿立购与黎巴嫩高层洽谈"一带一路"合作》，中国网，2015年6月12日，http：//gb. cri. cn/44571/2015/06/12/7872s4995429. htm。

② 王晋：《"一带一路"投资政治风险研究之黎巴嫩》，中国网，2015年5月14日，http：//o-pinion. china. com. cn/opinion_ 38_ 129738. html。

③ 《"一带一路"为卡塔尔多元发展带来机遇》，中国投资资讯网，2015年6月2日，http：// www. ocn. com. cn/http：//www. ocn. com. cn/chanjing/201506/eiobr02093741. shtml。

④ 《卡塔尔愿积极参与"一带一路"建设》，新华网，2015年4月21日，http：//news. xinhua-net. com/2015－04/21/c_ 1115034658. htm。

提高。在国内，形势具有潜在的不稳定性，面临因宗教冲突、外来工人的抗议、什叶派少数族群的反抗等带来的风险；在国外，面临以沙特为代表的中东传统大国的威胁和压力；除此之外，国内经济过度依赖天然气部门，消费和出口受到国外市场的制约。①

科威特　2015 年 3 月，科威特驻华大使祖维赫在接受新华社采访时表示，"一带一路"体现了中国的战略性眼光，这一战略性提议有利于各参与国之间实现互利共赢，科威特将积极参与这一战略的实施。② 4 月，驻科威特大使崔建春在使馆举行记者招待会时介绍，2015 年中科签署的共建"丝绸之路经济带"和"丝绸城"的合作文件开创了中国同阿拉伯国家共建"一带一路"合作的先例，丰富了双边关系内涵，为双方合作注入了新动力。③

有评论认为科威特存在以下风险：政局存在潜在的不稳定因素，与周边国家存在领海争端，局部关系紧张，还有恐怖主义干扰；经济结构单一，存在通货膨胀风险，金融体系不健全；在政策上，投资和贸易法律不健全，存在投资国有化风险；另外，还有宗教矛盾、文化差异。④

阿联酋　2015 年 2 月，阿联酋副总统兼总理、迪拜酋长穆罕默德在迪拜会见中国外交部部长王毅。穆罕默德表示，阿联酋高度重视阿中关系，愿成为中国发展与海湾及阿拉伯国家关系的门户，阿联酋欢迎中国企业到阿投资兴业，欢迎中国游客来阿旅游观光，阿联酋愿与中国共同推进"一带一路"建设，赋予丝绸之路合作新内涵，亚投行建设有利于地区国家发

---

① 黄日涵：《"一带一路"投资政治风险研究之卡塔尔》，中国网，2015 年 6 月 10 日，http：//o-pinion. china. com. cn/opinion_ 59_ 131359_ 2. html。
② 《科威特驻华大使：一带一路战略极富远见》，新华网，2015 年 3 月 13 日，http：//news. xin-huanet. com/world/2015 – 03/13/c_ 127579129. htm。
③ 《驻科威特大使崔建春就宣介"一带一路愿景与行动"举行记者招待会》，中华人民共和国外交部网站，2015 年 4 月 21 日，http：//china. huanqiu. com/News/fmprc/2015 –04/6247225. html。
④ 张华：《"一带一路"投资政治风险研究之科威特》，中国网，2015 年 5 月 15 日，http：//o-pinion. china. com. cn/opinion_ 84_ 129884_ 2. html。

展，符合各方利益。① 4 月，阿联酋正式成为亚投行成员。

4 月，中国网记者采访了阿联酋驻华大使欧迈尔·艾哈迈德·白伊塔尔。他表示，阿联酋是连接东西方的战略枢纽，在"一带一路"上具有重要的区域优势。阿联酋积极参与"一带一路"计划，将带来无限的机会和丰厚的回报，迪拜在中阿两国关系中将发挥更大的作用，可以成为"一带一路"上的重要枢纽。② 5 月，迪拜周在北京举行，从不同的角度讲述迪拜故事，展示迪拜得天独厚的投资环境和机会。

迪拜要主办 2020 年世博会，因此对资金、人才、技术方面的需求缺口很大，所以中资企业与其在高铁建设、太阳能光伏和航空航天等领域合作前景广阔。但有评论认为中阿合作也存在风险，主要表现为：在其国内，反对派力量不断挑战现有的政治秩序和格局，造成政局不稳定；在外部，面临恐怖主义和因与伊朗过于亲密而造成的地区压力。③

阿曼 2015 年 6 月，中国驻阿曼大使于福龙在接受新华社采访时表示，自"一带一路"倡议提出以来，阿曼予以积极响应，率先作为第一批意向创始成员国加入亚洲基础设施投资银行，成为同中国共建"一带一路"的重要伙伴。中国的一大批优质产业和产能可以乘着"一带一路"建设的东风，助推阿曼经济多元化发展。④

据中国人民大学重阳金融研究院高级研究员吴思科介绍，为响应"一带一路"，阿曼提出两个规划，一个是杜库姆经济特区，另一个在萨拉拉港打造郑和纪念园区。中阿两方之间合作前景很好，阿曼投资环境也不错，但有评论认为要注意以下问题：阿曼的基础设施相对不健全，未能形

---

① 《阿联酋副总统兼总理见王毅：愿共同推进一带一路建设》，中国新闻网，2015 年 2 月 15 日，http://www.chinanews.com/gn/2015/02 - 15/7066798.shtml。
② 刘强：《阿联酋驻华大使：迪拜将成为一带一路上的重要枢纽》，中国网，2015 年 4 月 24 日，http://union.china.com.cn/jdnews/txt/2015 - 04/24/content_7855063.htm。
③ 王晋、孙黎：《"一带一路"投资政治风险研究之阿联酋》，中国网，2015 年 6 月 1 日，ht-tp://opinion.china.com.cn/opinion_98_130898.html。
④ 《中国驻阿曼大使："一带一路"为中阿民心相通搭建新桥梁》，新华社，2015 年 6 月 29 日，http://www.fdi.gov.cn/1800000121_21_80587_0_7.html。

成良好的水电输送网络，导致水电匮乏，以至于经常面临缺水、缺电等；法律不完善、办事效率低、市场容量小、配套能力差。①

也门 "一带一路"提出后，也门持支持态度，但就在中国高层在2015博鳌论坛阐述"一带一路"整体战略之前，也门爆发了大规模冲突，国内形势混乱，无暇顾及参与事宜。有评论认为在也门投资风险很大，也门国内仍处在战乱之中，全国已经陷入了四分五裂的无政府状态，国内长期活跃着"基地组织半岛分支"，恐怖主义也给也门造成了不小的压力。②

土耳其 2015年4月，土耳其正式成为亚投行创始成员国。11月，习近平主席在土耳其参加G20峰会，其间会见了土耳其总统埃尔多安。习近平强调，双方应该积极利用丝路基金和亚投行等平台，创新合作渠道和模式，实现共同发展和共同繁荣；埃尔多安表示，愿在相互尊重基础上继续同中方在各领域进行合作，提高两国贸易水平，土方愿积极参加"一带一路"框架下的合作，欢迎中国企业加大对土耳其基础设施等领域的投资。③会见后，两国元首共同见证了关于共推"一带一路"建设的谅解备忘录，以及基础设施、进出口检验检疫等领域合作协议的签署。

4月，中国驻土耳其大使馆举办了主题为"愿景与行动"的"一带一路"圆桌学术论坛。论坛上，中土专家学者共同探讨推进"一带一路"倡议的切实举措，畅想中土经贸合作的愿景，认为"一带一路"将助力中土经贸与投资建设。

中土合作已取得果实，许多中国企业已走进土耳其，积极投身"一带一路"建设，比如：中国路桥工程有限责任公司新近在土耳其开设了办事

---

① 王晋、赵星华：《"一带一路"投资政治风险研究之阿曼》，中国网，2015年8月26日，ht-tp://opinion. china. com. cn/opinion_ 80_ 136180. html。

② 王晋、赵星华：《"一带一路"投资政治风险研究之也门》，中国网，2015年5月27日，ht-tp://www. china. com. cn/opinion/think/2015 – 05/27/content_ 35671592. htm。

③ 《习近平会见土耳其总统　签署一带一路谅解备忘录》，新华网，2015年11月15日，http://news. xinhuanet. com/fortune/2015 –11/15/c_ 128430116. htm。

处；中国银联已与多家土耳其银行建立合作关系，银联卡可在土耳其主要城市的上万台自动取款机和 POS 终端上使用。①

有评论认为中土合作在的风险也不容忽视。首先，因政党纷争、军政关系、库尔德问题和恐怖主义等，其国内政局稳定存在潜在风险；其次，经济上存在通货膨胀、财政赤字和外债，可能会影响投资；再次，投资法律不完善，可能发生政府违约；最后，"东突"势力活跃，存在排华情绪。②

中东欧

中东欧国家与我国一直保持着友好关系，在各领域都有合作，典型的"16＋1 合作"模式越来越成熟。2015 年，结合"一带一路"合作倡议和《中欧合作 2020 战略规划》，中国和中东欧国家制定了《中国－中东欧国家中期合作规划》；6 月，中国－中东欧国家发展论坛举行，中东欧各国家代表表示，"一带一路"倡议符合双边利益，将为中国和中东欧的经贸合作注入新的动力；11 月，苏州举行了第四次中国－中东欧国家领导人会晤，共同制定发表了《中国－中东欧国家合作苏州纲要》。此外，德国总理默克尔的访华也推动了中德在互联互通、"一带一路"框架下的合作。白俄罗斯由于其"加速一体化进程"与"一带一路"高度契合，因此表示全力参与。德国、卢森堡、奥地利、波兰正式成为亚投行创始成员国。

德国 2015 年 3 月，德国宣布加入亚投行。2015 年 10 月，德国总理默克尔访华，专家分析称默克尔此举是为了和英美抢占"一带一路"合作

---

① 《中土合作建设"一带一路"潜力巨大》，新华网，2015 年 3 月 14 日，http：//news. china. com. cn/world/2015－03/14/content_ 35053650. htm。

② 姜晨、张华：《"一带一路"投资政治风险研究之土耳其》，中国网，2015 年 8 月 31 日，ht-tp：//opinion. china. com. cn/opinion_ 33_ 136433. html。

先机。访华期间，默克尔与李克强总理会谈。李克强表示，中方愿同德方携手努力，继续落实好上一轮中德政府磋商达成的各项共识，进一步增进互信，提升各领域合作水平，打造中德合作"全面升级版"，经济上，充分挖掘互补优势，推动《中国制造 2025》和"德国工业 4.0"对接，该表态得到默克尔的积极响应；默克尔在记者会上做出多项"重量级"表态，表示支持人民币纳入国际货币基金组织特别提款权货币篮子，支持中方成为欧洲复兴开发银行成员，希望早日签署欧中投资协定，进而启动开展欧中自贸区可行性研究，乐见欧盟在中国市场经济地位问题上取得积极进展。[1]

此外，在默克尔访华期间，中德两方合作取得实质性成果：德意志交易所、上海证交所、中金所签署三方协议，共同投资 2 亿元人民币成立合资公司——中欧国际交易所股份有限公司；德国机械工程公司福伊特与中国三峡公司就建设长江大坝建立战略合作关系；德国大众汽车和中国工商银行签署战略合作框架协议。据法新社报道，中国与空客公司在 10 月 29日签下价值约 97 亿美元的订单，购买 100 架空客 A320 型飞机，美国彭博社称，这项协议也包括之前宣布购买的 30 架空客 A330，价值总计约 170亿美元。

中德在各方面的往来合作已久，"一带一路"倡议提出后，德各方响应积极，两国领导人彼此都很重视在此框架下的合作，这给双方合作添了新的动机。随着中欧班列的建设，互联互通越做越好，中德之间会有更多的投资合作契机，但有评论认为要注意以下风险：德国投资环境比较稳定，投资风险较低，但是价值观外交和干涉主义使德国的对外政策存在不确定性，因此中国企业投资德国仍然需要关注国际政治、德国法律法规、文化环境等方面的影响因素。[2]

---

① 《默克尔访华签下经济大单：中方购 100 架空客 A320》，《环球时报》，2015 年 10 月 30 日，ht-tp：//news.ifeng.com/a/20151030/46048030_0.shtml。

② 任琳、宫艳辉：《"一带一路"投资政治风险研究之德国》，中国网，2015 年 6 月 4 日，ht-tp：//opinion.china.com.cn/opinion_14_131114.html。

卢森堡　2015 年 1 月，卢森堡首相格扎维埃·贝特尔在接受新华社记者采访时说，随着中国“一带一路”战略构想的逐步落实，亚欧大陆将在通路、通航、通商的基础上实现更深入、更广阔的互联互通，卢森堡非常重视也极有诚意与中国加强合作。卢森堡国际货运航空公司与中国河南民航发展投资有限公司开展合作一年多来取得的丰硕成果表明，中国丝绸之路经济带和 21 世纪海上丝绸之路战略构想为中国和世界创造了共赢机遇。① 4 月，卢森堡正式成为亚投行创始成员国。

奥地利　2015 年 3 月，奥地利总统菲舍尔来华进行国事访问并出席博鳌亚洲论坛年会。其间，他与习近平主席进行了会谈。菲舍尔表示，中方提出的“一带一路”倡议对奥地利非常有吸引力，奥方高度重视，愿意积极参与，奥方也十分重视亚投行，期待它能为中国与中东欧合作提供帮助。② 3 月，奥地利正式申请加入亚投行，并签署了《亚投行协定》，4 月，正式成为意向创始成员国。

10 月，奥地利科研和经济部国务秘书哈拉尔德·马雷尔在接受新华社采访时表示，奥地利从“一带一路”中看到了不少市场机会，在一些领域有自己的专业专长，例如在基础设施建设方面，可以提供绿色科技、可持续发展等支持，提供问题的解决方案，奥地利的高科技企业有意积极参与，我们看到了很大的潜力，奥地利与中国在“一带一路”以及中东欧区域合作上大有可为。③

奥地利的企业也对“一带一路”热情高涨。12 月，奥地利《经济报》指出，奥地利政府和企业对中国提出的“一带一路”倡议和“16 + 1 合作”反响热烈，奥地利政府作为观察员国家派代表到中国参加第四次中国

---

① 《卢森堡首相：中国“一带一路”战略构想为世界造共赢机遇》，新华网，2015 年 1 月 7 日，http：//news. xinhuanet. com/2015 - 01/07/c_ 1113909834. htm。

② 《习近平同奥地利总统举行会谈》，《湖南日报》，2015 年 3 月 28 日，http：//news. ifeng. com/a/20150328/43434847_ 0. shtml。

③ 《奥地利与中国在“一带一路”以及中东欧区域合作上大有可为——访奥地利科研和经济部国务秘书哈拉尔德·马雷尔》，新华网，2015 年 10 月 16 日，http：//news. xinhuanet. com/world/2015 - 10/16/c_ 1116845794. htm。

中东欧国家领导人峰会，奥联邦商会召开的"一带一路"论坛吸引了200多家企业参加。①

波兰　波兰是第一个以创始国身份申请加入亚投行的中东欧国家。2015年11月，波兰总统安杰伊·杜达率领由60家著名公司组成的商业代表团访华，在此期间他参加了"中波经贸投资论坛"和第四次中国－中东欧国家领导人峰会，表示深化波中传统友好关系符合波方利益，波兰地处欧洲交通物流枢纽，愿意在"一带一路"建设中发挥重要作用，并积极参与亚投行工作。会后，两国元首见证了旅游、金融、贸易、产能合作等领域双边合作文件的签署。②

波兰官方人员对"一带一路"非常看好。波兰外交部部长格热戈日·谢蒂纳在6月15日接受人民网记者采访时说："'一带一路'战略是中国为亚洲文明发展所作的重要贡献。它不仅意在强化中国与亚洲地区的社会联系，同时也为增进欧亚之间的相互了解发挥建设性作用。'一带一路'建设将成为发展欧亚战略关系的新载体。"③波兰投资局局长马伊曼认为，"一带一路"影响大于马歇尔计划，"一带一路"是个很好的平台，它让中波互相了解，共同实现"中国梦"和"波兰梦"。波兰外交部表示，希望波兰企业受益于"一带一路"，能与中国合作，使波方的农产品、高技术产品、环保技术等有出口机会。波兰基础设施与发展部拉霍夫斯基在接受采访时表示，波兰期待通过"一带一路"与中国有更多密切合作，不仅是在贸易和基础设施方面，在人文交流方面也应该有更好的合作。

中波的交流合作领域宽、形式多。2015年10月，"中波智库2015北

---

① 《奥地利各界对"一带一路"建设和中东欧合作反响强烈》，驻奥地利经商参处，2015年12月6日，http：//www.mofcom.gov.cn/article/i/jyjl/m/201512/20151201203563.shtml。

② 《波兰总统：希望成为一带一路战略重要合作伙伴》，《21世纪经济报道》，2015年11月24日，http：//finance.sina.com.cn/world/20151124/032423832257.shtml。

③ 李增伟：《"一带一路"将成为发展欧亚战略关系的新载体——访波兰外长格热戈日·谢蒂纳》，人民网－国际频道，2015年6月16日，http：//world.people.com.cn/n/2015/0616/c1002-27159758.html。

京对话"召开，就成立"波兰中国一带一路促进会"达成一致协议，并签署了《共建中波产业园协议》、《成立中波一带一路促进会协议》、《共建波中银行、中波产业基金协议》。①

波兰参与"一带一路"的愿望迫切。截至 2015 年，中波在农业、运输物流、文化、基础设施等方面的合作已有成效，但是波方更希望借"一带一路"走出去，缓解贸易逆差，双方也正在协商在许多领域的合作形式，合作潜力很大。但有评论认为要注意以下风险：一方面，中波经济互补性弱，贸易逆差明显，时间长了会影响双方关系；另一方面，双方价值观和政治制度存在差异，政见不同也会影响双方经济贸易，还有就是双方关系容易受到俄、美等第三方影响。②

匈牙利 匈牙利是第一个确定加入"一带一路"的欧洲国家。2015 年 6 月，匈亚利与中国签署了《中华人民共和国政府和匈牙利政府关于共同推进丝绸之路经济带和 21 世纪海上丝绸之路建设的谅解备忘录》，这是两国签署的第一个此类合作文件。两国代表表示，应共同努力，推动"一带一路"倡议与匈牙利"向东开放"政策的战略对接。③ 6 月，匈牙利总统阿戴尔会见了中国外交部部长王毅，表示"一带一路"倡议是宏大的战略构想，匈中合作前景广阔，匈方希望成为中国同中东欧国家合作的区域中心，共同推进匈塞铁路等重大项目建设。④

匈牙利官方和民间企业都非常重视"一带一路"的发展契机。5 月，匈牙利副外长邵博·拉斯洛在中国 - 中东欧国家合作与"一带一路"建设研讨会上说，"一带一路"将是合作双赢，匈牙利希望成为中国通

---

① 李晗：《中波智库 2015 北京对话举办　成立"波兰中国一带一路促进会"》，中国青年网，2015 年 10 月 27 日，http：//news. 163. com/15/1027/21/B6VD9O2100014AED. html。

② 杜雁芸、黄靖皓：《"一带一路"投资政治风险研究之波兰》，中国网，2015 年 6 月 2 日，http：//opinion. china. com. cn/opinion_ 12_ 130912. html。

③ 祁月：《匈牙利与中国签署"一带一路"备忘录　成第一个"吃螃蟹"的欧洲国家》，华尔街见闻，2015 年 6 月 8 日，http：//wallstreetcn. com/node/219059。

④ 《匈牙利成第一个与中国签"一带一路"合作文件欧洲国家》，中国新闻网，2015 年 6 月 8 日，http：//finance. ifeng. com/a/20150608/13761398_ 0. shtml。

往西欧的门户,成为物流枢纽,支持中国在匈牙利设立人民币清算中心。① 11 月,匈牙利外交与对外经济部部长西亚尔托在接受新华社记者采访时表示,匈牙利愿在"一带一路"战略中发挥重要作用,并与匈牙利"向东开放"政策对接,抓住更多发展机遇。

匈牙利是中国在中东欧的第三大贸易伙伴,中国是匈牙利除欧洲外的第一大贸易伙伴,双方合作前景一片大好,而且人文交流也更加紧密,但有评论认为要注意其潜在风险。首先,在政治方面,执政党联盟独大、集权倾向明显,内部隐藏动乱危险;其次,匈牙利民族主义挑战了欧洲主流价值观,有被欧洲边缘化的危险;最后,匈牙利被认为是"亲俄"派,引起西方国家的不满。②

捷克 2015 年 11 月,在第三届中国投资论坛上,捷克总理博胡斯拉夫·索博特卡表示,将签署"一带一路"合作协议,以推进两国关系,捷克将为中国投资者创造更有力的平台,捷克愿意成为中国进入中东欧欧洲的桥头堡。③ 中捷合作项目已结出果实,6 月,中捷两方领导为两国共建的"中医中心"举行了揭牌仪式;9 月,开通了北京与布拉格之间的直航。

捷克希望在"一带一路"中为互联互通做出贡献,在能源、科技、健康、铁路及环保领域深入协作,在旅游、教育、文化等人文领域加强交流。但有评论认为也存在风险因素:一方面,其国内经济复苏与可持续发展存在不确定性,政府的经贸政策也相对不稳定,还有就是官僚主义和腐败严重,加上政党政治不稳定,存在投资风险;另一方面,在外部,一定程度上受到恐怖主义和有组织犯罪的威胁,而且其与欧盟的关系存在不确定性。④

---

① 《匈牙利副外长:相信"一带一路"合作将是双赢合作》,新华网,2015 年 5 月 5 日,http://news.ifeng.com/a/20150505/43690322_0.shtml。
② 徐亮:《"一带一路"投资政治风险研究之匈牙利》,中国网,2015 年 5 月 8 日,http://opinion.china.com.cn/opinion_86_129286.html。
③ 《捷克总理:将签署"一带一路"合作协议》,腾讯财经,2015 年 11 月 10 日,http://finance.qq.com/a/20151110/052209.htm。
④ 王鹏:《"一带一路"投资政治风险研究之捷克》,中国网,2015 年 12 月 23 日,http://opinion.china.com.cn/opinion_22_142822.html。

斯洛伐克　2015 年 2 月，斯洛伐克副总理米洛斯拉夫·莱恰克在中国社会科学院演讲时谈到"一带一路"，他很关注中欧陆海快线，认为这是一项好工程，应向北修到波兰和斯洛伐克。5 月，张德江与斯洛伐克国民议会议长佩列格里尼举行了会谈，双方就两国友好关系达成共识，期望借"一带一路"发展契机加强各领域合作，进一步发展两国关系。[1] 7 月，斯洛伐克驻华大使德霍波切尔一行到河北考察表示，希望在已有的合作基础上，借助"一带一路"机遇，促使双方在更多领域取得实质性进展。12 月，中方同斯方"一带一路"项目全权代表麦阿盖尔会见，就目前中、俄、斯三方"一带一路"铁路基础设施建设及海关跨境监管问题交换了意见。[2]

中斯双方在房地产、能源开发、基础设施建设以及人文领域合作前景广阔，斯洛伐克汇率风险和投资成本都明显降低，经济发展迅速，但有评论认为存在以下风险：一方面，民族关系严重不平等，政党关系复杂，可能影响其国内稳定；另一方面，加入欧盟后其受次贷危机、欧债危机以及国际政治形势波动的影响也加大了。[3]

立陶宛　2015 年 7 月，立陶宛举办"一带一路"专题国际论坛。立陶宛交通部部长什留帕斯表示，"一带一路"倡议很有远见，落实这一倡议需要所涉及的国家政府和企业通力合作，共同努力，立陶宛希望成为中国企业拓展本地区和周边地区市场的重要门户。[4] 11 月，中国 – 立陶宛商务论坛在北京召开，立陶宛总理布特克维丘斯出席并表示全力支持"中国工业品牌新丝路之路活动"，欢迎中国企业到立陶宛考察交流投资，其间双

① 《张德江与斯洛伐克国民议会议长举行会谈："一带一路"带来新机遇》，新华社，2015 年 5 月 25 日，http://www.rmzxb.com.cn/c/2015 – 05 – 25/505510.shtml。
② 《经商处陪同林琳大使会见斯"一带一路"项目全权代表》，驻斯洛伐克经商参处，2016 年 1 月 8 日，http://sk.mofcom.gov.cn/article/c/201601/20160101230176.shtml。
③ 黄日涵：《"一带一路"投资政治风险研究之斯洛伐克》，中国网，2015 年 12 月 8 日，http://opinion.china.com.cn/opinion_6_142206.html。
④ 《立陶宛召开"一带一路"专题国际论坛》，新华网，2015 年 7 月 2 日，http://news.xinhuanet.com/2015 –07/02/c_1115795643.htm。

方签署了涉及物流、教育、能源、自由贸易等领域的十余项合作备忘录及协议。① 8 月，立陶宛 – 中国商会主席丘克西斯在接受新华社采访时表示，立陶宛工商界对"一带一路"倡议态度非常积极，希望能了解该倡议的更多信息，从而推进具体项目的落实。②

中立两国在经济上很互补，贸易进行得也很顺利，可以说是各取所需，今后的合作交流将更深入，但有评论认为存在以下风险：一方面，其受国际形势影响很大，常被大国争斗波及；另一方面，其国内腐败严重、法律不完善、贫富差距大，国内形势不稳定。③

爱沙尼亚 2015 年 11 月，爱沙尼亚总理罗伊瓦斯在访华期间表示，"一带一路"倡议很重要，使中欧互利互惠，爱沙尼亚位置优越，可发挥积极作用，爱方希望中国开放市场，让爱方的产品能出口到中国，鼓励中国人去爱沙尼亚旅游，希望双方在油页岩开发领域能有深入合作。④

有评论认为与爱沙尼亚的合作投资存在以下风险：一方面，乌克兰危机的爆发让其政治风险有所上升，而且其与俄的关系存在波动性，面临的外部环境波动较大；另一方面，在国内来说，民族问题是个潜在风险，而且外企落地必须要处理好与当地民众、工会和社会组织的关系，尊重当地风俗、保护环境等，一旦处理不好，这些也会成为投资的威胁因素。⑤

拉脱维亚 2015 年 9 月，赴白俄罗斯进行工作访问的拉脱维亚交通部部长马季斯在拜会中国驻白俄罗斯大使崔启明时表示，对"新丝绸之路"

① 《"一带一路" – 立陶宛充满商机，新丝路活动总理关注》，中国工业新闻网，2015 年 11 月 25 日，http://www.cinn.cn/xw/ztzl/djydyl/349337.shtml。
② 《立陶宛专家：推进"一带一路"建设需加强信息交流》，新华网，2015 年 8 月 7 日，http://world.people.com.cn/n/2015/0807/c157278 – 27426323.html。
③ 任琳、丁天恒：《"一带一路"投资政治风险研究之立陶宛》，中国网，2015 年 9 月 22 日，http://opinion.china.com.cn/opinion_ 0_ 137900.html。
④ 《央视专访爱沙尼亚总理：一带一路助推中爱合作》，央视财经，2015 年 11 月 27 日，http://toutiao.com/i6221796506630881793_。
⑤ 黄日涵、朱子杰：《"一带一路"投资政治风险研究之爱沙尼亚》，中国网，2015 年 10 月 27 日，http://opinion.china.com.cn/opinion_ 52_ 139752.html。

陆路走廊的共识表示欢迎，拉脱维亚正积极与中国、白俄罗斯、俄罗斯和哈萨克斯坦等战略伙伴开展"新丝绸之路合作"，希望拉脱维亚在物流运输方面发挥积极作用，并欢迎中国企业家去拉脱维亚考察。① 此外，中拉文化学术领域交流广泛，9月，中国－拉脱维亚"一带一路"学术交流中心成立；11月，道加瓦皮尔斯孔子课堂举行了揭牌仪式。

中拉两国政治外交关系稳定，贸易发展迅速，在物流、港口铁路等方面合作潜力很大，但有评论认为其合作投资的风险在于：拉脱维亚国内政局时受纷扰，持续的紧缩政策和欧债危机的后续影响也使中国和拉脱维亚的合作投资受到影响。②

摩尔多瓦 2015年6月，中国海运集团宣布正式开通摩尔多瓦集装箱海运服务，从而成为继地中海航运公司之后在这个国家开通集装箱航线的第二家外国公司，出席开通仪式的摩尔多瓦副外长乌里安诺夫斯基强调，中国海运航线向摩尔多瓦唯一出海口久尔久列什蒂港的延伸，不仅将推动摩中两国的经贸合作关系，同时也将加强摩尔多瓦同世界其他国家的贸易往来，摩尔多瓦政府愿意参加中国倡导的"一带一路"建设，欢迎中国加强对摩贸易，欢迎中国公司加强对摩尔多瓦的投资。③

目前中国与摩尔多瓦的合作投资规模整体较小。借"一带一路"契机，在基建、农业、运输、新能源等领域双方会有更多的合作。但有评论认为风险在于：一方面，语言、民族矛盾交织下的德左地区和加告兹地区分裂主义威胁摩尔多瓦安全、稳定与国家统一，加上与罗马尼亚合并的可能性仍然存在，这在一定程度上影响摩尔多瓦的主权地位与法律政治秩序的延续性、一贯性和稳定性；另一方面，在外部，俄罗斯的干预让其存在

---

① 《拉脱维亚交通部长赴白俄罗斯商讨"新丝绸之路"合作》，新华网，2015年10月8日，ht-tp：//www. bhi. com. cn/ydyl/gwdt/17476. html。
② 《一带一路沿线国家：拉脱维亚2015基本情况介绍》，中商情报网，2015年11月9日，ht-tp：//www. askci. com/news/finance/2015/11/09/134615hluq. shtml。
③ 《综述：中国海运黑海发力 推动"一带一路"建设》，新华网，2015年12月14日，ht-tp：//news. xinhuanet. com/2015－12/14/c_ 1117452306. htm。

外部危机。①

亚美尼亚　亚美尼亚认同自身是古丝绸之路上的重要一环,愿为实现这一倡议贡献力量。亚美尼亚总统萨尔基相多次表示,共建丝绸之路经济带为两国深化全方位合作提供了新的历史机遇。2015 年 3 月,萨尔基相对华进行国事访问并出席博鳌亚洲论坛年会,与习近平主席共同发表了联合声明,明确了未来双边关系发展方向,为推动两国友好合作注入了新动力,双方还签署了《关于在中亚合作委员会框架内加强共建丝绸之路经济带合作》的备忘录;7 月,亚美尼亚成为上海合作组织对话伙伴国,进一步增添了两国合作的多边平台。②

亚美尼亚各政党和社会各阶层都支持两国开展友好合作,期待在共建丝绸之路经济带框架内推进亚美尼亚北南公路、亚美尼亚—伊朗跨境铁路建设等基础设施大项目的建设。但有评论认为应注意以下投资风险:一方面,其与阿塞拜疆因"纳卡地区"存在争端,地缘安全形势恶化,被土耳其、阿塞拜疆等国敌视包围;另一方面,依附俄罗斯,存在沦为附庸的趋势和危险。③

白俄罗斯　2015 年 5 月,习近平主席访白俄罗斯,与白俄罗斯总统卢卡申科和总理科比亚科夫进行了会谈,习近平主席提出的"丝绸之路经济带"倡议为中白关系发展带来新的重大机遇,白方支持习近平主席提出的共建"丝绸之路经济带"倡议,愿积极参与并为此做出贡献,其间两国签署了中白友好合作条约,签署并发表了《中白关于进一步发展和深化全面战略伙伴关系》的联合声明。④ 此外,两国还签署了一系列合作协议,总

---

① 徐亮:《"一带一路"投资政治风险研究之摩尔多瓦》,中国网,2015 年 8 月 18 日,http://o-pinion. china. com. cn/opinion_ 99_ 135699_ 3. html。

② 《田二龙大使:"一带一路"牵手亚美尼亚》,人民网,2015 年 8 月 14 日,http://world. people. com. cn/n/2015/0814/c1002 - 27462160. html。

③ 储殷:《"一带一路"投资政治风险研究之亚美尼亚》,中国网,2015 年 5 月 4 日,http://o-pinion. china. com. cn/opinion_ 25_ 128825. html。

④ 《习近平访白俄罗斯推动"一带一路"向欧亚延伸》,中国日报网,2015 年 5 月 10 日,ht-tp://news. 163. com/15/0510/15/AP8UTSCJ00014SEH. html。

价值达到 157 亿美元，根据这些协议，中国将投资建设白俄罗斯的基础设施，打通"一带一路"连接欧洲的通道。7 月，白俄罗斯共和国副总理加里宁·阿纳托利·尼克拉耶维奇在我国甘肃参加第二十一届兰州投资贸易洽谈会时表示，中国国家主席习近平提出建设"丝绸之路经济带"的倡议与白俄罗斯国家元首提出的"加速一体化进程"高度契合，因此，白俄罗斯政府全力加入"丝绸之路经济带"建设的总体进程之中。①

2015 年，中白两国合作水平达到了前所未有的高度，"中白工业园"成为"一带一路"沿线的一个旗舰项目。在金融领域，2015 年 5 月，中白两国中央银行签署了总额达 70 亿元人民币的货币互换协议，双方下一步将会有新的银行间合作机制，包括国有银行和民营银行之间的合作。在基础设施联通领域，白俄罗斯境内到边境线的铁路是中白两方共同完善的，这项合作将会持续下去。

中白两国合作交流在各个领域都进行得有声有色，但有评论认为存在以下风险：一方面，在其国内，经济危机倒逼政治改革的压力急剧增大，面临"颜色革命"的危险，存在政权交接的问题；另一方面，在外部，乌克兰危机的外溢及其对白俄罗斯输入性政治危机可能使其和乌克兰一样出现危机。②

乌克兰 "一带一路"倡议提出后，乌克兰反应迅速，积极响应。2015 年 3 月，乌克兰驻华大使奥列格·焦明在接受《中国日报》专访时表示，中国领导人倡议恢复陆上和海上"丝绸之路"，乌克兰作为东西方地缘政治和经济的"走廊"，具备强大的生产和工业能力，以及科研教育潜力，已做好准备，采取积极措施加入大规模项目中。③ 6 月，乌克兰驻华大

---

① 李琛奇、陈发明：《白俄罗斯将成"一带一路"重要战略支点》，中国经济网，2015 年 7 月 13 日，http://intl.ce.cn/specials/zxgjzh/201507/13/t20150713_5909735.shtml。

② 徐亮：《"一带一路"投资政治风险研究之白俄罗斯》，中国网，2015 年 5 月 11 日，http://opinion.china.com.cn/opinion_4_129404.html。

③ 《乌克兰驻华大使：乌愿采取措施参与"一路一带"倡议》，《中国日报》，2015 年 3 月 10 日，http://world.chinadaily.com.cn/2015-03/10/content_19770067.htm。

使库科申科出席了"丝绸之路经济带城市国际论坛",他在发表演讲时表示,乌克兰是丝绸之路经济带上支持"一带一路"的国家,准备大范围加强同中国在丝绸之路经济带上的合作,包括经贸、投资、人文、旅游、文化、医疗等领域,此外,中乌在交通走廊方面有很大合作前景。[①]

中乌合作虽受乌克兰危机影响,但从长远来看,双方在经贸投资等领域合作空间很大,但有评论认为存在以下风险:一方面,在外部,投资容易引起俄罗斯的警惕,尤其是在能源领域;另一方面,在其国内,乌克兰危机带来的负面影响不知持续多久,还有就是乌克兰政治和立法稳定性比较差。[②]

西 欧

西欧国家对"一带一路"响应积极,英国、法国、荷兰于2015年4月先后加入亚投行,比利时官方表示会积极参与。

英国 英国对"一带一路"非常热情,于2015年3月率先加入亚投行,成为首个加入亚投行的西方大国。

2015年10月,习近平主席正式访问英国,在与英国首相卡梅伦会谈时表示,中方愿同英方一道,确保中英关系在更高水平上持久稳定,实现中英关系在更大范围互利共赢,中方将鼓励中国企业对英格兰北部地区展开投资,欢迎英国作为首个西方大国成为亚投行意向创始成员国,希望英方支持中方加入欧洲复兴开发银行;卡梅伦表示,英国愿成为中国在西方最好的合作伙伴,将同中方在金融、能源、创意产业、签证便利化等领域扩大合作,英方愿积极参与亚投行建设,将积极研究同中方

---

① 《库科申科:乌克兰准备大范围与中国合作》,大公财经,2015年6月19日,http://www.360doc.com/content/15/0620/15/20625606_479408677.shtml。

② 黄日涵、梅超:《"一带一路"投资政治风险研究之乌克兰》,中国网,2016年3月1日,http://www.icaijing.com/finance/article5282273/。

加强在"一带一路"框架下的合作，欢迎中国企业到英国投资兴业，英国支持欧盟早日同中国达成自由贸易区协定，将为推动欧中关系发展做出积极贡献。①

英国各界人士纷纷表示支持参与"一带一路"。英国皇家国际问题研究所亚洲项目研究员蒂姆·萨默斯表示，英国作为西方首个宣布加入亚投行意向创始成员国的国家，展示了英国政府对于中国促进亚洲基础设施发展的高度支持；英国外交大臣哈蒙德表示，英方很高兴作为第一个亚洲域外国家加入亚投行，并愿同中方积极探讨在"一带一路"框架下开展合作；英国财政大臣奥斯本在第七届中英经济财金对话期间明确表示，英方承诺与中方共同推进"一带一路"建设，政府层面的热切期盼如何落实成具体的合作项目是英国商界密切关注的问题；汤森路透中国事业部总经理杜洋表示，英国各界事实上期待凭借其在专业服务业领域的专长，成为"一带一路"的西端支撑点。②

英国正在以实际行动参与"一带一路"建设。2015年7月，英国财政大臣奥斯本到访新疆，访问了新疆华凌工贸集团，该公司已宣布了对英国曼彻斯特、利兹以及谢菲尔德3个大型地产项目价值12亿英镑的投资意向。③中英双方合作现在正在实现战略对接，中国希望中国企业走出去，而英国"英格兰北部经济带"计划希望升级老旧的基础设施，并向中国寻求投资和基建方面的秘诀，中广核拿下了核电大单欣克利角C项目。

10月，中国与英国的Inmarsat通信公司签订了价值数亿美金的协议，Inmarsat将为"一带一路"上最偏远的地区提供通信支持，中国与英国的Inmarsat的协议形象地向外界展现了双方"一带一路"合作的模式。

① 《习近平会晤英国首相卡梅伦 "一带一路"是可添加进入的广阔"朋友圈"》，新华社，2015年10月22日，http：//news.hainan.net/guonei/guoneiliebiao/2015/10/22/2584349.shtml。
② 《英国期待成为"一带一路"的西端支撑点》，人民网，2015年10月24日，http：//politics.people.com.cn/n/2015/1024/c70731-27734929.html。
③ 《英国财政大臣访问中国西部，望"一带一路"帮英国实现发展》，澎湃新闻网，2015年9月23日，http：//news.163.com/15/0923/18/B47HO5SV00014AED.html。

作为拥有众多海外利益的老牌大国，英国积极参与"一带一路"在全球具有示范意义。中英在"一带一路"框架下合作潜力巨大，王义桅认为，英国参与"一带一路"有五大方式：一是英国主动将"英格兰北部振兴计划"与"一带一路"对接；二是英国近年积极打造海外人民币离岸、清算中心服务与"五通"；三是中英合作开发第三方市场；四是国际产能合作；五是共建海上丝绸之路。[1]

荷兰 2015 年 3 月，荷兰宣布加入亚投行。10 月，荷兰国王威廉·亚历山大访华。其间，他访问了北京、上海和西安，并在北京与习近平主席会谈。习近平表示，中荷两国已经实现全方位互联互通，围绕"一带一路"开展合作具有独特优势，双方要继续保持海运领域的合作优势，着力做大做强铁路和航空运输，为中欧和亚欧大陆互联互通发展提供有力支撑，中方愿同荷兰以及有关各方一道，将亚投行打造成一个实现各方互利共赢和专业高效的基础设施融资平台；威廉表示，中方发起的"一带一路"和亚洲基础设施投资银行倡议具有重要意义，荷方愿积极参与相关合作，并支持"一带一路"规划与欧洲投资计划对接合作。[2] 会谈后，两国元首共同见证了金融贸易、航空航天、影视、卫生、教育、科技、大熊猫保护合作等领域双边合作文件的签署。

在威廉国王访华之前，3 月，荷兰首相马克·吕特也对中国进行了访问，一年之内荷兰国王、首相纷纷来华，这足以表达荷兰想要与中国合作和参与"一带一路"的决心。此外，6 月，荷兰外交大臣孔德尔斯访华，并表示荷方愿在相互尊重的基础上同中方深化各领域交往与合作，参与"一带一路"建设，继续为欧中关系发展做出积极贡献。[3]

---

[1] 《王义桅：英国参与"一带一路"建设具有全球示范作用》，中国日报网，2015 年 10 月 19 日，http://news.xinhuanet.com/comments/2015-10/19/c_1116864361.htm。
[2] 《荷兰国王：中国是二战重要盟友 愿参与一带一路》，观察者网，2015 年 10 月 26 日，http://news.takungpao.com/world/exclusive/2015-10/3225142.html。
[3] 《荷兰外交大臣：荷方愿积极参与"一带一路"建设》，人民网-国际频道，2015 年 6 月 19 日，http://world.people.com.cn/n/2015/0619/c1002-27180265.html。

比利时　2015 年 6 月，比利时国王菲利普访华并与习近平主席会谈。习近平向菲利普介绍了中方的“一带一路”倡议，他指出，中方赞赏比方参与亚洲基础设施建设的积极意愿，欢迎比利时参与“一带一路”倡议；菲利普表示，比利时赞赏中方的“一带一路”倡议，愿利用自身优势，成为中国进入欧洲的桥梁，继续积极致力于加强同中国在经贸、创新、教育、生物技术、卫生医疗、社保等领域合作，感谢中方支持欧洲一体化进程和欧元区建设，愿推动欧洲投资计划同中国“一带一路”倡议对接。① 会谈后，两国元首共同见证了航天、海关、科技、地方合作、核燃料、教育等领域双边合作文件的签署。

中比“一带一路”合作正在积极落实之中。2015 年 2 月，比利时驻华大使迈克尔·马勒布在接受新华社采访时表示，中国“一带一路”具有积极的意义，它把中国和欧洲联系起来，所有沿线国家都将因此受益，比利时最大港口安特卫普港和中国重庆之间的铁路货运线正处于丝绸之路经济带上，21 世纪海上丝绸之路的活跃也必然会增加安特卫普港与中国之间的海上联系，使比中之间经贸往来更加频繁。② 10 月，比利时安特卫普港举办“中国日”活动，旨在研究如何充分发挥安特卫普港作为贸易枢纽的作用，更好地与中国提出的“一带一路”倡议对接。

法国　2015 年 3 月，法国加入亚投行。2015 年 1 月，法国总理瓦尔斯访华，6 月，李克强总理访法，11 月，法国总统奥朗德访华。两国领导人的互访表明中法关系正在走向全新局面。瓦尔斯在访华期间表示，中法能源合作将深入，法国对“一带一路”项目很感兴趣，很希望在交通领域参与其中，并且中法未来会共同开发第三方市场。③ 奥朗德在与习

① 刘华：《习近平同比利时国王会谈　介绍“一带一路”》，新华网，2015 年 6 月 24 日，ht-tp：//news. southcn. com/china/content/2015 - 06/24/content_ 126932189. htm。

② 《比利时驻华大使说比方愿积极融入中国“一带一路”战略》，新华网，2015 年 2 月 6 日，ht-tp：//news. xinhuanet. com/world/2015 - 02/06/c_ 1114281352. htm。

③ 易典：《法国总理中国演讲 5 次提李克强　称法将参与一带一路》，凤凰财经，2015 年 1 月 30 日，http：//finance. ifeng. com/a/20150130/13471520_ 0. shtml。

近平主席会谈时表示，此次访华是为了进一步加强法中全面战略伙伴关系，两国高层频繁交往反映着双边关系的高水平发展，法中两国保持良好的政治互信和对话，在经贸、投资、核能、旅游、人文等各领域合作不断提升。① 会谈后，两国元首共同发表了《中法元首气候变化联合声明》。

6月，为了更好地对接中国"一带一路"倡议和法国及欧洲的发展议程，诺曼底 - 中国论坛"诺曼底——新丝绸之路经济带的一环"在法国鲁昂市举行，法国外交部部长法比尤斯、中国驻法国大使翟隽、上诺曼底大区主席罗西尼奥尔（Nicolas Mayer Rossignol）、中国改革发展研究院院长迟福林等出席会议，对"一带一路"的重要意义，以及诺曼底在"一带一路"建设中的枢纽作用做了很高评价，并且与来自中法企业的代表共同探讨双方在"一带一路"、贸易投资、食品安全和生态出行等领域的合作前景及发展新机遇。②

北 欧

北欧的 5 个国家即瑞典、丹麦、芬兰、冰岛、挪威都是基础设施比较健全的发达国家，对"一带一路"都表现出很大兴趣，瑞典、丹麦、芬兰、冰岛都是亚投行创始成员国。

瑞典 2015 年 3 月，瑞典首相勒文来华参加 2015 博鳌论坛并分别与习近平主席和李克强总理进行了会谈。他表示，亚投行倡议非常重要，瑞典非常感兴趣，希望就此同中方开展合作，瑞中经济贸易往来发展顺利，中国赴瑞投资也在增长，瑞方希望同中方在清洁高效运输、研发创新、绿色增长等方面积极开展合作③；瑞中关系发展势头强劲，经贸合作取得长

---

① 《习近平晤奥朗德：欢迎法国参加一带一路》，中国新闻网，2015 年 11 月 3 日，http://news. china. com/domestic/945/20151103/20679723. html。

② 付敬、庹燕南、郜爽：《法国诺曼底大区举办论坛 寻求对接"一带一路"倡议》，《中国日报》，2015 年 6 月 13 日，http://world. chinadaily. com. cn/2015 - 06/13/content_ 20990393. htm。

③ 《习近平会见瑞典首相勒文》，新华网，2015 年 3 月 29 日，http://news. xinhuanet. com/politics/2015 - 03/29/c_ 1114795335. htm。

足进展，双方企业相互投资不断增加，瑞方关注中国自贸试验区建设，愿同中方扩大相关合作。① 4 月，瑞典正式成为亚投行创始成员国。

丹麦　2015 年 4 月，丹麦正式成为亚投行创始成员国。2015 年 9 月，习近平主席在纽约会见了丹麦首相拉斯姆森。习近平表示，中方愿积极研究同丹麦开展第三方合作，双方要充实互利合作内涵，拓展在可持续发展领域的技术和人才交流，中方欢迎丹麦积极参与"一带一路"项目建设，促进区域互通和经济发展；拉斯穆森表示，丹麦政府致力于不断深化同中国的友好合作关系，愿密切两国高层交往，提升两国政治合作水平，加强双方在科技、旅游等领域合作，促进双方人员交流。②

2015 年 3 月，丹麦驻华大使裴德胜表示，东亚正迅速发展，全球经济重心正大幅从西方向东方转移，中国在其中显得很特别，经济发展使其成为全球一支重要力量，中国的"一带一路"倡议连接多国，将会改变世界秩序。③

丹麦在"一带一路"中地位突出，在促进"一带一路"设施联通、贸易畅通等方面发挥重要作用，与中国经济互补性强，合作空间很大，将来两国可能会在新能源项目、环保领域、医疗保健和食品安全等方面进一步合作交流，并且丹麦有着非常发达的海运业，有世界上最大的海运公司，因此在促进海上丝绸之路建设上两国会有更深入的合作。

芬兰　2015 年 2 月，芬兰总统尼尼斯特在中国和芬兰建交 65 周年之际接受中国媒体联合采访时表示，习近平主席提出的"一带一路"倡议将拉近中国与世界的距离，"一带一路"倡议体现出的友好合作姿态弥足珍贵，芬兰作为一个小国，更能感受到和平的重要性，各种合作都是很宝贵的，"一带一路"建设也是如此，中国在促进世界和平方面做得

---

① 《李克强同瑞典首相勒文举行会谈》，中国政府网，2015 年 3 月 27 日，http：//www. gov. cn/guowuyuan/2015 –03/27/content_ 2839437. htm。

② 《习近平会见丹麦首相拉斯穆森》，新华网，2015 年 9 月 29 日，http：//news. xinhuanet. com/politics/2015 –09/29/c_ 128276583. htm。

③ 《丹麦大使："一带一路"将改变世界秩序》，财新网，2015 年 3 月 10 日，http：//international. caixin. com/2015 –03 –10/100789803. html。

很突出。① 4 月，芬兰正式成为亚投行创始成员国。

南 欧

南欧各国对"一带一路"倡议总体态度是积极的，克罗地亚、保加利亚等国家纷纷表态希望参与"一带一路"规划，罗马尼亚积极寻求与本国发展规划的对接，意大利、西班牙、葡萄牙和马耳他于 2015 年 4 月正式成为亚投行创始成员国。

克罗地亚 克罗地亚对与中国的合作充满期待，官方表示很希望搭上"一带一路"的顺风车。2015 年 11 月，中共书记处书记杜青林在萨格勒布会见了克罗地亚总统基塔洛维奇和议长莱科。基塔洛维奇和莱科均表示，希望双方进一步借助"一带一路"和"16＋1 合作"平台，不断推进双边政治互信和务实合作向前发展。② 11 月，克罗地亚议长莱科来华参加第四次中国－中东欧国家领导人会晤，在与张德江会见时他表示，希望与中国建立更紧密的伙伴关系，扩大在基础设施、投资融资方面的合作，并加强两国立法机关各层级的交流。③

克罗地亚目前对"一带一路"的了解还仅限于政府官员内部，普通人还是对此不了解，所以针对此，应该开展更多的宣传交流活动，鼓励企业走进克罗地亚。但是也要了解风险，克罗地亚是欧洲难民潮的重灾区，这影响其国内社会秩序和安全，导致经济阻滞；历史遗留的克赛矛盾是潜在的火药桶，贪腐问题、政局更迭频繁等都会影响合作投资。④

---

① 《"一带一路"拉近中国与世界的距离——访芬兰总统尼尼斯特》，新华网，2015 年 2 月 11 日，http：//news. xinhuanet. com/world/2015－02/11/c_ 1114340506. htm。

② 薛群：《杜青林会见克罗地亚总统、议长》，新华网，2015 年 11 月 14 日，http：//news. jx-news. com. cn/system/2015/11/14/014450522. shtml？COLLCC＝2444679287＆。

③ 《张德江会见克罗地亚议长莱科》，新华网，2015 年 11 月 27 日，http：//yidaiyilu. juhangye. com/201511/news_ 4640007. html。

④ 白荷菲、张华：《"一带一路"投资政治风险研究之克罗地亚》，中国网，2016 年 2 月 17 日，http：//opinion. china. com. cn/opinion_ 43_ 143843. html。

阿尔巴尼亚　2015年5月，中国驻阿尔巴尼亚大使姜瑜会见阿尔巴尼亚总理马拉，表明中方愿参与阿国内经济建设，充分利用“一带一路”的平台拓展经贸、基础设施、产能、农业等领域的互惠合作。[①] 阿尔巴尼亚与中国的合作刚刚开始，开发潜力巨大，但有评论认为需要注意以下投资合作的风险：在外部，其受北约和欧盟的影响大，和塞尔维亚有种族矛盾和领土争端；在内部，腐败严重、法治薄弱，会影响投资合作。[②]

波黑　2015年12月，中联部副部长周力率团访问波黑，双方就通过党际交往促进中波发展战略对接、共建一带一路、深化“16＋1”框架下的合作交换看法。[③]

近年来两国在基建、能源等领域互补性强，合作日益密切，波黑也期待更深入的合作交流，比如旅游业和农业，但有评论认为要注意以下风险：在国内，波黑体制复杂，因此中央政策落实有时比较困难，民族问题和社会问题突出，所以政局可能不稳；在国外，欧盟、美国总想干预其内政，政策受其影响很大，因此对中波合作投资有很大影响。[④]

保加利亚　中保两方在政治、经济、人文领域的交流也不断增多，合作意愿也在增强。2015年11月，在第四次中国–中东欧国家领导人会晤时，保加利亚总理鲍里索夫表示，“一带一路”建设为保中合作带来了新的机遇，保加利亚愿利用其重要的地理位置，在“一带一路”建设中发挥重要作用；12月，鲍里索夫在与格鲁吉亚总理的联合记者会上表示，“一带一路”为黑海沿岸国家提供了特殊机遇，其港口将成为欧亚走廊的一部分。[⑤]

---

① 《“一带一路”为阿尔巴尼亚带来新的机遇》，香港新闻网，2015年5月15日，http：//www. hkcna. hk/content/2015/0515/366544. shtml。

② 周帅：《“一带一路”投资政治风险研究之阿尔巴尼亚》，中国网，2015年9月17日，ht-tp：//opinion. china. com. cn/opinion_ 48_ 137548. html。

③ 《中共友好代表团在波黑宣讲党的十八届五中全会精神》，央视网，2015年12月19日，ht-tp：//yidaiyilu. juhangye. com/201512/news_ 5194596. html。

④ 高鹏、周瑾：《“一带一路”投资政治风险之波黑》，中国网，2015年6月11日，http：// www. china. com. cn/opinion/think/2015 –06/11/content_ 35793892. htm。

⑤ 《保加利亚格鲁吉亚愿积极参与“一带一路”建设》，新华网，2015年12月8日，http：// news. xinhuanet. com/world/2015 –12/08/c_ 1117391643. htm。

7

3月，13国驻沪总领事集聚苏州共商"一带一路"，保加利亚驻沪总领事白爱琳认为，保加利亚位于"一带一路"重要节点上，农业和基建有巨大投资机会；4月，中国社科院与保加利亚科学院签署了科学合作协议，把"一带一路"倡议作为共同研究的项目之一；8月，保加利亚投资局局长斯塔门·雅内夫在接受采访时表示，保方望依托"一带一路"与中方开展经贸合作；11月，在第四次中国–中东欧领导人会晤期间，保加利亚地区发展与公共工程部部长莉莉雅娜·帕夫洛娃在接受采访时认为，中国与保加利亚在港口和道路建设领域有很好的合作前景。

有评论认为与保加利亚合作要注意以下风险：外部有隐患，短期内保俄关系有一定的不确定性，与马其顿共和国的关系也不明朗；国内也有严重的民族问题，可能出现一定内乱。①

马其顿 2015年4月，马其顿外长尼科拉·波波斯基在约见中国驻马其顿大使温振顺时表示，马其顿政府支持中国政府的"一带一路"倡议。在第四次中国–中东欧会晤前夕，波波斯基在接受采访时强调，中马双边关系发展势头良好，在各领域有广泛的交流合作，两国经贸关系发展迅速，中欧陆海快线项目实施良好，马其顿作为"一带一路"沿线国家愿意加入中国–中欧合作机制，支持"一带一路"建设，希望在未来的合作中进一步开拓更多的基础设施合作项目。② 除了在基建、贸易等领域的合作，马其顿还希望能与中国在高科技领域开展合作，3月，马其顿驻华大使伊利亚·伊塞洛夫斯基在接受中国日报中文网采访时曾提出这样的想法。

中马关系随着双方领导人的互访正在逐渐升温，在各领域的合作也在加强，马其顿国内政治经济形势较好，政策优惠吸引大量投资，但有评论

① 《"一带一路"投资政治风险研究之保加利亚》，中国网，2016年3月2日，http：//big5. china. com. cn/gate/big5/opinion. china. com. cn/opinion_ 1_ 144501. html。
② 《马其顿积极支持"一带一路"建设》，中国经济网，2015年11月26日，http：//news. 163. com/15/1126/07/B9B5CN7E00014JB5. html。

认为存在潜在风险：一方面，在外部，因历史遗留问题与周边国家常有摩擦，北约、欧盟也经常干涉其内政；另一方面，其国内民族问题仍未得到全面解决，这成为影响国内局势的潜在因素。①

黑山　据黑山副总理拉佐维奇介绍，黑山获得了约10%的中方给16个中东欧国家提供的优惠贷款，而且黑山最大的基建项目南北公路建设项目在双方的努力下已经开工，这是未来黑山经济和民生发展的一个重要项目。②

有评论认为黑山存在以下潜在风险：一方面，在外部，黑山要平衡俄美之间的关系，一旦失衡将外部受困；另一方面，在国内，民族宗教矛盾以及统派势力的存在，加上政府自己控制理由有限，很容易产生内乱，这都是影响对其投资合作的潜在风险因素。③

罗马尼亚　罗马尼亚建立黑海里海货运走廊的想法与"一带一路"高度切合，因此对"一带一路"倡议反响很积极。2015年3月，罗马尼亚驻华大使科斯泰亚表示，罗马尼亚对"一带一路"倡议很感兴趣，持"积极好奇"的态度。④ 5月，罗马尼亚总理蓬塔接受采访时表示，罗中合作已进入具体合作阶段，能源、高速等基建项目可以成为"一带一路"总规划中的一部分，两方在农业等领域也将加强合作，罗方希望中方能在罗马尼亚投资。⑤ 10月，罗马尼亚在第比利斯"一带一路"论坛签署了联合声明，罗马尼亚经济、贸易和旅游部部长图多塞在北京出席"中国对外投资合作洽谈会"时表示，愿同中国在海路、陆路等基建领域合作、合建工业

① 张华、白荷菲、梅超：《"一带一路"投资政治风险研究之马其顿》，中国网，2015年9月3日，http：//opinion. china. com. cn/opinion_ 89_ 136589. html。
② 《中东欧政要："一带一路"倡议为中国 - 中东欧合作注入新动力》，新华网，2015年6月9日，http：//news. xinhuanet. com/2015 -06/09/c_ 1115557192. htm。
③ 徐亮：《"一带一路"投资政治风险研究之黑山共和国》，中国网，2015年8月17日，http：//opinion. china. com. cn/opinion_ 57_ 135657. html。
④ 《罗马尼亚对一带一路抱"积极好奇"态度》，财新网，2015年3月16日，http：//international. caixin. com/2015 -03 -16/100791542. html。
⑤ 《一带一路：推动中国与罗马尼亚合作》，中国搜索，2015年5月21日，http：//world. chinaso. com/detail/20150521/10002000327090214321857525101481 90_ 1. html。

园区。

罗马尼亚在"一带一路"倡议没提出之前就同中方在各领域有合作，有评论认为其风险在于：一方面，周边局势不稳定，区域局势复杂影响了其安全稳定；另一方面，在其国内，政治转型和腐败问题对其政治生态有很大影响，再加上恐怖分子、难民的涌入，其国内形势也不太稳，可能影响与国外的投资合作。[1]

塞尔维亚 "一带一路"倡议提出后，塞尔维亚反响很积极，与中国签订了相关合作项目和协议。2015年6月，国务院副总理张高丽访问塞尔维亚，会见了塞尔维亚总统尼科利奇和总理武契奇。塞尔维亚总统表示赛方感谢中方真心真意与塞方合作，愿与中方一道加强在"一带一路"和"16 + 1"框架下的合作。塞尔维亚总理表示，塞方愿积极参与"一带一路"建设，欢迎中国企业来塞尔维亚投资，将同中方不断加强在基建、农产品贸易、能源、旅游等领域的合作。[2] 11月，在第四次中国 - 中东欧领导人会晤期间，李克强总理与匈牙利总理和塞尔维亚总理共同出席了匈塞铁路合作文件的签字仪式。[3]

在能源、基建、信息技术、农业、矿业等领域，塞尔维亚都有巨大的投资空间，可以借"一带一路"的平台抓住投资机会，但有评论认为存在相应的风险：一方面，国内经济脆弱，存在高财政赤字和高失业率问题；另一方面，科索沃问题带来的内政动荡以及塞 - 欧盟关系所带来的影响都是投资合作的潜在风险。[4]

斯洛文尼亚 斯洛文尼亚对"一带一路"期待很高，希望能参与进

---

[1] 方鹿敏：《"一带一路"投资政治风险研究之罗马尼亚》，中国网，2015年9月23日，http: //opinion. china. com. cn/opinion_ 8_ 138008. html。

[2] 《张高丽：塞尔维亚区位优势突出 望积极参与"一带一路"建设》，央视网，2015年6月25日，http: //news. china. com. cn/2015 - 06/25/content_ 35910202. htm。

[3] 《匈塞铁路——"一带一路"的旗舰项目》，中国政府网，2015年11月26日，http: //news. sina. com. cn/c/2015 - 11 - 26/doc - ifxmazpa0243205. shtml。

[4] 王鹏：《"一带一路"投资政治风险研究之塞尔维亚》，中国网，2015年10月15日，http: //opinion. china. com. cn/opinion_ 49_ 139049. html。

去。2015 年 6 月，斯洛文尼亚前总统图尔克在上海国际问题研究院就"一带一路"发表了自己的看法，认为"一带一路"蕴含中欧合作的新机遇，其中大型基建领域将从"一带一路"中受益，高新产业很关键，而且能使产业链贸易更加平衡。[①] 11 月，斯洛文尼亚总理采拉尔参加了第四次中国 – 中东欧领导会晤。他表示，"一带一路"倡议是促进区域合作的有效举措，能促进中东欧之间更好的合作，带来新的发展机遇，斯洛文尼亚汽车制造和旅游发达，欢迎中国公司来投资。[②]

中斯的合作还在起步阶段，各领域和组投资机制还不太成熟，但是合作投资潜力很大，但也有评论认为存在风险。第一，资源匮乏，能源对进口的依赖程度很大；第二，内部市场小，受外部市场影响大；第三，融资环境较差，贷款利率高于其他欧盟国家；第四，劳动力成本上升，就业体系不灵活；第五，产品品质标准高，要求严；第六，投资领域受限。[③]

意大利 2015 年 3 月，意大利正式成为亚投行创始成员国。2015 年 7 月，意大利总统塞尔吉奥·马塔雷拉在会见中国公共外交协会会长李肇星时表示，意大利十分重视与中国的全方位合作，支持"一带一路"伟大构想，愿意发挥独持优势，积极参与"一带一路"建设，欢迎中资企业来意大利投资兴业。[④] 6 月，全球合作基金会主席、意大利前总理罗马诺·普罗迪在第四届全球智库峰会上表示："一带一路"不仅仅是属于中国，已经逐步成为全球性的计划；不仅仅是指在中国和欧洲之间建立一种联系，同时要把很多其他中间地带的国家纳入其中，这些都表明中国是

---

① 潘寅茹：《斯洛文尼亚前总统图尔克：期待"一带一路"产业链贸易更平衡》，一财网，2015 年 6 月 24 日，http://www.yicai.com/news/2015/06/4636532.html。

② 《斯洛文尼亚总理："一带一路"是促进区域合作的有效举措》，国际在线，2015 年 11 月 27 日，http://news.ifeng.com/a/20151127/46416862_ 0.shtml。

③ 张华、姜晨：《"一带一路"投资风险研究之斯洛文尼亚》，中国网，2015 年 6 月 12 日，http://opinion.china.com.cn/opinion_ 4_ 131604.html。

④ 《意大利总统表示支持"一带一路"建设》，新华网，2015 年 7 月 24 日，http://news.xinhuanet.com/world/2015 – 07/24/c_ 1116030250.htm。

一个负责任的大国。① 由此可见，意大利官方和民间对"一带一路"热情高涨。

希腊 2015 年，中国企业收购了希腊最大港口比雷埃夫斯港，这成为"一带一路"重要节点，对打造中欧海陆快线、实现陆上通道与海上通道的贯通有重要作用。②

9 月，国家主席习近平在纽约会见希腊总理齐普拉斯。习近平表示，双边关系面临广阔发展前景，双方要保持高层交往，加强两国政府、议会、政党等高层交流合作，扩大各层级人员往来；继续充分利用中希海洋合作年平台，开展海洋开发、利用、保护等方面交流合作。齐普拉斯表示，希方始终认为，同中国的合作具有战略意义。新形势下，希方愿继续推进这一关系，提高双边经贸水平，扩大农业、航运、金融、投资、海洋领域的合作，积极参与"一带一路"框架下的合作。③

据希腊驻华大使馆介绍，2015 年过去的半年间，希中围绕"一带一路"主题在经贸、文化等领域展开了多方位的合作，而在 2015 年下半年，"一带一路"仍是双方合作的关键词。在中国"一带一路"构想进入切实推进的大背景下，双方在投资合作、航运和海事、交通、能源和旅游方面均有所期待，但希腊债务危机的影响以及新政府政策的不确定性给相关投资合作增添了潜在的风险。

西班牙 西班牙对"一带一路"促进沿线国家互联互通高度关注，对此倡议表示支持，4 月，正式成为亚投行创始成员国。

在"一带一路"合作框架下，中西之间世界上最长的铁路线义乌到马德里的义新欧铁路于 2015 年初正式运行，成为"一带一路"标志性的合作项

---

① 曾会生：《意大利前总理："一带一路"已成全球性计划》，中国新闻网，2015 年 6 月 27 日，http://finance. people. com. cn/n/2015/0627/c1004 – 27217095. html。

② 《中企 15 亿欧元收购希腊最大港 成为"一带一路"重要节点》，中国搜索，2016 年 1 月 22 日，http://jiangsu. china. com. cn/html/2016/kuaixun_ 0122/3572307. html。

③ 《习近平会见希腊总理齐普拉斯》，中华人民共和国外交部网站，2015 年 9 月 29 日，http://www. fmprc. gov. cn/web/wjdt_ 674879/gjldrhd_ 674881/t1301606. shtml。

目，这条铁路加强了沿线各国之间的联系，使西班牙成为货物的分销中心。

6月，西班牙前首相何塞·路易斯·萨帕特罗在"丝绸之路经济带城市国家论坛"上表示，西班牙将参与中国提出的丝绸之路带和亚投行建设。

10月，在西班牙马德里举办的"丝路国际论坛2015年会"上，西班牙经济与竞争部贸易国务秘书加西亚称，西班牙非常欢迎中国的"一带一路"政策，现在很多西班牙企业把眼光投向中国，不仅在投资领域甚至在足球方面也有合作。①

2015年11月，习近平主席在土耳其安塔利亚会见西班牙首相拉霍伊。习近平表示，中方愿同欧方一道努力，推动"一带一路"倡议同欧洲投资计划对接并尽早取得收获；拉霍伊表示，中国是西班牙的重要伙伴，当前西中关系发展势头良好，西中贸易潜力巨大，中国推行经济结构调整，对世界经济发展具有重要意义，西方愿同中方共同努力，提高两国经贸合作水平，促进深化欧盟同中国的合作。②

葡萄牙　2015年4月，葡萄牙正式成为亚投行创始成员国。4月，中国驻葡萄牙使馆举行"一带一路"座谈会，葡萄牙政治、经济、媒体、学术等各界代表出席并纷纷表示，"一带一路"的提出顺应了全球化发展潮流，符合欧洲各国利益，为欧中与葡中互利合作提供了重要平台，并为双方关系发展开辟了新天地，葡萄牙应抓住"一带一路"这一机遇，深挖葡中合作潜力，并表示将为推动两国各领域务实合作和战略合作伙伴关系发展做出自己应有的贡献。③

6月，在"2015丝绸之路经济带城市国际论坛"上，葡萄牙中国观察

① 《中国"一带一路"西班牙受热捧》，中国日报网，2015年10月29日，http：//news.163.com/15/1029/01/B72B8A7K00014SEH.html。

② 《习近平会见西班牙首相拉霍伊》，人民网时政频道，2015年11月17日，http：//politics.people.com.cn/n/2015/1117/c1024-27821929.html。

③ 《驻葡萄牙使馆举行"一带一路"座谈会》，中华人民共和国外交部网站，2015年4月17日，http：//china.huanqiu.com/News/fmprc/2015-04/6216645.html。

站主席鲁伊·罗里多也表示，"一带一路"倡议对于建立一个双赢的平台是非常重要的，葡方希望参与"一带一路"中，愿意加入亚投行。

7月，葡萄牙政府总理、社民党主席科埃略和社会党总书记科斯塔在里斯本会见了中宣部部长刘奇葆。科埃略高度评价葡中关系现状，希望葡方能搭乘"一带一路"建设的快车，深化双方各领域务实合作；科斯塔表示，社会党将继续发展与中共的交流合作，共同促进两国政治互信和民间友好。[①]

非　洲

"一带一路"倡议提出后，非洲国家积极参与。2015年1月，中国和非洲联盟签署了一项长达未来48年，覆盖几乎非洲全境的交运开发备忘录，涉及高铁、高速公路、航空和工业化基建等所有相关设施，非方已成立相关团队和委员会负责推进。2015年4月，埃及和南非正式成为亚投行创始成员国。坦桑尼亚、埃塞俄比亚等国家在"一带一路"框架下的合作项目在有序进行中，苏丹、阿尔及利亚等国的国家领导人纷纷访华，并表态将积极参与"一带一路"。在非洲大陆，中国政府开展"三网一化"合作，合作建设非洲铁路、公路和区域航空，帮助非洲实现工业化，中国优厚的产能、技术和市场为在工业化和基建等方面有巨大需求的非洲提供了坚实后盾。[②]

埃及　埃及对"一带一路"态度积极，2015年4月正式成为亚投行创始成员国。

2015年2月，埃及外交部部长舒凯里在接受新华社记者专访时说，中

---

① 《葡总理希望搭乘"一带一路"建设的快车》，中国青年网，2015年7月3日，http://news. youth. cn/jsxw/201507/t20150703_6821355. htm。

② 《中国与非盟签署推动非洲"三网一化"建设谅解备忘录》，国际在线，2015年1月28日，http://gb. cri. cn/42071/2015/01/28/6891s4856170. htm。

国提出建设"一带一路"的倡议，将沿线国家联系起来，使这些国家从经济发展中共同获益，埃及很高兴成为"一带一路"倡议涉及的国家之一，参与其中必定会为埃及带来益处。①

埃及正在以行动积极呼应"一带一路"。8 月，贯通欧亚非三大洲的埃及新苏伊士运河正式通航，海上互联互通正在进行时，埃及提出的"苏伊士运河走廊经济带"与"一带一路"高度切合，符合两国根本利益。

2015 年 9 月，埃及总统塞西来华出席中国人民抗日战争暨世界反法西斯战争胜利 70 周年纪念活动并与习近平主席会晤。塞西表示，埃及高度重视埃中全面战略伙伴关系，积极致力于推进两国各领域合作，愿参与"一带一路"框架下有关合作。会见后，两国元首共同见证了两国产能、金融等领域合作文件的签署。②

有评论认为中国与埃及合作的风险在于：一方面，政治上，埃及的政局始终不稳定，还存在腐败和法律不健全情况，社会矛盾较多；另一方面，政局的混乱带来金融政策的不稳定，影响国外投资。还有就是，埃及国内原教旨主义与世俗主义的矛盾继续激化，这也是风险因素。③

南非 2015 年 4 月，南非正式成为亚投行创始成员国。2015 年 12 月，习近平主席访问南非，与南非总统祖马举行会谈，两国元首一致认为，中南关系面临历史性发展机遇，双方要以落实两国高层共识和《中南 5—10 年合作战略规划》为抓手，以中非合作论坛约翰内斯堡峰会为新起点，推动中南关系再上新台阶。习近平强调，中方重视发展中南"同志加兄弟"的特殊关系，双方要发挥中南政治互信和经济互补两大

---

① 《埃及外长：完全支持"一带一路"倡议并乐于参与》，新华网，2015 年 3 月 1 日，http：//money. 163. com/15/0301/18/AJL1I4KG00253B0H. html。

② 《习近平会见埃及总统塞西 埃方愿参与"一带一路"框架下合作》，中国新闻网，2015 年 9 月 2 日，http：//www. chinanews. com/gn/2015/09 - 02/7503273. shtml。

③ 尹继武：《"一带一路"投资政治风险研究之埃及》，中国网，2015 年 5 月 12 日，http：//o-pinion. china. com. cn/opinion_ 50_ 129550. html。

优势，推动海洋经济、产能、能源、贸易、投资等重点领域的合作，中方愿助力南非工业化，支持金融机构扩大对南非的融资规模与创新金融合作，支持加快金砖国家新开发银行非洲区域中心筹建工作，为推动南非和非洲国家发展发挥积极作用；祖马表示，南中双方正共同努力落实两国元首达成的共识和《南中 5—10 年合作战略规划》，双方贸易投资、基础设施、工业园区、企业孵化、冶金、海洋经济等合作稳步推进，南方希望扩大双方在经贸、科技、能源、海洋水产、商业航空、融资等领域的合作，欢迎中国企业加大对南非的投资。① 会谈后，两国元首共同出席了双方经贸、文化、科技等领域多项合作文件的签字仪式。

苏丹 2015 年 6 月，为落实 2015 年 1 月中国 – 苏丹两国执政党高层对话成果，"一带一路"中国 – 苏丹工商对话会在苏丹首都喀土穆举行，与会代表研讨了"一带一路"框架下的中苏经贸合作，洽谈了石油化工、电力设备、绿色能源、企业开发、基础设施建设等领域的具体合作项目，促进了中苏合作的深入发展。②

9 月，苏丹总统巴希尔来华参加中国人民抗日战争暨世界反法西斯战争胜利 70 周年活动，在接受记者采访时他表示，支持习近平主席提出的"一带一路"倡议，苏丹"向东看"的政策和"一带一路"相契合，苏丹致力于增进与中国的关系，两国关系不断深化发展，苏中合作成为南南合作的典范。③

10 月，来华参加亚洲政党丝绸之路专题会议的苏丹总统助理易卜拉欣·马哈茂德在接受采访时表示，"一带一路"倡议让中国与苏丹的关系更加密切，让两国双边关系进一步加强，作为非洲国家，苏丹非常愿意帮助

---

① 《习近平同南非总统祖马举行会谈强调抓住历史性发展机遇 推动中南关系再上新台阶》，中华人民共和国外交部网站，2015 年 12 月 3 日，http：//www. fmprc. gov. cn/web/wjdt_ 674879/gjldrhd_ 674881/t1320804. shtml。
② 《"一带一路"中国—苏丹工商界对话会在喀土穆举行》，新华网，2015 年 6 月 12 日，http：//news. xinhuanet. com/world/2015 –06/12/c_ 1115591459. htm。
③ 《支持"一带一路"倡议》，《人民日报》，2015 年 9 月 6 日，http：//china. huanqiu. com/News/mofcom/2015 –10/7845042. html。

中国推广这个倡议。①

阿尔及利亚 2015 年 4 月，阿尔及利亚总理塞拉勒访华，在与习近平主席会谈时他表示，阿尔及利亚始终是中国可以依赖的伙伴，此次访华旨在落实阿中全面战略伙伴关系，特别是加大推进两国经贸合作，阿中合作同中方的"一带一路"构想能够高度契合，前景广阔，阿方愿积极参与中非合作论坛，阿方对两国全面战略伙伴关系充满信心，相信中国会成为阿尔及利亚经济社会发展更强劲的伙伴。②

4 月，中国商务部部长高虎城与阿尔及利亚贸易部部长阿马拉·本·尤尼斯共同主持两国第七届经贸联委会，尤尼斯表示愿与中方共同建设"一带一路"，欢迎中国企业参与阿尔及利亚基础设施等领域的建设，充实两国全面战略伙伴关系的内容。③

肯尼亚 2015 年 7 月，肯尼亚驻华大使金扬久伊在"郑和与 21 世纪海上丝绸之路"论坛上表示，中肯两国关系源远流长，中国是肯尼亚目前最重要的发展伙伴之一，中国的"一带一路"已和肯尼亚的发展战略联系在了一起。④ 8 月 5 日，中国南方航空公司广州至内罗毕航线正式开通，这是中国民航第一条国内直飞肯尼亚的航线，也是中国民航目前唯一一条连通非洲大陆的航线。

12 月，习近平主席在约翰内斯堡会见肯尼亚总统肯雅塔。习近平指出，中方愿同肯方一道努力，全面深化各领域友好合作，推动中肯关系不断迈上新台阶，拓展互利合作，实施好铁路、经济特区等重大合作项目，密切人文交流，推进中非联合研究中心、中国文化中心等项目，开

---

① 《苏丹总统助理：苏丹愿意帮助中国推广"一带一路"倡议》，中国共产党新闻网，2015 年 10 月 27 日，http：//china. huanqiu. com/News/mofcom/2015 - 10/7845042. html。

② 《习近平：中国同阿尔及利亚是兄弟》，新华网，2015 年 4 月 29 日，http：//news. eastday. com/c/20150429/u1a8690538. html。

③ 步欣：《阿尔及利亚愿与中方共建"一带一路"》，《国际商报》，2015 年 4 月 3 日，http：//finance. china. com. cn/roll/20150413/3055030. shtml。

④ 《郑和论坛共话"一带一路"》，《新华日报》，2015 年 7 月 11 日，http：//news. ifeng. com/a/20150711/44146331_ 0. shtml。

展保护生态环境和野生动物合作；肯雅塔表示，两国合作取得实实在在的成果，肯尼亚愿加强同中国发展战略对接，深入开展铁路基础设施等项目实施，促进与非洲国家的经贸联系和人员往来，实现非洲同中国互利共赢合作。

坦桑尼亚 坦桑尼亚近年来一直以脱贫为政府工作重点，因此对"一带一路"发展新机遇非常欢迎。2015 年 4 月，中国国家发改委派出代表团访问坦桑尼亚，考察中坦产业合作情况并与坦桑尼亚总理府草签了关于产能合作的框架协议，由此坦桑尼亚成为第一批加入中国国际产能合作进程的非洲国家。12 月，坦桑尼亚官方报纸《每日新闻》刊发了题为《南非对话进一步加强中非关系》的专栏文章，希望能从"一带一路"中获益[①]。

埃塞俄比亚 2015 年 10 月，埃塞俄比亚驻华副大使塔斯法耶·伊尔马·萨博在接受新华社专访时表示，国航即将开通的北京至亚的斯亚贝巴航线将架起一座新桥梁，埃中合建的从吉布提到亚的斯亚贝巴的 700 公里长铁路项目正在推进，由中国中铁承建的造价近 5 亿美元的亚的斯亚贝巴轻轨项目刚刚开始运营，中国与埃塞俄比亚正在全面合作，埃塞俄比亚成为加快建设"一带一路"的东非门户。[②]

尼日利亚 2015 年 8 月，尼日利亚驻华大使欧纳迪皮在接受《21 世纪经济报道》专访时表示，目前新政府正在酝酿出台新的经济政策，涉及开发当地能源、资源、产业升级等各个方面，与中国"一带一路"有很多结合点，尼日利亚非常希望中国有关"一带一路"的金融支持能够更多地辐射西部非洲。[③] 中尼双方合作潜力巨大：一方面，尼日利亚是以石油经济为支柱的国家，现阶段国际油价低迷，因此尼日利亚必须要改变石油经

---

① 《坦桑尼亚媒体期待非洲在"一带一路"建设中获益》，人民网 - 国际频道，2015 年 12 月 4 日，http：//world. people. com. cn/n/2015/1204/c1002 - 27889615. html。

② 《埃塞大使：埃塞加快建设"一带一路"东非门户》，新华社，2015 年 10 月 28 日，http：// www. gov. cn/xinwen/2015 - 10/28/content_ 2955131. htm。

③ 《尼日利亚直面油价暴跌 盼"一带一路"中企合作》，《21 世纪经济报道》，2015 年 8 月 7 日，http：//money. 163. com/15/0807/05/B0D1M94P00253B0H. html。

济的局面；另一方面，当地的商业环境及基础设施都不完善，但是尼日利亚是人口大国，需求大市场潜力大，因此投资机会也大。

津巴布韦 2015 年 7 月，津巴布韦第一副总统埃默森·姆南加古瓦一行访华，并出席以"通商青岛新丝路，经济合作新伙伴"为主题的津巴布韦政府与青岛市企业间的投资商务对话会，以及津巴布韦经济特区与工业园备忘录签字仪式。本次经济特区与工业园项目意向的六方签约，是落实中国"一带一路"国家战略的具体实践。姆南加古瓦表示，中国是津巴布韦重要的经贸伙伴，已经成为津巴布韦第一大投资国，本次来访的津巴布韦主管经济、贸易的官员希望通过此次签署合作备忘录，吸引更多的中国企业到津巴布韦投资创业。[①]

12 月，习近平主席对津巴布韦进行访问，其间与津巴布韦总统穆加贝举行会谈。两国元首高度评价中津传统友谊，共同规划未来两国关系发展，就深化务实合作达成重要共识。习近平表示，中方愿推动中津经贸合作向生产加工和投资经营优化发展，鼓励更多中国企业到津巴布韦投资，优先打造现代农业产业链、矿业产业链和制造业基地，参与电力、信息通信、交通等基础设施的建设和运营，创新融资途径，加强教育、文化、卫生、旅游、青年、媒体等人文领域的交流合作，使中津友好更加深入人心；穆加贝表示，中国是津巴布韦的全天候朋友，津方高度赞赏中方始终对包括津巴布韦在内的非洲国家真诚相待，感谢中方长期以来给予津方各方面的宝贵帮助，津方希望在国家经济社会发展中借鉴中国经验，继续得到中方支持，在农业、工业、基础设施等领域加强同中方合作。[②] 会谈后，两国元首共同见证了两国政府经济技术合作协定及基础设施建设、产能、融资、野生动物保护等领域合作文件的签署。

---

① 《津巴布韦第一副总统访华 两国企业签合作备忘录》，中国新闻网，2015 年 7 月 9 日，ht-tp：//news. sina. com. cn/c/2015 - 07 - 09/204232091527. shtml。

② 《习近平同津巴布韦总统穆加贝举行会谈》，中华人民共和国外交部网站，2015 年 12 月 2 日，http：//www. fmprc. gov. cn/web/wjdt_ 674879/gjldrhd_ 674881/t1320442. shtml。

摩洛哥 2015 年 6 月，中国驻摩洛哥大使孙树忠在接受新华社记者采访时表示，摩方对中方提出的"一带一路"倡议极为关注，摩洛哥王室与政府要员多次重申，摩洛哥愿积极参与实现这一进程；摩洛哥表示，希望早日加入亚投行。摩方认为，发展中国家的基础设施投入严重不足，而现有国际金融机构无法满足这一现实需要，亚投行的问世恰逢其时，将有效拓展国际金融合作机制，是对现有国际金融体系的完善与补充。①

南太平洋

2015 年 3 月，中国官方发布的"一带一路"版图中首提 21 世纪海上丝绸之路南线，即中国南海到南太平洋的新海上丝绸之路路线，沿线各国对此态度积极：澳大利亚、新西兰已经正式加入亚投行，斐济和巴布亚几内亚高层纷纷访华寻求投资合作。

澳大利亚 澳大利亚外交部门对"一带一路"充满热情。2015 年 2 月，澳大利亚驻华使馆商务参赞杜大维一行访问国家发改委，指出澳大利亚希望发挥农业、环保、能源资源、医疗、教育、基础设施建设等领域优势，深入参与"一带一路"建设，希望以"一带一路"为契机，吸引更多的中国资本进入澳大利亚的基础设施建设、海洋合作研究、旅游等领域，澳大利亚将继续关注"一带一路"实施情况，确定合作领域及具体项目，明确未来的主攻方向及行动框架。②

3 月，澳大利亚宣布加入亚投行。

中澳在"一带一路"框架下的合作正在有序进行中。6 月，澳大利亚政府正式公布了其"北部大开发"计划。这一计划的正式公布标志着

---

① 《中国驻摩洛哥大使：摩方希望参与"一带一路"建设》，新华网，2015 年 6 月 25 日，ht-tp：//www.scio.gov.cn/ztk/wh/slxy/slzf/Document/1439289/1439289.htm。

② 《澳大利亚驻华使馆官员来我委了解"一带一路"建设的有关情况》，中华人民共和国国家发展和改革委员会网站，2015 年 2 月 9 日，http：//news.163.com/15/0209/10/AI0M3MFQ00014JB5.html。

澳"北部大开发"与"一带一路"对接的开始。6月，中国商务部部长高虎城与澳大利亚贸易与投资部部长安德鲁·罗布在澳大利亚堪培拉分别代表两国政府正式签署《中华人民共和国政府和澳大利亚政府自由贸易协定》。

8月，中澳第二轮战略经济对话在堪培拉举行，中澳达成共识。双方表示，将鼓励两国企业发挥各自优势，充分利用中澳自贸协定带来的机遇，加强基础设施、能源资源开发、产能合作、金融合作等，进一步促进双边务实合作向更高水平发展，实现互利共赢。①

11月，习近平主席在土耳其安塔利亚会见澳大利亚总理特恩布尔。习近平表示，双方要发挥互补优势，提高务实合作水平，推动中澳自贸协定尽快生效，推进"一带一路"倡议同澳方"北部大开发"计划对接；特恩布尔表示，澳大利亚各党派均致力于发展强有力的澳中关系，深化同中方政治、经济等各领域合作，澳大利亚议会已批准澳中自贸协定，相信这一协定必将提高两国经贸合作水平。②

新西兰　2015年1月，新西兰正式加入亚投行。2015年6月，前新西兰总理、新西兰－中国关系促进委员会主席唐纳德·麦金农在第四届全球智库峰会上表示，中国已经有数千万人脱贫，现在又提出了"一带一路"计划，这将帮助更多的非中国人口告别贫困。③7月，新西兰副总理兼财长比尔·英格利希访问四川，考察蓉欧快铁。7月，新西兰总督迈特帕里访华期间与习近平主席进行了会谈，两国元首高度评价中新关系发展，同意继续共同努力，推动中新全面战略伙伴关系不断取得新进展。习近平表示，中方愿同包括新方在内的有关各方一道努力，将亚投

---

① 《第二次中澳战略经济对话在堪培拉举行》，中国经济网，2015年8月13日，http://news.163.com/15/0813/15/B0TKBA8700014JB5.html。

② 《习近平会见澳大利亚总理特恩布尔》，人民网，2015年11月16日，http://politics.people.com.cn/n/2015/1116/c1024-27821649.html。

③ 《新西兰前总理：一带一路将帮助更多外国人口走出贫困》，腾讯财经，2015年6月26日，http://finance.qq.com/a/20150626/052514.htm。

行打造成一个互利共赢、专业高效的基础设施投融资平台，促进区域互联互通和经济发展；迈特帕里表示，新中全面战略伙伴关系十分重要，新西兰政府高度重视中国的发展和新中关系，此次访华旨在进一步推动同中方政治、经济领域的对话合作，希望抓住中国发展的机遇，扩大新中双边合作。① 9 月，在首届中国－新西兰市长论坛上，新西兰驻华大使麦康年、新西兰惠灵顿地区经济发展局主席比格斯、新西兰奥克兰市市长布朗等多名新西兰官员表示，中国的"一带一路"战略为新西兰发展带来新的机遇，将持续促进两国在经济、文化、旅游等方面的深层次交流。②

斐济 2015 年 7 月，斐济总理姆拜尼·马拉马访华。其间，与李克强总理进行会谈。李克强指出，中方愿同斐方深挖务实合作潜力，加强在农林渔业、交通通信、基础设施建设、新能源、旅游、环保等领域的合作，实现互利共赢，中方支持中国企业在斐生态农业等领域投资兴业，也欢迎斐济在华开拓优质海产品市场，希望双方开展的自贸协定联合可行性研究取得积极成果，进一步提高两国经贸合作水平；马拉马表示，中国是斐济发展的重要伙伴，愿进一步深化两国传统友谊，加强双方在经贸、渔业、航空等领域的合作，斐济正在制订国家发展战略，希望继续得到中方大力支持。③ 会谈后，两国总理共同见证了经贸、经济、技术、人文等领域双边合作文件的签署。

巴布亚新几内亚 2015 年 9 月，巴布亚新几内亚总统奥吉奥来华出席中国人民抗日战争暨世界反法西斯战争胜利 70 周年纪念活动，其间与习近平主席进行会谈。习近平表示，愿同巴新方一道，将两国关系推向更高水平，中巴新两国经济互补性强，合作空间十分广阔，双方要加强优势互补

---

① 《习近平同新西兰总督迈特帕里举行会谈》，新华网，2015 年 7 月 21 日，http：//news. xinhua-net. com/politics/2015 –07/21/c_ 1115997303. htm。

② 《新西兰官员："一带一路"带来新机遇》，中华人民共和国中央人民政府网站，2015 年 9 月 7 日，http：//www. gov. cn/xinwen/2015 –09/07/content_ 2926464. htm。

③ 《李克强欢迎斐济总理访华 强调推动战略伙伴关系》，央视网，2015 年 7 月 16 日，http：//news. qq. com/a/20150716/050018. htm。

和发展战略对接，不断提高务实合作水平；奥吉奥表示，建交 30 多年来，巴布亚新几内亚同中国的关系得到长足发展，巴布亚新几内亚感谢中国长期以来的帮助和支持，愿深化同中方在各领域的合作。①

北　美

北美的加拿大和美国是发达的资本主义强国，有此地区参与，"一带一路"定会锦上添花，加拿大对此倡议持支持态度，美国态度冷淡，但在寻求合作。

加拿大　加拿大近年与中国在旅游、教育等人文领域交流频繁，对"一带一路"持支持态度。2015 年 3 月，加拿大驻广州总领事艾伟敦在媒体发布会上表示，对于中国的"一带一路"和新设立的自由贸易试验区，加拿大政府持非常积极和前瞻的态度，认为加拿大企业可以在其中发挥一定的作用，由中国牵头成立的亚投行是深化投资尤其是基础设施领域投资非常重要的一步，加拿大非常欢迎基础设施的投资，目前正在研究是否加入亚投行。② 11 月，在土耳其安塔利亚举行的 G20 峰会上，加拿大新任总理贾斯汀·特鲁多与中国国家主席习近平举行了双边会晤，他承诺会继续父亲开创的中加外交关系，在多方面加强与中国的合作，表示两国有很多合作的机会，期待未来几年是一个加中有更多合作、创造更多互惠互利的新时期，并邀请习近平主席和李克强总理访加，这一姿态赢得了习近平主席的高度赞赏。③

美国　2015 年 9 月，习近平主席对美国进行访问，其间与奥巴马进行

---

① 《习近平会见巴布亚新几内亚总督奥吉奥》，央视网，2015 年 9 月 1 日，http：//news. cntv. cn/2015/09/01/VIDE1441105917533528. shtml。
② 《艾伟敦：加拿大对一带一路和自贸区战略持非常积极态度》，中国新闻网，2015 年 3 月 25 日，http：//www. chinanews. com/cj/2015/03 - 25/7158890. shtml。
③ 《加拿大新总理会见中国领导人赢赞赏　再邀中方访加》，《环球时报》，2015 年 11 月 17 日，http：//news. sina. com. cn/o/2015 - 11 - 17/doc - ifxkrwks4052230. shtml。

会谈。据外交部统计，双方在中美新型大国关系、双边务实合作、亚太地区事务、国际与地区问题、全球挑战等方面取得49项成果。① 访问期间，习近平表示，中国发展得益于国际社会，中国也要为全球发展做出贡献，中方推动共建"一带一路"、设立丝路基金、倡议成立亚洲基础设施投资银行等，目的是支持各国共同发展，而不是要谋求政治势力范围，"一带一路"是开放包容的，欢迎包括美国在内的世界各国和国际组织参与到合作中来。②

自"一带一路"倡议提出以来，美国官方整体上反应比较冷淡，公开场合很少谈及或者故意淡化其积极意义。但是，美国媒体、学者和智库给予很多关注。总体上看，美国智库对中国的战略意图抱有较大疑虑。对于"一带一路"的意图，美国智库有三种看法：其一，他们认为"一带一路"是中国版的"马歇尔计划"，中国试图利用其经济力量实现大国崛起的对外政策目标；其二，他们认为这是中国的"西进"战略，以此对冲美国的"亚太再平衡"战略；其三，他们认为这是一种安抚政策，目的在于稳定因海洋问题而恶化的周边安全环境，改善与周边国家的关系。③

2015年10月，以美国为主导的12个国家签订"跨太平洋伙伴关系协定"（TPP），在31个领域达成了基本共识与协议。10月5日，在谈判的最后阶段，奥巴马表示，"在美国95%以上的潜在客户生活在海外的情况下，我们不能允许像中国那样的国家来制定全球贸易的规则"④。不少专家学者认为这是美国在亚太地区遏制中国战略的一大胜利。

---

① 《习近平访美49项成果公布》，《南方都市报》，2015年9月26日，http：//news. sina. com. cn/o/2015－09－26/doc－ifxiehns3348800. shtml。
② 《习近平西雅图演讲：欢迎美国参与"一带一路"合作》，证券时报网，2015年9月23日，http：//finance. sina. com. cn/stock/t/20150923/131123327386. shtml。
③ 曹筱阳：《美国：三大地缘经济战略与"一带一路"重合碰撞》，《国际先驱导报》，2016年2月17日，http：//www. rmlt. com. cn/2016/0217/417573. shtml。
④ 《TPP谈成了，中国怎么办？》，搜狐博客，2015年10月27日，http：//jiatengjiayi. blog. sohu. com/310434624. html。

中南美－加勒比

中南美国家长期依赖大宗商品出口，2015 年经济发展呈现波动性。此地区对"一带一路"并不是太了解，但与中国的合作都在务实地进行着。2015 年，委内瑞拉、秘鲁、巴西、智利、阿根廷等国家的国家元首在不同场合与习近平主席和李克强总理进行会见，表达了对"一带一路"的支持和与中国合作的愿望，也促成了合作项目的形成，比如巴西的美丽山水电站。2015 年 4 月，巴西成为亚投行创始成员国。

墨西哥 墨西哥不反对中国的"一带一路"，但是于 2014 年 11 月取消了墨西哥城至克雷塔罗高铁项目中国中标结果，这一举措让各方感到墨西哥对"一带一路"态度暧昧。

2015 年 9 月，墨西哥驻香港及澳门领事馆总领事布雅丽在香港接受新华社专访时表示，亚洲已成为墨西哥最重要的市场，墨西哥将借助中国政府提出的"一带一路"所提供的良机与香港携手发展，墨西哥驻香港及澳门总领事馆还与香港科学园签订了发展协议，将对来自墨西哥的高科技产业公司进行孵化，"一带一路"将给墨西哥带来千载难逢的发展良机。①

委内瑞拉 2015 年，委内瑞拉总统两度来华并与习近平主席进行会谈。1 月，马杜罗总统专程来华并与习近平进行会谈。他表示，中国是委内瑞拉的亲密朋友，两国建立在互利互惠、共同发展基础上的合作不断加强，委方正在制定经济恢复计划和长期发展计划，将扩大国际范围融资，增加生产领域投资，希望同中方共同做好下一步合作规划，开辟工业、能源、科技、融资等领域合作。② 9 月，马杜罗来华出席中国人民抗日战争暨

① 《墨西哥驻港澳总领事："一带一路"提供机会》，新华网络电视，2015 年 9 月 8 日，http：//mt. sohu. com/20150908/n420628707. shtml。
② 《习近平会见委内瑞拉总统：推进石油开发等合作》，央视网，2015 年 1 月 7 日，http：//news. qq. com/a/20150107/058536. htm。

世界反法西斯战争胜利 70 周年纪念活动并与习近平主席进行了会谈，习近平表示，要在互利互惠基础上扎实推进务实合作，充分发挥现有融资机制的作用，探讨开展金融、矿业、农业等领域新的合作，中方愿协助委方提升工业产能，为在更广泛领域扩大务实合作奠定基础；马杜罗表示，委内瑞拉珍视同中国的全面战略伙伴关系，愿加强同中方在能源、金融等各领域的合作，密切双方在国际事务中的协调和配合。[1]

委内瑞拉对中国企业充满热情，欢迎中国企业投资。2015 年 8 月，中国企业代表团赴委内瑞拉考察，委内瑞拉总统马杜罗在总统府会见了中国企业代表团。马杜罗表示，委内瑞拉有优越的条件来推进委中两国的许多合作项目，委内瑞拉将在中国等友好国家的支持下，推进国民经济的发展。其间，中国企业代表团在加拉加斯分别与委内瑞拉政府有关部门举行工作会谈，双方就石油天然气、钢铁和铝矿、轮胎、机械设备、重型卡车、食品、农业科技、造纸以及金融领域的合作项目等进行审议和考察，在一些项目上达成新的共识，并表示继续就推进合作项目的实施进行深入探讨。[2]

古巴 2015 年 6 月，在"丝绸之路经济带城市国际论坛"上，古巴驻华大使馆米勒蒂表示，中国的"一带一路"计划已经得到世界各国非常积极的响应，"一带一路"与古巴经济也是互补的，这项计划将加强中国和古巴之间的经济文化交流，并且促进世界范围内的互联互通。[3]

秘鲁 2015 年 5 月，李克强总理访问秘鲁，其间与秘鲁总统乌马拉举行会谈。李克强指出，中秘双方可在自贸区基础上加强务实合作与前瞻性设计，推动重点领域产能和装备合作，构建石油、清洁能源、矿业、

---

① 欧阳开宇：《习近平会见委内瑞拉总统：中方愿助委方提升工业产能》，中国新闻网，2015 年 9 月 1 日，http://news.china.com.cn/2015-09/01/content_ 36474859. htm。

② 《委内瑞拉总统马杜罗会晤中国企业代表团》，人民网，2015 年 8 月 7 日，http://world.people.com.cn/n/2015/0807/c1002-27427035.html。

③ 《古巴大使馆三等秘书："一带一路"促进世界的沟通》，网易新闻，2015 年 6 月 19 日，http://news.163.com/15/0619/16/ASG2KLI300014JB6.html。

农林渔业等领域上下游合作产业链，中方愿根据秘方需求和规划，充分利用铁路、港口、电力、通信等领域的产能和技术优势，积极参与"两洋铁路"等重大基础设施项目建设，加强技术转让和经验分享，提高秘鲁工业化的装备配套能力，带动当地扩大就业，密切金融合作，探讨符合双方需求的融资方式以及贸易本币结算和双边货币互换等合作，推动中秘产能和装备合作向第三方开放，谋求两国双赢、多方共赢；乌马拉表示，愿与中方共同努力推动秘中全面战略伙伴关系向前发展，"两洋铁路"的规划与建设对秘鲁、巴西、中国三国乃至本地区经济发展十分重要，中方的参与必不可少，欢迎中方扩大对秘鲁采矿业等工业领域的投资，向秘鲁转让技术将有助于秘鲁工业化进程，双边在农业、渔业、住宅建设、可再生能源等领域合作前景很大，双方可进一步深化相关合作。① 会谈后，两国领导人共同见证了双边产能、能源、矿业、基础设施建设、检疫、医疗、航天等领域合作文件的签署。此外，双方还发表了中秘政府联合声明。

2015 年 10 月，秘鲁前总统亚历杭德罗托莱多在北京接受中国网专访时表示，秘鲁拥有巨大的水资源储量、原始森林，生物多样性保持较好，能生产各种各样的食品，有出色的海产品与农产品等，是世界上最绿色的能源国家之一，所以秘鲁和中国有很大的合作空间。②

中国与秘鲁的合作取得实质性进展。2015 年 5 月，李克强访秘鲁，其间两国签署中秘两国航天局间合作协议，这为中秘后续合作奠定了良好基础；5 月，三峡集团与秘鲁能矿部签订了《建立能源领域开发合作机制谅解备忘录》，这标志着三峡集团全面启动在秘鲁水电资源开发实质性工作；12 月，秘鲁出口商协会、秘鲁中资企业协会、秘鲁的电商物

① 《李克强同秘鲁总统乌马拉举行会谈》，《新华每日电讯》，2015 年 5 月 24 日，http：//news. xinhuanet. com/mrdx/2015 – 05/24/c_ 134265024. htm。
② 《秘鲁前总统：中国与秘鲁的合作有着更多的期待》，中国网，2015 年 10 月 21 日，http：// news. 163. com/15/1022/09/B6H7QES600014JB6. html。

流服务公司和中国的南美快线电子商务公司在秘鲁首都利马签订《中秘跨境电商项目合作协议》。

巴西 2015 年 3 月，巴西总统办公室发表声明称"巴西对参加这一项目非常感兴趣"，宣布接受中国邀请加入亚投行，并指出加入亚投行不附加任何条件。①

2015 年 5 月，李克强总理访问巴西，表示中巴在产能和装备制造、基础设施建设、贸易投资等领域合作空间巨大，将进一步提高中巴互利合作水平和含金量。访问期间，李克强在出席中巴工商界峰会时提出中拉产能合作"3 乘 3"新模式，即共建物流、电力、信息三大通道，实现企业、社会、政府三者良性互动，拓展基金、信贷、保险三条融资渠道，这一模式在有效克服拉美国家"去工业化"困境的同时，还保证了地区经济的稳定。② 李克强和罗塞夫共同出席了美丽山水电站特高压直流输电项目视频奠基仪式，共同签署了《中华人民共和国政府与巴西联邦共和国政府 2015 年至 2021 年共同行动计划》和两洋铁路项目可行性研究的谅解备忘录。

据巴西总统府新闻办的公告，中巴合作还取得以下成果：中国和巴西签署了巴西牛肉对华出口的卫生和检验检疫协议；巴西开发银行、巴西航空工业、中国进出口银行和海航集团签署融资购买 40 架 EMBRAER 飞机的协议；巴西中央电力公司、ELETRONUCLEAR 和中国核工业集团公司集团签署核技术合作备忘录；CAIXA ECONOMIC FEDERAL 与工商银行签署融资项目备忘录；巴西石油公司与中国国家开发银行达成 50 亿美元融资协议；巴西石油还与中国的出口信用融资机构达成了 20 亿美元的项目融资协议；淡水河谷和中国远洋运输（集团）总公司签署了 25 年货运协议；比亚

---

① 《巴西决定加入亚投行，不附加任何条件》，中国日报网，2015 年 3 月 28 日，http：//news. xinhuanet. com/world/2015 – 03/28/c_ 127631536. htm。

② 《李克强提"3 乘 3"新模式　促中拉产能合作对接》，中国新闻网，2015 年 5 月 30 日，http：//www. chinanews. com/gn/2015/05 – 20/7290047. shtml。

迪将在巴西投资 5000 万美元建太阳能面板厂。①

巴西总统罗塞夫在李克强访问前夕接受采访时表示，巴西渴望中国投资，将营造有利环境，巴西欢迎中国参与巴西高铁建设，中国提议的亚投行的建立是近年来基础设施领域里最为重要的举措之一，会创造更多的投资机会，加速商贸往来，并推动世界多个地区的发展，亚投行和金砖国家开发银行等倡议并不构成冲突，亚投行是中国有担当的表现，所以巴西积极加入。②

此外，2015 年 10 月，中国和巴西的外交官和学者齐聚北京对外经济贸易大学参加中国 – 巴西合作未来发展国际研讨会。巴西驻中国大使馆代办马塞洛·尼纳公使和巴西坎皮纳斯学院副校长罗德里格·萨巴蒂尼教授表示，中巴双方要加强产能和资源方面的合作，在经贸领域，两方合作前景广阔。③

智利 2015 年 5 月，李克强总理访问智利，与智利总统巴切莱特进行会谈。李克强表示，中方愿同智方坚持相互尊重、互利共赢，深化政治互信，拓展务实合作，密切人文交流，推动中智战略伙伴关系加速前行，更好造福两国人民，并就打造中智务实合作升级版提出六点建议；巴切莱特表示，智方愿同中方携手打造两国经贸合作升级版，并为中国企业在智投资兴业提供便利，共同挖掘矿业、可再生能源等领域的产能合作潜力，欢迎中方参与"两洋隧道"等基础设施建设，拓展金融合作，将智利打造成人民币在拉美的清算中心，进一步加强农牧业、科技创新合作，拓展文化、教育交流，将智中战略伙伴关系全面推向前进。④

---

① 《中国和巴西敲定 35 项经贸合作大单》，人民网 – 国际频道，2015 年 5 月 22 日，http：// world. people. com. cn/n/2015/0522/c1002 – 27041474. html。
② 《巴总统期待李克强来访：急需中国基建投资经验》，《第一财经日报》，2015 年 5 月 12 日，http：//finance. sina. com. cn/world/20150512/014622155870. shtml。
③ 《中国巴西经贸合作前景广阔》，人民网 – 国际频道，2015 年 10 月 10 日，http：//world. people. com. cn/n/2015/1010/c1002 – 27682285. html。
④ 《李克强访问智利　两国签署 220 亿元本币互换协议》，腾讯财经，2015 年 5 月 26 日，ht-tp：//finance. qq. com/a/20150526/013055. htm。

访问期间，中智合作取得实质性进展，签署多项协议和备忘录。在国家层面上，两国签署了《中华人民共和国政府与智利共和国政府共同行动计划》作为中智各领域中长期交流合作的行动纲领；在产能合作方面，两国签署了《中华人民共和国国家发展和改革委员会与智利共和国外国投资委员会关于加强产能与投资合作的谅解备忘录》，指出双方将积极开展产能合作，扩大两国在矿业、农业、基础设施、能源、制造业等领域的投资合作，促进产业对接和融合；在金融领域，两国签署了《中国人民银行与智利中央银行人民币/智利比索双边本币互换协议》和《中国人民银行与智利中央银行关于人民币清算安排的谅解备忘录》，双方共同发表中智政府联合声明，中方同意给予智方 500 亿元人民币合格境外机构投资者（RQFII）额度，指定刚刚设立的中国建设银行智利分行为人民币清算行。[①]

在李克强访问智利之前，智利总统巴切莱特表示，中国倡议成立的亚洲基础设施投资银行很重要，它不会对现有国际金融机构造成不利影响，智利方面正在评估加入亚投行的可行性。5 月，智利亚太事务特使、前总统爱德华多·弗雷在接受采访时也表示，智利和中国有着许多可以互补的优势，在基础设施建设方面，智利需要中国参与投资，希望中国投资智利的科技项目，而智利则集中了世界上最好的天文中心，北部正在建设世界一流的观测站。[②]

阿根廷 2014 年，习近平主席访问阿根廷，2015 年 2 月，阿根廷总统克里斯蒂娜就进行了回访，其间与习近平主席进行了会谈。习近平强调，要深化务实合作，利用好经济合作与协调战略对话等机制，推动双方互利合作持续稳定深入发展，建设好现有的铁路和水电站等重点项目，将核电

---

① 《李克强访问智利 推动"两洋隧道"项目合作》，中新网，2015 年 5 月 26 日，http://finance. qq. com/a/20150526/018710. htm。

② 《李克强出访智利 将签多项合作协议》，腾讯财经，2015 年 5 月 25 日，http://finance. qq. com/a/20150525/025562. htm。

作为下阶段重点合作领域加以推进，继续加强金融合作，执行好本币互换协议，中方欢迎阿根廷企业积极开拓中国市场，将一如既往支持中国企业赴阿根廷投资兴业；克里斯蒂娜表示，阿根廷正在推进能源多元化，当前阿中合作建设的基什内尔－塞佩尼克水电站是阿根廷有史以来最重要的水电站，阿方希望同中方开展核能合作，利用中国核能技术，此外，阿中货币互换机制对阿非常重要，阿方希望增加互换额度，使人民币成为两国贸易结算的主要货币，阿方希望中国汽车和通信企业在阿根廷建厂，愿看到更多中国产品进入阿根廷市场，欢迎中国企业来阿开采钾、锂等矿产资源，也希望中国更多进口阿根廷优质牛肉、果蔬等产品。[1] 会谈后，两国元首共同签署并发表了中阿《关于加强两国全面战略伙伴关系的联合声明》。此外，两国元首还见证了政治、经贸、金融、核能、文化、卫生、司法、航天、电信、旅游等领域合作文件的签署。

6月，阿根廷驻华大使古斯塔沃·马蒂诺在“2015丝绸之路经济带城市国际论坛”上表示，中阿两国将会继续加速双边贸易投资，阿根廷需要中国更多地投资，2500亿美金的贸易额是阿根廷政府对华贸易的战略目标。中国的“一带一路”倡议不仅会促进中阿双方的贸易，而且借助于该机制，阿根廷的经济也会发展得更为强大，阿根廷和拉美地区非常愿意加入“一带一路”的倡议中来，以此加强双方的合作，推动双方的贸易和投资迈上一个新的台阶。[2]

6月，阿根廷联邦计划、公共投资和服务部副国务秘书顾问 Liscia Sergio 在首届中拉基础设施合作论坛上表示，愿意和中国进行富有成果的合作，在通信领域对中国企业来说有很多的商机，所有的阿根廷电信运营商都和华为有着密切的合作。中阿两方签署了两项关于电信领域的合作协

---

① 《习近平：核电将成中国阿根廷下阶段重点合作领域》，中国新闻网，2015年2月4日，http：//money. 163. com/15/0204/20/AHKU95G700253B0H. html。

② 《阿驻华大使：阿根廷和拉美非常愿意加入“一带一路”》，中国经济网，2015年6月18日，http：//news. 163. com/15/0618/21/ASE3QPUV00014JB5. html。

议。阿根廷科罗拉多河的矿业项目将启动，这些项目得到了来自中国的投资以及融资支持。在空间领域，阿根廷和中国也签署了合作协议，使双方可以共同在卫星以及执行空间任务方面进行合作。①

中国与阿根廷的合作正在务实推进。2月，在阿根廷总统访华期间，国家能源局局长努尔·白克力与阿根廷联邦计划、公共投资与服务部部长胡里奥·德维多签署了《中华人民共和国政府和阿根廷共和国政府关于在阿根廷合作建设压水堆核电站的协议》和《中华人民共和国政府和阿根廷共和国政府关于合作在阿根廷建设重水堆核电站的谅解备忘录》。9月，中国人民银行与阿根廷中央银行签署了在阿根廷建立人民币清算安排的合作备忘录。② 11月，中国工商银行获得阿根廷经济部委任，为中国与阿根廷核电项目合作安排等额51亿美元融资，该项委任直接促成了中阿签署阿根廷第四座核电站商务合同和基于"华龙一号"技术的第五座核电站商务框架合同。③

---

① 王宙洁：《把握"一带一路"机遇　阿根廷本周将与中国签署多项合作协议》，中国证券网，2015年6月4日，http://news.cnstock.com/news/sns_bwkx/201506/3452715.htm。
② 《中国人民银行与阿根廷中央银行签署合作备忘录》，中华人民共和国中央人民政府网站，2015年9月18日，http://www.gov.cn/xinwen/2015-09/18/content_2934299.htm。
③ 《工行为中国与阿根廷核电项目合作安排融资》，腾讯财经，2015年11月30日，http://finance.qq.com/a/20151130/064750.htm。

企业篇

2015 年，央（国）企依旧是"一带一路"倡议的承载者和推进主体，境外投资遍布 157 个国家和地区。民营企业逐渐成为生力军，撑起海外投资的半壁江山。截至 2015 年 11 月底，民企海外并购额占中企总额的 56.88%。

第一章　央（国）企及海外产业园区

央（国）企是"一带一路"倡议的承载者和推进主体。[①] 2015 年，配合企业改革、多层次资本市场建设等改革红利，中国第四轮企业并购浪潮进入快车道。[②] 以大型基建项目为先导，以"三高七路"[③] 为总抓手，央（国）企并购呈现"国内 + 跨境"双轮驱动趋势。截至2015年末，进入世界500强企业的央（国）企达到47家，境外投资遍布157个国家和地区，超过全国非金融类对外直接投资金额的70%，对外承包工程营业额占全国总额的60%。[④]

高铁企业

预计到2019年，全球高铁市场规模将高达1334亿美元。[⑤] 随着"一带一路"升温，中国铁路装备已实现六大洲全覆盖，轨道车辆整车产品也已进入北美发达国家市场。

[①] 王洹星：《大型国有企业将成为中国推进"一带一路"的主力军》，人民网，2015 年 5 月 26 日，http://politics.people.com.cn/n/2015/0526/c70731 – 27058680.html。

[②] 刘丽靓：《"一带一路"促央企拓展海外市场　海外并购步入快车道》，新浪财经，2015 年 6 月 25 日，http://finance.sina.com.cn/china/20150625/051922509842.shtml。

[③] 邓志雄（国务院国资委规划发展局局长）："三高"即"高铁、特高压、高度信息化"，"七路"即铁路、公路、水路、空路、油气管路、电路、通信线路。

[④] 《"一带一路"上国企怎么当好"主力军"和"领头羊"》，《中国青年报》，2015 年 8 月 2 日。

[⑤] 《南北车合并逻辑：以往鼓励竞争但现在时代已变》，《长江商报》，2015 年 5 月 4 日。

中国兵器晋西车轴股份有限公司　2015 年 4 月 21 日，中国兵器工业集团公司与巴基斯坦旁遮普公交公司签署拉合尔轨道交通橙线项目总承包合同，合同总金额高达 14.575 亿美元。晋西车轴作为中国兵器旗下铁路零部件产品平台、亚洲最大的铁路车轴生产企业，手持外贸订单突破 9 亿元，创下了外贸出口新纪录。① 晋西车轴出口的铁路车轴及城市轨道交通用车轴反映了我国该领域产品的国际竞争力。②

中国铁路总公司　"铁总"是由中央管理的正部级国有独资企业，注册资金 10360 亿元。2014 年 4 月初，中国代表团考察了修建"德里－金奈高铁走廊"的可能性。9 月 18 日，铁总宣布下属铁道第三勘察设计院牵头与印度本地企业组成的联合体获得授标函，承担新德里至孟买高速铁路的可行性研究工作。该项目建造成本预估高达 2 万亿卢比（约合人民币 1979.88 亿元）。③ 2015 年 10 月 16 日，铁总牵头组成的中国企业联合体与印尼国企联合体正式签署组建中印合资公司协议，将负责印尼雅加达至万隆高速铁路项目的建设与经营，该铁路全长 145 公里，总造价约 55 亿美元。④

中国中车股份有限公司　2015 年 1 月 26 日，中国北车⑤与美国签订出口波士顿的红橙线地铁项目合同，总额约人民币 41.18 亿元。⑥ 2 月 20 日，中国北车中标土耳其轻轨项目，获 85 辆轻轨车辆订单。⑦ 4 月 15 日，中国南车斥资约 1.3 亿英镑，收购世界海洋工程装备知名企业 SMD100% 的股

---

①　《晋西车轴手持外贸订单破 9 亿　车轴产量预增 60%》，凤凰财经，2015 年 4 月 23 日，ht-tp：//finance.ifeng.com/a/20150423/13658598_0.shtml。

②　参见 http：//www.cec-ceda.org.cn/jxcz.htm。

③　《中印或合建全球第二长高铁走廊　中国高铁股大涨》，参考消息网，2014 年 11 月 24 日，ht-tp：//news.163.com/14/1124/15/ABR0RPJM00014AEE.html。

④　《印尼雅加达至万隆高铁项目动工》，《惠州日报》，2016 年 1 月 22 日。

⑤　2015 年 6 月 1 日，中国南车合并中国北车，成立中国中车股份有限公司。

⑥　王文华：《中国北车拿下 41 亿美元波士顿地铁项目》，界面网，2015 年 1 月 27 日，http：//www.jiemian.com/article/229620.html。项目合同内容包括：总额约 2.67 亿元人民币的马来西亚吉隆坡机场线铰接式电动车组出口合同；总额约 3.56 亿元人民币的阿根廷铁路货车合同及 1.94 亿元的贝尔格拉诺铁路内燃机车合同。

⑦　2015 年 7 月 7 日，中国中车出口马其顿的动车组通过欧洲 TSI（欧洲铁路互联互通技术规范）要求，成为中国出口到欧洲的首个动车组。

权，"跨界"进军全球深海工程技术领域。① 6 月 1 日，中国南车正式合并北车，更名为中国中车，市值约 7273.87 亿元，超越德国西门子、法国阿尔斯通、加拿大庞巴迪等世界机车制造龙头企业。② 9 月 3 日，中国中车的美国制造基地正式动工，这是中国轨道交通设备制造商第一次在发达国家投资建厂，也是截至目前中国高端装备市场门槛最高的国际产能合作。③签订印度尼西亚 60 亿美元高铁协议④，中老铁路正式奠基，中泰铁路正式启动⑤，就俄罗斯高铁本地化生产方式达成一致……2015 年，中国中车作为上述项目的核心成员，也发挥出关键作用。目前中国中车的产品已出口全球 101 个国家和地区，覆盖 6 大洲 11 个市场区域。⑥

中国中铁股份有限公司 2015 年 ENR 全球国际承包商中国建筑企业排名榜上，中国中铁排名第 23 位。⑦ 2015 年，中国中铁实现营业总收入 6241.04 亿元，同比增长 1.88%；实现营业利润 156.7 亿元，同比增长 5.81%；海外新签订单及营业收入均大幅增长，其中新签订单同比增长 29.36%，营业收入同比增长 15.06%⑧，"一带一路"沿线国家基础建设

---

① 唐婷、李伟锋等：《南车时代电气斥资约 12 亿元收购世界知名海工企业》，《湖南日报》，2015 年 4 月 16 日。

② 余强：《一带一路看中国中车》，每日经济新闻网，2015 年 6 月 8 日，http：//blog. sina. com. cn/ s/blog_ 444ea0f60102vteg. html。

③ 李瞧：《输出高铁技术 中国中车在美投资建厂》，《中国工业报》，2015 年 9 月 8 日。在此之前，中国中车在土耳其合资新建的轨道交通装备制造基地已正式投产，在马来西亚投资建设的东盟制造中心更是成为中国和东盟地区经贸合作的亮点和"一带一路"战略的第一批示范基地。

④ 2015 年 9 月，印尼政府一度宣布高铁项目计划作废，退回中日各自提交的竞标方案，以中速铁路为目标重新开始招标。但一个月后峰回路转，10 月 16 日，中国最终击败日本，拿下了在印尼的首个高铁出口订单。

⑤ 2016 年 3 月 25 日，泰国交通部长阿空·丁披他耶拜实在 3 月 25 日突然宣布，泰国决定自筹资金投资中泰铁路项目，不再向中方贷款，虽然仍将使用中国技术、信号系统和列车，但将线路缩短三分之二以上，不建出境段线路。泰方称，造成这一结果的原因是双方在巨额建设费的分担以及中国对泰国融资条件上未能达成妥协。

⑥ 乔继红：《中国高铁开"旗舰"：出口全球 101 个国家和地区》，新华社，2016 年 1 月 12 日，http：//www. 81. cn/gnxw/2016 - 01/12/content/6853173/htm。

⑦ 《2015 年 ENR 全球最大 250 家国际承包商中国企业排名》，《国际商报》，2015 年 12 月 15 日，http：//news. hexun. com/2015 - 12 - 15/181211870. html。

⑧ 《中国中铁 2015 年净利润同比增长 18% 海外业务迎新局面》，新浪财经，2016 年 3 月 3 日，http：//finance. sina. com. cn/stock/t/2016 - 03 - 30/doc - ifxqxcnp8230247. shtml。

新签订单有望增加 10%。①

　　2015 年 6 月，中国中铁下属公司与诺夫哥罗德地铁设计院组成的联合体中标俄罗斯高铁莫斯科—喀山段建设项目的勘察设计部分，这是中国高铁真正"走出去"的第一单。项目工程执行时间为 2015 年至 2016 年，实施合同金额为 207.9 亿卢布（约合 3.8 亿美元）。② 同月，中国中铁下属集团牵头的联合体与哈萨克斯坦就阿斯塔纳市轻轨一期项目签署 EPC 框架协议。③ 早在 5 月，巴西、秘鲁政府发布联合声明，明确双方重审 2014 年 11 月签署的谅解备忘录中关于秘鲁、巴西两洋铁路④三方工作组的职责规定，强调应共同推进两洋铁路项目可行性研究，中国中铁下属公司确认将承担两洋铁路的可行研究工作。⑤ 5 月 21 日，中国中铁发布公告，宣布与以色列公司组成的联营体成功中标特拉维夫轻轨红线项目 TBM 段西标段，项目总估算约 49.9 亿元，中国中铁在联营体中占股 51%。⑥ 7 月 13 日，中国中铁等 6 家企业设立中国铁路国际（美国）有限公司，并于 9 月 13 日与美国西部快线公司就组建合资公司签署协议，建设、经营"西部快线高速铁路"，预计总投资额 127 亿美元。⑦ 9 月 20 日，由中国中铁承建的埃塞俄比亚的斯亚贝巴轻轨正式开通，该项目为中国轻轨在非洲的第一个全产业链项目，工程耗资超过 4.75 亿美元。⑧ 11 月 25 日，中国中铁发布公告称，

① 《CCG 发布"2015 中国'一带一路'十大先锋企业"》，环球网，2015 年 12 月 2 日，http：//finance. huanqiu. com/cjrd/2015 – 12/8090943. html。

② 鲁金博、刘东凯：《中俄企业签署莫斯科—喀山高铁勘测设计合同》，新华网，2015 年 6 月 19 日，http：//news. xinhuanet. com/world/2015 – 06/19/c_ 127930776. htm。

③ 齐中熙：《中国中铁将在哈萨克斯坦建设轻轨》，新华网，2015 年 5 月 15 日，http：//news. xinhuanet. com/2015 – 05/15/c_ 1115302229. htm。

④ 总计 5000 公里（新建部分为 3000 公里），投资金额达 600 亿美元（约合人民币 3816 亿元）。

⑤ 《中华人民共和国政府和秘鲁共和国政府联合声明（全文）》，新华网，2015 年 5 月 23 日，http：//news. xinhuanet. com/politics/2015 – 05/23/c_ 1115383047. htm。

⑥ 乔倩：《中铁中标以色列轻轨项目　总估算 49.9 亿元》，腾讯新闻网，2015 年 5 月 22 日，http：//news. qq. com/a/20150522/033284. htm。

⑦ 韩迅：《高铁"出美"订单提速产业链上市公司》，《21 世纪经济报道》，2015 年 9 月 23 日。美国西部快线高速铁路全长 370 公里，将内华达州南部与加州南部连接起来，预计总投资额 127 亿美元。

⑧ 《盘点：2015 年中国的那些海外工程》，慧聪网，2016 年 1 月 12 日，http：//www. mei. net. cn/gcjx/201601/648670. html。

公司下属中铁国际将与铁总国际、匈牙利铁路公司组建联营体作为匈塞铁路项目匈牙利段总承包商，项目估算总额折合人民币约 100 亿元，其中铁总国际和中铁国际在上述联营体中共占有 85% 的份额。匈塞铁路项目匈牙利段是匈塞铁路的一部分，线路全长约 160 公里。①

电力企业

2015 年电企"出海"实现全面开花。目前，我国境外建设的电站涵盖火电、水电、核电、风电和太阳能、生物质能发电等多种类型，在周边国家建成和在建的水电项目达 17 个，总装机容量近 1000 万千瓦。②

核电

中国广核集团有限公司（中广核）、国家核电技术公司（国家核电）和中国核工业集团公司（中核集团）是我国核电企业三大巨头。2015 年，三家"龙头"积极拓展海外业务，与阿根廷、南非、巴西、加拿大、英国、法国、意大利、西班牙、阿根廷、哈萨克斯坦等国签署多份合作协议。③

中国广核集团有限公司　2015 年，中广核总资产超过 4300 亿元，同比增长 10.7%；在建核电总装机容量 1465 万千瓦，占全球在建核电容量的 1/5，保持全球最大核电建造商地位。④

6 月 23 日，中广核与 SARENS 集团⑤签署了战略合作协议，双方拟在

① 樊曦：《中国中铁联合中标百亿元匈塞铁路项目》，新华网，2015 年 11 月 25 日，http://news.xinhuanet.com/world/2015-11/25/c_1117262581.htm。
② 《国资委发布央企"一带一路"中国企业路线图》，中财网，2015 年 7 月 14 日，http://www.cfi.net.cn/newspage.aspx?id=20150714001260&p=0。
③ 邓晓：《2015：电力"走出去"大年——2015 年"走出去"战略回顾》，《南方周末》，2015 年 12 月 23 日。
④ 刘传书：《中广核 2015 年创造核电建设新纪录》，《科技日报》，2016 年 1 月 27 日。
⑤ SARENS 集团成立于 1955 年，在重型起重和工程运输行业居于全球领先地位。目前，SARENS 集团在全球共设立了 105 家分支机构，项目遍布 60 个国家，在"一带一路"国家均有布点。

核能、可再生能源以及核电站退役等业务领域开展合作。① 9 月 7 日，中广核与肯尼亚签署谅解备忘录，中国将向其出口自主第三代核电华龙一号技术及其改进技术，这是除南非之外的非洲国家首次开建核电项目。② 10 月 21 日，中广核和法国电力集团（EDF）就英国欣克利角 C 核电站达成战略投资协议，双方将共同出资 60 亿英镑建设两台欧洲压水式核电机组，这是英国 30 年来的首个核电项目，被称为"地球上最昂贵的工程"，项目预计 2025 年完工。③ 11 月 9 日，中广核与罗马尼亚国家核电公司签署了《切尔纳沃德核电 3、4 号机组项目开发、建设、运营及退役谅解备忘录》，项目总投资约 72 亿欧元，备忘录签订后，中广核将与罗马尼亚国家核电公司设立合资公司，中广核将持股 51%，控股该合资公司。④

国家核电技术公司 2015 年 12 月 2 日，习近平与南非总统祖马共同见证了国家核电与南非核能集团签署《CAP1400 项目管理合作协议》。⑤ 该项目投资约合 830 亿美元，将成为南非核电史上最大的投资。⑥

中国核工业集团公司 "华龙一号"是中核集团和中广核集团充分借鉴国际三代核电技术先进理念，采用国际最高安全标准合作研发设计的三代核电技术。2015 年，"华龙一号"海外首堆巴基斯坦卡拉奇项目已开工建设并进展顺利。11 月 15 日，中核集团与阿根廷核电公司签约，签订 60 亿大单。⑦ 12 月

---

① 《中广核与比利时 SARENS 集团签署战略合作协议》，新华网，2015 年 6 月 24 日，http：// news. xinhuanet. com/energy/2015 - 06/24/c_ 127944502. htm。

② 《盘点：2015 年中国的那些海外工程》，慧聪网，2016 年 1 月 12 日，http：//www. mei. net. cn/ gcjx/201601/648670. html。

③ 高珈佳：《中企斥 60 亿英镑拿下英国核电大单：地球上最昂贵工程》，南都网，2015 年 10 月 22 日，http：//business. sohu. com/20151022/n423851472. shtml。

④ 《盘点：2015 年中国的那些海外工程》，慧聪网，2016 年 1 月 12 日，http：//www. mei. net. cn/ gcjx/201601/648670. html。

⑤ 《习近平主席和南非总统祖马共同见证 CAP1400 项目管理合作签约并参观国家电投展台》，国家核电官网，2015 年 12 月 28 日，http：//www. snptc. com/index. php? optionid = 702&auto_ id = 19277。

⑥ 《中国核电出口"突破在望" 国家核电有望获大订单》，新浪财经，2015 年 3 月 28 日，ht-tp：//www. cs. com. cn/xwzx/cj/201503/t20150328_ 4674310. html。

⑦ 《盘点：2015 年中国的那些海外工程》，慧聪网，2016 年 1 月 12 日，http：//www. mei. net. cn/ gcjx/201601/648670. html。

30 日，中核集团和中广核共同投资设立华龙国际核电技术有限公司，助推
"华龙一号"在更多国家和地区落地。[①]

除核电外，中广核还拥有风电、水电、太阳能、燃气等非核清洁能源
项目。11 月 23 日，中广核与马来西亚埃德拉全球能源公司（埃德拉公
司）[②] 签署了股权收购协议，共涉及 13 个电力项目。[③]

中国能源建设股份有限公司 2015 年 4 月 2 日，中国能建正式收到巴
基斯坦卡拉奇核电厂二号、三号机组常规岛土建、安装施工项目中标通知
书。该项目是采用我国完全具有自主知识产权的华龙一号核电技术的首个
海外核电项目，也是中国能建首个海外核电施工项目。项目总造价 95.9 亿
美元，是中国在巴基斯坦建设的第二大能源项目。[④]

上海电气集团股份有限公司 2015 年 3 月，上海电气核电集团与
AREVA 正式签订南非 KOEBERG 核电站[⑤]6 台蒸发器更换项目的分包合同。
该项目是中国核岛主设备第一次借与核电巨头合作之机出口国际市场，也
是中国核电技术装备"借船出海"，落实"走出去"战略的重要一步。项
目订单估值高达 960 亿美元。[⑥]

火电、水电、特高压

在"一带一路"战略支持下，2015 年，我国电力行业不断优化升级，
火电、风电、水电、特高压出口步伐不断加快。

---

① 《我国两大核电集团共同成立华龙公司 助推"华龙一号"核电技术加快"走出去"》，新华网，
2015 年 12 月 31 日，http://news.xinhuanet.com/energy/2015 - 12/31/c_ 1117632623. htm。

② 据悉，埃德拉公司是东南亚领先的独立发电商，其 13 个电力项目分布在马来西亚、埃及、孟
加拉国、阿联酋、巴基斯坦五个"一带一路"沿线国家，主要以天然气清洁能源发电项目为
主，在东南亚等地拥有丰富的清洁能源项目开发运营经验。

③ 林春挺：《中国广核集团收购海外 13 个电力项目》，网易财经，2015 年 11 月 24 日，http://
www.in - en.com/article/html/energy - 2241387. shtml。

④ 《中国能建中标"华龙一号"首个海外核电项目》，中国电力网，2015 年 4 月 13 日，http://
www.chinastock.com.cn/yhwz_ about.do? methodCall = getDetailInfo&docId = 4771258。

⑤ 南非 KOEBERG 核电站是非洲大陆唯一一座核电站。

⑥ 《拿下南非核电 960 亿美元的订单，上海电气短期股价将翻倍！》，东方财富网，2015 年 3 月 28
日，http://guba.eastmoney.com/news，601727，154809255. html。

国家电力投资集团公司　2015 年 5 月 29 日，经国务院批准，中国电力投资集团公司与国家核电重组成立国家电力投资集团公司①。12 月 17 日，英国《金融时报》报道，国家电投已就收购可再生能源企业太平洋水电②签署协议，太平洋水电将旗下在澳大利亚、智利和巴西的 19 座水电站和风电场出售给国家电投。收购价超过 20 亿澳元（约合 14.6 亿美元）。

作为国家五大发电集团③中唯一同时拥有火电、水电、核电、新能源资源的综合能源集团，国家电投在"一带一路"沿线的缅甸伊江水电施工电源电站、密松电站、其培电站，土耳其胡努特鲁燃煤电站，以及越南永兴燃煤电厂等 5 个电力投资项目上装机容量高达 1201.9 万千瓦，是"一带一路"沿线国家开展项目的主力军。④

国家电网公司　2015 年 5 月 19 日，李克强总理与巴西总统罗塞夫一同见证了世界第三大水电项目——美丽山水电站⑤奠基仪式，这是国家电网在海外中标的首个特高压直流输电项目，标志着特高压技术"走出去"取得重大突破。⑥ 7 月 17 日，国家电网中标巴西美丽山水电 ±800 千伏特高压直流输出二期特许经营权项目，工程投资约 22 亿美元，投资回报率超过 14%，与一期相比，二期项目是国家电网首次在海外独立开展工程总承

---

① 国家电投是由原中国电力投资集团公司与国家核电技术公司合并组建的综合能源集团，业务涵盖电力、煤炭、铝业、物流、金融、环保、高新产业等领域，总资产达 1130 亿美元，总装机超过 100 吉瓦。国家电投的境外项目分布在马耳他、土耳其、日本等 35 个国家和地区。

② 太平洋水电是一家领先的国际化新能源公司，拥有 19 座水电站和风电场，资产分布于智利、澳大利亚和巴西，总装机 900 兆瓦，并拥有一定数量的绿地项目。

③ 即：中国华能集团公司、中国大唐集团公司、中国华电集团公司、中国国电集团公司、中国电力投资集团公司。

④ 亢舒：《国家电力投资集团公司成立　同时拥有水电、火电等资产》，经报网，2015 年 7 月 16 日，http://www.ce.cn/xwzx/gnsz/gdxw/201507/16/t20150716_5947329.shtml。

⑤ 美丽山水电站（装机容量 1100 万千瓦）的 ±800 千伏特高压直流送出工程，为美洲第一条特高压直流输电线路。2014 年 2 月，国家电网公司与巴西国家电力公司以 51：49 的股比组成的联营体成功中标美丽山水电项目，项目特许经营权期限为 30 年。

⑥ 《李克强和巴西总统共同见证美丽山水电站奠基》，中国政府网，2015 年 5 月 20 日，http://news.bjx.com.cn/html/20150520/620455.shtml。

包（EPC）。[1] 12 月，国家电网旗下公司承包建设的埃塞俄比亚 GDHA500 千伏输变电工程竣工，项目总投资 14.58 亿美元，全部采用中国设备、技术及标准，成为落实国家"一带一路"倡议和国际产能合作的典范工程。[2] 2015 年，国家电网还分别与俄罗斯电网公司、印尼国家电力公司、埃及国家输电公司、南非电力公司开展战略合作，与蒙古国能源部签署合作开展锡伯敖包煤电输一体化项目可行性研究的协议，并连续三年获得国际三大评级机构国家主权级信用评级。[3]

中国长江三峡集团公司 截至 2015 年初，三峡集团在 45 个国家和地区开展投资和承包项目逾百个。[4] 2015 年 4 月，三峡集团投资 16.5 亿美元承接在巴基斯坦的卡洛特水电站的装机项目，这是"中巴经济走廊"的标志性项目，也是丝路基金成立之后的第一单。[5] 11 月，三峡巴西公司顺利中标巴西两座水电站的 30 年特许经营权项目。三峡集团将为其向巴西政府支付 138 亿雷亚尔（约 36.9 亿美元）。[6] 目前，在"一带一路"沿线国家，三峡集团拥有海外投产发电项目 5 个，项目总装机 62.49 万千瓦；投资在建项目 5 个，项目总装机 124.4 万千瓦；正在开展前期工作的项目 10 个，总装机规模约 1372 万千瓦；其他跟踪项目总装机约 2779 万千瓦。[7]

中国大唐集团公司 大唐集团在 2015 年世界 500 强企业排名中名列第

---

[1] 王静：《国家电网公司成功中标巴西美丽山水电》，新华网，2015 年 7 月 20 日，http：// www. bj. xinhuanet. com/bjwq/wq/bjdlgs/2015 – 07/20/c_ 1115980217. htm。

[2] 《国家电网承建埃塞俄比亚首条 500 千伏输变电工程竣工》，半月谈网，2016 年 1 月 4 日，ht-tp：//www. banyuetan. org/chcontent/shthb/hbxwkx/201614/176879. html。

[3] 《2015 年国家电网十大新闻》，国家电网公司官网，2016 年 1 月 6 日，http：//www. sgcc. com. cn/ xwzx/gsyw/2016/01/331080. shtml。

[4] 杨骏、刘玉佩：《三峡集团：全力打造中国水电"走出去"升级版》，人民网，2015 年 11 月 11 日，http：//scitech. people. com. cn/n/2015/1111/c1007 – 27801005. html。

[5] 《CCG 发布"2015 中国'一带一路'十大先锋企业"》，环球网，2015 年 12 月 2 日，http：// finance. huanqiu. com/cjrd/2015 – 12/8090943. html。

[6] 王正润：《三峡巴西公司中标巴西两水电站项目》，新华网，2015 年 11 月 26 日，http：// news. xinhuanet. com/ttgg/2015 –11/26/c_ 1117270713. htm。

[7] 《三峡集团积极响应"一带一路"战略纪实》，中国采购网与拓标网，2015 年 8 月 17 日，ht-tp：//www. chinabidding. com. cn/zbw/dlpd/info_ show. jsp？record_ id = 64112。

392 位，营业收入达到 30206.9 亿美元。① 目前，大唐集团已在东南亚投资建成缅甸太平江一期水电站、柬埔寨斯登沃代水电站、柬埔寨金边至马德望输变电项目，资产规模达 7.7 亿美元。② 此外，大唐集团与法国电力集团签署协议，加强在"一带一路"沿线国家电源项目上的合作，涉及老挝、巴基斯坦、哈萨克、蒙古、澳大利亚、缅甸等"一带一路"沿线 6 个国家共 8 个项目，装机规模约为 1000 万千瓦，投资金额达 1000 亿元左右。截至 2015 年 11 月底，大唐集团在"一带一路"沿线整体业务上完成营业收入 4.89 亿元，实现利润总额 8815 千万元。③

中国电力工程顾问集团有限公司　2015 年 7 月 6 日，中电工程与马来西亚捷硕公司正式签署越南海阳火电厂 BOT 项目投资协议。该项目是"一带一路"重点项目，也是迄今为止中国公司在越南单笔投资金额最大的项目，总投资 18.685 亿美元。④

中国国电集团公司　中国国电在 2015 年世界 500 强企业排名中名列第 343 位，营业收入达到 34627.4 亿美元。⑤ 2015 年，国电集团完成发电量 4837 亿千瓦时，装机容量达 1.35 亿千瓦，利润同比增长 16.5%。"十二五"时期，国电总装机由 9532 万千瓦增长到 13500 万千瓦，新能源和可再生能源装机占比由 20% 提高到 29.9%，火电 60 万千瓦及以上机组占比由 38.3% 提高到 48.7%，风电装机由 897 万千瓦提高到 2303 万千瓦，继续稳居世界第一。⑥

---

① 《中国大唐集团公司　2015 年　世界 500 强　第 392 名》，财富网，2015 年 5 月 20 日，http：//www.fortunechina.com/global500/520/2015。
② 《五大发电集团能否成功"走出去"》，国际电力网，2014 年 12 月 26 日，http：//power.in-en.com/html/power-2228820.shtml。
③ 于佳欣：《大唐集团："丝绸之路"上的光明使者》，新华网，2015 年 12 月 27 日，http：//news.xinhuanet.com/ttgg/2015-12/27/c_1117591292.htm。
④ 《中国电力工程与 JAKS 签署越南海阳 BOT 项目投资协议》，国际电力网，2015 年 7 月 17 日，http：//power.in-en.com/html/power-2241560.shtml。
⑤ 《中国国电集团公司　2015 年　世界 500 强　第 343 名》，财富网，2015 年 5 月 20 日，http：//www.fortunechina.com/global500/536/2015。
⑥ 于佳欣：《国电 2015 年经营绩效创历史新高》，新浪财经，2016 年 1 月 27 日，http：//finance.sina.com.cn/roll/2016-01-27/doc-ifxnzani6923117.shtml。

中国华电集团公司　中国华电在 2015 年世界 500 强企业排名中名列第 345 位，营业收入达到 344.877 亿美元，上升幅度居五大发电集团首位。[①] 2015 年 8 月 1 日，中国华电印尼巴厘岛一期燃煤电厂项目成功进入商业运行，为其国际化发展再添助力。截至 2015 年 11 月底，中国华电境外控股在运项目 4 个[②]，在建项目 1 个[③]，核准待开工 2 个[④]，参股投资项目 1 个，[⑤] 海外项目装机突破百万。[⑥]

中国华能集团公司　华能集团在 2015 年世界 500 强企业排名中名列第 224 位，营业收入达到 474.014 亿美元。[⑦] 在四大洲六个国家拥有境外可控发电装机超过 1000 万千瓦，境外投资总额近 200 亿元，资产总额 480 余亿元。[⑧] 2015 年 6 月 2 日，华能集团与韩国电力公司签署《项目合作备忘录》（MOU）、《软科学研究战略合作谅解备忘录》以及《技术研究战略合作谅解备忘录》。根据备忘录内容，中国华能与韩国电力将发挥各自优势，积极推进境内外电力项目合作开发。[⑨]

中国南方电网有限责任公司　南方电网大力推进周边电网互联互通和大湄公河次区域（GMS）电力市场的资源优化配置，实现了与越南、老

① 《华电集团公司世界 500 强排名上升 23 位居 345 位》，中国电力企业联合会官网，2015 年 7 月 23 日，http：//www.cec.org.cn/zdlhuiyuandongtai/fadian/2015－07－23/140922.html。

② 印尼巴淡一期 13 万千瓦燃煤电站；柬埔寨额勒赛下游 33.8 万千瓦水电站；西班牙巴辛 2.8 万千瓦风电项目；印尼巴厘岛 42.6 万千瓦燃煤电站。

③ 俄罗斯捷宁斯卡娅 48.3 万千瓦燃机电站。

④ 越南沿海二期 13.2 万千瓦燃煤电站；印尼玻雅 13.2 万千瓦燃煤电站。

⑤ 印尼阿萨汉 18 万千瓦水电站项目。

⑥ 《借助"一带一路" 踏上国际化新征程——中国华电"十二五"新常态下变革系列报道之四》，中国华电公司电子商务平台，2015 年 12 月 29 日，http：//www.chdtp.com/staticPage/rmit/2015/12/29/rmit_642882_14167.html。

⑦ 《华能集团公司世界 500 强排名第 224 位》，华能集团官网，2015 年 7 月 23 日，http：//www.chng.com.cn/n31531/n31597/c1390958/content.html。

⑧ 《华能集团：为"一带一路"沿线各国提供安全高效服务》，光明网，2015 年 4 月 10 日，http：//economy.gmw.cn/2015－04/10/content_15340870.htm。

⑨ 《中国华能与韩国电力签署 MOU　促海外电力项目开发》，环球网，2015 年 6 月 5 日，http：//world.huanqiu.com/exclusive/2015－06/660784.html。

挝、缅甸电网互联，带动国内电力技术、装备、施工"走出去"。[1] 2015
年7月18日，由南方电网投资建设的越南永新燃煤电厂一期项目正式开
工。该项目预计总投资17.55亿美元，是目前中国企业在越南投资规模最
大的电厂项目，也是中国企业在越南的第一个BOT电力项目。9月27日，
老挝230千伏老挝北部电网EPC项目第一阶段三个变电站成功并网运行。
该项目由南方电网总承包，老挝国家电力公司投资，合同金额3.02亿美
元。11月6日，老挝南塔河1号水电站工程成功实现截流。该电站由南网
国际公司、老挝国家电力公司采用BOT方式投资建设，总装机容量16.8
万千瓦，总投资约27亿元人民币，预计2019年3月投产。[2]

中国水电建设集团国际工程有限公司　中国水电国际2015年在最新的
商务部对外承包工程企业100强排名中，位列第三名。随着中国电建国际业
务重组整合，水电国际进一步转型、创新，把握"一带一路"、中非合作、
中拉合作、中国和中东欧合作等一系列国家战略带来的重要契机，努力开拓
海外业务。截至2015年底，公司在海外近80个国家有在建项目619个，总
合同额超过531亿美元；在海外89个国家设立驻外机构121个。[3]

光伏发电

2015年，"一带一路"为光伏企业海外投资开拓了新的方向。2015年
5月14日，在中广核的牵头下，上海电气、东方电气、金风科技、英利集
团等中国企业组团赴哈萨克斯坦，推介中国核电、风电、太阳能等清洁能
源的发展优势和竞争力。其间，中广核与哈萨克斯坦国家原子能公司签署
了《开发清洁能源合作谅解备忘录》。以中电48所、天威集团、中国恩

---

① 《南方电网"一带一路"重点项目顺利推进》，搜狐新闻，2015年11月6日，http://
　 news.sohu.com/20151106/n425500336.shtml。
② 吴春燕：《南方电网承建230千伏老挝北部电网EPC项目成功投运》，光明网，2015年9月30
　 日，http://difang.gmw.cn/gd/2015-09/30/content_17230427.htm。
③ 《2015年我国对外承包工程业务新签合同额前100家企业》，"走出去"公共服务平台，2016
　 年2月3日，http://fec.mofcom.gov.cn/article/tjsj/ydjm/gccb/201602/20160201250958.shtml。

菲、国电光伏、东方电气、中国科技等为代表的光伏央企，也正携"中国制造"的核心技术，积极开拓海外市场。① 数据显示，2015 年，中国光伏新增装机量约 15 吉瓦，同比增长 40% 以上，连续三年全球第一，累计装机量约 43 吉瓦，约占全球总量的 1/5，首次超越德国，跃居世界第一。②

工程企业

2011 年 1 月至 2015 年 10 月，我国对外承包工程企业累计新签合同额 8111.7 亿美元，完成营业额 6144.1 亿美元。其中 2015 年对外承包工程业务新签合同额 2100.7 亿美元，40% 以上来自"一带一路"沿线国家。③ 入选 ENR250 排行榜的企业数量也由 2011 年的 51 家增至 2015 年的 65 家，以 BOT④、PPP⑤ 模式推动的项目金额已占到对外投标总额的 4%。⑥

中国电力建设股份有限公司 在 2015 年 ENR 全球国际承包商中国建筑企业排名榜上，中国电建排名第 11 位。⑦ 2015 年，中国电建新签合同总额约为 3277.95 亿元，同比增长 16.11%。其中，国内新签合同额约为 2280.82 亿元，同比增长 24.44%；国外新签合同额折合人民币约 997.13 亿元，同比增长 0.69%。国内外水利电力业务新签合同额合计约为人民币

① 《十大国内著名光伏企业（国企篇）》，北极星电力网，2013 年 8 月 18 日，http://guang-fu.bjx.com.cn/news/20130828/455905 - 3.shtml。

② 杨鲲鹏：《我国光伏企业如何布局海外?》，中国电力新闻网，2016 年 3 月 28 日，http://www.cpnn.com.cn/xny/201603/t20160328_ 877405.html。

③ 《2015 年中国对外承包工程新业务四成来自"一带一路"国家》，一带一路热点网，2016 年 1 月 28 日，http://www.bhi.com.cn/ydyl/gfps/23292.html。

④ BOT（Build - Operate - Transfer）即建设 - 经营 - 转让，是私营企业参与基础设施建设，向社会提供公共服务的一种方式。

⑤ PPP（Public - Private - Partnership），即公私合作模式，是公共基础设施中的一种项目融资模式。在该模式下，鼓励私营企业、民营资本与政府进行合作，参与公共基础设施的建设。

⑥ 宗妍：《中企境外承包工程有何新情况、新挑战和新机遇》，《国际工程与劳务杂志》，2016 年 1 月 29 日。

⑦ 《2015 年 ENR 全球最大 250 家国际承包商中国企业排名》，和讯新闻网，2015 年 12 月 15 日，http://news.hexun.com/2015 - 12 - 15/181211870.html。

1540.55 亿元①，海外项目总装机容量突破 11000 万千瓦②。

2015 年 5 月 8 日，中国电建签订摩洛哥努奥二期和三期太阳能聚热发电独立电站项目 EPC 合同，项目总投资 20 亿美元，标志着中国电建在北非地区建筑市场以及太阳能光热发电领域实现新的重大突破。③ 同期，中国电建同意与卡塔尔 Al Mirqab Capital 公司以 BOO 模式，总投资约 20.85 亿美元建设巴基斯坦卡西姆港燃煤应急电站项目，该项目为国家“中巴经济走廊”首期落地项目。④ 至此，中国电建拥有巴基斯坦在建项目 22 个⑤，合同总额超 20 亿美元。⑥ 11 月 28 日，中国电建与赞比亚电力公司签署了该国 40 年来投资开发的第一个大型水电站——下凯富峡水电站项目合同，合同金额为 15.66 亿美元。⑦ 11 月 29 日，中国电建投资建设的老挝南欧江二级电站首台机组正式投产发电。该项目是中资公司第一次在海外获得整条河流流域开发权的项目，也是中国电建在海外推进全产业链一体化战略实施的首个投资项目，总装机容量达 127.2 万千瓦。12 月 4 日，习近平主席向非洲各国政要推介中国电建 EPC 总承包的阿达玛风电场⑧，这是我国目前在境外实施的最大的风电总承包项目。安哥拉奎托 - 夸纳瓦莱工程竣工投产，巴厘岛燃煤电厂一期工程 3 台机组全部投产……海外拓展之路上，中国电建越

---

① 蒋洁琼：《中证解读：中国电建 2015 年新签合同总额达 3277.95 亿元》，《中国证券报》，2016 年 1 月 13 日，http：//www. cs. com. cn/ssgs/gsxw/201601/t20160113_ 4884169. html。

② 《中国电建 2015 年装机投产规模达 5230 万千瓦》，中国工程建设网，2016 年 2 月 1 日，http：//www. chinacem. com. cn/qydt/2016 - 02/205139. html。

③ 《中国电建签订摩洛哥努奥太阳能聚热电站 EPC 项目》，国资委网站，2015 年 5 月 12 日，http：//finance. sina. com. cn/chanjing/gsnews/20150512/163422162662. shtml。

④ 《中国电建欲投资巴基斯坦卡西姆港燃煤应急电站项目》，北极星电力网，2015 年 4 月 9 日，http：//news. bjx. com. cn/html/20150409/606314. shtml。

⑤ 水电项目 5 个，装机容量 295.6 万千瓦；火电项目 4 个，装机容量 321.5 万千瓦；风电项目 4 个，装机容量 18 万千瓦。

⑥ 夏天野：《“友谊颂”越唱越动情——集团打造“中巴经济走廊”国际业务转型升级新优势》，中国电建官网，2016 年 2 月 2 日，http：//www. zsyj. com/project_ news_ Details. aspx？ newID = 8667。

⑦ 彭立军：《中国水电承建赞比亚第三大水电站项目开工》，新华网，2015 年 11 月 29 日，http：//news. xinhuanet. com/fortune/2015 - 11/29/c_ 1117295247. htm。

⑧ 埃塞比亚阿达玛风电二期总装机容量为 15.3 万千瓦。

来越受欢迎。① 2015 年，中国电建还先后与中国农业银行、中国银行等金融机构签署《"一带一路"暨战略合作总协议》，实现银企抱团出海。

中工国际工程股份有限公司 在美国《工程新闻纪录》发布的全球最大国际承包商排名榜上，中工国际名列第 109 位。② 2015 年 5 月 22 日，中工国际以总额 12 亿玻利维亚诺（约合 1.7 亿美元）成功中标玻利维亚波托西钾盐工厂项目。③ 6 月 26 日，中工国际开出埃塞俄比亚瓦尔凯特糖厂项目的履约保函，项目商务合同正式生效。④ 9 月 10 日，中工国际签署厄瓜多尔金融管理平台建设项目商务合同，合同金额为 2.22 亿美元。⑤ 12 月 1 日，中工国际与津巴布韦签署马欣戈污水泵站及污水处理厂升级改造项目商务合同，合同金额为 7350 万美元。⑥

中国葛洲坝集团股份有限公司 在 2015 年 ENR 全球国际承包商中国建筑企业排名榜上，葛洲坝公司排第 44 名。⑦ 目前，葛洲坝公司的国际业务覆盖亚洲、非洲、南美洲、大洋洲、中东欧 100 多个国家和地区，在建工程项目近 80 个，业务范围包括水电、公路、铁路、港口、房建、输变电、火电设备供货等多个领域，覆盖"一带一路"沿线所有国家。⑧ 2015 年，公司实现营业收入 822.75 亿元，同比增长 14.90%；净利润 26.83 亿元，同比增长 26.02%。截至 2015 年末，公司共有在建工程 1092 个，执

① 宋旸、吕晴朗：《2015 电力建设行业盘点、精彩绽放铿锵进取》，《中国电力报》，2016 年 1 月 6 日。
② 《集团公司 2015 年全球最大国际承包商排名升至第 109 位》，北京建工新闻中心，2015 年 8 月 24 日，http：//www.bceg.com.cn/shownews/ehsz_ 162.html。
③ 《中工国际成功中标玻钾盐工厂项目》，驻玻利维亚经商参处，2015 年 5 月 27 日，http：//bo.mofcom.gov.cn/article/jmxw/201505/20150500985412.shtml。
④ 2013 年 6 月 10 日，中工国际与埃塞俄比亚糖业公司签署了埃塞俄比亚瓦尔凯特糖厂项目商务合同，合同金额为 6.47 亿美元，合同总工期 36 个月。
⑤ 《中工国际签署逾 14 亿元海外项目合同》，网易财经，2015 年 9 月 10 日，http：//money.163.com/15/0910/19/B3631A9P00254TFQ.html。
⑥ 《中工国际签署 4.69 亿海外项目合同》，证券时报网，2015 年 12 月 1 日，http：//kuaixun.stcn.com/2015/1201/12496858.shtml。
⑦ 《2015 年 ENR 全球最大 250 家国际承包商中国企业排名》，和讯新闻网，2015 年 12 月 15 日，http：//news.hexun.com/2015 - 12 - 15/181211870.html。
⑧ 秦志刚：《葛洲坝："一带一路"提升全球价值链》，《国际商报》（A7 版），2015 年 10 月 20 日，http：//www.cggc.cn/News/info_ show.asp? type = uid&uid = 1032&id = 41211。

行合同总金额为 4180.91 亿元。①

中国交通建设股份有限公司　在 2015 年 ENR 全球国际承包商中国建筑企业排名榜上，中国交建排在第 5 位。② 目前，中国交建在海外的业务版图已扩至 120 余个国家和地区，是我国最大的国际工程承包商，在“一带一路”沿线 65 个国家追踪了 100 余个项目，成为中资企业海外发展的典型样本。③

2015 年，中国交建实现营业收入 4044 亿元，同比增长 10%；净利润 157 亿元，同比增长 13%。④ 其中，上半年新签海外订单同比增长 35%；3 亿美元以上订单合计 83 亿美元，占全部海外订单的 68%；在 83 个国家（地区）的在建项目 483 亿美元，实现收入 318 亿元，同比增长 19%。⑤

2015 年 4 月 20 日，中国交建所属中交国际航运有限公司完成收购澳大利亚约翰·霍兰德公司⑥的全部股权交割，意味着本次收购最终完成。⑦ 7 月 13 日，中交集团所属振华重工与阿联酋 DP World⑧签订总金额为 7 亿美元的港机设备订单。这是振华重工 2015 年单笔最大的产品订单，也是振华重工有史以来仅次于 2014 年新加坡 PSA 集团订单的第二大单体港机订单。⑨ 蒙内铁路全长约 472 公里，耗资 38 亿美元，是肯尼亚建国以来最大

---

① 《葛洲坝 2015 年实现净利润 26.8 亿同比增长 26%》，中国证券网，2016 年 3 月 29 日，http://finance.ifeng.com/a/20160329/14296490_0.shtml。

② 《2015 年 ENR 全球最大 250 家国际承包商中国企业排名》，和讯新闻网，2015 年 12 月 15 日，http://news.hexun.com/2015-12-15/181211870.html。

③ 董光耀、张梅：《中国交建：中企走出去的典型样本》，和讯新闻网，2015 年 5 月 4 日，http://news.hexun.com/2015-05-05/175542995.html。

④ 《中国交建 2015 年年报点评：业绩好于预期　订单持续改善》，中国银河证券网，2016 年 3 月 29 日，http://www.chinastock.com.cn/yhwz_about.do? methodCall=getDetailInfo&docId=5296950。

⑤ 《中国交建 2015 年半年报点评：业绩稳健增长“一带一路”海外业务快速增长》，中国交建吧，2015 年 9 月 2 日，http://tieba.baidu.com/p/4029305365。

⑥ 霍兰德公司是澳大利亚第三大建筑工程公司，在澳大利亚工程承包商中排名第三，也是澳大利亚唯一同时持有铁路运营和铁路基建管理执照的公司。

⑦ 《中国交建：收购澳大利亚约翰·霍兰德公司》，中国经济网，2015 年 5 月 21 日，http://www.cs.com.cn/ssgs/gsxw/201505/t20150521_4716672.html。

⑧ DP World 是世界最大的集装箱码头运营商之一，目前在世界上 65 个主要港口拥有码头。

⑨ 《中交集团与阿联酋签订 7 亿美元港机设备订单》，新浪财经，2015 年 7 月 16 日，http://finance.sina.com.cn/chanjing/gsnews/20150716/113222704503.shtml。

的单个基础设施工程，由中国交建承担建设。9月19日，肯尼亚总统乌胡鲁·肯雅塔出席蒙内铁路内罗毕南站站房奠基仪式，并见证中国交建关于内罗毕至纳瓦沙标轨铁路项目的商务合同签署仪式，合同金额达14.83亿美元。①

中国建筑股份有限公司 在2015年ENR全球国际承包商中国建筑企业排名榜上，中国建筑排名第17位。② 2015年，中国建筑新签合同金额为1.5129万亿元，同比增长6.6%。12月21日，中巴经济走廊最大交通基础设施项目正式落地。中国建筑正式签署巴基斯坦卡拉奇—拉合尔高速公路（苏库尔—木尔坦段）项目EPC总承包合同，金额约折合人民币184.6亿元。

中国路桥工程有限责任公司 2015年10月3日，中国路桥承建的塞尔维亚泽蒙—博尔察大桥及附属连接线项目竣工通车。国务院总理李克强和塞尔维亚总理武契奇共同为大桥竣工剪彩。该项目是中塞政府框架协议下的第一个项目，也是中国企业在中东欧基建市场的"名片"，为中国企业"走出去"树立了良好的形象。③

中国铁建股份有限公司 在2015年ENR全球国际承包商中国建筑企业排名榜上，中国铁建排名第58位。随着"一带一路"推进，中国铁建承接海外订单已经成为新常态。4月12日，中国铁建与埃及签署铁路网轨道更新项目合作框架协议，预计涉及金额6亿美元。④ 4月27日，中国铁建在非洲连续签订建设项目订单，总金额近55亿美元。⑤ 5月8日，

---

① 侯黎强：《中国交建获签蒙内铁路延长线商务合同》，《中国日报》，2015年9月20日。

② 《2015年ENR全球最大250家国际承包商中国企业排名》，和讯新闻网，2015年12月15日，http://news.hexun.com/2015-12-15/181211870.html。

③ 《塞尔维亚泽蒙—博尔察大桥顺利通车》，交通界，2015年10月13日，http://www.jiaotongjie.com/qs/hot/25723.html。

④ 黄敏华：《铁建斩获埃及铁路大单》，中华铁道网，2015年4月14日，http://www.chnrailway.com/html/20150414/923553.shtml。

⑤ 《中国铁建拿到非洲近55亿美元订单》，《中华工商时报》，2015年4月30日。尼日利亚奥贡州城际铁路项目商务合同总金额为35.06亿美元，津巴布韦2015英雄住房工程项目价值19.3亿美元。

中俄两国签署 32 项合作项目，涉及金额 250 亿美元。其中，莫斯科到喀山的高铁修建协议将投资 197 亿美元，中国铁建赫然在列；5 月 29 日，中国铁建承建的沙特麦加轻轨项目圆满完成三年朝觐运营任务，顺利移交。[①] 7 月 5 日，中国铁建承建的格鲁吉亚 T10 隧道成功贯通，整个项目总投资额约合人民币 21.92 亿元。[②] 12 月 2 日，中老铁路项目奠基，总投资近 400 亿元，由中老双方按照 7 : 3 的股比合资建设，中国铁建以主导者身份参与其中。[③] 12 月 27 日，中国铁建宣布与马里签署达喀尔至巴马科铁路修复改造项目（马里段）框架协议。协议金额约 14.6881 亿美元。[④] 同月，由中国铁建、铁三院和南车青岛四方组成的财团，预计将获得吉隆坡至新加坡的高铁建设合同，该投资约 384 亿林吉特（约人民币 678 亿元）。这将是东南亚地区的首条高铁。[⑤] 12 月 29 日，中国铁建与印尼签署印尼卡扬一级水电站项目 EPC 合同，合同金额约 17.08 亿美元。[⑥]

中国土木工程集团有限公司 在 2015 年 ENR 全球国际承包商中国建筑企业排名榜上，中国土木工程集团排名第 47 位。[⑦] 2015 年 1 月 18 日，中国土木与吉布提签署了吉布提机场项目 EPC 合同，合同金额约 5.99 亿美元（约折合人民币 36.67 亿元）；4 月 12 日，集团与埃及国家铁路公司

---

① 张帆、高美：《盘点 2015："一带一路"上的中国铁路》，无界新闻，2016 年 1 月 9 日，http://toutiao.com/i6237602561969357313/。

② 张帆、高美：《盘点 2015："一带一路"上的中国铁路》，无界新闻，2016 年 1 月 9 日，http://toutiao.com/i6237602561969357313/。

③ 《中老铁路项目今日奠基》，财新网，2015 年 12 月 2 日，http://www.chnrailway.com/html/20151202/1317778.shtml。

④ 尚海：《中国铁建新签海外订单金额约 95 亿元》，中国证券网，2015 年 12 月 27 日，http://finance.ifeng.com/a/20151227/14138478_0.shtml。

⑤ 《中国铁建南车青岛等预计将获吉隆坡至新加坡高铁建设合同》，中华铁道网，2015 年 12 月 15 日，http://www.chnrailway.com/html/20141215/615404.shtml。

⑥ 《中国铁建新签合 110.53 亿元海外合同》，金融界网，2015 年 12 月 29 日，http://stock.jrj.com.cn/2015/12/29193820319536.shtml。

⑦ 《2015 年 ENR 全球最大 250 家国际承包商中国企业排名》，和讯新闻网，2015 年 12 月 15 日，http://news.hexun.com/2015-12-15/181211870.html。

签署了埃及国家铁路网轨道更新项目合作框架协议,预计项目金额为 6 亿美元(约折合人民币 37.26 亿元)。①

中国中材国际工程股份有限公司 中材国际以 EPC 和 EP 总承包模式迅速走向国际舞台,目前海外业务占到公司业务量的 70% 以上。2015 年上半年,公司新签合同 108 亿,其中新签海外合同 92.94 亿,同比增长 14.19%。②

油气企业

"一带一路"国家油气资源丰富,石油、天然气可采资源量分别为 2512 亿吨和 292 万亿方,分别占世界的 60% 和 63%;油气产量为 24.1 亿吨和 1.8 万亿方,分别占世界的 58% 和 54%。③ 2015 年,随着"一带一路"倡议走向深入,中国油气企业达成多项成果。

中国石油化工股份有限公司 在 2015 年中国企业 500 强榜单中,中石化以 2.89 万亿元的营业收入,第 11 次蝉联第一。④ 9 月 3 日,在习近平和普京的见证下,中石化与俄罗斯石油公司签订了《共同开发鲁斯科耶油气田和尤鲁勃切诺–托霍姆油气田合作框架协议》。根据协议,中石化有权收购俄罗斯石油公司所属东西伯利亚油气公司和秋明油气公司 49% 的股份。⑤

中国石油天然气集团公司 截至 2015 年底,中国石油在"一带一路"沿线 19 个国家执行 50 余个油气合作项目⑥,"一带一路"能源主力军的作

① 《中国铁建去年净利润创历史新高 受益"一带一路"》,财经网,2015 年 6 月 3 日,http://estate.caijing.com.cn/20150603/3896793.shtml。

② 《中材国际 2015 年半年报点评:国内业务承压 海外业务尚可》,中材国际吧,2016 年 2 月 2日,http://tieba.baidu.com/p/4049006264。

③ 《一带一路油气资源分布和投资建议都在这里》,中国大买手网,2015 年 7 月 20 日,http://www.morningwhistle.com/website/news/9/44540.html。

④ 《2015 年中国企业 500 强榜单:中石化第一》,央视网,2015 年 8 月 22 日,http://tech.163.com/15/0822/14/B1KM8MJH000915BF.html。

⑤ 刘辰瑶:《中石化将与俄石油联合开发俄罗斯两大油气田》,中国新闻网,2015 年 9 月 3 日,http://www.chinanews.com/ny/2015/09-03/7505062.shtml

⑥ 王晶、周问雪:《中石油:在"一带一路"战略中当好主力军》,国际石油网,2015 年 7 月 27日,http://oil.in-en.com/html/oil-2369221.shtml。

用不断夯实。

6月29日，中俄间最大的务实合作项目——中俄东线天然气管道中国境内段正式开工。该新建管道途经中国9省区市，全长3170公里。[①] 7月16日，中缅天然气管道广西段最后一条支线——防城港支线进入稳压试运行阶段。该支线全长65.12公里，设计年输量5.65亿立方米。截至目前，中缅天然气管道已累计向两广地区供气约25亿立方米，其中向广西供气约9亿立方米。[②] 8月4日，中石油与中国银行签署《"一带一路"战略合作协议》，标志着双方在融资、现金管理、国际结算、金融机构、投资银行等业务领域进一步扩大合作，共同支持国家"一带一路"发展倡议的实施。[③] 12月17日，丝路基金与俄罗斯诺瓦泰克公司（Novatek）签署关于亚马尔液化天然气一体化项目的股权转让及贷款相关协议。根据协议，丝路基金将提供为期15年、总额约7.3亿欧元的贷款[④]，支持亚马尔项目[⑤]建设。按照计划，2017年该厂一期将投产，中石油为项目主要股东之一。

资源以外，"中石油装备"品牌也在全球日渐崛起。"十二五"以来，中石油装备制造板块的海外收入规模已达到260亿元，国际市场收入占比稳步递增；营销网络覆盖全球市场，境外营销服务机构达到68个，分布在53个国家和地区，辐射全球近90%的千万吨以上产油国；产品出口到80多个国家和地区；市场结构不断优化，年出口签约额超过40亿美元，签约

① 安蓓：《中俄东线天然气管道中国境内段开工建设》，新华网，2015年6月29日，http：// news. xinhuanet. com/world/2015 – 06/29/c_ 1115760507. htm。

② 张晗、韦书龙、王一良：《中缅天然气管广西支线全投运》，《中国矿业报》，2015年7月27日，http：//www. zgkyb. com/yw/20150727_ 19775. htm。

③ 《中行与中石油签署〈"一带一路"战略合作协议〉》，北方网，2015年8月7日，http：//e-conomy. enorth. com. cn/system/2015/08/07/030431286. shtml。

④ 《盘点：2015年中国的那些海外工程》，慧聪网，2016年1月12日，http：//www. mei. net. cn/ gcjx/201601/648670. html。

⑤ 亚马尔项目是目前全球最大的天然气勘探开发、液化、运输、销售一体化项目，设计天然气年产量280亿立方米，LNG年产量1650万吨，凝析油高峰年产量120万吨。现有股东包括诺瓦泰克公司、法国道达尔公司（TOTAL）和中国石油天然气集团公司。

额过千万美元的产品达 150 多种……①2015 年 6 月 10 日，中石油下属公司
与德国海瑞克公司、中国四川省共同出资设立了一家技术研发公司，致力
于研发高度现代化的深井液压钻机，以用于深海勘探以及页岩气开采等，
共同推动中国制造走出去。②

中国海洋石油总公司 中海油已在印尼、尼日利亚、沙特、阿联酋、
新加坡等地设立海外分支机构，海外业务已拓展至 19 个国家和地区。2015
年 7 月，中海油成立"一带一路"专项规划领导小组，推动并落实国家下
达的"一带一路"重大专项工作；10 月 12 日，中海油与中国银行股份有
限公司签署"一带一路"战略合作协议，标志着双方在国际业务合作迈上
了新台阶③；10 月 21 日，中海油从众多竞争对手中脱颖而出，成功中标墨
西哥湾 Petrofac 海上钻机合同，合同价值千万美元，这也是墨西哥 2015 年
唯一一次公开招标活动；在欧洲，中海油也依靠出色的成本控制和管理创
新提前一个月完成 2015 年利润目标。④

海洋石油工程股份有限公司（下称海油工程）作为中海油下属公司，
2015 年共实施 30 余个大中型工程项目，包括澳大利亚 Ich-thys、俄罗斯
Yamal、缅甸 Zawtika、巴西 FPSO 等，全年实现营业收入 162.02 亿元，净
利润 34.10 亿元。全年订单中标总额约 115.2 亿元，包括海外中标金额 31
亿元，获得了包括巴西 FPSO、马来西亚 DAYA 软管铺设、"海洋石油 698"
船外租等 9 个国际项目。此外，海油工程与巴西国家石油公司旗下子公司
签订了浮式储卸油轮合同，首次打开巴西市场，并在 FPSO 浮体业务上取
得新突破。⑤

---

① 《中国石油装备"走出去"叫响中国制造品牌》，中国中石油新闻中心，2015 年 6 月 15 日，
   http://news.cnpc.com.cn/system/2015/06/15/001546331.shtml。
② 肖中仁：《中国石油装备加快"走出去"步伐 打造中国制造新名片》，国际在线，2015 年 6
   月 15 日，http://news.sina.com.cn/o/2015-06-15/101231951632.shtml。
③ 《中海油与中行签署"一带一路"合作协议》，中海油总公司网站，2015 年 10 月 15 日，ht-
   tp://www.zgsyb.com/html/news/2015/10/23000973.html。
④ 陈雷：《中国海油 2015 年亮点综述》，《中国海洋石油报》，2016 年 1 月 24 日。
⑤ 吴翠萍：《海油工程发布 2015 年度业绩报告》，《中国海洋石油报》，2016 年 3 月 18 日。

中海油田服务股份有限公司　2015年，中海油服实现营业收入236.5398亿元，实现净利润11.087亿元。[①] 截至2015年12月31日，中海油服共有44座钻井平台（33座自升式钻井平台和11座半潜式钻井平台），其中有30座已获2016年的全年合同。

炼化企业

炼化工业是中国真正掌握核心技术、达到世界先进水平的少数几个产业之一。2015年两会期间，曹湘洪等17名能源化工领域的院士、专家联名上书中央，提出将炼油化工技术及装备作为继高铁、核电之外的第三张“国家名片”向国际社会推介。资料显示，未来5年，中东海湾国家在建和拟建的炼油能力达9500万吨/年、石油化学品产能达5400万吨/年；未来10年，俄罗斯将建设6座世界级乙烯装置及下游衍生物装置。中国炼化工程企业拥有巨大市场空间。[②]

陕西煤业化工集团有限责任公司　美国《财富》杂志新发布的2015年世界500强企业排行榜显示，有“中国西部能源航母”之称的陕煤化集团首次跻身榜单，排名第416位。[③] 2014年12月，陕煤化集团控股子公司在吉尔吉斯投资的中大石油炼油项目正式投产。该项目总投资4.31亿美元，是中资企业在吉尔吉斯最大的投资项目，也是目前吉尔吉斯最大的工业项目。2015年7月，该项目的第二轮竞标结束，陕煤化集团优势明显，相关结果已经递交塔吉克斯坦总统拉赫蒙处，等待最终结果。[④]

---

① 《2015年油田服务行业上市公司营业收入及净利润排名一览》，中商情报网，2016年5月6日，http://www.askci.com/news/finance/20160506/1440598978.shtml。
② 《已具“走出去”实力　炼化技术与装备有望成国家新名片》，《中国工业报》，2016年3月21日，http://www.chinaequip.gov.cn/2016-03/21/c_135208336.htm。
③ 刘刚：《陕西煤业化工集团首次跻身世界500强》，新华网陕西频道，2015年7月23日，http://www.sn.xinhuanet.com/zixun/2015-07/23/c_1116021973.htm。
④ 《CCG发布“2015中国‘一带一路’十大先锋企业”》，环球网，2015年12月2日，http://finance.huanqiu.com/cjrd/2015-12/8090943.html。

中国化工集团公司　截至 2015 年初，中化集团境外资产总额超过 2500 亿元，占集团总资产比例超过 70%；实现利润近 60 亿元，约占集团利润总额的一半。[①] 目前，中化集团拥有 6 家海外企业，全球共有 15 个生产基地、7 个研发中心，在法国、英国、美国、西班牙、加拿大、巴西、印度、新加坡等 140 个国家和地区设有分支机构。3 月 23 日，中国最大的基础化学制造企业——中国化工与全球第五大轮胎公司——意大利倍耐力达成并购协议，收购金额高达 71 亿欧元，成为迄今为止中企在意大利最大的一笔投资。[②]

中石化炼化工程（集团）股份有限公司　中石化炼化工程公司为中石化集团全资子公司，拥有 20 余年"走出去"经验，2015 年，公司海外收入占比已达到 20%。

2015 年 7 月，炼化工程与西班牙 TR 和韩国 Hanwha 公司组成的联合体获得科威特新炼厂项目，其中炼化工程所占份额约 17 亿美元。这个全球最大新建炼厂项目联合投标成功，是中国石化炼化工程企业近年来大力开拓海外市场的缩影。

目前，炼化工程海外项目采购已经占到炼化工程总采购额的 40% 以上，同时采购占炼化工程"走出去"的 EPC 项目 50% 以上。在沙特，"十二五"期间，公司共承揽 28 个项目，合同金额 27.6 亿美元。2015 年承揽 6 个项目，合同金额 9.7 亿美元。在中亚，承担哈萨克斯坦芳烃项目和阿特劳炼油厂石油深加工两个项目，其中已经完成的芳烃项目是哈萨克斯坦第一套石油化工装置。在东南亚，正在执行独立竞标得到的马来西亚炼化一体化项目（RAPID 项目）以及泰国 IRPC 聚丙烯项目。目前，正在跟踪 15 个国家的 34 个项目，正在执行 6 个国家的 20 个项目。[③]

① 《中化集团："走出去"汲取经验"一带一路"新出发》，新华网，2015 年 8 月 10 日，http：//news. xinhuanet. com/energy/2015 - 08/10/c_ 128110614. htm。
② 《2015 中企十大海外并购：紫光第二》，观察者网，2016 年 1 月 3 日，http：//www. eepw. com. cn/article/201601/285169. htm。
③ 许帆婷、郑斌：《炼化工程当好"走出去"排头兵》，中国石化新闻网，2016 年 6 月 8 日，http：//www. sinopecnews. com. cn/news/content/2016 - 06/08/content_ 1622973. shtml。

机械企业

2015～2019年，"一带一路"沿线核心国家的累计基础设施建设投资额约为3.26万亿美元，仅2015年这一数据就达到5580亿美元。按照工程机械产品价值占投资5%的经验数据来计算，其将为工程机械行业带来1750亿美元的市场空间。[①]

广西柳工集团有限公司 柳工是国际化程度最高的中国企业之一，也是中国工程机械行业出海样本。目前，柳工拥有约380家经销商，遍布全球130多个国家和地区，开发"一带一路"沿线国家市场高达62个，海外业务贡献率已跃升至全部贡献的35%以上，海外资产比率也跃升至全部资产的近10%。

2015年伊始，柳工以一笔15台挖掘机的订单，敲开了英国某大型租赁公司的大门；2月5日，柳工乌拉圭子公司开业仪式在蒙得维的亚市举行，该公司为柳工南美零配件中心库；3月20日，柳工巴西新工厂落成开业仪式举行；6月15日，柳工60台大型挖机出口美洲；6月18日，柳工全球研发中心落成，成为其在印度、波兰、美国和英国以外柳工研发新的核心枢纽。此外，2015年柳工第三次中标厄立特里亚国家政府采购项目，这是柳工持续不断获取海外大型项目订单的一个缩影。[②]

徐工集团工程机械股份有限公司 2015年2月，世界领先的工程机械信息提供商——英国KHL集团主导发布2014年全球工程机械制造商50强排行榜，徐工集团排名第八，位居中国企业首位。[③] 目前，徐工在"一带

---

① 《2015年年终盘点：借势"一带一路"，中国工程机械风生水起》，中国机械网，2015年12月30日，http：//www. jx. cn/xwzx/viewnew. asp？id＝103804。

② 《2015年年终盘点：借势"一带一路"，中国工程机械风生水起》，中国机械网，2015年12月30日，http：//www. jx. cn/xwzx/viewnew. asp？id＝103804。

③ 《徐工集团2015年十大新闻事件》，中国路面机械网，2016年1月20日，http：//mt. sohu. com/20160120/n435165336. shtml。

一路"沿线中亚区域、西亚北非区域、欧洲区域、亚太区域 65 个国家建立了较完善的营销网络,在俄罗斯、印度、波兰等国建立了子公司,在乌兹别克斯坦、波兰、哈萨克斯坦、马来西亚、伊朗等国建立了 KD(散装件)工厂。此外,徐工在欧洲并购了德国施维英公司、德国 FT 公司、荷兰 AMCA 公司,在欧洲、美国和印度建立了研发中心,并在印度拥有生产基地。①

中国机械工业集团有限公司 在 2015 年 ENR 全球国际承包商中国建筑企业排名榜上,国机集团排名第 27 位。② 2015 年,国机集团抢抓"一带一路"、中巴经济走廊建设等带来的市场机遇,以"EPC +"带动工程承包业务转型升级,打造多项明星工程——中白工业园按时完成各项节点工程,招商引资、园区管理等工作顺利推进;中巴经济走廊首个煤电一体化项目——CMEC 的巴基斯坦塔尔煤电项目进入融资阶段,开启中巴能源合作新思路;作为柬埔寨投资建成的最大一级水电站、集团境外第一个 BOT 项目,柬埔寨达岱水电站正式开始商业运营,年均发电量近 9 亿度……国机集团 2015 年制造产品出口突破 6 亿美元,已签工程承包项目、合同总额超过 20 亿美元,跟踪项目 20 多个、完成年初目标的两倍以上。③

中联重科股份有限公司 2015 年 5 月,中联重科率先入驻中国 – 白俄罗斯工业园。12 月 14 日,中联重科"一带一路"首笔政府援外大单——中国援助阿塞拜疆市政清洁车辆项目在中联重科麓谷工业园举行发车仪式。此番援外大单产品是 45 台环卫清洁车辆,总值逾 2000 万元。④ 12 月 4 日,中联重科以每股 30 美元现金方式,向美国第二大机械制造商特雷克斯公司提出非约束性收购报价,该项目获取了国家相关部门的确认函,也获

① 《徐工"一带一路"海外服务行启动 加快走向全球》,中国新闻网,2015 年 5 月 30 日,http://www.chinanews.com/fortune/2015/05 – 30/7311036.shtml。
② 《2015 年 ENR 全球最大 250 家国际承包商中国企业排名》,和讯新闻网,2015 年 12 月 15 日,http://news.hexun.com/2015 – 12 – 15/181211870.html。
③ 《国机集团:构建新型高端重型装备板块》,中国工程机械商贸网,2016 年 2 月 5 日,http://news.21 – sun.com/detail/2016/02/2016020508000128.shtml。
④ 《中联重科拟 33 亿美元收购设备制造企业 Terex》,《上海证券报》,2016 年 1 月 27 日,http://money.163.com/16/0127/14/BEBFNHVI0025260O3.html。

得了有关金融机构的融资支持确定函。① 目前，中联重科在近80个国家建立了销售和服务平台，在40多个国家建有分公司，在中亚、东南亚及俄罗斯、意大利等欧洲国家拥有举足轻重的市场地位，而预计未来3~5年，中联重科海外市场收入将提升30%至40%。②

港航船企业

2015年，港航船上市企业得益于"一带一路"利好刺激，普遍迎来上攻态势。2015年也是港航船企的"整合转型年"，中国远洋运输（集团）公司与中国海运（集团）总公司整合方案获得通过；招商局集团合并中国外运长航集团；港口方面，上海国际港务（集团）股份有限公司收购上海锦江航运（集团）有限公司，整合上海地区港航资产，宁波港集团有限公司携手舟山港务集团有限公司整合浙江港航资源，东北区、京津冀和北部湾区域的港口整合也紧随其上；造船业方面，中国船舶重工股份有限公司和中国船舶工业集团公司承担的造船资源整合也眉目初显。③

国家招商局集团　2015年，招商局集团利润总额在央企排名第三。④目前，集团已在16个国家和地区拥有29个港口及58个码头。⑤

继2012年12月收购吉布提港23.5%股份成为第二大股东后，2015年3月，招商局集团与吉布提签署了自贸区合作框架协议。⑥ 科伦坡港是斯里兰

---

① 罗雅萌：《中联重科将继续推进与特雷克斯合并计划》，《中国建设报》，2016年3月1日。
② 李素平、李箐箐：《中联重科揽获"一带一路"大单》，红网，2015年12月15日，http：//hn. rednet. cn/c/2015/12/15/3863609. htm。
③ 《〈2015年中国港航船企市值排行榜〉解读》，国际海事信息网，2016年1月6日，http：//www. simic. net. cn/news_ show. php? id =175484。
④ 《2015年招商局和中外运长航总利润超800亿元》，国际船舶网，2016年1月28日，http：//www. eworldship. com/html/2016/ShipOwner_ 0128/111596. html。
⑤ 王嘉杰：《招商局抢先一带一路布局》，大公财经，2015年9月25日，http：//finance. takungpao. com/dujia/2015 –09/3187368. html。
⑥ 《践行"一带一路"战略　履行央企应尽责任》，招商局集团有限公司官网，2015年12月2日，http：//www. szqh. gov. cn/sygnan/qhzx/zthd_ 1/scqh/gzld/201512/t20151202_ 25802722. shtml。

卡最大的海港。2015 年 5 月，斯里兰卡港务局与招商集团展开磋商，拟引入后者投资科伦坡港在建的东码头，进一步提高其在科伦坡港整体的控股比例。① 库姆波特（Kumport）码头是土耳其第三大集装箱码头。2015 年 9 月，招商局与中远太平洋、中投海外组成的三方联合体收购了库姆波特码头 65% 股份，成为库姆波特实际控制人。此外，集团还在积极推动波罗的海港口项目②及俄罗斯扎鲁比诺项目③。

宁波舟山港集团公司　宁波舟山港集团是中国推动"一带一路"下港口发展的标志性案例，更是国际航运重心东移的微观缩影。2015 年，浙江省政府已将宁波舟山港的发展目标提升至建设世界上最大的现代化港口。

宁波舟山港位于"21 世纪海上丝绸之路"上，由原宁波港集团和舟山港集团整合而成④。2015 年，宁波舟山港集团完成货物吞吐量 8.9 亿吨，位居全球第一；完成集装箱吞吐量 2062.7 万标箱，首次超过香港港位居全球第四，同比增长 6.1%⑤；新开及恢复航线 28 条，现共拥有航线 236 条⑥，海铁联运业务发展快速，全年共完成海铁联运 17.1 万标箱，增长 26.2%。⑦

青岛港国际股份有限公司　2015 年，青岛港公司集装箱新增航线 28

---

① 娄本峰、何巨淼：《招商局国际有望增加在斯里兰卡科伦坡港股权比例》，斯里兰卡《周日时报》，2015 年 5 月 25 日，http://www.gw.com.cn/news/news/2015/0525/200000436377.shtml。
② 根据"一带"建设陆上经济走廊的需求，进一步打通陆上经济走廊到波罗的海出海口，初步选定立陶宛的克莱佩达港，实现招商局"一带一路"战略的南线港口布点与北线陆上经济走廊在波罗的海的交汇和闭环，力争使克莱佩达港成为招商局推进陆上"一带"与海上"一路"战略的海陆交汇点。
③ 已与俄罗斯合作伙伴签署了 MOU，正就合作模式等具体问题与俄方和吉林省进行协商。下一步争取将其提升到两国政府间的战略合作层面，由中方主导进行开发，采取适当方式实现在俄罗斯远东的一个战略布局。
④ 2016 年 2 月，宁波港集团和舟山港集团实现整合。根据整合预案，本次重组为宁波港股份向控股股东宁波舟山港集团发行股份，购买其持有的舟港股份的 85%。本次重组前，宁波港已经持有舟港股份 5.90% 的股份。重组完成后，宁波港将持有舟港股份 90.90% 的股份。
⑤ 《宁波舟山港合并 2015 货物吞吐量全球最大》，腾讯财经，2016 年 2 月 18 日，http://zj.qq.com/a/20160218/015001.htm。
⑥ 其中远洋干线 118 条，近洋支线 66 条，内支线 20 条，内贸线 32 条。
⑦ 《2015 年宁波市国民经济和社会发展统计公报》，宁波市统计局网站，2016 年 2 月 3 日，http://gtog.ningbo.gov.cn/art/2016/2/3/art_10283_1253971.html。

条，与"海上丝绸之路"沿线国家和地区合作完成运输箱量超过 400 万标准箱，海铁联运完成箱量达到 30 万标箱，同比增长 36%，跃居全国港口首位，已逐步发展成为"东北亚和东南亚海铁联运至中亚和欧洲"、"东北亚海运至欧洲"的"中转枢纽港"。此外，青岛依托新亚欧大陆桥经济走廊主要节点城市的区位优势和经济腹地比较发达的市场优势，带动青岛港公司至中亚的直通班列每周稳定运行，全年铁路货物装车量达到 78 万车，继续居全国沿海港口首位，构筑起了便捷高效的内陆和国际物流大通道。[1]

2015 年，青岛港公司签约合资合作项目 25 个，实现落地项目 29 个，国际化扩张不断深化。向缅甸皎漂港成功输出管理，与巴基斯坦瓜达尔港、柬埔寨西哈努克港、马来西亚关丹港建立了友好港关系，与德国汉堡港、埃及塞得港、吉布提港达成友好港意向，与法国布雷斯特港、土耳其马普特港签署战略合作框架协议……16 家海外友好港关系的建立，让青岛港"一带一路"布满"朋友圈"。[2]

日照港（集团）有限公司　瓦日铁路大通道的建成，使日照成为全国唯一拥有两条千公里以上铁路，可经由阿拉山口、中亚地区，贯通到荷兰鹿特丹的沿海大港；日照港口岸海、铁过境运输业务资质的获得，使至韩国釜山港集装箱班轮、至中亚集装箱跨境海铁联运、至蒙古海陆联运业务得以开通。[3] 2015 年 2 月，岚山港区原油码头二期工程项目获得国家发改委批复，标志着日照港将成为全国唯一一家拥有 3 座 30 万吨级原油的码头港口，设计年通过能力将达到 5600 万吨，预计今年年货物吞吐量将达 3.5 亿吨。[4]

---

① 《青港国际 2015 年度营收 73.69 亿　形成多元化发展格局》，凤凰青岛，2016 年 3 月 22 日，http：//qd. ifeng. com/a/20160322/4392419_ 0. shtml。
② 《青岛港：一个开放的港口正在崛起　变中谋进展新颜》，中国海事服务网，2016 年 1 月 29 日，http：//www. cnss. com. cn/html/2016/gngkxw_ 0129/197823. html。
③ 董光强：《日照积极融入"一带一路"　迎来难得发展机遇》，齐鲁网，2015 年 6 月 15 日，http：//news. iqilu. com/shandong/yuanchuang/2015/0615/2444239. shtml。
④ 《日照港与多国达成物流合作协议　发力"一带一路"》，人民网 – 山东频道，2015 年 3 月 4 日，http：//sd. people. com. cn/n/2015/0304/c177229 –24062243. html。

上海国际港务（集团）股份有限公司 2015 年 5 月 28 日，以色列与上港集团签署协议，正式将以色列海法新港码头 25 年的特许经营权授予上港集团。这是继中国港湾 2014 年中标以色列南部 9 亿多美元的阿什杜德新港建设项目后，中国公司在以色列斩获的又一大型基建项目。根据协议，上港集团将负责海法新港码头的设施建设、机械设备配置和日常经营管理，上港集团将为此投入 20 多亿美元。①

深圳市盐田港（集团）有限公司 至 2015 年 12 月底，盐田国际每周有 96 条航线通达世界各地，与全球 40 多家船公司成为紧密合作伙伴。②近年来，盐田港偏重与内地的港口合作，先后投资了海南海峡、湛江港、曹妃甸港口、黄石新港等。盐田港此前还就在印尼建设产业园签署了意向性的合作框架协议，这或将成为盐田港集团在海外首个开拓的项目。③

中国船舶重工股份有限公司 中船重工在 2015 年中国 500 强榜单中排名第 98 位，与 2014 年第 114 位的名次相比进步 16 位。公司全年营业收入为 609.72 亿元，同比增长 18.9%；实现利润 22.762 亿元。④ 6 月 16 日，中船重工下属七一一研究所践行"一带一路"国家倡议的第一单——巴基斯坦 WEL50 兆瓦风电项目举行融资条款协议签署仪式，该项目总投资 1.3 亿美元。⑤

中国港湾工程有限责任公司 中国港湾是中国交建的全资子公司，代表中交在国际工程市场开展业务，目前在世界各地设有 31 个分公司和办事

① 杨志望：《中以一带一路合作添硕果 上港集团获 25 年特许经营权》，新华网，2015 年 5 月 29 日，http：//finance.sina.com.cn/world/20150529/142222297942.shtml。
② 《深圳港 2015 居全球第三大集装箱港 盐田港区领跑占半壁江山》，交通网，2016 年 1 月 8 日，http：//www.jt12345.com/article－12462－1.html。
③ 张钊：《深圳盐田港牵手"海丝"沿线 将在印尼港口建产业园》，东方网，2015 年 10 月 23 日，http：//news.eastday.com/eastday/13news/auto/news/china/u7ai4780246_ K4.html。
④ 《中国船舶重工股份有限公司 2015 年 中国 500 强 第 98 名》，财富网，2015 年 12 月 21 日，http：//www.fortunechina.com/china500/142/2015/ZHONG－GUO－CHUAN－BO－ZHONG－GONG－GU－FEN－YOU－XIAN－GONG－SI。
⑤ 《中船重工第七一一研究所一风电项目落地巴基斯坦 贯彻"一带一路"国家战略》，上海科技党建，2015 年 6 月 19 日，http：//www.shkjdw.gov.cn/cxdt/534508.shtml。

处，业务涵盖 70 多个国家和地区，在建项目合同额约 95 亿美元。

中国远洋运输（集团）公司 2015 年 9 月 16 日，中国远洋宣布与招商集团、中投海外共同设立的卢森堡公司（以下简称"SPV"）收购土耳其伊斯坦布尔港库姆波特码头集装箱码头约 65% 股份，金额约为 9 亿美元。① 12 月 11 日，经报国务院批准，中国远洋与中国海运实施重组。②

卫星、通信、航空企业

卫星服务企业 中国航天科技集团公司研究员、我国通信卫星领域资深专家周志成认为，"一带一路"蓝图带来的大数据传输和商务娱乐需求为卫星制造和发射提供了较大的市场。目前，全球对卫星转发器的需求呈现强劲的上升趋势。2014～2018 年，全球静止轨道商业通信卫星市值增长超过 1/3，发射总量超过 100 颗，非洲、中东等运营商投资和政府采购呈现出增长态势。③ 未来 3 到 5 年，中国将发射多颗通信卫星，为"一带一路"通信领域铺平道路。而卫星产业也有望接力高铁、核电产业，成为我国"走出去"框架的又一个重要产业。④ 以中国东方红卫星股份有限公司（中国卫星）、中国航天科技集团公司（中国航天）、北京北斗星通导航技术股份有限公司（北斗星通）为代表的卫星企业普遍迎来"爆发期"。

上海微小卫星工程中心 2015 年 3 月 30 日，由上海微小卫星工程中心承研的首颗北斗导航全球组网试验卫星 Compass－I1－S 成功发射，揭开

① 《2015 内地企业海外并购盘点及十大交易》，新浪博客，2016 年 1 月 4 日，http：//blog. sina. com. cn/bloy－416ba4c90102w2d3. html。
② 宋笛：《中企海外港口投资建设形式多元》，和讯新闻网，2016 年 1 月 31 日，http：//news. hexun. com/2016－01－31/182111261. html。
③ 《卫星将随高铁核电站一起"走出去" 相关产业迎来机遇》，Wind 资讯，2015 年 4 月 25 日，http：//snap. windin. com/ns/findsnap. php？id＝295425791。
④ 《卫星将随高铁、核电站一起"走出去"》，理财网，2015 年 4 月 26 日，http：//licaishi. sina. com. cn/view/266899？ind_ id＝1。

2015 航天发射大年发射活动的序幕。5 月 8 日，中俄两国政府签署《中国北斗和俄罗斯格洛纳斯系统兼容与互操作联合声明》。该声明是北斗系统与全球其他卫星导航系统签署的首个系统间兼容与互操作政府文件，也是北斗系统国际化发展的重要标志。

通信企业

继高铁、核电之后，通信将成为中国"走出去"又一名片。目前，由工信部参与制定的《周边国家互联互通基础设施建设规划》已完成，有望近期发布。规划指出，将全力打造"数字丝绸之路"。①

中国电信集团公司 截至 2015 末，中国电信已在全球 27 个国家和地区设立了分支机构，建设海外直联点（POP）节点 63 个，拥有国际传输出口带宽及跨洲容量超过 9T，在 33 条国际海缆上拥有资源，服务着全球超过 1000 家的跨国企业和运营商客户。2015 年 11 月 12 日，中国电信旗下的中国电信国际有限公司出资 2000 万美元，与中非发展基金、葛洲坝国际工程有限公司、中国土木工程集团有限公司、鼎亿集团投资有限公司、长江规划设计研究院、中国恩菲工程技术有限公司等创始股东共同发起成立了中国海外基础设施开发投资有限公司，致力于打造"全球信息高铁"，服务于"一带一路"沿线国家信息化建设。②

中国联合网络通信集团有限公司 2015 年 7 月 14 日，中国联通宣布成立中国联通国际有限公司（简称联通国际），此举为中国联通落实国家"一带一路"倡议的重大举措。③ 在全球网络扩张上，联通国际将在现有 7 个 T 海陆缆基础上，未来 3 年重点沿"一带一路"，环东南亚及中美间布局

---

① 刘小菲：《"一带一路"加速通信产业出海 龙头股上演暴涨奇迹》，环球网财经频道，2015 年 5 月 19 日，http://finance.huanqiu.com/roll/2015-05/6470008.html。
② 《中国电信落实"一带一路"走出去又出大招》，CCTIME 飞象网，2015 年 11 月 13 日，http://www.cctime.com/html/2015-11-13/201511131647109622.htm。
③ 《中国联通成立国际公司 落实一带一路战略》，腾讯科技，2015 年 7 月 14 日，http://www.ebrun.com/20150714/140673.shtml。

EKA、AAE1、SMW5、NCP 等低时延、大容量、高可靠的全球 OTN 网络；在海外网络服务提供点（POP）点的扩张上，联通国际将于未来 3 年重点在"一带一路"沿线的中亚、中东，南亚及非洲再布局 38 个 POP；在边境互联的扩张上，中国联通将在现有 9 个国际局、15 个边境局，与 10 个国家和地区对接的基础上，未来 3 年重点沿"一带一路"新增 1 个昆明国际局、5 个边境局，再与 4 国及相同方向的多家境外运营商实现对接等。①

中国移动通信集团公司　目前，中国移动加速 TD－LTE 在"一带一路"区域的部署和发展。截至 2015 年底，中国移动已建设开通近 110 万个 4G TD－LTE 基站，预计 2016 年将突破 140 万；累计销售终端超过 3.3 亿，4G 用户超过 5 亿户。② 与此同时，中国移动已在 81 个国家和地区开通了 4G 漫游服务。③

航空企业

2015 年，受益于"一带一路"的发展、国际油价价格下跌，以中国国航、东方航空、海南航空、南方航空为代表的四大航空企业逐渐走出拐点。2014 年第一季度，四大航空净利润的数字是 －2.43 亿元。这一数据至 2015 年第一季度跃升为 60.62 亿元，同期增长 63.05 亿元，充分体现出航空企业"回暖"。

海南航空股份有限公司　2015 年 7 月，海航斥资 27 亿瑞士法郎（约合 28 亿美元），收购世界最大的行李处理公司——瑞士国际空港服务有限公司；9 月，海航旗下公司渤海租赁以约 25 亿美元的价格收购爱尔兰飞机租赁公司 Avolon；11 月，海航以 4.5 亿美元收购巴西第三大航空公司蓝色

① 《中国联通未来 3 年将加大"一带一路"沿线网络布局》，同花顺财经，2015 年 10 月 22 日，http://stock.10jqka.com.cn/20151022/c585232265.shtml。
② 一飞：《中移动公布 2016 年 4G 目标：基站突破 140 万个用户超 5 亿》，飞象网，2015 年 12 月 15 日，http://www.cctime.com/html/2015－12－15/1115253.htm。
③ 丁国明：《中国移动：加速"一带一路"区域部署》，中国企业网，2015 年 7 月 27 日，http://tech.hexun.com/2015－07－27/177860910.html。

航空 23.7% 权益，以期受惠于中巴两大全球贸易伙伴的庞大乘客量。①

中国国际航空股份有限公司 2015 年 5 月 1 日，国航开通了北京—明斯克—布达佩斯航线。这是目前中国内地直达白俄罗斯、匈牙利的唯一航线，也是国航今年开通的第二条国际航线。此外，国航还将开通北京—墨尔本航线、北京—函馆航线等，并重返非洲航线。②

中国南方航空股份有限公司 2015 年，南方航空实现营业收入 1114.67 亿元，同比增长 2.91%；净利润 38.51 亿元，同比增长 117.20%。③ 3 月 26 日，南方航空、厦门航空与荷兰皇家航空签署合作协议。三方决定在中欧航线市场上加强协作，实现代码共享，三方将占据中欧航线市场 20% 的份额。④

矿产资源企业

山东钢铁集团 2015 年 4 月 20 日，山钢集团宣布收购非洲矿业有限公司在塞拉利昂的唐克里里铁矿项目 75% 的股权，收购价格为 1.7 亿美元。交易完成后，山钢将获唐克里里铁矿及非洲港口铁路服务公司 100% 股份（2011 年山钢已经以 15 亿美元收购该项目 25% 的股权）。⑤ 唐克里里铁矿属于世界级铁矿石资产，储量巨大，为非洲第二大铁矿，也是全球规模最大的赤铁矿和磁铁矿之一。

中国五矿集团公司 2015 年 12 月 8 日，中国五矿与中冶集团经国务

① 李晓梅：《海航集团将以 4.5 亿美元收购巴西蓝色航空 23.7% 权益》，南海网，2015 年 11 月 25 日，http://news.163.com/15/1125/16/B99GDOL300014SEH.html。
② 《"一带一路"带暖航空业》，人民网，2015 年 5 月 19 日，http://www.chinawuliu.com.cn/zixun/201505/19/301450.shtml。
③ 《南方航空 2015 年净利润 38.5 亿 同比增长 117%》，民航资源网，2016 年 3 月 31 日，http://news.163.com/air/16/0331/16/BJGH17C200014P42.html。
④ 《四大航空公司季绩喜人布局国际市场有利业务增长》，南方航空吧，2016 年 5 月 18 日，http://guba.eastmoney.com/news，600029，167686365.html。
⑤ 李平：《中国企业海外矿业并购需要知己知彼》，中华人民共和国国土资源部网站，2015 年 7 月 30 日，http://www.mlr.gov.cn/xwdt/xwpl/201507/t20150730_1361334.htm。

院批准实施战略重组。重组后的中国五矿资产规模超过 7000 亿元人民币，拥有近 24 万名员工，29 个国家级科技创新平台和重点实验室，累计有效专利超过 1.8 万件，境外矿山遍布亚洲、大洋洲、南美洲和非洲等主要资源地，境外机构与工程项目遍布全球 60 多个国家和地区。2015 年，集团合计营业收入超过 4300 亿元人民币，体量超过必和必拓、力拓、淡水河谷三大矿业巨头，是全球金属矿产行业名副其实的"航空母舰"。①

紫金矿业集团股份有限公司 紫金矿业是一家大型国有控股矿业集团，是中国最大的黄金生产企业之一，是中国第二大矿产铜、锌生产企业和重要的钨、铁生产企业，居 2015《福布斯》全球 2000 强企业第 1069 位、全球有色金属企业第 12 位、全球黄金企业第 3 位，2015《财富》中国企业 500 强第 106 位。② 2015 年 5 月 26 日，紫金矿业宣布完成两起重大海外项目收购，分别以 25.2 亿元人民币和 18.2 亿元人民币的对价取得世界级超大未开发铜矿刚果（金）卡莫阿铜矿③ 49.5% 的股权和世界级大型在产金矿巴新波格拉金矿④ 50% 的权益，两个矿山的铜、金资源储量分别为 2416 万吨、285 吨。⑤

粮乳油企业

近几年来，涉农海外并购呈"井喷式"增长。2010～2014 年，中国涉

① 刘辰瑶：《中国五矿重组后海外机构遍布 60 国 并纳入国企改革试点》，中国新闻网，2016 年 6 月 22 日，http://news.dahe.cn/2016/06－22/107033737.html。
② 紫金矿业集团股份有限公司官网，http://www.zjky.cn/about/gong－si－jian－jie.htm。
③ 卡莫阿铜矿原为加拿大上市公司艾芬豪所有，是该公司的三个核心矿业资产之一。项目位于中非成矿带内，是目前全球尚未开发的铜矿中资源储量最大、品位最高的一个项目，也是迄今为止中国企业在海外收购的最大铜矿。
④ 位于巴布亚新几内亚的波格拉金矿，由多伦多和纽约两地上市的全球最大的黄金生产商巴理克公司持有 95% 股份。该矿 5 年预计年销售收入为 7 亿美元，盈利状况良好，项目位列全球在产金矿第 36 位。
⑤ 冯庆艳：《紫金矿业逆势扩张：定增百亿海外并购》，《经济观察报》，2015 年 5 月 27 日，http://money.163.com/15/0527/15/AQKPJMP200253B0H.html。

农海外并购高达 185 亿美元，其中央企投资额总计 1.61 亿美元。^① 据中信证券团队测算，我国与"一带一路"沿线国家农业合作，种植业至少有 5000 亿元人民币合作空间，养殖业有 2000 亿元人民币合作空间，种子领域合作空间 500 亿元。^②

北京农业产业投资基金 澳大利亚外商投资审核委员会（Foreign Investment Review Board）的报告显示：中国已成为澳大利亚农业领域最大的投资国。2014 年，中国向该领域投入 6.32 亿澳元（约合 4.5 亿美元），农业有望成为值得关注的投资领域。^③ 2015 年 10 月，北京农业产业投资基金与总部位于深圳的玉湖集团共同设立了规模为 30 亿澳元的基金用于投资澳大利亚农业。^④

光明食品（集团）有限公司 2015 年 6 月，光明集团下属光明乳业公司抛出募集 90 亿元的定增方案及巨额收购计划。公司宣布拟通过 68.73 亿元人民币，间接持有以色列 Tnuva 76.7% 的控制权，借此继续拓展欧美等海外市场，并完成以色列、新西兰、中国三地的战略布局。^⑤ 9 月底，光明集团收购西班牙食品零售商米盖尔公司正式完成交割，这是 2015 年以来中国食品行业在西班牙规模最大的一次海外收购，也是中国大型食品企业首次进入西班牙食品分销流通领域，收购价格为 1.1 亿欧元，光明集团占股 72%。10 月 17 日，新西兰最大肉联企业银蕨农场同意光明集团收购该公司半数股权。本次交易金额或达 6 亿美元（约合 38.1 亿元人民币），并计划于 2016 年 3 月至 6 月间完成。银蕨农场为新西兰最大的综合性肉类食品

---

① 据农业部国际合作司、农业部对外经济合作中心编著的《中国对外农业投资合作报告》（该报告数据不包括青海、西藏、港澳台地区）。

② 《"一带一路"催生 5000 亿农业海外投资市场》，经济观察网，2015 年 6 月 6 日，http://finance. ifeng. com/a/20150606/13759181_ 0. shtml。

③ 谭志娟：《中澳 FTA 将是两国共同的转型机会》，《中国经营报》，2015 年 11 月 23 日，第 A5 版。

④ 信莲：《报告显示：中国成为澳大利亚"农业领域"最大投资国》，中国日报网，2015 年 9 月 7 日，http://news. 163. com/15/0907/11/B2TGH9SB000146BE. html。

⑤ 《光明乳业定增 90 亿收购以色列最大综合食品企业》，中国经济网，2015 年 6 月 9 日，http://finance. ifeng. com/a/20150609/13765421_ 0. shtml。

加工企业，其在新西兰牛羊肉出口市场的占有率约为 27%。①

　　农垦是保障国家粮食安全和棉、胶、糖、乳、肉等重要农产品有效供给的“国家队”。2015 年，我国农垦将实现生产总值 7011 亿元，农垦企业将实现利润 165.3 亿元，产业整合重组迈出新步伐，大基地、大企业、大产业建设初具规模。统计显示，截至 2015 年末，我国有 20 多个垦区已在 40 多个国家和地区设立了 100 多个境外企业和项目。预计 2015 年农垦出口商品总额达 1030 亿元。②

　　湖北农垦　2015 年，湖北农垦认真履行“走出去”农业援外的工作职责，充分发挥农业“国家队”的作用，努力实现“再造一个海外新鄂垦”目标。

　　2006 年，湖北农垦以承接中国 - 莫桑比克农业技术示范中心援助项目为契机，成立了湖北农垦联丰海外农业开发有限公司（简称“联丰公司”），专门从事农业援外和境外开发工作。

　　以联丰公司为平台，湖北农垦农业“走出去”从无到有，从小到大，境外开发的产业越来越多，区域也越来越广。目前，湖北农垦已在莫桑比克、津巴布韦、马拉维、乌克兰、澳大利亚等国家实施了农业开发项目。正在进行前期论证的还有俄罗斯、安哥拉、几内亚、塞拉利昂、坦桑尼亚等国家的一批项目。产业涵盖水稻、棉花、玉米、大麦、甘蔗、烟叶、蔬菜等种植项目，以及奶牛、生猪、畜禽等养殖业项目，还有农产品加工、农业机械、农资出口、建材等项目。项目投资规模达到 8 亿元，水稻、玉米、棉花、甘蔗等种植基地规模达到 40 万亩，12 类产业竞相发展，取得了较好的效益。③

　　海南农垦　海南农垦创建于 1952 年 1 月，是我国三大农垦区之一，也

① 施露：《光明集团内部整合缓慢　借海外并购补拙》，时代在线网，2016 年 12 月 25 日，ht-tp：//www. swkk. cn/zuixin/zuixinnewshtmlr1x51027n424260888. html。
② 于文静、王宇：《2015 年我国农垦生产总值达 7011 亿元》，新华网，2015 年 12 月 26 日，ht-tp：//www. swkk. cn/zuixin/zuixinnewshtmlb1x51226n432659287. html。
③ 贺清明、焉潮：《湖北农垦：走出去开辟海外新天地》，《中国农垦》2014 年第 11 期。

是全国最大的天然橡胶生产基地和重要热作基地。2015 年 12 月 29 日，海南省农垦投资控股集团有限公司正式揭牌成立，标志着海南农垦以崭新的面貌踏上历史征程。

早在 2009 年，海南农垦分别在上海和新加坡设立贸易公司，与云南、东南亚橡胶主产国的橡胶生产企业建立贸易合作关系，通过贸易提高了岛外橡胶资源控制能力。雅吉国际私人有限公司（R1 公司）成立于 2001 年，公司总部位于新加坡。2001～2011 年，R1 公司的营业额从 2500 万美元迅速增长至约 35 亿美元，天然橡胶成交量从 20 万吨增加至 90 多万吨。2012 年，海南农垦成功收购 R1 公司 75% 的股权，涉及并购金额 3.62 亿元。[1] 塞拉利昂是海垦"走进非洲"的第一站。2013 年，海南橡胶、江苏省建、中海国际和塞拉利昂政府注册资金 5000 万美元，成立合资公司，计划种植 13.5 万公顷橡胶和水稻，海南农垦占股 70%[2]。2015 年，追随"一带一路"步伐，海南农垦正在泰国、柬埔寨、老挝等东南亚国家积极寻求并购投资项目。

黑龙江农垦区 黑龙江农垦区是中国的三大农垦区之一。目前，已建设成为我国最大的国有农场群。2015 年，黑龙江农垦区加快"走出去"步伐，在多个国家和地区开展对外投资合作业务，并在农产品加工、贸易流通、工程承包、畜牧养殖、矿藏开采、期货投资、港口建设等领域进行了探索。①境外农业开发区域分布逐步拓展。垦区"走出去"从单一的俄罗斯租赁土地种植，到足迹遍布澳大利亚、朝鲜、泰国、瓦努阿图、菲律宾、巴西、莫桑比克等在内的五大洲 23 个国家和地区，分布越来越广。②涉及行业领域越来越宽。从单一的农业种植开始，发展到全方位、多领域的国际合作。如北大荒丰缘麦业集团在澳大利亚珀斯购买和租赁土地，同

---

① 梁振君：《海南经济工作亮点：海南农垦精彩"走出去"》，南海网，2013 年 1 月 7 日，http：//www.cqn.com.cn/news/cj/chanjing/661328.html。

② 梁振君：《海南农垦落"子"非洲实施"走出去"战略》，海南网，2013 年 11 月 23 日，http：//www.hinews.cn/news/system/2013/11/23/016240148.shtml。

时该项目还涵盖港口建设和畜牧养殖；九三粮油工业集团海外分支机构依托香港和美国芝加哥期货平台每年为国内母公司提供优质原料和国际融资，发展模式和经营方式正向国际化大公司迈进。③境外投资模式灵活多样。"走出去"投资方式从单一的方式向多元化转变。既有民企，也有国企，有股份制公司，也有利用国内社会资金的合作经营，还有与外国专业公司共同开发的合作项目。如北大荒种业集团在菲律宾与华商合作成立合资公司，共同开拓国际农产品市场；牡丹江管理局宁安农场利用国家在吉林珲春设立对朝鲜经贸区的契机，在朝鲜罗先特区开展农业种植和农产品贸易。④"走出去"具备明显的自身特色。垦区现代化大马力农业机械、先进种植技术、栽培模式、管理经验、集团运作、大规模开发和农业专业人才的储备，对其他农业欠发达国家极具吸引力和示范作用。如牡丹江管理局在俄罗斯环兴凯湖地区组建的"新友谊农场"，吸引了俄罗斯滨海边疆区内几乎所有进行农业开发的国内企业纷纷与其合作。①

新疆生产建设兵团　新疆生产建设兵团与蒙古、哈萨克斯坦、吉尔吉斯斯坦三国接壤，占新疆总面积的 4.24%，是我国最大的农垦区。由于农业是中亚五国的传统主导产业，与新疆涉农方面的合作潜力巨大，且"一带一路"重点推进项目清单中多个项目涉及新疆农业（中塔农业示范园区、中哈农业示范园区、中土农业示范园区等）。因此，新疆生产建设兵团主要定位于输出先进农业资源和技术，将中亚作为新疆优势农业资源产业链延伸的重要环节。

——以新疆塔里木农业综合开发股份有限公司为种子繁育龙头、新疆中基实业股份有限公司为番茄酱生产龙头，构建兵团农业"走出去"阵营核心。

——推动新疆龙腾天域农业科技股份有限公司的哈萨克斯坦花卉培育及境外营销网点、兵团勘测设计院塔吉克斯坦棉花扩种等一批境外项目落

---

① 张宝生、王大庆：《黑龙江垦区"走出去"发展战略研究》，《兵团经济研究》，2015 年第 3 期。

地建设。

——推动新疆农垦科学院在吉尔吉斯斯坦设立"兵团现代农业技术展示中心",建设种子繁育基地。①

目前,兵团企业在哈萨克斯坦阿克莫拉州、吉尔吉斯斯坦楚河州、塔吉克斯坦喀特隆州均已有投资。2015年5月,9家知名企业正式签约落户霍尔果斯经济开发区新疆生产建设兵团分区,协议投资总额近30亿元。②

中粮集团有限公司　2015年7月22日,美国《财富》杂志发布2015年世界500强企业名单,排名上升最快的中国企业是中粮集团,由2014年的第401位上升至2015年的272位。③继2014年以15亿美元收购来宝农业51%的股权之后,2015年12月23日,中粮集团又宣布将来宝农业剩余的49%的股权以7.5亿美元的价格收购。该项目是迄今为止我国在农业领域对外投资最大的并购项目。④

邮政企业

中国邮政集团公司　2015年9月3日,中国邮政集团公司总经理李国华与俄罗斯联邦邮政总裁德米特里·E.斯特拉什诺夫签署《关于响应"一带一路"倡议加强合作推进跨境电商市场发展的协议》,开启中俄间铁路运邮合作。此次协议的签订,是响应"一带一路"倡议、中俄两国邮政间富有成效的合作。⑤

---

① 李香才:《新疆农业加快走出去步伐　一带一路重要支点》,《中国证券报》,2015年3月27日,http://finance.sina.com.cn/stock/hyyj/20150327/023921820750.shtml。

② 潘瑞雄:《新疆兵团紧抓"一带一路"建设机遇　提升开放型经济质量水平》,人民网,2015年5月11日,http://xj.people.com.cn/n/2015/0511/c188514-24813666.html。

③ 《2015年世界500强企业名单出炉:保利、中粮集团上榜》,赢商网,2015年7月24日,http://news.winshang.com/news-506046.html。

④ 钱瑜、孙昊天:《憾别中粮的宁高宁,掌舵11年还有哪些未了事?集团整体上市未实现》,《北京商报》,2015年12月28日,http://pe.pedaily.cn/201512/20151228391911.shtml。

⑤ 仲驿:《中俄邮政签署推进跨境电商发展协议》,《中国邮政报》,2015年9月8日。

服务投资企业

上海锦江国际酒店（集团）股份有限公司 2015 年 1 月 14 日，锦江集团以境外全资子公司为收购主体，现金收购喜达屋资本拥有的卢浮集团①100% 的股权，金额约在 9.6 亿～12.1 亿欧元之间。此前，锦江集团在菲律宾、韩国、法国、印尼等地，不断以品牌输出的方式跨出国门。②

中国投资有限责任公司 2015 年 1 月，中投公司与领盛投资管理公司表示，同意以 12 亿美元的价格从森信托株式会社手中收购目黑雅叙园商业综合体项目。该项目包含零售、写字楼以及酒店。10 月 26 日，中投公司斥资 17.9 亿美元成功接手 Investa 旗下一组写字楼资产，所含 9 幢写字楼主要位于悉尼、墨尔本。这是澳大利亚历史上金额最大的直接房地产交易。③

保险企业

保险作为市场化的风险管理与资金融通机制，为"一带一路"建设提供重要支撑与保障：一是通过出口信用保险保单融资业务，解决"走出去"企业融资难和规避汇率风险；二是通过一些金融创新手段，直接参与"一带一路"基础设施建设当中。据不完全统计，目前中国人寿保险股份有限公司、中国人寿保险股份有限公司、中国平安保险集团、中国太平保险集团公司等多家保险机构均对"一带一路"相关区域有所调研，并提出

---

① 截至 2014 年 6 月 30 日，卢浮集团旗下拥有四大系列，共计七大品牌，在全球 46 个国家拥有、管理和特许经营 1115 家酒店 91154 间客房。
② 赵嘉妮：《锦江 100 亿收购法国卢浮酒店》，新京报网，2015 年 1 月 16 日，http://stock.hexun.com/2015 -01 -16/172431084. html。
③ 《2015 年全年中国境外投资或超过 200 亿美元》，搜狐网，2015 年 12 月 30 日，http://mt. sohu. com/20151230/n433005270. shtml。

战略发展构想。①

安邦保险集团股份有限公司 国际地产咨询公司莱坊国际的数据显示，2015 年，在海外购入地产资产的前 20 位中国大买手中，14 家为房地产开发商，6 家为保险机构和主权基金。其中，安邦保险是海外收购中最为活跃的保险机构。2015 年 11 月 10 日，安邦保险宣布以每股 26.80 美元的价格，收购美国信保人寿保险公司，成为首家收购美国人寿保险公司的中国险企。此次收购金额约 15.7 亿美元。② 2016 年 3 月初，安邦保险以 65 亿美元买下黑石集团旗下的地产投资信托企业 Strategic Hotels & Resorts Inc.，这是中国大陆买家在美国成交的最高额度房地产收购。③

中保投资有限责任公司 自 2015 年 6 月国务院批复同意《中国保险投资基金设立方案》以来，中保投资已顺利发行直接投资境外项目的（一期）基金，规模达 400 亿元，包括支持招商局集团在斯里兰卡科伦坡港、土耳其昆波特码头、吉布提国际自由港投资建设港口项目；通过增资中国液化天然气运输项目对接俄罗斯亚马尔液化天然气运输项目等。④ 截至 2015 年末，公司已签署投资框架合同的项目金额超过 1000 亿元（包括一期基金），其中 600 亿资金直接投向棚户区改造工程、城市基础设施建设。⑤

泰康人寿保险股份有限公司 2015 年 1 月，泰康人寿以 1.98 亿英镑收购伦敦金融城办公楼 Milton Gate。该物业是泰康人寿在海外投资收购的

① 《险资参与一带一路等国家战略方案将出》，新华网，2015 年 1 月 8 日，http://news.xinhuanet.com/fortune/2015-01/08/c_127367888.htm。

② 《安邦保险 15.7 亿美元收购美国信保人寿》，证券时报网，2015 年 11 月 10 日，http://finance.sina.com.cn/stock/t/20151110/094823725910.shtml。美国信保人寿保险公司成立于 1959 年，2013 年 12 月在纽约证券交易所上市，拥有 50 个州的保险销售牌照。公司 2014 年的固定年金市场占有率位居全美第 6 位，经营状况良好。

③ 此次收购，安邦将获得该集团旗下横跨全美的 16 处顶级奢华酒店，包括丽思卡尔顿、凯悦酒店、万豪国际以及位于硅谷和华盛顿的四季酒店，总计超过 7500 个酒店房间。

④ 缪璐：《中保投资公司落户上海自贸区 首期 400 亿基金投海外》，中国新闻网，2016 年 1 月 5 日，http://business.sohu.com/20160108/n433935972.shtml。

⑤ 卢晓平：《中国保险行业投资航母起航 中保投资公司成立》，上海证券网，2016 年 1 月 5 日，http://business.sohu.com/20160105/n433494015.shtml。

首个房地产项目，年收益率为5%。①

中国出口信用保险公司 中国信保作为中国官方出口信用保险机构（ECA），承担着为中企分担政治、商业风险，提供融资支持的重任。土耳其卡赞天然纯碱及配套联合循环电站项目，中国信保承保金额高达11亿美元，成为迄今为止单个承保金额最大的"纯"商业信用类项目，被国际知名金融杂志《贸易和福费廷评论》评选为"最佳ECA交易"。2015年3月，山东电力承建沙特AMACO吉赞3850兆瓦燃机联合循环电站项目，中国信保为其承保金额7亿美元。该项目为当前全球最大的石油气化电站项目。巴基斯坦Suki Kinari水电站项目是中巴经济走廊首批优先发展项目之一，也是中巴经济走廊优先项目清单中最大的水电站项目，该项目也由中国信保承保……②截至2015年年中，中国信保承保对"一带一路"沿线及非洲国家出口大型成套设备、境外工程承包项目金额高达44.6亿美元；对外投资项目202.2亿美元；中国信保服务客户数达4.8万家，其中小微企业2.9万家，增长15.9%；共向企业和银行支付赔款4.8亿美元，增长30.8%；支持企业获得融资1400亿元人民币。③

中国平安保险集团 2015年1月22日，中国平安以4.19亿欧元的价格成功收购伦敦的地标性建筑——塔楼大厦（Tower Place）。该资产从德意志银行资产及财富管理公司下的一支共同基金手中购入。④ 10月27日，中国平安宣布与美国Blumberg Investment Partners合作。双方将投资于美国的长期、优质租赁资产。初始投资组合价值超过6亿美元，并已另行物色一批地处战略位置的定制物流物业项目，项目价值逾4亿美元。此次投资，

① 《泰康人寿海外房产投资第一单落定 2亿英镑伦敦买楼》，《英国房产周刊》，2015年1月12日。

② 卢晓平：《中国工程：点亮"一带一路"》，中国证券网，2015年10月21日，http://news.cnstock.com/news/sns_yw/201510/3595438.htm。

③ 《中国信保将发挥好"一路一带" 扶持企业"走出去"》，新一站保险网，2015年12月8日，http://www.xyz.cn/study/zhongguoxinbao-news-2181484.html。

④ 黄蕾：《中国平安再度出手海外不动产收购》，中国证券网，2015年1月23日，http://xueqiu.com/5731365495/35724825？f。

标志着中国平安首度进军美国物流地产市场。①

中国太平保险集团公司 在"一带一路"背景下,中国太平正式迈出海外不动产投资的步伐。2015 年 6 月,中国太平联合开元城市发展基金、厚朴资本等发起设立投资基金,携手 Fisher Brothers②、Witkoff③,以及黑石集团,共同投资开发了纽约曼哈顿核心区域的"翠贝卡 111 项目",投资总额约 8 亿美元。项目开盘仅两天,销售金额即超 2 亿美元。④

中国人寿保险股份有限公司 2015 年,中国人寿海外寻找优质地产项目渐成趋势。4 月,中国人寿、中国平安联手美国房地产公司铁狮门,斥资 5 亿美元收购"Pier4"波士顿 4 号码头地产项目,两家保险公司的持股比例均为 1/3。中国人寿还与新加坡上市公司普洛斯及另外两家机构合作,设立 GLP US Income Partners Ⅱ 基金⑤,用于管理其在美国收购的地产业务。该项交易中,中国人寿将持有约 30% 的股权,投入超过 10 亿美元,是中国人寿迄今规模最大的一笔海外房地产交易。⑥ 11 月,中国人寿同意以 7.55 亿美元的价格,从香港会德丰有限公司手中收购位于九龙红磡的 One Harbour Gate 西座写字楼及商铺。此笔交易是香港九龙区最大的单体写字楼成交。⑦

阳光保险集团股份有限公司 2015 年 2 月 8 日,阳光保险斥资 2.3

---

① 《中国平安与美国 Blumberg Investment Partners 成立地产合资平台》,中国平安集团官网,http://about. pingan. com/pinganxinwen/1445908569491. shtml。

② Fisher Brothers 被誉为纽约房地产的"皇室成员",为纽约最大、经验最丰富的房地产公司。

③ Witkoff 为世界级领先型地产投资、运营以及全服务开发商,过去十多年,Witkoff 在美国和英国的中央商业区购买了超过 60 处房地产项目,金额超过 70 亿美金。

④ 《开启海外投资新模式 中国太平首单海外投资项目落地》,新华财经网,2015 年 6 月 1 日,http://news. xinhuanet. com/fortune/2015 – 06/01/c_ 127865252. htm。

⑤ GLP US Income Partners Ⅱ 基金从 Industrial Income Trust 收购了价值 45.5 亿美元的地产组合,包括 540 万平方米的可用面积,遍及 20 个市场,其最大市场分布于洛杉矶、华盛顿和宾夕法尼亚州。

⑥ 《中国人寿投资超 10 亿美元 收购美国地产项目》,网易财经,2015 年 11 月 6 日,http://money. 163. com/15/1106/05/B7NC6QOC00253B0H. html。

⑦ 《中国境外投资继续增长》,中国地产信息网,2015 年 12 月 24 日,http://www. realestate. cei. gov. cn/file/br. aspx? id = 20151224164034。

亿美元，收购位于纽约曼哈顿中心的巴卡拉酒店（Baccarat），成为中国险企 2015 年的第一例海外并购。按每个房间的售价估算，这次并购将持平或刷新 2012 年印度撒哈拉集团以 204 万美元/间收购 Plaza 酒店的交易纪录。①

出版服务企业

安徽出版集团有限责任公司　安徽出版集团主要从事图书贸易，如版权输出、实物出口、期刊落地，以及电子传媒产品、文化装备、技术服务、文化创意等出口业务，在全国出版行业中率先走出国门兴办印刷实体。截至 2015 年底，集团外贸业务已发展到全球 50 多个国家，累计实现近 23 亿美元交易额，年均增幅 80%，成为国际经贸中的文化企业。集团目前拥有以俄罗斯新时代印务公司为主体的印刷基地，年销售收入达 500 万美元。集团在波兰合作建立出版机构，在斯洛伐克、约旦合作建立文化生产型分支机构和分拨基地及产业园，扎根海外市场。②

江苏凤凰出版传媒股份有限公司　凤凰传媒是中国规模最大、实力最强的文化产业集团之一，集团总体经济规模和综合实力评估连续多年保持全国同行业第一。2015 年 6 月，《全球出版企业排名报告》③ 发布 2015 世界出版企业 50 强排名，凤凰出版首次进入名单，名列第 6 位。"中国出版企业高调浮出"成为该报告的主要热点。8 月，凤凰传媒英文网正式开通上线，数字化与国际化步伐进一步加快。④

---

① 李剑华（DM 理财研究员）：《盘点那些任性的土豪险企：疯狂并购海外房产》，理财网，2015 年 2 月 10 日，http：//finance. sina. com. cn/money/insurance/bxdt/20150210/175221521216. shtml。

② 《民营文化企业怎样尽快"走出去"》，百度贴吧，2016 年 3 月 28 日，http：//zhidao. baidu. com/link？url = zfJvy7UpPJjpHcTqposV_ammBOYRYiMzSnro3M – RFJkVBFr4chKYK189No RVHJEQ8nQ2TWWmdoFfX5Z0i_iU1IUiDDdPP4LYOPoZx3uwK4m。

③ 该报告由法国《图书周刊》发起，联合多家全球知名出版专业媒体发布。

④ 《凤凰传媒：努力跻身世界前三》，国际商报网，2015 年 10 月 19 日，http：//news. hexun. com/2015 – 10 – 19/179936382. html。

海外产业园区

目前，中国企业正在投资建设 69 个具有境外合作贸易区性质的项目，分布于 33 个国家，其中在"一带一路"沿线国家建设的有 48 个。截至 2015 年 9 月底，69 个合作区建区企业累计完成投资 67.6 亿美元。入区企业 1088 家，中资控股企业 688 家，累计实际投资 99.2 亿美元。合作区累计总产值 402.1 亿美元，为东道国上缴了 12.8 亿美元税收，解决当地就业 14.9 万人。①

中国·埃及苏伊士经贸合作区 规划面积 10 平方公里，总投资约 2.3 亿美元。截至 2015 年底，起步区 1.34 平方公里已全部建成，共投资 1 亿美元，有 68 家企业入驻，吸引投资近 10 亿美元，年销售额约 1.5 亿美元，年纳税约 2 亿埃及镑，为埃及当地创造了 2000 多个工作岗位。② 由于合作区正好位于"一带一路"和"苏伊士运河走廊经济带"的交汇点，中埃决定启动扩展区建设，计划投资 2.3 亿美元，分三期开发。全面建成后，可容纳 200 家企业入驻，吸引投资 30 亿美元，年销售额可达 100 亿美元，可提供超过 4 万个就业机会。

巴基斯坦海尔－鲁巴经济区 由海尔集团与巴基斯坦 RUBA 集团合建，总投资约 2.5 亿美元，是中国商务部批准建设的首个"中国境外经济贸易合作区"，也是巴政府批准建设的"巴基斯坦中国经济特区"。经济区的主导产业为家电、汽车、纺织、建材、化工等。2015 年，经济区为当地提供了 5000 多个就业机会，直接拉动了当地经济发展。③

俄罗斯乌苏里斯克经贸合作区 规划面积 2.28 平方公里，由黑龙江省

---

① 秦陆峰：《商务部：中企在建 69 个境外经贸合作区"一带一路"沿线 48 个》，中国经济网，2015 年 11 月 4 日，http://intl.ce.cn/specials/zxxx/201511/04/t20151104_6901322.shtml。
② 刘长海：《中国·埃及苏伊士经贸合作区 总投资约 2.3 亿美元》，渤海早报网，2016 年 1 月 26 日，http://www.tianjinwe.com/tianjin/bh/jmbh/201601/t20160126_949015.html。
③ 《巴基斯坦海尔－鲁巴经济区》，中国经济网，2015 年 11 月 25 日，http://intl.ce.cn/zhuanti/2015/jwjm/yz/201511/25/t20151125_7126718.shtml。

吉信工贸集团、浙江省康奈集团、温州华润公司共同组建。合作区计划引进 60 家以上的国内优势企业，重点发展轻工、机电（家电、电子）、木业等产业，总投资 20 亿元人民币，其中基础设施及配套设施投资 7 亿元人民币。① 根据国内外两个市场和两种资源，合作区发展重点定位于轻工、机电（家电、电子）、木业等产业，面向俄罗斯等独联体国家及欧洲市场，主要生产加工销售国内优势产业的纺织、鞋类、家电、家居、建材、木业等产品。

柬埔寨西哈努克港经济特区　是中国首批国家级境外经贸合作区之一，也是首个签订双边政府协定、建立双边政府协调机制的合作区。截至 2015 年底，西港特区已吸引包括工业、服务行业在内的 85 家企业入驻，分别来自中国、欧美及日本等国家和地区，其中 60 家已开始生产经营，区内从业人数达 1.2 万人。② 预计到 2020 年，西港特区将累计引进企业达 200 家，全区年产值将超 30 亿美元。到西港特区全部建成时，入区企业将达到 300 家，全区产业工人预计可达 10 万人，居民人口将达到 20 万人。③

马中关丹产业园　截至 2015 年，关丹产业园投资总额累计 128 亿马币。9 月 21 日，马中关丹产业园再获 2 家中国企业投资，总投资额达 22 亿马币。其中，广西仲礼企业集团有限公司将投资 20 亿马币发展灯饰行业及陶瓷工业，中科恒源科技有限公司将投资 2 亿马币生产再生能源。④

泰国泰中罗勇工业园　规划总面积 12 平方公里。⑤ 一期 1.5 平方公里，二期 2.5 平方公里，三期 8 平方公里。目前一、二期已经开发、招商

---

① 《俄罗斯乌苏里斯克经贸合作区》，中国经济网，2015 年 11 月 23 日，http：//intl. ce. cn/zhuanti/2015/jwjm/oz/201511/23/t20151123_ 7094755. shtml。

② 《柬埔寨西哈努克港经济特区》，中国经济网，2015 年 11 月 25 日，http：//intl. ce. cn/zhuanti/2015/jwjm/yz/201511/25/t20151125_ 7126840. shtml。

③ 《西港特区："一带一路"上的重要国际产能合作平台》，西哈努克港经济特区官网，2016 年 2 月 14 日，http：//www. ssez. com/news. asp? nlt =677&none =3&ntwo =14。

④ 《中国企业投资 22 亿马币在关丹产业园建厂》，环球网，2015 年 9 月 21 日，http：//china. huanqiu. com/News/mofcom/2015 –09/7543578. html。

⑤ 《泰国泰中罗勇工业园》，中国经济网，2015 年 11 月 25 日，http：//intl. ce. cn/zhuanti/2015/jwjm/yz/201511/25/t20151125_ 7124181. shtml。

完毕，三期工程已经启动。截至 2015 年年中，园区已有 56 家企业投产，1000 多名中国员工。在园区的带动下，中企对泰国直接投资已超过 15 亿美元，实现产值 43 亿美元，向当地政府累计缴纳税费超过 7000 万美元。①

匈牙利中欧商贸物流园　是根据国家商务部统一部署，由山东省政府承建的首个国家级境外经贸合作区和首个国家级商贸物流型境外经贸合作区。合作园区规划总面积 0.75 平方公里，总投资 2.64 亿美元，已基本完成"一区三园"②的规划布局建设。截至 2015 年底，园区已经吸引包括商贸、物流行业在内的 134 家企业入驻并生产运营，从业人数约 650 人，物流强度能力达到 129.44 万吨/平方公里/年，带动货物进出口贸易额 2.45 亿美元。③

越南龙江工业园　总体规划面积 600 公顷，总投资额 1 亿美元，属于中国商务部国家级境外经贸合作区，是浙江省"一带一路"建设重点项目。截至 2015 年底，全园区已经获得越南政府颁发投资执照的企业达 33 家，吸引投资额达 10 亿美元，完成投产后每年产值将超过 30 亿美元。④

中国 – 白俄罗斯工业园　总占地面积 91.5 平方公里，是目前中国最大的境外经贸合作区，以机械制造、电子信息、生物医药、精细化工、新材料、仓储物流为主导产业。2015 年，工业园已吸引包括中兴、华为、中国一拖、中联重科和招商局物流集团等中国 8 家知名企业正式入园，全面建成后将吸引超过 200 家高科技企业入驻，累计创造 10 万个以上就业岗位。⑤ 截至 2015 年底，工业园起步区"七通一平"建设已顺利完工，首批

---

① 《华立集团泰中罗勇工业园——泰国"工业唐人街"炼成记》，人民政协网，2015 年 8 月 7 日，http：//www.rmzxb.com.cn/c/2015 – 08 – 07/548906.shtml。

② 即：在匈牙利建设完成的"中国商品交易展示中心"和"切佩尔港物流园"，在德国第二大港——不来梅港建设完成的"不来梅物流园"。

③ 中欧商贸物流合作园官网，http：//www.cecz.org/menu_ 1.html。

④ 《越南龙江工业园》，纺织贸促网，2016 年 2 月 15 日，http：//www.ccpittex.com/zcqzt/jwcyyq/64116.html。

⑤ 侯玉杰、华晔迪：《中国 – 白俄罗斯工业园正在建设　已吸引多家名企入园》，新华网，2015 年 12 月 16 日，http：//intl.ce.cn/sjjj/qy/201512/16/t20151216_ 7587621.shtml。

入园的 10 多家企业预计可带动首轮投资 20 亿美元，相当于目前中国对白投资存量的总额。①

中塔工业园区　2015 年 2 月 25 日，塔吉克斯坦议会下院批准了中国塔中矿业集团建设"塔中工业园区"的项目，该项目计划年采选 200 万吨铅锌矿石，可保障 2000 名塔居民就业。②

中国－印度尼西亚经贸合作区　规划面积 2 平方公里，计划投资 9300 万美元，主导产业包括家用电器、精细化工、生物制药、农产品精深加工、机械制造及新材料等。截至 2015 年 11 月，合作区汇集了来自中国、印尼、韩国、日本等国家创办的 7 个大型的现代化工业园③，产业聚集效应明显。④

赞比亚中国经济贸易合作区　总规划面积 17.28 平方公里，以有色金属矿冶产业、现代物流业、商贸服务业、加工制造业、房地产业、配套服务业和新技术产业为主导产业。截至 2015 年 11 月，经贸合作区基础设施投资累计超过 1.4 亿美元，吸引投资近 14 亿美元，实际完成投资超过 12 亿美元。⑤

---

①　王珂：《中国－白俄罗斯工业园进展顺利》，人民网，2016 年 2 月 6 日，http://world.people.com.cn/n1/2016/0205/c1002-28112395.html。

②　《塔议会批准"塔中工业园项目"》，中华人民共和国商务部驻塔吉克斯坦经商参处，2015 年 3 月 3 日，http://www.mofcom.gov.cn/article/i/jyjl/e/201503/20150300906506.shtml。

③　工业园中有以丰田、本田为龙头的汽车行业及汽车零配件工厂；以三星、LG、灿坤集团为首的家电行业及其零配件工厂；以日本小松、三一重工等重型机械装配厂；印尼最大的食品公司 INDOFOOD、大型建材厂 MASPION（金丰集团）等当地大型物流工厂、服装、电子工厂以及欧美的涂料、纸张等产业。

④　《中国－印度尼西亚经贸合作区》，中国经济网，2015 年 11 月 26 日，http://intl.ce.cn/zhuanti/2015/jwjm/yz/201511/26/t20151126_7144132.shtml。

⑤　《赞比亚中国经济贸易合作区》，中国经济网，2015 年 11 月 25 日，http://intl.ce.cn/zhuanti/2015/jwjm/fz/201511/25/t20151125_7126017.shtml。

第二章　民营企业

国字头企业是"一带一路"上的领头羊,而民营企业是当之无愧的生力军。中国民企500强中,已有半数以上企业积极布局海外。晨哨研究部监测,截至2015年12月初,民企签约和交割的海外并购交易额占中企交易总额的56.88%,同比增长122%。① 以 BAT、三一重工、中兴、华为、青建集团等为代表的民营企业,撑起了新一年度海外投资的"半壁江山"。值得关注的是,随着中企"走出去"进化到4.0时代,民营企业渐成"主力军",投资领域多元化,投资更具战略性,投资方向从产业链整合转向全球资产配置,在全球价值链上不断上移。② 民营企业进行海外投资的方式逐渐多元化和逐步深入,由最初的基建、地产、机械制造,到股权、资本,再到文化、娱乐、旅游、医疗以及农牧资源收购,体现出民企全面介入和布局国际的大趋势。

---

① 《2015中国企业在海外进行了哪些大型并购?》,凤凰国际智库,2016年1月2日,http://pit.ifeng.com/a/20160102/46919707_0.shtml。

② 汪平、乔继红、谢鹏:《为什么说中国企业"走出去"进入了4.0时代?》,新华社,2016年4月11日,http://new.xinhuanet.com/mrdx/2016-04/11/c_135267251.htm。"走出去"战略诞生之初是中国企业懵懂的1.0时代,探索之旅大多分散且自发,主要在海外设立销售网络。随着大量国企转向海外,中国企业"走出去"进入2.0时代。大型国企主要瞄准海外的石油、矿产等实物资产,工程类企业则走出国门大量参与海外基建项目。进入3.0时代,民营制造业企业的崛起是最大亮点。

IT 企业

BAT（百度、阿里、腾讯） 中国互联网公司三巨头——百度、阿里巴巴、腾讯在 2015 年共计通过 96 宗海内外并购交易，获得了金额达 349 亿美元的资产。其中，2015 年 10 月，阿里巴巴宣布以 45 亿美元收购视频网站优酷网、土豆网，成为中国科技行业并购史上的第四大交易。[①]

阿里巴巴网络有限公司 2015 年 4 月，阿里投资即将上线的美国网络零售商 Jet. com。此前阿里曾参与其 2 月份进行的总额 1.4 亿美元的融资，目前融资额已达 2.25 亿美元，估值约 6 亿美元。5 月，阿里斥资 5600 万美元收购了美国电商公司 Zulily 9% 的股份。8 月，阿里又以 2 亿美元入股印度电商 Snapdeal，获得 4.1% 的股份，该电商是印度最为知名的 3C 电平品台之一。11 月，阿里投资 5.75 亿美金入股印度支付创新公司 PayTM，并计划在未来三年内投入 500 亿卢比（约合 7.64 亿美元），成为印度最大的电子商务集团。12 月 15 日，阿里影业以 8600 万美元参与博纳影业的私有化，并将取得其约 10% 的股份。该公司是第一家在美国上市的中国影视公司。[②]

北京百度网讯科技有限公司 2015 年，百度投资金额达到 12 亿美元，其中 5000 万美元用于投资 4 家海外公司。从投资数量上看，投资 TOP 5 行业是：企业服务、汽车交通、O2O、电子商务、泛文娱。[③]

腾讯控股有限公司 2015 年，腾讯继续延伸"企鹅帝国"的边界，在国际化和海外策略上，步幅甚至超越阿里。2015 年，腾讯投入 55 亿美元投

① 孙文婧：《2015 年中国海外并购金额首超 1000 亿美元》，财新网，2016 年 1 月 7 日，http：//companies. caixin. com/2016 – 01 – 07/100897115. html。

② 《盘点阿里巴巴 2015 年投资布局：收购领域非常广泛》，赢商网，2015 年 12 月 21 日，http：//news. winshang. com/news – 555035. html。

③ 《2015 年 BAT 三巨头盘点之百度帝国》，虎嗅网，2016 年 2 月 6 日，http：//finance. jrj. com. cn/biz/2016/02/06113820543886. shtml。

资了超过95家公司，斥资3亿美元收购了3家公司，花费7亿美元投资了25家海外公司。从行业集中度上看，泛文娱、医疗健康、游戏、汽车交通、O2O位列TOP 5。[1] 其旗下产品——微信在"一带一路"沿线国家和地区表现突出。目前，微信已经占据印度21%的市场份额；覆盖了印度尼西亚50%的智能手机用户；马来西亚有超过70%的智能手机用户使用微信。此外，腾讯也在"一带一路"沿线国家展开投资。8月，腾讯公司领投印度医疗健康初创企业Practo 9000万美元，这也标志着腾讯公司开始在印度市场展开投资。[2]

北京小米科技有限责任公司 2014年4月，小米科技选择新加坡作为海外业务扩张的首站，随后进入印度尼西亚、马来西亚、印度、巴西。在6个销售小米手机的海外国家中，有5个是"一带一路"的沿线国家。而印度作为全球手机销售的第二大市场，小米以其价格低廉、功能齐全的产品特性在当地大受欢迎，2015年市场份额位列前五，并在印度市场开设了100家店面，设立了研发中心和生产线等。[3]

北京昆仑万维科技股份有限公司 2016年1月，曾把网络游戏"愤怒的小鸟"引进中国的北京昆仑万维科技股份有限公司，买下了全球最大的同性社交应用Grindr 60%的股份。[4]

利亚德光电股份有限公司 2015年10月23日，利亚德发布报告书，拟投入募集资金10亿元收购PLANAR公司100%的股权。PLANAR公司于1983年成立于美国，涉及行业有计算机、通信和其他电子设备制造业，目前在北美、欧洲和亚洲等地区拥有销售机构，在美国和法国拥有生产制造

① 《2015年BAT三巨头盘点之腾讯帝国》，虎嗅网，2016年2月5日，http://www.huxiu.com/article/138942/1.html。
② 《CCG发布"2015中国'一带一路'十大先锋企业"》，环球网，2015年12月2日，http://finance.huanqiu.com/cjrd/2015-12/8090943.html。
③ 《CCG发布"2015中国'一带一路'十大先锋企业"》，环球网，2015年12月2日，http://finance.huanqiu.com/cjrd/2015-12/8090943.html。
④ 《昆仑万维向同性恋交友应用Grindr投资9300万美元》，凤凰科技，2016年1月12日，http://tech.ifeng.com/a/20160112/41538330_0.shtml。

中心，资产总计4.6亿元。利亚德表示，此次并购是公司加速自身业务及核心产品全球拓展的战略实践，也是公司进行全球化战略布局的重要举措。①

紫光集团有限公司　2015年5月23日，清华控股发布公告，旗下紫光集团以不低于25亿美元的价格收购惠普公司旗下华三通信51%的股权，成为其控股股东。此举开创了国内外IT厂商合作新模式，也开辟了跨国企业在中国本土化的新路径。② 9月30日，紫光集团与西部数据③宣布，紫光股份以每股92.5美元的价格认购西部数据普通股，投资总额约为38亿美元。交易完成后，紫光股份将持有西部数据已发行在外的15%的普通股，成为西部数据公司第一大股东。④

基建类企业

青建集团有限公司　在2015 ENR全球国际承包商中国建筑企业排名榜上，青建集团排名第81位。⑤ 作为青岛市建筑业企业"龙头"，青建集团目前已在全球26个国家设有分支机构，在7个国家取得当地建筑最高资质。⑥ 青建集团的市场遍布东南亚、中东、非洲、大洋洲等30多个国家和地区。

以6.3亿元签约阿尔及利亚奥兰大学城10000床学生公寓项目，刷新

---

① 《利亚德定增募资近20亿　10亿并购PLANAR公司》，证券时报网，2015年10月23日，ht-tp：//www. cs. com. cn/ssgs/gsxw/201510/t20151023_ 4824335. html。

② 郭宇靖：《清华紫光25亿美元收购惠普子公司》，新华网，2015年5月23日，http：//news. xinhuanet. com/2015－05/23/c_ 1115383302. htm。

③ 西部数据成立于1970年，是全球第二大硬盘生产商，市值为184亿美元。

④ 《紫光38亿美元入股美国西部数据公司》，紫光集团官网，2015年9月30日，http：//www. unigroup. com. cn/newscenter/jtxw/2015/0930/162. html。

⑤ 《2015年ENR全球最大250家国际承包商中国企业排名》，和讯新闻网，2015年12月15日，http：//news. hexun. com/2015－12－15/181211870. html。

⑥ 孙静芳：《沿"一带一路"海外揽64个项目》，青岛全搜网，2015年9月22日，http：//wb. qdqss. cn/html/qdzb/20150922/qdzb101575. html。

青建非洲市场单体项目新签合同额记录；承揽安哥拉罗安达 Cazenga 主排水渠系统工程一、三标段，合同额 2.5 亿元；竞得安哥拉 5 公顷土地一宗；加纳分公司一个季度内连续承揽 5 个社会项目，合同额 1.7 亿元人民币；中标 5 亿多元的缅甸香格里拉综合体项目，建成后将成为缅甸全国最先进的酒店综合体⋯⋯据 2015 年 2 月国家商务部发布的"2014 年我国对外承包工程业务完成营业额前 100 家企业"榜单，青建集团以完成对外营业额 13.15 亿美元的数额居第 16 位，连续六年实现排名上升。[1]

苏州金螳螂建筑装饰股份有限公司　2015 年 7 月，金螳螂与俄罗斯莲花广场集团有限公司签订战略伙伴协议，未来将参与莲花广场集团[2]所投资项目。金螳螂与莲花广场集团合作进军俄罗斯市场，契合"一带一路"发展趋势。[3]

机械制造企业

长春合心机械制造有限公司　2015 年 9 月，合心机械以 1200 万欧元收购"德国 GRG 集团"[4] 54.98% 的股权，兴建在华合资公司——GRG（中国）有限公司，建设中德机器人产业园项目，总投资为 1.6 亿元人民币。该项目预计于 2020 年全部达产，可实现年销售收入 8 亿元，利税 2200 万元。[5]

江苏玉龙钢管股份有限公司　2015 年 6 月，玉龙股份拟投资 5000 万美元，在尼日利亚莱基自贸区建设一期两条生产线，包括年产 8 万吨的高

---

[1]《青建海外额营业额全国第 16　国内地方企业居首》，青岛新闻网，2015 年 2 月 15 日，http://www.qingdaonews.com/content/2015-02/15/content_10924388.htm。

[2] 莲花广场集团属于俄罗斯最大、世界排名前 10 位的制浆造纸企业伊利姆集团。

[3]《金螳螂：国内外市场共同发力，多头并进发展可期》，腾讯财经，2015 年 7 月 13 日，http://finance.qq.com/a/20150713/030834.htm。

[4] GRG 集团是德国先进装备制造业的代表企业之一，在高精密磨锋专用设备、立体车库等方面处于国际领先水平。

[5] 宋莉：《长春民企"合心机械"成功并购"德国 GRG 集团"》，新华网，2015 年 9 月 15 日，http://www.jl.xinhuanet.com/2012jlpd/2015-09/15/c_1116565394.htm。

钢级螺旋埋弧焊接钢管生产线一条，以及年产 200 万平方米的防腐生产线一条。①

三一重工股份有限公司　2015 年，三一重工海外业务增长 25%。全年整体销售中，来自海外市场的份额占 40% 左右，而国际业务里 70% 的收益更是来自"一带一路"沿线国家和地区。5 月 16 日，三一成功签署阿曼市场合作协议，成为集团首个"一带一路"合作项目；8 月 27 日，三一在老挝签下 634 万美金设备采购大单；9 月，三一在南非宝马国际工程机械展赢得 120 亿美元实际订单和 800 万美元意向订单；11 月，三一在孟加拉国第二大港蒙哥拉港获 5 台设备订单，总额超过 1100 万人民币。②

三一"出海"过程中，为中企赴美投资过程中维护自身正当权益树立了良好范例，也为中企深入了解美国投资审查体制提供了样板。2014 年 7 月 15 日，美国哥伦比亚特区联邦上诉巡回法院作出裁决，裁定"美国总统奥巴马未经适当法律程序禁止三一集团美国子公司的一宗并购案，侵犯了该公司的权利"。该案胜诉，是中资企业对美国史无前例的法律诉讼胜利。③ 2015 年 4 月 16 日，"三一重工在美司法维权再获胜利！337 案④——美国马尼托瓦克主张的三一重工司履带起重机侵犯马尼托瓦克公司的'928 号专利'和'158 号专利请求'，ITC（美国国际贸易委员会）复审判决：均不构成侵权！"⑤

---

① 宋璇：《"一带一路"企业探路：央企扛旗　民企紧随》，国际金融报网，2015 年 7 月 30 日，http：//en. ccccltd. cn/pub/jtxww/mtjkj/201507/t20150730_ 40254. html。

② 《2015 年年终盘点：借势"一带一路"，中国工程机械风生水起》，中国机械网，2015 年 12 月 30 日，http：//www. jx. cn/xwzx/viewnew. asp？id =103804。

③ 《三一重工在美起诉奥巴马获胜：中企第一次胜诉》，人民网，2014 年 7 月 17 日，http：//finance. sina. com. cn/world/20140717/000019727762. shtml。2012 年，三一集团在美关联企业罗尔斯公司欲收购位于美国俄勒冈州的 4 座风力发电厂，但遭奥巴马发布总统令阻止，理由是威胁美国国家安全。这是自 1990 年以来，美国总统首次以这一理由阻止一家外资公司的并购案。

④ "337 案"，意指美国国际贸易委员会（ITC）根据美国《1930 年关税法》第 337 章节对向美国出口过程中的不公平贸易进行调查，并采取制裁措施的做法。

⑤ 《胜诉美国总统奥巴马的三一重工又赢了》，大新闻网，2015 年 12 月 2 日，http：//www. kejixun. com/article/201512/140899. html。

泰富重装制造有限公司集团 2015 年 3 月 12 日，泰富重装制造有限公司集团与巴西 SYNERGY 集团签署了该集团下属两家船厂技改项目 EPC 合作协议，合同金额约 2.3 亿美元。未来 5 年，SYNERGY 集团还将向泰富重装制造有限公司集团采购近 1.5 亿美元的造船设备及日用耗材。[①]

化工企业

上海永利带业股份有限公司 为打开北美市场，上海永利与美国 Mol 公司共同出资在美国设立 6∶4 合资公司，投资总额 100 万美元。新公司重点从事轻型输送带及其相关材料的生产、销售和售后服务活动，主要负责美国、加拿大地区。同时，永利还计划出资 250 万美元，认购 Seoyon Top Metal Mexico SA de CV 新增注册资本，占该公司增资后股权的 20%。[②]

江南模塑科技股份有限公司 2015 年 9 月，江南模塑发布公告称，为配合宝马公司在海外市场的发展，公司计划在墨西哥圣路易斯波托西独资设立 Ming Hua de Mexico 公司，注册资本 1500 万美元，项目总投资额为 1 亿美元。[③]

YFS Automotive Systems Inc. 公司 中资背景的 YFS Automotive Systems Inc. 公司于 2015 年 9 月 15 日宣布，计划在美国底特律购买的 30 英亩的空置工业地皮上建造一座 150000 平方英尺（约合 13950 平方米）的生产厂。新厂将致力于设计、测试和生产汽车燃油系统零部件（油箱）。该项目预计将新增 160 个就业岗位。YFS 将为该厂投入 2690 万美元。[④]

---

① 《泰富重装再签 2.3 亿美元海工订单》，国际船舶网，2015 年 3 月 23 日，http：//www. eworldship. com/html/2015/NewOrder_ 0323/99926. html。

② 《2015 年 1～8 月在美国投资建厂的中国企业》，生意地，2015 年 9 月 15 日，http：//www. shengyidi. com/news/d－1976804/。

③ 《2015 年 1～8 月在美国投资建厂的中国企业》，生意地，2015 年 9 月 15 日，http：//www. shengyidi. com/news/d－1976804/。

④ 《2015 年 1～8 月在美国投资建厂的中国企业》，生意地，2015 年 9 月 15 日，http：//www. shengyidi. com/news/d－1976804/。

通信企业

北京信威科技集团股份有限公司　以特种通信和重点行业通信为主营业务的信威集团，国外市场主要集中在柬埔寨、乌克兰、俄罗斯等"一带一路"沿线国家，公司 2015 年营业收入高达 43.58 亿元，净利润达到 26.34 亿元。和卓翼科技、中兴通讯、海能达、信维通信等企业一样，信威集团海外营收占比也在公司总业绩的 50% 以上。[①]

海能达通信股份有限公司　2015 年 3 月，海能达作为专网通信企业唯一代表参加了中印首脑经贸论坛。6 月，海能达德国全资子公司夺得荷兰公共安全 C2000 更新项目 6.16 亿大单，取代原通信系统承建商摩托罗拉。该项目的签订是中国通信企业在欧美发达国家安全领域的破冰，彻底打破了摩托罗拉、建伍等欧美品牌的行业垄断态势。[②]

华为技术有限公司　2015 年 11 月 16 日，《2015 年中国民营 500 强企业》发布，华为以 2881.976 亿元的营业收入和综合实力名列第二。[③] 2015 年 2 月 5 日，华为宣布，将在印度投资 1.7 亿美元建立一个研发中心，这是中国公司在印度的第一笔类似投资，也是华为在海外最大的研发中心。[④] 截至 2015 年 6 月，华为已经在中国、德国、瑞典、俄罗斯、印度等多个国家建立了 16 个研发中心。

中兴通讯股份有限公司　信息设备龙头中兴通讯早在 20 年前就开始了国际化之路，其中仅涉及 LTE 的基本专利就超过了 800 件，全球占比高达

① 刘小菲：《"一带一路"加速通信产业出海　龙头股上演暴涨奇迹》，中国财经网，2015 年 5 月 19 日，http://finance.huanqiu.com/roll/2015 - 05/6470008.html。
② 《海能达德国全资子公司夺得荷兰公共安全 C2000 项目》，中国新闻网，2016 年 2 月 18 日，http://www.js.chinanews.com/75/2016/0218/2942.html。
③ 《2015 民企 500 强发布：联想华为苏宁分列前三》，中国经济网，2015 年 11 月 17 日，http://news.jxnews.com.cn/system/2015/11/17/014458332.shtml。
④ 《华为在印投资 1.7 亿美元　将建其海外最大研发中心》，环球网科技，2015 年 2 月 6 日，http://tech.huanqiu.com/it/2015 - 02/5612939.html。

13%。2015 年，中兴通讯先后斩获马来西亚、巴基斯坦及俄罗斯等"一带一路"沿线国家的多个项目，涉及金额近百亿元，第一季度即实现 209 亿元营业收入，同比增长 10.2%。此外，由中兴通讯探索的 2.0 智慧城市模式已在罗马尼亚、土耳其、俄罗斯、斯里兰卡等"一带一路"沿线国家的城市实施。①

地产企业

碧桂园 继 2013 年、2014 年连续两年在马来西亚成功收获百亿销售额之后，碧桂园于 2015 年末发布消息，称"森林城市"项目将成为其在马来西亚的头号战略工程。项目总投资规模达 2500 亿元人民币，预计耗时 20 年。这个通过填海造陆，面积接近 1/2 个澳门的产业新城，也将成为中国房地产商有史以来最大的单体项目。②

恒大地产集团有限公司 2015 年 11 月 13 日，恒大集团同意以 16 亿美元的价格购入"华人置业"总部——位于香港湾仔的美国万通大厦，按楼面约 34.54 万平方英尺计算，每平方英尺约 3.62 万元，恒大亦将成为首家在香港拥有整幢独立写字楼的内地民企。③

绿地控股集团股份有限公司 海外开发已经成为绿地作为世界级企业的重要战略部署。2015 年，绿地海外销售收入目标是 300 亿元，业务已进入英国、美国、澳大利亚、加拿大、韩国等 9 个国家的 13 个城市，累计开发面积 576 万平方米，累计总投资额超 200 亿美元。④ 1 月，绿地与伊斯干

---

① 《CCG 发布"2015 中国'一带一路'十大先锋企业"》，环球网，2015 年 12 月 2 日，http://finance.huanqiu.com/cjrd/2015 - 12/8090943.html。
② 《2500 亿元投资 碧桂园将在马来西亚填出世界最大人工岛》，观察者网，2016 年 1 月 7 日，http://www.guancha.cn/economy/2016_ 01_ 07_ 347258.shtml。
③ 《恒大 125 亿港元购香港商厦 首家在港拥整栋写字楼民企》，中国新闻网，2015 年 11 月 13 日，http://news.sina.com.cn/o/2015 - 11 - 13/doc - ifxksqku2938765.shtml。
④ 《绿地集团加拿大项目开工 2015 海外销售收入目标 300 亿》，赢商网，2015 年 5 月 14 日，http://fj.winshang.com/news - 478221.html。

达滨海城市公司达成协议，以 6.83 亿美元的价格买下总面积 128 英亩的土地，成为伊斯干达地区迄今最大的土地交易之一。[①] 4 月 30 日，绿地在英国伦敦西南 Wandsworth 的兰姆公馆项目一期开工奠基，这是中国开发商在伦敦首个开工建设的大型住宅开发项目，规划总建筑面积 8.97 万平方米，项目计划 2017 年完工。

世茂房地产控股有限公司 2015 年 9 月，世茂地产旗下的 Adventure Success Limited 以全场最高价 9.06 亿美元竞得位于九龙大窝坪延坪道德新九内地段第 6542 号地块。该地块土地使用期限为 50 年。[②]

太平资产管理有限公司 2015 年，太平资产斥资 2.29 亿美元，购买了位于慕瑞街 111 号的 Tribeca 住宅楼的部分股权。该项目预计造价 8.20 亿美元，其中外部融资达到 6.74 亿美元。该公寓楼高 58 层，计划 2018 年建成。[③]

股权、能源投资企业

中国华信能源有限公司 中国华信是集体制民营企业。2015 年，公司营业收入超 2200 亿元，蝉联《财富》世界 500 强。华信积极践行"一带一路"建设，以捷克为战略支点，投资达 200 亿克朗（约合人民币 50 亿元）。[④] 2015 年，中国华信通过多起收购，成为在捷克投资金额最大的中国企业之一。具体为：控股捷克布拉格斯拉维亚俱乐部，并与捷克 EDEN 足球场签订《足球场改扩建协议》，投资额达 4 亿~5 亿克朗；出资 24 亿

① 《2015 年全年中国境外投资或超过 200 亿美元》，搜狐网，2015 年 12 月 30 日，http：//mt. sohu. com/20151230/n433005270. shtml。
② 《中国境外投资继续增长》，中国地产信息网，2015 年 12 月 24 日，http：//www. realestate. cei. gov. cn/file/br. aspx？id = 20151224164034。
③ 《2015 年全年中国境外投资或超过 200 亿美元》，搜狐网，2015 年 12 月 30 日，http：//mt. sohu. com/20151230/n433005270. shtml。
④ 《"一带一路"先锋：中国华信如何深耕捷克?》，《经济参考报》，2016 年 3 月 31 日。

克朗收购捷克洛布科维茨酿造集团①70%的股份，成为该公司第四大控股股东；与捷克 J&T 金融集团②签署协议，通过定增和配股认购，拟向 J&T 注资 6.43 亿欧元，持股 50%；收购捷克航空公司智能翼（Smartwings）运营商 Travel Service10%的股权，并计划未来将股权扩大至 39.92%；收购布拉格市中心两栋大楼，并将增持 J&T Finance Group 的股权至 9.99%，未来会进一步将股份比例提高至 30%；与欧洲 Rockaway 互联网金融公司签署战略合作协议，按照各持有 50%的股权比例共同收购 Invia 在线电子商务网站……③

中国民生投资股份有限公司 中民投是首家"中字头"的民营大型投资公司，由 59 家知名民营企业发起成立，注册资本 500 亿元人民币，有"民企航母"之称。2015 年 8 月，中民投斥资 22 亿美元（约合人民币 140 亿元），收购美国再保险巨头——斯诺保险公司 100%的股权。④

重庆财信企业集团有限公司 2016 年 2 月 5 日，芝加哥证券交易所⑤官网公布，芝加哥交易所已经同意接受中国重庆财信企业集团领导的投资者联盟收购。如果收购成功，这将成为第一家被中国企业收购的美国证券交易所。⑥

海通证券股份有限公司 2015 年 9 月 7 日，海通证券完成对 BESI（Banco Espírito Santo de Investimento）100%股份的交割手续，收购工作正式结束。这宗始于 2014 年 12 月的股权收购交易，作价 3.79 亿欧元。此次

---

① 洛布科维茨酿造集团在捷克的市场份额约 6%，可为中国华信提供迅速切入该国市场的渠道。
② J&T 金融集团以银行和金融服务为主营，涉及能源、文化等多个产业，旗下银行在捷克、斯洛伐克、瑞士、俄罗斯等多个国家有分支机构。
③ 《中国华信深耕厚植捷克市场侧记》，人民网，2016 年 3 月 28 日，http://www.njdaily.cn/2016/0328/1356168.shtml。
④ 《中民投 140 亿元全资收购美国再保险巨头斯诺集团》，观察者网，2015 年 8 月 17 日，http://www.guancha.cn/economy/2015_08_17_330910.shtml。斯诺保险创立于 1945 年，于多伦多、纽约、百慕大、伦敦、斯德哥尔摩、哥本哈根、汉堡、新加坡等地拥有 12 家分支机构，为 145 个国家的逾 1700 名客户提供再保险和财产保险服务，连续多年获得标准普尔、穆迪、惠誉和贝式四大评级机构的投资级评级。
⑤ 芝加哥证券交易所（Chicago Stock Exchange）是 1882 年开设的老牌交易所，有着 134 年历史，70 多名员工。
⑥ 《中国重庆财信集团将收购芝加哥证券交易所》，汇商网，2016 年 2 月 15 日，http://www.cngold.com.cn/zjs/20160215d1896n63435090.html。

收购是中国证券公司收购的首例总部位于欧洲的投资银行，为中国证券公司进入欧美投资银行业开了先河。加入海通证券后，BESI 已更名为海通银行，将作为海通证券在欧美等发达市场以及南美、非洲、印度等新兴市场的业务平台，继续以客户为中心，致力于为全球客户提供更优质、更全面的金融服务。①

吉艾科技（北京）股份公司　2015 年 5 月，吉艾科技以并购方式收购天津安埔胜利石油工程技术有限公司 100% 的股权，交易价格为 8 亿元人民币。安埔胜利主要市场集中于哈萨克斯坦，该地区油气资源探明储量占全球储量的 3%，总储量排名进入全球前十。目前安埔胜利在哈萨克斯坦拥有 9 台钻机，钻机数量在当地市场处于中上水平。

烟台新潮实业股份有限公司　2015 年 11 月 1 日，新潮实业宣布作价 22.1 亿元（约合 3.2 亿美元）收购浙江犇宝 100% 的股权，后者主要资产是位于美国德克萨斯州 Crosby 郡 Per-mian 盆地的油田资产；此前一周，新潮实业刚刚以 13 亿美元的价格，收购鼎亮汇通全部股权，后者将通过境外子公司收购美国得克萨斯州二叠盆地的油田资产。通过此次交易，新潮实业控制的油田 1P 储量将超过 2 亿桶、2P 储量将超过 5 亿桶，最终推动公司进一步转型为能源型上市公司。②

中润资源投资股份有限公司　2015 年 5 月 31 日，中润资源拟受让伊罗河铁矿有限公司 100% 的股权，作价 113.95 亿元人民币。不同于此前收购方主要集中于国企和债务融资模式，此次收购主要是通过 A 股非公开发行募集资金，凭借 A 股的估值优势和当前国际市场上铁矿资源价格相对低位，收购境外矿产资源。③

---

① 《清科数据：跨国"联姻"助推企业"走出去"》，搜狐网，2016 年 5 月 9 日，http：//mt.sohu. com/20160509/n448476838.shtml。

② 《新潮实业 83 亿再购美国油田资产》，上海证券网，2015 年 12 月 3 日，http：//finance.ifeng. com/a/20151203/14105568_0.shtml。

③ 《中润资源收购伊罗河铁矿》，《投资界》，2015 年 5 月 31 日，http：//zdb.pedaily.cn/ma/show 25488/。

中资财团入主飞利浦   2015 年 3 月 31 日，由金沙江 GO Scale Capital（金沙江创业投资与橡树投资伙伴联合组成的基金）牵头，亚太资源等中资、外资财团的支持下的并购基金，宣布成功收购荷兰皇家飞利浦公司旗下 Lumileds 80.1% 的股份，此次交易价值约 33 亿美元。至此，LED 业界关注度极高的一笔并购案终于落地。①

文娱、旅游投资企业

北京合力万盛国际体育发展有限公司   2015 年 1 月，据荷兰媒体《电讯报》消息，来自中国的北京合力万盛国际体育发展有限公司斥资 800 万欧元完成了对荷甲老牌劲旅海牙队的收购，一举成为海牙俱乐部的最大股东。②

大连万达集团股份有限公司   截至 2015 年 12 月 30 日，万达集团海外投资总额已超过 150 亿美元。③ 1 月 21 日，万达出资 4500 万欧元，正式收购西甲马德里竞技足球俱乐部 20% 的股份；23 日，万达收购澳大利亚悉尼 1 Alfred 大厦和紧邻的 Fairfax House 大楼，计划投资约 10 亿美元；2 月 10 日，万达宣布收购全球第二大体育营销公司——瑞士盈方体育传媒集团，价格超过 10 亿欧元。④ 11 月 2 日，万达以 22.46 亿元完成 HG Holdco 100% 的股权收购，收购完成后，万达院线将 100% 控股 HG Holdco 持有的澳大利亚第二大电影院线运营商 Hoyts。⑤ 同月，万达以 12 亿欧元就收购

① 《中资财团 33 亿美元并购飞利浦照明》，网易财经，2015 年 4 月 3 日，http：//money. 163. com/15/0403/06/AM8OCVH200253B0H. html。

② 王帆、张骜：《合力万盛斥资收购荷兰海牙 借力发展中国青训》，新浪网，2015 年 1 月 26 日，http：//sports. sina. com. cn/c/2015 - 01 - 26/15047497809. shtml。

③ 《万达集团企业资产达 6340 亿 海外投资超 150 亿美元》，中国网，2016 年 1 月 19 日，http：//www. china. com. cn/news/2016 - 01/19/content_ 37613243. htm。

④ 《王健林的帝国：起底万达海外投资版图到底多强大?》，投资中国，2016 年 1 月 13 日，http：//www. chinaventure. com. cn/cmsmodel/news/detail/291252. shtml。

⑤ 《万达院线 22 亿元完成收购澳洲第二大院线》，新浪网，2015 年 11 月 3 日，http：//ent. sina. com. cn/m/c/2015 - 11 - 03/doc - ifxkhqea2986298. shtml。

西班牙 Marina d'or 度假村 75% 的股份展开谈判。①

华谊兄弟传媒集团　2015 年，华谊兄弟集团国际化成果也锋芒初现。2015 年 3 月，华谊兄弟与韩国 Showbox 签署战略合作协议，三年内完成 6 部合拍片。4 月，华谊兄弟与美国 STX 签署合作协议，在 2017 年底前完成 18 部合作影片，这是中国电影公司第一次参与到从投资、拍摄到发行的好莱坞完整工业流程体系中，第一次参与合作影片的全球收益分成，同时也第一次按份额享有合作影片的著作权。5 月，华谊兄弟参投的公司"超凡网络"（Guru）在香港联交所创业板挂牌上市，上市后华谊股份摊至 15% 左右，市值 6000 万元。12 月 10 日晚，华谊兄弟发布公告称，公司计划投入 1.96 亿元港币购买香港上市公司中国 9 号健康产业有限公司②定向增发的股份，约占其增发完毕后股份总额的 18.17%。收购完成后，华谊兄弟将成为国内首家同时登陆大陆和香港资本市场的综合性娱乐集团。③

复星国际有限公司　2015 年 2 月，由复星国际牵头的财团出资 9.58 亿欧元，收购法国度假村运营商地中海俱乐部（Club Mediterranee）92.8% 的股份；④ 同月，复星国际耗资 4.64 亿美元，完成对美国保险巨头 Ironshore Inc. 20% 股份的收购。4 月，复星集团联手 TPG Capital 收购了加拿大 Cirque du Soleil 太阳马戏团。据英国《金融时报》报道，此笔交易对太阳马戏团的估值是 15 亿美元，而另据英国《每日电讯报》的估算，太阳马戏团 2012 年收入约为 10 亿美元左右，2013 年的收入约为 8.5 亿美元。⑤ 11 月 23 日，复星国际宣布已完成对 Ironshore Inc. 剩余 80% 的股权的收

① 《万达集团 88.46 亿美元布局海外　全球性娱乐公司野心显现》，中商情报网，2016 年 1 月 12 日，http：//www. askci. com/news/chanye/2016/01/12/1650wybf. shtml。
② 中国 9 号健康产业有限公司的主营业务包括：线上线下的医疗保健和健康产业的运营，以及影视节目的投资等。
③ 《细数 2015 年华谊兄弟国内外"疯狂"并购和布局》，中商情报网，2015 年 12 月 11 日，http：//www. askci. com/news/2015/12/11/101213q1ex. shtml。
④ 《复星国际 9.39 亿欧元成功收购地中海俱乐部》，环球网，2015 年 2 月 13 日，http：//finance. huanqiu. com/view/2015 –02/5672699. html。
⑤ 《复星集团收购加拿大国宝太阳马戏团 25% 股份》，新浪网，2015 年 6 月 15 日，http：//finance. sina. com. cn/chanjing/gsnews/20150615/193622436934. shtml。

购，Ironshore① 成为复星全资子公司。此次交易总值约 20.43 亿美元。②

上海豫园旅游商城股份有限公司　2015 年 11 月 10 日，豫园商城发布公告，公司拟以 183.58 亿日元的价格收购日本星野 Resort Tomamu 公司 100% 的股权。日本星野 Resort Tomamu 公司主要资产为位于北海道 Tomamu 的滑雪场度假村。该度假村目前由荷兰基金 Matakite B. V.（持股 80%）和星野 Resort 公司（持股 20%）共同持有。③

粮乳、农牧投资企业

湖南大康牧业股份有限公司　据国内媒体天维网讯息，2015 年初，大康牧业投资近 3000 万纽币，收购新西兰 Fleming & Co. Limited 的牧场资产。编号为 2015 – 005 的《湖南大康牧业股份有限公司关于收购资产的公告》显示，大康牧业委托并授权公司控股股东上海鹏欣（集团）有限公司之境外子公司 The Land Limited 与 Fleming & Co. Limited 签署收购协议，购买其位于 Rangitaiki 的牧场，其中 1425 万纽币用于收购不动产，734 万纽币收购该牧场拥有的恒天然股份、牲畜、农机设备和化肥等资产，另外还会投入 760 万纽币对牧场进行改造升级。④

此外，重庆市农业投资集团有限公司、浙江海亮集团、Yiang Xiang Assets 公司、山东泰华食品股份有限公司、天马轴承集团股份有限公司、广州东凌粮油股份有限公司、上海鹏欣（集团）有限公司也纷纷投资澳大利亚牧场。

2015 年初，重庆农投表示，未来有意在澳大利亚昆士兰州投资 1 亿澳

---

① Ironshore 成立于 2006 年，注册资本 10 亿美元。
② 《2015 中企十大海外并购》，观察者网，2016 年 1 月 3 日，http：//www. eepw. com. cn/article/ 201601/285169. htm。
③ 《豫园商城拟 9.47 亿元收购日本滑雪场度假村》，凤凰财经，2015 年 11 月 11 日，http：//fi- nance. ifeng. com/a/20151111/14064107_ 0. shtml。
④ 《又有中国企业收购新西兰牧场？一看还是鹏欣集团》，天维网，2015 年 1 月 28 日，http：// money. skykiwi. com/na/2015 – 01 – 28/192581. shtml。

元，以换取部分牛肉产出；浙江海亮于同期收购了昆士兰一处价值 4000 万澳元的牧场；Yiang Xiang Assets 则收购了另一处 1150 万澳元的牧场；山东华泰也进行了小规模的收购。2015 年 7 月，天马轴承实际控制人、董事长马兴法以 4700 万澳元高价买下澳大利亚两处大牧场，面积约 70 万公顷。①

一个由东凌粮油、上海鹏欣以及上海中房置业牵头的财团有望中标一块面积相当于英格兰 3/4 面积的澳大利亚牧场，以应对中国新崛起的中产阶层对肉类日益增长的需求。该土地属于澳大利亚家族企业 S. Kidman & Co.，预计售价将为 3.25 亿澳元。②

江苏牧羊集团有限公司 2015 年 10 月，牧羊集团与中非基金合作，共同出资组建的牧羊埃及工业股份公司正式投产运营。以此为契机，公司积极进军非洲市场，未来还将在印度、俄罗斯、南美等国家和地区建立生产基地。牧羊集团不仅在市场上积极"走出去"，在科技研发上也积极利用全球科教资源。目前，公司正在德国筹建养殖机械研究院，在美国筹建膨化机研究所。5 月，ISO 国际标准化组织将饲料机械技术委员会秘书处设在了牧羊集团。凭借"走出去"战略，牧羊集团实现逆势上扬：销售收入突破 60 亿元大关，外贸出口额达 2.5 亿美元，连续 8 年蝉联饲料机械出口第一，在 44 个国家设立了办事处，拥有 50 多个海外销售机构。③

联想控股有限公司 2015 年 4 月 6 日，联想控股宣布与澳大利亚知名海鲜世家 Kailis 家族联合投资成立合资公司 KB Food 集团，计划把澳大利亚龙虾等高端海鲜卖给中国市场以及全球市场。④

---

① 《中国成为澳大利亚农业领域的最大投资国》，搜狐财经，2015 年 9 月 22 日，http：// mt. sohu. com/20150922/n421823165. shtml。

② 谭志娟：《中澳 FTA 将是两国共同的转型机会》，中国经营网，2015 年 11 月 23 日，http：// dianzibao. cb. com. cn/html/2015 - 11/23/content_ 46276. htm? div = -1。

③ 陈云飞：《牧羊"走出去"销售破 60 亿元》，扬州新闻网，2016 年 4 月 6 日，http：//www. yznews. com. cn/yzsbs/html/2016 - 04/06/content_ 773337. htm。

④ 金晓岩：《22 亿元出手澳洲建合资公司 新希望乳业出海并购》，华夏时报网，2015 年 8 月 8 日，http：//finance. ifeng. com/a/20150808/13896677_ 0. shtml。

山东得利斯食品股份有限公司　2015 年 11 月 17 日，得利斯发布公告称，公司拟以 1.4 亿澳元（约 6.3 亿元人民币）收购澳大利亚牛肉公司 Yolarno①45％的股权。② 26 日，得利斯宣布与 Yolarno 及青岛保税港区诸城功能区管委会共同签订了《投资合作框架协议》。三方拟在青岛保税港区投资建设 30 万头肉牛胴体分割以及转口贸易项目。项目预计总投资 3 亿元，预计实现销售收入 20 亿元/年，预计利润 1.2 亿元/年。③

西安爱菊粮油工业集团有限公司　2015 年，爱菊集团抓住"一带一路"倡议的历史性机遇，达成了在哈萨克斯坦建立粮油种植加工基地的协议。这一项目已被列入"中哈产能与投资 52 个合作项目清单"，也是其中唯一的农业合作项目。粮油加工项目总投资 5720 万美元，建设年加工 20 万吨小麦加工厂和 16 万吨油脂加工厂。④

新希望集团有限公司　2015 年，《浙江省人民政府和澳大利亚贸易委员会关于支持中澳现代产业园（舟山）建设的合作备忘录》签署，由浙江省政府、新希望集团和嘉实基金合作的中澳现代产业园（舟山）项目进入落地阶段。该项目内容之一是设立海外农业发展基金，投资具有战略意义的海外农业资产和产业公司，总投资不低于 100 亿元人民币。2015 年 7 月 30 日，新希望集团与 Moxey 家族、Perich 集团及澳大利亚自由食品集团合资成立"澳大利亚鲜奶控股有限公司"，新希望为最大股东。未来 3～5 年内，新希望将在澳大利亚农业、食品领域投资 5 亿澳元（折合人民币约 22.78 亿元），用于支持在澳合作项目及产业发展。⑤

---

① Yolarno 为澳大利亚最大的牛肉生产、销售企业之一，具有活牛育肥、屠宰、牛肉加工和销售的牛肉全产业链业务能力，拥有中国、美国、欧盟、日本等多个国家和地区的出口认证资质。

② 崔晓丽：《得利斯 6.3 亿并购澳大利亚牛肉公司》，新华网，2015 年 11 月 17 日，http：//news. xinhuanet. com/fortune/2015 - 11/17/c_ 128436673. htm。

③ 《得利斯携手 Yolarno 开发牛肉市场》，凤凰资讯，2015 年 11 月 27 日，http：//news. ifeng. com/a/20151127/46411307_ 0. shtml。

④ 张嫄、蔺娟：《西安爱菊集团探路农企"走出去"》，《新华丝路周刊》总第 43 期，2016 年 5 月 26 日。

⑤ 金晓岩：《22 亿元出手澳洲建合资公司　新希望乳业出海并购》，华夏时报网，2015 年 8 月 8 日，http：//finance. ifeng. com/a/20150808/13896677_ 0. shtml。

生物、医疗投资企业

华邦生命健康股份有限公司 2015年9月16日，华邦生命健康股份有限公司全资二级子公司 Rheital-Klinik Beteiligungs GmbH 成功受让莱茵医院有限公司 100% 的股权，作价 587.34 万欧元。①

绿叶集团 2015年2月，绿叶集团旗下绿叶医疗集团（Luye Medical Group Co.）发布公告称，已与澳洲 Archer Capital Fund 正式签约收购澳大利亚第三大私立医院集团——Healthe Care Australia Pty Limited，交易金额为 6.88 亿美元。此次收购，刷新了迄今为止中国药企海外并购金额之最，标志着绿叶医疗集团大举进军国际医疗服务领域，并使绿叶医疗进入中国最大的国际化的综合性私人医疗集团行列。②

材料、化工投资企业

北京首创股份有限公司 BCG 全资持有的 WMNL 为新西兰废弃物处理行业排名第一的公司。该公司在新西兰国内具有领先的市场地位。2015年5月15日，首创股份发布公告称，下属全资子公司首创（香港）将收购由控股股东下属公司首创华星持有的 BCG 公司 65% 的股权。本次收购价款拟为 2.93 亿美元（约合 17.93 亿元人民币）。③

株洲旗滨集团股份有限公司 2015年1月26日，旗滨集团与马来西亚森美兰州政府签订了《旗滨集团投资森美兰州建设浮法玻璃生产线备忘录》。公司拟在马来西亚森美兰州投资 1.9 亿美元建设两条优质浮法玻璃

---

① 《华邦生命收购莱茵医院》，投资界，2015年9月16日，http://zdb. pedaily. cn/ma/show28504/。
② 《绿叶医疗签约收购澳大利亚第三大私立医院集团 HEALTHE CARE》，中国新闻网，2015年12月7日，http://www. chinanews. com/jk/2015/12－07/7658877. shtml。
③ 《首创股份约18亿元收购新西兰固废处理公司》，中国证券网，2015年5月15日，http://finance. ifeng. com/a/20150515/13709670_ 0. shtml。

生产线，完成旗滨集团第一个海外玻璃生产基地战略布局。①

租赁投资企业

渤海租赁股份有限公司 2015 年 11 月 9 日，渤海租赁发布公告称，拟以 25.55 亿美元并购 Avolon 100% 的股权。成功收购 Avolon 使渤海租赁在成为世界第一大集装箱租赁公司之后，又完成了飞机租赁业务质的飞跃，跻身国际飞机租赁业务的一线阵营。②

天津燕山航空租赁产业股权投资合伙企业 2015 年，天津燕山航空租赁产业股权投资合伙企业与香港 Hong Kong Aviation Capital Limited 联合，投资 6.1 亿美元，在开曼群岛设立香港航空租赁发展有限公司，与捷星航空、夏威夷航空等国际航空公司合作，开展国际飞机租赁业务等，拓展企业"走出去"发展领域。③

---

① 《旗滨集团拟投资 1.9 亿美元在马来西亚建二条生产线》，证券时报网，2015 年 1 月 26 日，ht-tp：//finance. ifeng. com/a/20150126/13459300_ 0. shtml。
② 《渤海租赁 160 亿元并购尘埃落定》，网易财经，2015 年 11 月 9 日，http：//money. 163. com/15/1109/05/B7V379IJ00253B0H. html。
③ 孟华：《天津境外投资大幅增长 企业"走出去"步伐加快》，新华网，2015 年 9 月 15 日，http：//news. xinhuanet. com/fortune/2015－09/15/c_ 1116568696. htm。

第三章　港澳台企业

作为开放包容、互利共赢的国家战略，"一带一路"为港澳台地区提供了经济发展的机遇，推动港澳台企业走上共荣之路。①

港企：追随战略的受益者

港企依托其在金融投资、贸易航运、现代服务以及跨国人才等领域的深厚积累，在服务"一带一路"过程中，既发挥出专业能力和优势，也为香港自身经济发展寻找到了新动力。"一带一路"上大量的企业来自香港。东亚银行有限公司、国浩集团有限公司、永亨银行、永隆银行有限公司、大新金融集团有限公司等港企充分发挥香港金融市场的多元化优势，从全球资本市场为"一带一路"募集贷款、债券、股权等不同类型资金，满足了不同客户的多样化需求。

香港是亚洲最重要的国际金融中心。毕马威、普华永道、安永、德勤·关黄陈方等法律、财会机构，利用香港在法律制度、市场规则等方面与国际接轨的优势，多方推动、建议或参与"一带一路"有关的商业模式

---

① 《"一带一路"助力港澳台经济发展》，大河网，2015 年 3 月 7 日，http：//newpaper. dahe. cn/hnrb/html/2015 - 03/07/content_ 1230508. htm。

与合作框架，支持国家提高区域金融监管力。

新鸿基地产发展有限公司、新创建集团有限公司、嘉里建设有限公司、东方海外（国际）有限公司等港企直接或见间接为"一带一路"有关企业提供基建贷款、发债融资、顾问咨询、项目管理等服务，使"走出去"企业发展更为顺畅。

凤凰卫视控股有限公司、东方报业集团有限公司、壹传媒有限公司等港媒扮演了"引进来"与"走出去"的重要"中间人"角色。这种独特的多元文化在"一带一路"人文交流中发挥着重要示范作用。

目前，港企在"一带一路"主要采用"追随战略"，即利用资本流动自由、资讯畅达的国际经贸中心地位，为中国和海外企业开拓新市场、新项目提供专业服务。[1] 当然，这些服务并非香港企业独家提供，但在同等条件下，与不熟悉内地营商心理的外国人相比，布局中国"一带一路"的投资者会更加信赖香港人的专业服务。[2]

澳企：开拓葡语国家市场

"利用好与葡语国家的联系优势，协助中国企业开拓拉美、非洲等地葡语国家市场，担任中国与葡语国家人民币清算中心的角色，是澳门企业参与'一带一路'战略的发展方向。"[3] 全国人大代表、澳门创世企业集团有限公司董事长刘艺良表示。

2015 年 6 月 4 日至 5 日，第六届国际基础设施投资与建设高峰论坛在澳门举行。中外各机构、企业"掌门人"共同探讨"一带一路"和区域基

---

[1] 李理：《香港如何参与"一带一路"》，大公网，2016 年 3 月 2 日，http：//news. takungpao. com/special/cp4752/2016 - 03/49698. html。

[2] 梁海明（香港经济学者）：《香港在"一带一路"中的角色》，FT 中文网，2015 年 3 月 28 日，http：//www. ftchinese. com/story/001061280？page = 1。

[3] 查文晔、许雪毅、刘欢：《"一带一路"战略为港澳台打开"机会之窗"》，新华网，2015 年 3 月 8 日，http：//politics. people. com. cn/n/2015/0308/c70731 - 26656831. html。

础设施合作事宜，签署了多项协议，涉及总金额超过 25 亿美元。

澳门本地企业充分利用论坛契机，积极拓展业务，取得不俗成果。

——查理斯通（澳门）工程技术与顾问有限公司和莫桑比克住房发展基金签署《为莫桑比克政府建设 35000 套经济房屋合作备忘录》。该项目为莫方史上最大型的住房计划，总投资将达 17 亿美金。公司"一带一路"项目还包括：莫桑比克首个房建项目"马普托奥林匹克村第二期房建项目"（2014 年 10 月启动），总投资达 3000 万美金，目前已进入内部装修阶段；与中国机械设备进出口总公司联合开发的赞比亚卢西瓦西水电站项目；与保利科技有限公司联合开发的赞比亚高速公路项目；与中国机械工业集团有限公司联合开发的赞比亚空军住房项目。[①]

——中国江苏国际经济技术合作集团有限公司和查理斯通（澳门）工程技术与顾问有限公司签署《为莫桑比克建设 50000 套社会住房项目的战略合作协议》。

——澳门土木工程实验室和几内亚比绍基础设施工程建设城市化部（基建部）签署《合作备忘录》。

——澳门发展及质量研究所和几内亚比绍基础设施工程建设城市化部（基建部）签署《合作备忘录》。[②]

台企：不缺位"一带一路"

"三三会"是台湾最大的民间企业组织，由包括台积电、台塑、鸿海、中信金控、统一等最具实力的 58 个会员组成，会员企业净营业总额已超 3200 亿美元，占台湾地区 GNP 的 62%。[③]

① 《澳门查理斯通工程技术与顾问有限公司招葡语》，应届毕业生网，2016 年 1 月 3 日，http://www.yjbys.com/gaoxiao/3437441.html。
② 《中企在澳门签署多个海外基建协议》，金融界网，2015 年 6 月 5 日，http://stock.jrj.com.cn/2015/06/05192019320553.shtml。
③ 互动百科，http://www.baike.com/wiki/三三会。

2015 年 4 月 16 日，在会长江丙坤的率领下，"三三会" 50 位台湾企业家在福州与 70 位福建企业家畅谈福建自贸区与"一带一路"视野下的台海融合商机。三三会副会长、统一企业集团董事林苍生表示，大陆企业蓬勃发展，走向国际，具有国际视野的台湾可作为重要桥梁，帮助大陆减低成本、引进技术，将所有国际消费习惯浓缩为市场需求，推动中国产品与世界对接。台湾经济研究院院长林建甫也指出，最高端的民间台企组织抱团前来，足以展现台湾商界对"自贸区"与"一带一路"等多重发展政策叠加的福建的重视程度。"'一带一路'是大构想，台湾不应缺位。"①

鸿海精密工业股份有限公司（富士康） 鸿海是全球 3C（电脑、通信、消费性电子）代工领域规模最大、成长最快、评价最高的国际集团。在董事长郭台铭的领导下，成为全球唯一能连续六年名列美国《商业周刊》（*Business Week*）科技百强前十的公司。② 2015 年，鸿海合并营收 44830.96 亿元新台币（约为 8872.05 亿元人民币），同比增长 6.42%，创历史新高。③ 除了中国大陆，鸿海也扩展印度和欧洲市场——布局印度市场"互联网 +"领域，计划在印度主要城市设立育成中心，并寻求与当地新创企业的合作商机，涵盖能源、电子商务、行动装置等领域；在欧洲市场，则计划到 2018 年前在捷克扩大投资 25 亿克朗，设立研发、设计和资料中心以及全自动化生产工厂。④

台塑集团有限公司 台塑集团是台湾最大的工业集团、第二大民营集团，也是世界最大的石化企业之一，共有 30 多家子公司和事业部，在美

---

① 林春茵、陈丽媛、闫旭：《台企业界指台湾不应缺位"一带一路"》，中国新闻网，2015 年 4 月 16 日，http：//www.chinanews.com/tw/2015/04 - 16/7213308.shtml。

② 百度百科，http：//baike.baidu.com/link? url = Z - nn3mU8YDc_ 58zMtXQouOwe4OfNufr_ ED-Vk3lBCtUZf7magg1wr8k9rbk8qBNmERLEl6 - 0KXq6npA7zojsmP_ 。

③ 《创历史新高！鸿海 2015 年营收 8872 亿元》，驱动之家新闻中心，2016 年 1 月 8 日，http：//news.mydrivers.com/1/465/465367.htm。

④ 《郭台铭：布局贵州 掌握一带一路契机》，网易新闻，2015 年 8 月 22 日，http：//news.163.com/15/0802/22/B020SM4T00014AEE.html。

国、印尼等地设有 6 家海外分公司。① 美国化学学会旗下《化学与工程新闻》杂志 2015 年全球化工 50 强排行显示，台塑以 371 亿美元的销售额排第 6 位。② 台塑集团创始人之一王永庆曾言：台湾企业到祖国大陆发展是必然的趋势。投资大陆可以弥补台湾本地获利衰退的部分，和世界其他国家和地区竞争才会比较有利。③ 2010 年，台塑企业斥资 22.85 亿美元，展开大陆宁波石化区扩建工程。受益于"一带一路"及"东协十加六"，2015 年该项目带动宁波石化区年营收逾人民币 550 亿元，获利人民币 50 亿元以上，成为继云林麦寮、美国德州之后，台塑第三大垂直整合石化区。④

台湾积体电路制造股份有限公司　台积电是全球半导体晶圆代工厂龙头企业。2015 年 12 月 7 日，台积电宣布将在南京投资约 30 亿美元，设立月产能 2 万片的 12 吋晶圆厂，预计 2018 年下半年开始生产 16 纳米制程。台湾《工商时报》对此评论：目前大陆全力扶持"红色供应链"，并将半导体投资项目纳入"十三五规划"。台积电在南京设厂，一来可搭上大陆"一带一路"等大投资的列车，二来可提防台湾竞争对手"抢单"行为，争取大陆订单。⑤

---

① 台塑集团官网，http：//www. fpg. com. tw/。
② 该榜单按照各公司 2014 年度化学品销售额进行排名。
③ 《台塑集团高层称台企到大陆发展是必然趋势》，中国新闻网，2002 年 2 月 8 日，http：// news. sohu. com/58/00/news147860058. shtml。
④ 《台塑宁波厂 2015 投产　预估年获利逾 230 亿》，东南网，2015 年 9 月 15 日，http：//fj. chinadaily. com. cn/fj_ ly/2015 – 09 – 15/content_ 3790054. html。
⑤ 陈小愿、贾靖峰：《台积电将登陆投资　台媒指可搭"一带一路"列车》，中国新闻网，2015 年 12 月 9 日，http：//news. xinhuanet. com/tw/2015 – 12/09/c_ 128511923. htm。

第四章 外资企业

"一带一路"推进的全方位互联互通建设，为外企提供了广阔的市场空间。一方面，据南开大学国际经济研究所副所长葛顺奇分析，2015年，"一带一路"沿线国家对华投资高达84.6亿美元，超过美、英、德、法对华投资之和①；另一方面，倡议为在华外企进入"一带一路"沿线国家市场提供了极大便利，成为它们重要的商业机遇。

美国联合技术公司 美国联合技术公司是全球航空业和建筑业各类高技术系统和服务的供应商。2015年，联合技术在世界500强排行榜中公司排第149位，营业收入651亿美元，净利润62.2亿美元。②

重庆－美国联合技术建筑及工业系统亚洲区总裁舒若思认为，联合技术在重庆投资建设的奥的斯电梯工厂，延续了公司在华发展的前期战略，即"引进来"。而随着"一带一路"倡议的提出，联合技术将借助该战略实现在华发展的转型，即"走出去"。首先，基础设施建设是"一带一路"的重要内容。已运营的"渝新欧"铁路大幅削减了在渝企业出口欧洲及沿线国家的成本。其次，"一带一路"战略将有力促进沿线国家的经济合作，

① 熊争艳、王希等：《新华社调研：2015真的有"外资撤离潮"、"企业倒闭潮"？》，瞭望智库，2016年2月6日，http://zhczyj.thenew123.com/news_1420072.htm。
② 《2015最新世界500强排名》，财富网，2015年12月3日，http://www.fortunechina.com/global500/123/2015。

而区域经济合作的深化也将为企业创造商机——联合技术与美的、重庆机电的合作正在帮助其打开在印度、中东、南美等地区的市场。①

瑞士 ABB 集团　瑞士 ABB 集团是电力和自动化技术的全球领导厂商，业务遍布全球 100 多个国家，拥有约 124000 名员工。2015 年，ABB 集团在世界 500 强排行榜中排名第 284 位，营业收入 398.3 亿美元，净利润 25.94 亿美元。② 2015 年 3 月底，中国政府发布的《推动共建丝绸之路经济带和 21 世纪海上丝绸之路的愿景与行动》提出，基础设施互联互通是"一带一路"建设的优先领域，要强化基础设施绿色低碳化建设和运营管理。在 ABB 集团高级副总裁顾纯元看来，这对全球基础设施提供商和服务商而言意味着很大的商机："ABB 业务遍布全球近百个国家，中国是其全球第二大市场。如果你既有全球性的网络布局，又对中国市场和国外市场有深刻的了解，那么我相信你会在'一带一路'的推进中大有所为。"③

益海嘉里（中国）集团　益海嘉里是由美国 ADM 公司和新加坡 WIL-MAR 集团共同组建的多元化企业，在华投资以粮油加工、油脂化工、仓储物流、内外贸易为主。截至 2015 年底，集团在华直接控股的工厂和贸易公司已达 38 家，旗下拥有"金龙鱼"、"口福"、"香满园"、"胡姬花"等多个著名品牌，是国内最大的粮油加工集团，同时也是国内最大的油脂、油料加工企业集团之一。④ 截至 2015 年底，益海嘉里年销售额逾 1600 亿元人民币。⑤

2015 年 11 月 24 日，益海嘉里（中国）集团新闻发言人王巍接受新华

① 牟旭：《美国联合技术公司："一带一路"战略为在华外企带来机遇》，中国金融信息网，2015 年 9 月 22 日，http：//world. xinhua08. com/a/20150922/1555291. shtml。
② 《2015 最新世界 500 强排名》，财富网，2015 年 12 月 3 日，http：//nau. 91job. gov. cn/news/ view/aid/87419/tag/qzjq。
③ 《中国推进"一带一路"为外企带来新机遇》，新华网，2015 年 4 月 30 日，http：//www. chinareports. org. cn/news - 12 - 27588. html。
④ 《盘点中国五大粮油巨头》，中商情报网，2014 年 9 月 16 日，http：//www. askci. com/news/ch-anye/2014/09/16/112538sht6_ all. shtml。
⑤ 《益海嘉里荣登 2015 全国十佳粮油企业榜首》，中国粮油网，2015 年 12 月 10 日，http：// www. boraid. cn/company_ news/read_ 420765. html。

社采访时表示:"加强与'一带一路'沿线农业资源丰富、农业技术落后的国家开展农业合作,输出资本、技术、设备,用国际资源补充国内需求,进一步保障粮食安全。"① 益海嘉里可以作为我国农业"走出去"的桥梁。

此外,受"一带一路"持续推动,2015 年,全球 500 强跨国公司对华投资、增资热度不减。比如:德国大众、奥迪、戴姆勒、汉莎航空;意大利菲亚特;瑞典沃尔沃;韩国现代、起亚汽车、三星电子;日本电气硝子、普利司通、伊藤忠商事;美国英特尔、克莱斯勒、空气产品、礼来。这些跨国公司投资、增资单项金额均超 1 亿美元。投资行业遍及汽车及零部件、石化、能源、基础设施、生物、医药、通信、金融、软件服务等。②

大华银行(中国)有限公司 "一带一路"给新加坡、马来西亚、泰国等东盟国家带来了投资契机。2015 年 5 月 4 日,大华银行在缅甸仰光设立分行,此举将使大华银行在东南亚的业务覆盖范围增加到 8 个国家。③大华银行集团副主席兼总裁黄一宗表示:"越来越多的中国企业已经逐渐在走出去,大华银行已经帮助 500 多家大型集团企业实现了在东盟各国的投资,而近半数是来自中国境内。"④

2015 年 11 月 5 日,大华银行正式在苏州开设了其第 17 家分支机构,以支持江苏日益增长的跨境贸易流与投资流。新设苏州分行位于中国 – 新加坡苏州工业园区内,旨在利用苏州金融创新试点,为客户开展中国和东南亚之间的贸易提供跨境人民币融资解决方案。苏州分行此前还与中国(苏州)贸促会签署了合作备忘录,目标是总部设在江苏的企业都能够利

---

① 娄奕娟:《益海嘉里王巍:搭"一带一路"建设快车 加快农业"走出去"》,新华网,2015
   年 11 月 24 日,http://news.xinhuanet.com/food/2015 –11/24/c_ 128462720. htm。
② 熊争艳、王希等:《新华社调研:2015 真的有"外资撤离潮"、"企业倒闭潮"?》,瞭望智库,
   2016 年 2 月 6 日,http://zhczyj.thenew123.com/news_ 1420072. htm。
③ 梅苑:《大华银行设立仰光分行》,凤凰财经,2015 年 5 月 4 日,http://finance.ifeng.com/a/
   20150504/13681389_ 0. shtml。
④ 《外资行布局"一带一路"》,《国际金融报》,2016 年 1 月 11 日,http://world.huanqiu.com/
   hot/2016 –0118352731. html。

用大华银行在亚洲设立的 9 个外商直接投资咨询部，寻求区域业务扩张。

大华银行外国直接投资咨询服务部主管张志坚说："印度尼西亚是全球包括中国企业的主要投资目的地。过去三年中，来自中国的直接投资增加了 4 倍以上。"2015 年 12 月底，大华银行和印度尼西亚投资协调委员会签署合作备忘录，旨在促进和增加与印度尼西亚贸易往来以及对印度尼西亚的投资。该合作备忘录是印尼投资委员会与东南亚地区非印尼银行的第一个合作备忘录。①

华侨银行（中国）有限公司　2015 年 5 月 7 日，华侨银行（中国）苏州分行在中国－新加坡苏州工业园区开业。华侨银行集团首席执行官兼华侨银行（中国）董事长钱乃骥表示，布局于此，以期推动苏州和新加坡两地间金融服务的对接。同时，这也将进一步拓展该机构在长三角地区的业务覆盖。华侨银行（中国）企业银行部总经理陈在杰指出："随着中国'一带一路'发展战略的实施，中国经济逐渐形成新的格局，这为企业'走出去'和'走进来'提供了更为广阔的空间。"②

陈在杰指出："东南亚在'一带一路'战略中具有非常重要的地位，这为华侨银行集团发挥网络优势，在'一带一路'互联互通中发现新的金融需求，为本区域客户提供全方位金融服务提供了发展空间。"2015 年 7 月 2 日，获准在缅甸开设分行的新加坡华侨银行与缅甸 10 家银行签署谅解备忘录，拟就金融管理、金融支持、业务培训及银行间贷款、结算等业务展开合作。③

---

① 《外资行布局"一带一路"》，环球网，2016 年 1 月 11 日，http：//world. huanqiu. com/hot/2016 -01/8352731. html。

② 《外资行布局"一带一路"》，环球网，2016 年 1 月 11 日，http：//world. huanqiu. com/hot/2016 -01/8352731. html。

③ 《新加坡华侨银行拟与缅甸 10 家银行开展业务合作》，中国驻缅甸经商参处，2015 年 7 月 13 日，http：//www. mofcom. gov. cn/article/i/jyjl/j/201507/20150701043195. shtml。

专题篇

2015 年，"一带一路"倡议从顶层设计走向全面推展，尤以高铁、港口等互联互通领域、投融资机构合作、自贸协定及自贸区建设等领域为典型。

第一章 铁路

基础设施互联互通是"一带一路"建设的优先领域。2015 年,中国加强与沿线国家在基础设施建设方面的合作,共同推进国际互联互通建设并取得了重大进展,逐步形成了连接亚洲各区域以及亚欧非的基础设施网络,集"海、陆、铁、管"于一体的综合交通体系也规模初现。中国是全球互联互通的重要动力源与关键网络节点。

高 铁

借助国家领导人在国际上的大力推广,以"高铁"为代表的中国铁路品牌在世界上的认知度正在逐步提升。相关统计显示,截至 2015 年 6 月,已经跟中国有战略合作协议或潜在合作意向的高铁计划累计达 3.47 万公里,占全球高铁建设计划规模的 37.2%。其中,我国政府主导的"一带一路"高铁建设规模达到 2.63 万公里,占全球高铁建设计划规模的 28.3%,占中国有望参与海外高铁总里程的 76%。[1]

莫斯科—喀山高铁 2015 年 6 月 18 日,中铁二院与俄罗斯企业组成

---

[1] 《"一带一路"涉及高铁 2.6 万公里》,人民铁道网,2015 年 6 月 2 日,http://www.peoplerail.com/rail/show - 456 - 226508 - 1. html。

联合体，就中标的莫斯科—喀山高铁项目的勘察设计部分与俄罗斯铁路公司正式签约。该段铁路预计建设工期为 4 年，运营时速最高将达到 400 公里。未来莫斯科至叶卡捷琳堡的旅行时间将从 25 小时缩短至 7 小时左右。① 以此为契机，中俄在铁路建设方面的合作将愈发深入。根据国家发改委、俄罗斯联邦交通运输部、中国铁路总公司、俄国家铁路公司四方签署的《高铁合作谅解备忘录》，莫斯科至喀山高速铁路未来还将向东延伸至中国乌鲁木齐、北京，形成俄罗斯莫斯科—中国北京的高速客运通道。这一次竞标成功，意味着中国标准在高铁领域已逐步为世界所认可。②

两洋铁路 2015 年 5 月 19 日，李克强总理同巴西总统罗塞夫举行会谈，决定启动横跨南美洲大陆的"两洋铁路"可行性研究。③ 5 月 22 日，李克强在同秘鲁总统乌马拉共见记者时表示，中国同巴西、秘鲁决定共同开展"两洋铁路"可行性研究，并一致同意加快三方联合工作组工作进度。巴西总统罗塞夫强调，"两洋铁路"的规划建设对秘、巴、中三国乃至本地区经济发展十分重要，中方的参与是必不可少的。④

美国西部快线高速铁路 2015 年 9 月，习近平主席访美期间，两国宣布组建合资公司，建设并经营美国西部快线高速铁路。该高铁从美国内华达州拉斯维加斯到加州胜利谷和帕姆代尔，最终到洛杉矶，全长 370 公里，预计于 2016 年 9 月开工。⑤

雅加达—万隆高铁项目 2015 年 10 月 16 日，中国企业联合体与印尼国企联合体正式签署组建中印尼合资公司的协议。该公司将负责印尼雅加

① 《中国高铁签海外首单，高铁时代"一带一路"再创新高》，网易海外置业，2015 年 6 月 23 日，http://vhouse.163.com/15/0623/12/ASPVORCS00294MCG.html。
② 熊浩然：《中国高铁签海外首单，世界铁路"第一速度"四川造》，新华网，2015 年 6 月 19 日，http://www.sc.xinhuanet.com/content/2015 - 06/19/c_ 1115664872.htm。
③ 《"一带一路"取得新进展："两洋铁路"三国进入实质性合作阶段》，高铁网，2015 年 5 月 21 日，http://news.gaotie.cn/tielu/2015 - 05 - 21/242324.html。
④ 《"两洋铁路"路线图：总长 5000 公里建 3000 公里新线》，凤凰财经，2015 年 5 月 25 日，http://finance.ifeng.com/a/20150525/13728483_ 0.shtml。
⑤ 《中国将首次在美建高铁全程 370 公里，双方组建合资公司》，新浪财经，2015 年 9 月 17 日，http://finance.sina.com.cn/china/20150917/105123274376.shtml。

达—万隆高铁（以下简称雅万高铁）项目的建设和运营。雅万高铁全长
150 公里，最高设计时速 300 公里，拟于 2015 年 11 月开工建设，三年建
成通车。雅万高速铁路项目采用中印尼企业合资建设和管理的合作模式，
是中国高铁全方位整体走出去的第一单项目，也是首个由政府主导搭台、
两国企业对企业（B2B）进行合作建设的铁路走出去项目。[1] 但因为各种
原因，雅万铁路的建设过程十分波折，2016 年 1 月 21 日举行了象征性的
开工仪式，直到 2016 年 8 月才获得印尼方面的全线建设许可证。[2]

中泰铁路　2015 年 12 月 3 日，中泰铁路正式签署协议，并于 12 月 19
日举行项目启动仪式。中泰铁路项目为全长约 867 公里的复线铁路建设，时
速约 180 公里，全线包括坎桂—曼谷、坎桂—玛塔卜、呵叻—坎桂及呵叻—
廊开 4 条线路，项目总额约 97 亿美元。[3] 中泰计划 3 年内完成铁路建设。[4]

马新高铁　马新高铁是东南亚的首个高铁项目，是泛亚铁路的重要组
成部分。按照中国《中长期铁路网规划》，2020 年前将有三条连接中国与
东南亚的高铁线路建成通车。[5] 自 2013 年马新两国元首就修建该项目达成
一致以来，中方已经多次表达了参与该项目的意愿。有消息表明，2015 年
12 月，由中国中铁牵头的中资财团[6]期望与符合条件的马来西亚企业联合，
以竞标马新高铁。据悉，马新高铁时速将达到 350 公里，预计在 2018 年初
开工，造价 650 亿令吉，约合人民币 980 亿元。

匈塞铁路　2015 年 11 月 24 日，中国与匈牙利在中东欧 "16 + 1" 会

①　樊曦：《中印尼正式签署雅加达至万隆高铁项目》，新华网，2015 年 10 月 16 日，http：//
　　news. xinhuanet. com/world/2015 – 10/16/c_ 1116845788. htm。
②　《中国高铁出口重要突破：印尼高铁获全线建设许可》，中华军事网，2016 年 8 月 22 日，ht-
　　tp：//military. china. com/important/11132797/20160822/23344553_ all. html。
③　海焰：《高铁外交 2015：谁说中国只会赔本赚吆喝?》，观察者网，2015 年 12 月 29 日，ht-
　　tp：//www. guancha. cn/haiyan/2015_ 12_ 29_ 346303. shtml。
④　李颖：《中泰铁路 3 年内完工，从昆明到曼谷往返仅 700 元》，新华网，2015 年 8 月 26 日，ht-
　　tp：//news. xinhuanet. com/world/2015 – 08/26/c_ 1116383729. htm。
⑤　郑萃颖：《中资财团联手竞标马新高铁，布局泛亚铁路》，界面网，2015 年 12 月 28 日，ht-
　　tp：//www. jiemian. com/article/489952. html。
⑥　由中国中铁牵头，参与竞标的 7 家中资企业包括中铁国际、中国投资公司、中国进出口银行、
　　中国铁建、中国交建、中国中车、中国通号。

议上签署了《关于匈塞铁路项目匈牙利段开发、建设和融资合作的协议》。匈塞铁路全长约 350 公里，项目工期初定为 24 个月，其中匈牙利段线路全长约 160 公里，项目估算总额约折合人民币 100 亿元。[1] 匈塞铁路项目是中国铁路进入欧盟市场的第一个项目，其所在的欧亚大陆结合部的中东欧地区也是"一带一路"上的重要板块。

轨道交通

泛亚铁路、中欧班列、同江铁路大桥、中韩铁路轮渡、中越铁路、哈欧铁路……中国与周边国家和地区之间的铁路网正在成形，成为"一带一路"建设的重要基础和支撑。

泛亚铁路　泛亚铁路（又称"铁丝绸之路"）是一个统一的、贯通欧亚大陆的货运铁路网络，4 条路线连接 28 个国家和地区，总里程达 8 万多公里。2006 年 11 月，18 个亚洲国家的代表于韩国釜山正式签署《泛亚铁路网政府间协定》，筹划近 50 年的泛亚铁路网计划最终得以落实，其中连接中国、东盟及中南半岛的中国—东盟通道已率先进入实际启动阶段。[2]

中巴经济走廊　中巴经济走廊北起新疆喀什，南至巴基斯坦瓜达尔港，是一条包括公路、铁路、油气和光缆通道在内的贸易走廊，也是"一带一路"战略构想贸易路线的陆地部分。2015 年 4 月，习近平主席访问巴基斯坦期间，双方共签署 51 项合作协议和谅解备忘录，制订了总值达 460 亿美元的能源、基础设施投资计划。其中，中巴经济走廊建设取得了实质性进展——不是围绕普通的修桥筑路项目，而是围绕 2000 公里铁路建设，以及天然气管道、港口、机场建设的项目。[3]

---

[1]　樊曦：《中国中铁联合中标百亿元匈塞铁路项目》，新华网，2015 年 11 月 25 日，http://news.xinhuanet.com/world/2015 - 11/25/c_ 1117262581.htm。

[2]　张璐晶：《泛亚铁路筹划近 50 年终落实，有望采纳中国标准》，人民网，2015 年 10 月 20 日，http://finance.people.com.cn/n/2015/1020/c1004 - 27716608.html。

[3]　马欢：《"一带一路"促进中巴贸易：巴铁商人义乌寻梦》，网易财经，2015 年 4 月 28 日，http://money.163.com/15/0428/08/AO9B02KL00252G50.html。

2015 年 11 月 12 日，中巴经济走廊远景规划联合合作委员会第五次会议在巴基斯坦召开。会议进一步落实了习近平主席访巴成果，并就喀喇昆仑公路升级改造二期、卡拉奇至拉合尔高速公路项目商务合同年内签署等问题达成共识，签署了拉合尔城市轨道橙线项目有关贷款协议。①

中欧班列 2015 年，全国开通多列中欧班列，沿线贯穿多个重要城市，完善了中欧之间的铁路运输网络，方便了贸易往来。

七大货运品牌列车 兰州铁路局集中开行"七大货运品牌列车"。2015 年 7 月 5 日，首趟"国际货运班列"（兰州—阿拉木图）满载 2500 吨"中国制造"机电设备向哈萨克斯坦开行；同日，"零散批量货物快运班列"、"中亚货运班列"（武威南—阿拉木图）、"化工快运班列"、"钢铁快运班列"、"铁水联运集装箱班列"、"铝产品快运班列"等 6 趟货运品牌列车也先后开行。②

"义新欧"中欧班列 "义新欧"中欧班列（义乌—马德里）是所有中欧班列中最长的一条，全长 13052 公里，贯穿"丝绸之路经济带"。2015 年 3 月 11 日，"义新欧"首批回程货在浙江义乌完成通关，为中国与西班牙等沿线国家的商贸往来开辟了一条新通道。③

"苏满欧"中欧班列 截至 2015 年 5 月底，"苏满欧"中欧班列累计发运出口班列 61 列、进口班列 3 列，发送货物 3.05 万吨，发运标准集装箱 5670 标箱，货值 4.5 亿美元。"苏满欧"中欧班列于 2013 年 9 月开行，由苏州启程，途经满洲里口岸，横贯俄罗斯大地，直抵欧洲腹地波兰华沙，行程 11200 公里。在所有的亚欧货运通道中，"苏满欧"中欧班列运时最短、运价最低，已达到平均每周一列，被中国铁路总公司确定为等级

---

① 《中巴经济走廊年内拟签署多个公路铁路项目》，和讯网，2015 年 11 月 13 日，http：//news. hexun. com/2015 – 11 –13/180551987. html。

② 燕澜月、李明娟、尹枫：《兰铁局集中开行"七大货运品牌列车"》，甘肃政务服务网，2015 年 7 月 6 日，http：//www. gansu. gov. cn/art/2015/7/6/art_ 36_ 242748. html。

③ 《中欧班列常态化惠及"一带一路"沿线国家》，新华网，2015 年 3 月 12 日，http：//news. xinhuanet. com/world/2015 –03/12/c_ 1114620038. htm。

最高的"五定"（定点、定时、定线、定车次、定价格）班列。[①]

中俄国际货物快运班列　2015 年 6 月，中俄（新疆—莫斯科）国际货物快运班列首次实现"重去重回"，这是继新疆成功开行中亚班列、格鲁吉亚班列、俄罗斯车里雅宾斯克班列后，新疆面向俄罗斯莫斯科开行的又一列西行班列。[②]

营口港—岑特罗利特货运班列　2015 年 6 月 25 日，由辽宁营口港直达白俄罗斯的岑特罗利特的货运班列鸣笛启程。两周之前，营口港还开通了直达波兰华沙的中欧班列。至此，营口港已经开通直达莫斯科、华沙和岑特罗利特的三条中欧国际直达班列。[③]

"滨新欧—滨州号"国际货运班　2015 年 10 月 16 日，"滨新欧—滨州号"国际货运班列首发，满载 2760 吨卷钢的列车从山东博兴出发，"一干两支"分别抵达俄罗斯克拉斯诺亚尔斯克和德国杜伊斯堡。班列开行，为打造该地区在黄河三角洲经济区的主导物流地位，促进当地经贸及物流业发展创造了良好条件。[④]

青新欧国际货运班列　2015 年，青岛国际陆港即墨济铁物流园项目建成，开通了以即墨为始发站的青新欧国际货运班列。此班列借助青岛海关成为青新欧国际班列沿线国内 9 省 10 关区域审单中心的优势，与班列沿线境外重要城市和境内的青岛港、郑州国际陆港、西安国际陆港、甘肃武威国际陆港、新疆陆港以及境外贸易公司等建立战略合作关系，努力构筑大通关格局，形成大物流效应，助力青岛建设"新亚欧大陆桥经济走廊主要节点城市"。[⑤]

[①] 《"苏满欧"领跑中欧货运班列》，中华人民共和国商务部网站，2015 年 7 月 1 日，http：//www. mofcom. gov. cn/article/resume/n/201507/20150701030136. shtml。

[②] 闫文陆、贾景杰：《新疆始发西行国际货运班列将首次实现"重去重回"》，中新网，2015 年 6 月 10 日，http：//www. chinanews. com/cj/2015/06–10/7335769. shtml。

[③] 王振宏、徐扬、邹明仲：《新中欧班列连续开通，"一带一路"东线升温》，新华网，2015 年 6 月 26 日，http：//news. xinhuanet. com/world/2015–06/26/c_ 1115732761. htm。

[④] 杨昭：《中欧班列："一带一路"上的新引擎》，环球网，2015 年 11 月 20 日，http：//world. huanqiu. com/hot/2015–11/8019132. html。

[⑤] 《将开通"青新欧"国际班列》，搜狐新闻，2015 年 9 月 1 日，http：//mt. sohu. com/20150901/n420187685. shtml。

云南首趟中欧国际班列发车 2015年7月1日，云南首趟中欧（昆明至荷兰鹿特丹）集装箱国际货运班列（全程17000公里）由昆明王家营西火车站发出。这标志着从云南直通欧洲的铁路运输模式正式开启，昆明成为继成都、郑州、武汉、义乌等开行中欧班列的城市，为我国西南地区物资出口欧洲开辟了一条新的快捷物流通道，也为马来西亚、越南、缅甸等南亚、东南亚国家的物资转运到欧洲国家提供了新的便利。[①]

加快开通粤满俄国际集装箱班列 2015年7月15~16日，广东省副省长招玉芳率省口岸办负责人赴内蒙古满洲里对接口岸通关合作事宜，探讨开通从东莞石龙出发、经内蒙古满洲里到俄罗斯乃至欧洲的粤满俄国际集装箱班列的问题，共同打造连接"一带一路"的国际物流大通道。广东省正积极谋划建设东莞石龙水铁联运国际物流中心项目，希望更好地确立对接内蒙古向北开放战略和广东省建设21世纪海上丝绸之路战略枢纽的定位，早日开通粤满俄国际班列。[②]

"湘欧快线"加速发展 "湘欧快线"是湖南省积极融入"丝绸之路"经济带建设、快速直达欧洲和中亚的一条国际物流新通道。2014年10月至2015年11月15日，"湘欧快线"累计开行出口班列62趟，货值1.29亿美元。在激烈的市场竞争下，"湘欧快线"正在探索通过"互联互通"、建海外分拨仓、与跨境电商合作等方式吸引货源、降低运价，实行常态化运营。[③]

同江铁路大桥 2015年3月，中俄首个跨境铁路桥——同江铁路大桥正式开工。大桥预计2016年通行，设计年货运量2000万吨。因为施工原因，同江铁路大桥中方段于2016年6月基本完工，俄方段也于2016年6

---

① 《云南首趟中欧国际班列发车 贯穿丝绸之路经济带》，云南网，2015年7月1日，http://yn.yunnan.cn/html/2015-07/01/content_3802729.htm。
② 《广东拟打造国际物流大通道》，和讯网，2015年7月17日，http://new.hexun.com/2015-07-17/177614558.html。
③ 《湖南省对接"一带一路"战略行动方案》，湖南省人民政府网，2015年8月14日，http://www.hunan.gov.cn/2015xxgk/fz/zfwj/szfwj/201508/t20150817_1820628.html。

月开展施工准备工作，预计 2018 年 6 月建成通车。① 同时，另一条连通中俄的跨境通道——黑河公路大桥也正在进行前期准备工作。②

中韩铁路轮渡　据山东省政协副主席孙继业透露，中韩铁路轮渡计划相关研究已列入韩国 2015 年预算，预计 2030 年潜在运量将达 2762 万吨，吸引单方向客运量 197.2 万人。2015 年 5 月 26 日，中韩铁路轮渡项目共同推进恳谈会在烟台召开，韩方代表、新国家党政策委员会议长、国会议员元裕哲介绍了通过火车轮渡方式往返平泽港和烟台港，再经中国铁路网连接"丝绸之路快线"的"黄海—丝绸之路"构想。他表示，回国后将加快推动韩国方面各项工作，以实现韩国总统提出的"亚欧倡议"。③

中越铁路　2015 年 4 月 14 日，首趟满载化肥的集装箱国际联运专列通过云南河口中越铁路大桥驶向越南，这是滇越铁路运营 100 多年来首次开行集装箱国际联运专列。集装箱将被运至河内、海防港，进而通过海运发往东南亚和南亚国家，专列返回中国时将装运越南矿石。④

哈欧铁路　2015 年 6 月 13 日，首列满载 49 个集装箱货物的货运列车从哈尔滨市香坊站始发，穿越欧亚腹地，直达德国汉堡。这标志着一条新的连接欧亚大陆之间的铁路通道——"哈欧"国际货运班列正式开通。"哈欧"国际货运班列始发段集货覆盖中国东三省、环渤海地区、华北、华东及日本和韩国的主要城市和港口，欧洲段集货包括德国、波兰、捷克、法国、匈牙利、西班牙等国家的主要城市和港口，并在中国和欧洲之间提供"门对门"服务。⑤

① 《同江中俄铁路界河桥中方段基本完工，俄方段开始施工》，凤凰资讯，2015 年 6 月 7 日，http://new.ifeng.com/a/20160607/48935999_ 0.shtml。
② 《中俄首个跨境铁路桥在黑龙江省同江市加紧施工》，新浪网，2015 年 3 月 19 日，http://hlj.sina.com.cn/news/ljyw/2015－03－19/detail－iawzuney0876181.shtml。
③ 《中韩铁路轮渡项目共同推进恳谈会在我市召开》，胶东在线，2015 年 5 月 27 日，http://www.jiaodong.net/news/system/2015/05/27/012722181.shtml。
④ 《中越铁路大通道融入一带一路　滇越米轨首开集装箱国际联运》，中国广播网，2015 年 4 月 15 日，http://native.cnr.cn/phone/20150415/t20150415_ 518319424.html。
⑤ 王栋梁、刘锡菊：《"哈欧"国际货运班列首发全程 9820 公里》，中国新闻网，2015 年 6 月 13 日，http://www.chinanews.com/cj/2015/06－13/7341742.shtml。

第二章　港口

"21 世纪海上丝绸之路"建设将推动我国沿海城市和港口的发展，沿海城市和港口的发展又将为"21 世纪海上丝绸之路"的延伸奠定坚实的基础。国际方面，达尔文港、瓜达尔港、比雷埃夫斯港、以色列海法新港码头、伊斯坦布尔康普特码头、阿尔及利亚中部港、吉布提港、圣多美港口……中国正越来越多地参与海外港口项目，建成和在建的港口遍布航运要道；国内方面，包括青岛港、深圳港、连云港等多个港口公司也都开始通过"友好港口"、合作运营等多种形式积极地在"一带一路"沿线进行相关合作。①

国　际

澳大利亚达尔文港　达尔文港是距离亚洲、距离中国最近的澳大利亚港口，农畜产品和液化天然气为达尔文港输出的主要产品。2015 年 10 月，中国岚桥集团以 5.06 亿澳元（约合 3.6265 亿美元）赢得达尔文港（包括达尔文海上供应基地和福特山等码头设施）99 年经营权。据英国广播公司网的报道，根据双方达成的协议，岚桥集团将持有达尔文港码头设施八成

---

① 宋笛、鲁扬：《30 万公里梦想与道路"一带一路"背景下中国海外建港热度增加》，和讯网，2016 年 1 月 31 日，http://news.hexun.com/2016－01－31/182111254.html。

股份，剩下的两成股份仍由澳方持有。① 岚桥集团计划未来 25 年在达尔文港投资 2 亿澳元（约合 1.46 亿美元），用于扩建 3 个码头以及改进港内豪华游轮停靠设施。② 2015 年 11 月 19 日，澳大利亚总理特恩布尔表示，将北部港口达尔文港的经营权租给中国，不影响澳大利亚军方行动，也不影响进出该港的美国船只。

巴基斯坦瓜达尔港 瓜达尔港是中巴经济走廊合作的旗舰项目之一。中国港口企业积极参与瓜达尔港的建设。2015 年 4 月 23 日，青岛市副市长刘明君率领市商务代表团出访巴基斯坦，与巴基斯坦国务部长、总理特别助理米蒂塔哈·伊斯麦尔博士就加强青岛港与瓜达尔港之间的战略合作进行会谈，并见证两港建立友好港协议书的签署。③ 2015 年 11 月 11 日，巴基斯坦向中国海外港口控股有限公司移交瓜达尔港自贸区 2281 亩土地使用权，租期 43 年，中国海外港口控股有限公司将全权管理瓜达尔港所有商业事务。④

坦桑尼亚巴加莫约港口 2015 年 10 月 16 日，中国、阿曼、坦桑尼亚三方合作的坦桑尼亚巴加莫约港口项目奠基仪式隆重举行。⑤ 巴加莫约港由中国招商局集团、阿曼主权基金、坦桑尼亚政府共同开发合作，建设港口及配套经济特区，有望成为"一带一路"的关键节点。据了解，巴加莫约港口项目投资额度或超过 100 亿美元，而港口本身的建设会依靠中国的特殊贷款。⑥ 坦桑尼亚与 8 个国家接壤，其中 6 个是内陆国家，均依靠坦桑尼亚的港口开展贸易。

---

① 《澳总理：战略要地达尔文港租给中国 99 年 无碍美军》，环球网，2015 年 11 月 23 日，http://military.china.com/news2/569/20151123/20801954.html。

② 《投资达尔文港是投资中澳经贸关系的未来——访岚桥集团董事长叶成》，新华网，2015 年 11 月 17 日，http://news.xinhuanet.com/world/2015－11/17/c_ 1117168066.htm。

③ 《青岛港与巴基斯坦瓜达尔港建立友好港关系》，中国港口网，2015 年 4 月 24 日，http://www.chinaports.com/portlspnews/1239C4A6E5BA45FAAC91193A0DE36964/view。

④ 《"一带一路"重要一环打通》，网易新闻，2015 年 11 月 12 日，http://news.163.com/15/1112/07/B8720A5J00014Q4P.html。

⑤ 《中、阿、坦三方合作的巴加莫约港口项目奠基》，中华人民共和国商务部网站，2015 年 10 月 19 日，http://om.mofcom.gov.cn/article/todayheader/201510/20151001139338.shtml。

⑥ 《中国贷款输血坦桑尼亚港口 有意参建中央铁路》，中国港口网，2015 年 7 月 3 日，http://www.chinaports.com/portlspnews/ADF95D567ABE4BE39593C010C5B26123/view。

以色列海法新港码头 2015 年 5 月 28 日，以色列港口开发和资产有限公司与全球港口巨头之一——上海国际港务集团在特拉维夫签署协议，正式将以色列海法新港码头 25 年的特许经营权授予上港集团。① 这是继中国港湾工程有限公司 2014 年 6 月中标以色列南部阿什杜德新港建设项目后，中国公司在以色列斩获的又一大型基建项目。

土耳其伊斯坦布尔康普特码头 康普特码头是土耳其第三大集装箱码头，是欧洲与亚洲的战略枢纽。2015 年 9 月，中远集团、招商局集团、中投公司三方联合以 9 亿美元的价格收购了该码头 65% 的股权。11 月 14 日，在国家主席习近平与土耳其总统埃尔多安的见证下，中方联合体与土耳其 Fiba 集团签署《伊斯坦布尔康普特港口项目交割协议》。② 截至 2015 年 11 月，康普特码头有 6 个泊位，装载量为 184 万个标准箱，且该码头拥有足够空间，可将装载量扩充至最高 350 万个标准箱。③

吉布提港 2015 年 12 月 31 日，在国防部召开的例行记者会上，国防部新闻事务局局长、新闻发言人杨宇军大校表示，中国和吉布提经过友好协商，就中方在吉布提建设保障设施一事达成一致。该设施将主要用于中国军队执行亚丁湾和索马里海域护航、人道主义救援等任务的休整补给保障。双方认为，该设施对于进一步加强中吉两国两军务实合作、有效保障中国军队履行国际义务、维护国际和地区的和平稳定具有积极意义。④

圣多美港口 2015 年年底，位于西非几内亚湾的岛国"圣多美和普林西比"（与台湾保持所谓"外交关系"）与中国大陆就深水港项目签署谅解备忘录。据报道，这份价值 8 亿美元的深海转运枢纽的产权和租赁协议

---

① 《上港获 25 年以色列新港码头特许经营权，还要进军德国》，观察者网，2015 年 6 月 4 日，ht-tp：//www. guancha. cn/Third－World/2015_ 06_ 04_ 322082. shtml。

② 张钰梅：《中国港口海外战略取得新突破》，中国商务新闻网，2015 年 11 月 18 日，http：//epaper. comnews. cn/news－1119588. html。

③ 郭成林：《中远携招商局控股土耳其码头意欲何为》，中国证券网，2015 年 9 月 18 日，ht-tp：//company. cnstock. com/company/scp_ dsy/tcsy_ rdgs/201509/3568664. htm。

④ 《中国将在吉布提建后勤保障设施》，网易新闻，2016 年 1 月 17 日，http：//news. 163. com/16/0117/02/BDGFLGA300014AED. html。

将于 2016 年 5 月前最后敲定，第一阶段施工应于 2018 年之前完成。当地政府计划在圣多美的 FERNAO DIAS 建设 2 个 7 万吨级和 1 个 15 万吨级集装箱泊位，以及道路、堆场、给排水、供电、消防、通讯、导航、房建、港作设备、拖轮等附属设施。中方参与企业为中国港湾工程公司。① 中国借此或将获得大西洋的"入场券"。

国　内

锦州港、营口港、大连港、天津港、青岛港、连云港、上海港、太仓港、厦门港、海口港……由北向南，每个港口都根据自身功能定位的不同，发挥比较优势，成为"一带一路"上的重要支点。

锦州港　优势：北方枢纽港和重要粮食港口，辐射我国华北、东北地区，对接蒙俄的最便捷出海通道。

现状：全国民营航运业龙头企业中谷海运集团在锦州港、厦门港之间开辟航线，助力两港打造南北粮食集散运输体系及交易平台，实现以东北粮食主产区与海西玉米粮食主消费区、锦州港与厦门港、北粮南运及南方台湾商品北运的黄金航道为核心的"两港一航"的新发展。

对接计划："锦州—营口—厦门"内贸航线开通在即，"两港一航"战略合作的序幕正式拉开。航线开通将使锦州港、厦门港形成密切合作，进一步辐射蒙俄、东盟等"一带一路"重要区域，切实巩固厦门东南国际航运中心、海上丝绸之路枢纽港的地位。在此基础上，三方将积极构建南北粮食贸易、运输、集散的航运平台及产业链，为两港建立粮食交易中心奠定基础。②

---

① 《重磅！突破美日岛链，中国"全球港链"逐渐成型！》，搜狐公众平台，2016 年 1 月 19 日，http：//mt.sohu.com/20160119/n435085586.shtml。

② 《锦州港、厦门港务、中谷海运联合签订"两港一航"战略合作协议》，中国港口网，2015 年 5 月 6 日，http：//www.chinaports.com/portlspnews/E440B7C2948D42659EF6D3CDD7434012/view。

营口港　优势：东北亚经济区域合作的重要节点。

现状：截至 2015 年 5 月，营口港内贸集装箱航线已覆盖全国 30 多个沿海主要港口，航班密度达到每月 420 班次以上，运量占东北港口的 2/3 以上，外贸直航航线和外贸内支线合计可达到每月 50 班次以上。营口港独创推行了"互联港＋"战略，与金融、产业、国家战略、人才对接，促进港口转型升级，更好地融入"一带一路"。

对接计划：作为"丝绸之路经济带"东线 T 字形大通道联结点，营口港深化对俄合作取得新突破，与俄罗斯铁路股份公司签署意向备忘录，双方致力于共同打造从中国东南沿海、东北亚、东盟经济圈经营口港，再经满洲里、后贝加尔口岸去往俄罗斯部广大地区及欧洲的海铁联运大通道。①

大连港　优势：东北亚航运中心，中国最早从事海铁联运的港口。

现状：2015 年 11 月 17 日，大连港集团宣布与德国国家铁路公司签署打造中欧班列的战略合作协议。这预示着以大连为起点的中欧过境集装箱班列发展正式步入快车道，将推动大连港海铁联运的业务向亚洲和欧洲等地区进一步延伸，也标志着大连港进一步加快在欧洲地区的战略布局，全力融入国家"一带一路"建设。②

对接计划：国家发改委网站的公告显示，为完善辽宁沿海港口群集装箱运输系统，适应集装箱吞吐量不断增长和集装箱运输船舶大型化要求，加快大连东北亚国际航运中心建设，国家同意建设大连港大窑湾港区四期工程。该项目总投资约 37.7 亿元，其中资本金占 30%，为 11.3 亿元，由项目单位以自有资金出资，其余投资 26.4 亿元利用国内银行贷款解决。该项目将建设 2 个 20 万吨级集装箱泊位，以及相应配套设施，设计年通过能力 180 万标准箱，泊位长 912 米。

---

① 《营口港与俄铁签署合作协议　打造海铁联运大通道》，中国港口网，2015 年 9 月 8 日，http：//www.chinaports.com/portlspnews/FDC6DDB6D229415E964CB45E3BE07FA0/view。
② 《发改委批复大连和烟台港口项目　总投资 43.1 亿》，中国港口网，2015 年 2 月 13 日，http：//www.chinaports.com/portlspnews/7E477F45F5D14EEDB17FF662D5ACFD79/view。

天津港　优势：世界上最大的人工深水港，丝绸之路经济带的东部起点和海上丝绸之路的重要启运港。2015 年，全球港口货物吞吐量排名第四，集装箱量排名第十。

　　现状：京津冀首个海铁联运集装箱班列已经开通。该班列将主要辐射河北省省会城市群经济圈，为天津至河北石家庄及其周边城市开辟一条货运新通道，向西向北陆路连接中西亚、蒙古、俄罗斯、欧洲，向东向南海上辐射东北亚、东南亚、欧洲、美洲、非洲。①

　　对接计划：发挥海空两港枢纽作用，打造大通道、发展大物流；增强两港载体功能，加快东疆集装箱码头、大港港区 30 万吨级航道、东疆二岛和南疆深水原油码头等项目建设，形成“北集南散”格局，不断提升港口能级。天津港还将加强与海上丝绸之路沿线港口合作，增加外贸干线数量和航班密度、优化航线结构。这样，才能大力发展环渤海内支线，建立一批货源稳定的国际海运航线，打造国际集装箱枢纽港。

　　烟台港　优势：烟台为胶东地区的交通枢纽。

　　现状：烟台港是我国沿海主要港口，是国家正在建设的同江至三亚沿海南北大信道的重要结点，在全国综合运输网中居于重要地位。

　　对接计划：为提高烟台港原油接卸转运能力，完善山东省沿海港口外贸进口原油运输系统，适应腹地石油化工产业发展需要，建设烟台港西港区 30 万吨级原油码头工程。项目总投资约 5.4 亿元。该项目建设规模为新建 1 个 30 万吨级原油泊位，以及相应配套设施，设计年通过能力 1625 万吨，其中接卸能力 1470 万吨，装船能力 155 万吨，泊位长 430 米。②

　　威海港　优势：中韩之间的一个区域中心。

　　现状：威海市已开通至韩国的海上客运航线 5 条，每周 30 个客滚航

① 《北方港口定义“一带一路”新版图，跨境运输力推铁水联运》，中国港口网，2015 年 8 月 3 日，http：//www.chinaports.com/portlspnews/FA90C45021D041628971D871FC968B84/view。
② 《发改委批复大连和烟台港口项目　总投资 43.1 亿》，中国港口网，2015 年 2 月 13 日，http：//www.chinaports.com/portlspnews/7E477F45F5D14EEDB17FF662D5ACFD79/view。

班，已成为中韩海上航线密度最大的城市。随着中韩 FTA 正式实施，威海港吞吐量会迎来一个井喷期，年增长率在 10% 左右，中韩 FTA 实施后，预测集装箱增长会达到 20% 左右。

对接计划：中韩 FTA 的签署对威海港肯定是一个非常好的机会。作为中韩两国贸易货物的承接方，威海的三个国家级开放口岸，无疑会迎来更大的利好。

青岛港 优势：东北亚国际航运枢纽港，2015 年，全球港口货物吞吐量排名第八，集装箱量排名第六。

现状：青岛港专门设立海外事业部，主动对接国家"一带一路"，与国外港口建立友好港关系，仅 2015 年就与柬埔寨西哈努克港、马来西亚关丹港等 6 个港口建立友好港关系或达成友好意向，同时与全球知名跨国集团马士基结成全面战略合作伙伴关系，与迪拜环球港务集团签署《深化全面战略合作备忘录》。2015 年，青岛港抓住"一带一路"国家战略、中韩建立自贸区等机遇，着手实施金融、国际化、互联网"三大战略"。

对接计划：青岛港联手迪拜国际、中远、马士基、泛亚、招商国际、中海等全球顶级船公司、码头公司共同打造亚洲首个真正意义上的集装箱自动化码头，预计该码头将于 2016 年底建成投产。2015 年 12 月 22 日，青岛港与瓜达尔港务局、中国海外港口控股有限公司签署了《深化战略合作框架协议》，促进青岛港与瓜达尔港之间国际海运业务的发展壮大，探讨在两港之间开通航线、航班以及开展海铁联运、过境大列等业务，服务并促进中国与巴基斯坦两国之间进出口贸易的发展。根据协议，各方将积极围绕瓜达尔港的自贸区建设、港口物流、码头运营管理、国际内陆港等方面，探讨推进战略合作，共享在自贸区、港口、物流等方面的合作机会和信息。①

---

① 周建亮：《青岛港国际化战略："一带一路"沿线新开 22 条航线》，《青岛日报》，2015 年 12 月 24 日。

连云港 优势：东部重要的深水大港，在海上丝绸之路上承担着日韩、东南亚等地货物中转的任务，在陆路上承担着中亚和中西部过境运输重任，是"一带一路"建设的重要节点城市。

现状：在服务丝绸之路经济带建设的过程中，连云港港率先与哈萨克斯坦国有铁路股份公司启动了中哈物流项目，迈出了实质性的一步。进入21世纪的连云港港以建成集装箱运输优先发展的亿吨大港、上海和青岛之间的集装箱运输干线大港、带动区域经济发展的组合大港、全力服务于地方和中西部地区区域发展为目标，多次跃上中国最具竞争力10大港口排行榜，集装箱运量占据江苏首位，跨入全国前十、世界百强。

对接计划：未来的连云港将形成由海湾内的连云主体港区、南翼的徐圩和灌河港区、北翼的赣榆和前三岛港区共同组成的"一体两翼"总体格局。到2020年，港口将建成以"集装箱干线港、综合交通枢纽、区域性航运中心"为主要特征的东方桥头堡，港口年吞吐能力3亿吨、集装箱年吞吐能力1000万标箱。①

太仓港 优势：2015年，全球港口货物吞吐量排名第五。

现状：已基本建成近洋直达集散中心、内贸转运枢纽、远洋中转基地，东南亚航线也进入实质筹备阶段。

对接计划：太仓港与马来西亚巴生港在太仓港口管委会签署文件，正式缔结为姐妹港，双方将在航线、物流、信息、人才等多领域展开合作，共同服务"21世纪海上丝绸之路"建设。

2015年9月22日上午，由中交三航局承建的太仓港区润禾码头开工。码头建成后，将对接"一带一路"和长江经济带发展，为国内外客户提供大、重件杂货，大型化工设备以及其他零部件等，并提供装卸快捷服务。②

---

① 《连云港今年1~9月份港口完成吞吐量1.57亿吨》，中国港口网，2015年10月9日，http://www.chinaports.com/portlspnews/5C423F877D7E459BAE3864A0BDA02384/view。

② 《苏州港太仓港区润禾码头开工》，中国港口网，2015年9月23日，http://www.chinaports.com/portlspnews/EA30ABAACF7343B88CF5D1199B26E1EB/view。

上海港 优势：位于上海自贸区，长江经济带。2015 年，全球港口集装箱量排名第一，货物吞吐量排名第二。

现状：上海市政府与中国船东互保协会在沪签署战略合作备忘录。双方将通过战略合作，促进中国船东互保协会在沪发展和上海国际航运中心功能提升，为服务"一带一路"等国家战略做出贡献。根据合作备忘录，双方将充分依托上海国际金融中心、国际航运中心和自贸试验区制度创新优势，不断拓展合作领域，深化合作内容，共同促进中国船东互保协会在沪发展，共同打造具有国际竞争优势的发展环境，共同培养保赔领域专业人才，努力打造具有国际一流水平的国际化、市场化和专业化的保赔协会，促进上海国际金融中心、国际航运中心融合发展。[①]

对接计划：上海国际港务（集团）股份有限公司 2015 年举办"21 世纪海上丝绸之路"港口论坛，已确定了目标合作港口，计划将论坛打造成促进"21 世纪海上丝绸之路"沿线港口携手共进的平台，通过港口间合作大力发展直达贸易、国际中转集拼等业务，实质性地推进"一带一路"发展。上海铁路与上港集团探讨围绕上海国际航运中心建设，加快上海港的港铁联通进程，解决铁水联运"最后一公里"瓶颈，提升上海港集装箱吞吐中铁水联运比例。为支持新能源出口之路，上海外高桥港区海关为"中巴经济走廊"开启绿色通道，在商品归类、通关查验等方面给予通关支持。

环杭州湾港口 优势：可利用浙北航道水网，发挥内河航运的优势。

现状：推进港口物流园区建设，充分发挥内河水运优势，推进"陆改水"、"散改集"以及集装箱"海河联运"等业务。

对接计划：2015 年 11 月，嘉兴内河港、乍浦港、长兴港、安吉港、绍兴港、东洲港 6 家港口牵头成立了海河联运港口联盟，并正式签订了浙

---

① 《上海市政府与船东互保协会达成战略合作》，中国港口网，2015 年 9 月 25 日，http：//www.chinaports.com/portlspnews/16188B738FB5496DBA17B59EDF3C4948/view。

江海河联盟合作协议书。这标志着由省内 5 家内河港口及乍浦港自愿组成的海河港口联盟建设进入实质性运作状态。按照规划，该联盟将在 2015 年底完成 30 万标箱的运输目标，2018～2020 年完成 100 万箱，并于 5 年后整体上市。①

宁波舟山港 优势：2015 年，全球港口货物吞吐量排名第一，集装箱量排名第四，基本确立了我国深水枢纽港和国际集装箱远洋干线港的战略地位；东南沿海重要的港口城市、长三角南翼的经济中心和古代海上丝绸之路的始发港之一。

现状：2015 年 9 月 28 日，宁波港集团与舟山港集团完成合并。合并后，宁波港集团有限公司名称变更为宁波舟山港集团有限公司；股东及股东持股比例由原来的宁波市国有资产监督管理委员会 100% 持股变更为由宁波市国有资产监督管理委员会和舟山市国有资产监督管理委员会分别持股 94.47% 和 5.53%。②

对接计划：积极构建一个商品贸易、物流、信息和金融服务的互联网平台，以互利共赢的态度，加强与"一带一路"沿线城市、长江经济带城市的合作。以功能平台和功能项目建设为核心，向平台化、高端化、集群化发展，形成融合集成、组合发力的"港口经济圈"。着力提升开放带动力，推进跨境电子贸易试点，完善进口商品展示交易中心功能，进一步提高口岸服务效率。

温州港 优势：1957 年被国务院确定为全国 6 个对外开放港口之一，当时浙江省唯一对外开放的港口；1984 年，国务院又把温州港列为全国沿海 14 个对外开放港口之一。

现状：温州港虽然拥有许多优势，但也存在不少现实的问题，如深水

---

① 程鹏宇、徐潇青：《环杭州湾港口欲"抱团"出海 5 年后有望整体上市》，《杭州日报》，2015 年 11 月 12 日。
② 《2015 年 9 月份港航大事件汇总》，中国港口网，2015 年 10 月 10 日，http://www.chinaports.com/portlspnews/2A3193332FB045C593960A067B6F06F9/view。

港区建设起步晚、基础薄弱，货源争取和航线航班开辟已失去先发优势等。

对接计划："十三五"规划新建成万吨级以上21个，其中5万吨级以上16个，全港新增货物通过能力6500万～6800万吨、集装箱130万标箱。至2020年，全港万吨级以上泊位达42个，其中5万吨以上泊位达22个，港口总通过能力达1.5亿吨以上。[①] 加大温州港的国际集装箱运输近洋航线布局，争取更多的船公司班轮挂靠温州港，使温州港成为至中国台湾、东南亚诸国、韩国、俄罗斯、澳大利亚等近洋航线的重要节点或始发港，充分发挥温州港区位条件和海铁联运等优势，积极打造和培育特色产品和优势航线。

福州港 优势：坐拥福建自贸试验区和21世纪海上丝绸之路核心区的"双区合一"叠加优势。

现状：2015年上半年，福州港及江阴港区集装箱吞吐量增幅分别达10.77%、15.63%，均超过全国、全省平均增幅。其中，福州港江阴港区完成整车进口6072辆，外贸整车进口2474辆。[②]

对接计划：将在交通枢纽、产业枢纽等方面寻找"发力点"，努力成为我国对东南亚重要的交通枢纽、产业枢纽，成为联通东盟、对接台湾、辐射内陆的21世纪"海上丝绸之路"战略枢纽港口城市。在产业枢纽建设方面，打造中国–东盟远洋渔业合作枢纽，高水平构建东盟海产品交易所，加强福州与东盟现代海洋产业合作，探索构建金融合作示范区。在物流枢纽建设方面，积极申报第二船籍登记制度和启运港退税试点政策，积极推进与中国台湾、东盟电子口岸平台建设及商贸物流合作便利化。

厦门港 优势：我国东南国际航运中心，内贸枢纽港。

现状：厦门市长刘可清在2015年政府工作报告中提出，厦门将抓住福

① 夏晶莹：《对接"一带一路" 加快深水港区建设》，《温州日报》，2015年12月17日。
② 《上海到广州物流》，上海凌翰物流有限公司上海到广州物流专线，2015年7月27日，http://www.guangzhouwl.com.cn/newsL/201507271.html。

建省建设 21 世纪海上丝绸之路核心区的机遇，建设海上丝绸之路中心枢纽城市；生成一批重点招商项目，争取在"一带一路"沿线国家和地区投资设立生产基地；利用铁路打造欧洲、中亚陆路通道。①

对接计划：厦门港将依托港口航运物流企业，通过加强与东盟各主要港口之间的沟通与协作，扶持与引导航运企业开辟厦门—东盟新的直达航线、对航线进行截弯取直、增加航班密度等措施，打造厦门港与东盟各主要港口便捷高效的海运干线物流通道；同时，加强厦门港支线网络建设和陆海联运通道建设，着力推进"水水联运通道"和"陆水联运通道"两大物流通道建设。

漳州港 优势：国家一类开放口岸、对台直航港口，东南沿海最大的木材集散地、粮食中转港和内贸集装箱发展最具活力的码头。

现状：码头的装卸能力、泊位能力不断增强，内贸集装箱航线遍布全国各主要港口，往香港、台湾、日本等地的外贸航线运行稳定。2015 年 6 月，漳州招商局码头与南昌铁路局、中粮贸易有限公司创造开展"港铁联运"，以"码头＋铁路"的方式将粮食类货物运至江西赣州地区。海西铁路与港口合作，打通闽赣现代物流运输新通道，使港口腹地进一步辐射到中西部地区。②

对接计划：积极开展港口建设对外合作，特别是鼓励台湾大型港航企业来闽投资建设码头和物流园区，推动两岸航运、港口、物流企业相互投资、合作。

深圳港 优势：2015 年全球港口集装箱量第三，拥有前海蛇口自贸片区、前海深港合作区、前海湾保税港区"三区叠加"的区位优势。

现状：国家海事局正式批复同意国内首家外商独资海员外派机构骅林

---

① 《打造海上丝绸之路中心枢纽　筹备设立中国－东盟海洋合作中心》，和讯新闻网，2015 年 2 月 6 日，http://news.hexun.com/2015－02－06/173125798.html。

② 余丹、陈悦：《"新月港"崛起　福建港口互联互通建设加速》，新华网，2015 年 7 月 17 日，http://news.xinhuanet.com/fortune/2015－07/17/c_128031985.htm。

海事服务（深圳）有限公司，将国际海员外派范围由香港籍船舶扩大至其管理的所有船舶，该政策仅在前海蛇口自贸片区试点。①

对接计划：前海蛇口自贸片区将加强高端航运服务业，逐步形成在船舶融资、航运保险、航运交易、海工金融、海事仲裁、海洋研发和国际海洋合作等方面的产业布局，千亿级高端航运服务业蓄势待发。促进深港共建航运服务核心平台，推动前海蛇口自贸片区打造"海上丝绸之路"国际海员外派中心。

海口港 优势：海南水陆运输枢纽，对外合作贸易交流的重要门户。

现状：在环北部湾，海南和广西、广东等地联合实行"三地七方联动"的港口监管运营模式，推动企业延伸现有各港航线，打造运输"新航线"，促进船舶在环北部湾港口间相互挂靠。把原来各港船舶单独与外港"点对点挂靠"，转成将海口港、洋浦港、湛江港、北部湾港相连与外港"多点挂靠"，形成汇聚成线，首尾衔接，中间串联，同一船舶同一港口可装可卸监管新模式。

对接计划：海口港与厦门港抓住大力发展港口经济的机遇，发挥各自航线、货源、区位等优势，加强两港之间在航线和腹地拓展方面的合作，依托通关一体化和内外贸同船等政策，建立两港互为中转业务的合作模式，共同培育集装箱运输市场，将海口、厦门与国内其他主要港口以及东南亚、东北亚港口串联起来，打通跨区域的物流大通道。厦门港和海口港同为"一带一路"重要支点，两港的携手合作，能够发挥厦门港连接两岸、辐射东北亚，以及海口港临近东南亚的区位优势，打造两港互为中转的港口航运合作新模式。②

"长江经济带"沿线港口 优势：有长江"黄金水道"可资利用，经济腹地广阔，资源丰富。

---

① 马培贵：《全球两大船舶管理公司入驻前海》，《深圳特区报》，2015 年 9 月 30 日。
② 《海南：港口串联 物流畅通》，中国港口网，2015 年 10 月 13 日，http：//www.chinaports.com/portlspnews/7ED3B2A0D5CC4BC3943A2129582BF1C0/view。

现状：在国家"一带一路"实施和加快推进长江经济带建设的大背景下，在各市政府主管部门的支持下，长江沿线 16 个城市交流互动频繁，"联席会＋高层论坛"模式正成为长江流域各地政府与政府之间、企业与企业之间、政府与企业之间展开交流探讨、共谋发展的重要平台。

　　对接计划：长江沿岸各港口共同谋划服务区域和流域经济发展良策，推动形成长江上、中、下游互动发展的崭新格局，完善长江航运服务体系，提升航运交易、信息、金融、人才等服务功能。

第三章　投融资机构与渠道

2015 年，在我国的努力下，亚洲基础设施投资银行正式成立，金砖国家开发银行和上海合作组织开发银行继续发展，世界银行集团也表示了对"一带一路"的支持，欧洲复兴开发银行吸纳我国为正式成员。在国内，中国人民银行、国家开发银行和中国进出口银行等政策性银行，中国银行、中国工商银行、中国农业银行、中国建设银行、交通银行、招商银行、中信银行等商业银行也分别采取了相应的措施，服务"一带一路"建设。同时，国家设立了丝路基金、中国－欧亚经济合作基金、丝绸之路黄金基金、矿业发展基金；部分地方政府设立了地方版丝路基金；"一带一路"沿线各国主权财富基金、伊斯兰债券也表示将为"一带一路"建设提供融资服务。另外，人民币成为第一个被纳入特别提款权（Special Drawing Right，SDR）货币篮子的新兴市场国家货币，人民币正式国际化，将为"一带一路"建设提供有力推动。

国际及多边金融机构与组织

亚洲基础设施投资银行（Asian Infrastructure Investment Bank，简称亚投行，AIIB）　中国国家主席习近平于 2013 年 10 月提出筹建亚洲基础设施投资银行的倡议，得到亚洲区域内外经济体的广泛响应。2015 年 6 月

29 日，57 个创始成员国的高级官员齐聚北京，签署《亚投行章程》。根据 21 个首批意向创始成员国于 2014 年 10 月签署的《筹建亚投行备忘录》，亚投行将以国内生产总值（GDP）衡量的经济权重作为各国股份分配的基础。其中，亚洲成员股权占比约在 70% ～ 75%，亚洲以外国家分配剩余 25% ～ 30% 的股权。① 经过两年多的紧张筹建，2015 年 12 月 25 日，《亚洲基础设施投资银行协定》达到生效条件，亚洲基础设施投资银行正式成立。这是首个由亚洲发展中国家共同发起并主导的多边开发性金融机构。

亚投行的合作伙伴，按大洲分，亚洲 34 国、欧洲 18 国、大洋洲 2 国、南美洲 1 国、非洲 2 国，总计 57 国。在这些国家中，联合国安理会五大常任理事国已占四席：中国、英国、法国、俄罗斯。G20 国家已占 14 席：中国、印度、印度尼西亚、沙特阿拉伯、法国、德国、意大利、英国、澳大利亚、土耳其、韩国、巴西、俄罗斯、南非。西方七国集团已占 4 席：英国、法国、德国、意大利。金砖国家全部加入亚投行：中国、俄罗斯、印度、巴西、南非。②

金砖国家开发银行（BRICS Development Bank，BDB） 2015 年 7 月 7 日，金砖国家开发银行首届理事会会议任命了董事会成员和首个管理层，制定了理事会和董事会议事规则，讨论了银行未来五年发展战略。首届理事会会议任命来自印度的卡马特担任金砖银行首任行长，副行长包括来自中国的祝宪、来自巴西的巴蒂斯塔、来自俄罗斯的卡兹别科夫和来自南非的马斯多普。2015 年 7 月 21 日，金砖国家新开发银行开业仪式举行。中国财政部部长楼继伟出席并表示，金砖银行作为国际发展体系的新成员，与现有多边开发机构是"合作互补关系"，将与相关多边和双边开发机构及私营部门建立紧密的合作伙伴关系，共同促进发展中国家的经济发

---

① 《新纪元开始：57 国北京签约亚投行》，大公资讯，2015 年 6 月 29 日，http：//news. takungpao. com/mainland/topnews/2015 -06/3035412. html。

② 《亚投行正式成立！能给我们带来什么?》，腾讯网，2015 年 12 月 27 日，http：//mp. weixin. qq. com/s？＿＿biz =MzA5MTI3NDAyMw = =&mid =401359511&idx =2&sn =245bdbc2931bf5908073094f3dacfh34&scene =0#wechat_ redirect。

展和全球经济复苏。①

上合组织开发银行（SCO Development Bank，SDB）（拟建） 2015年12月，国务院总理李克强在上海合作组织成员国总理第十四次会议大范围会谈时称，建议上合组织打造金融、产能等六大领域的合作平台，成立上合组织开发银行和上合组织电子商务联盟，并打造区域产业合作链，考虑适时成立上合组织开发银行，支持成员国进一步扩大本币结算范围。②西安市为打造丝绸之路经济带核心，努力争取上合组织开发银行落户西安，2015年的全国两会上，全国人大代表、国家开发银行陕西分行行长黄俊建议："在西安设立上合组织开发银行，充分发挥西安在新一轮西部大开发及欧亚区域经济合作中的作用。"③

世界银行集团（World Bank，简称世界银行，WB） 世界银行常务副行长兼首席财务官伯特兰·巴德雷非常关注由中国牵头组建的亚洲基础设施投资银行，他来访郑州时表示："世行集团与亚投行之间在基础设施建设领域拥有巨大的合作空间，未来也将助推河南更好地融入中国'一带一路'倡议规划。我们将与包括亚投行在内的国际金融机构、各国政府以及民营企业共同开展合作，实现世行集团所希望的绿色增长和包容性增长。"④

亚洲开发银行（Asian Development Bank，ADB） 亚洲开发银行副行长史蒂芬·克洛夫在博鳌亚洲论坛2015年年会中对人民网记者表示，"一带一路"战略将加深亚洲区域间合作，亚洲开发银行也将在经济领域展开项目合作。史蒂芬·克洛夫认为，"一带一路"战略将对亚洲的区域性合作的加深和加强起到重要作用。此外，史蒂芬·克洛夫还表示，在亚洲基础

---

① 慕丽洁：《金砖国家新开发银行开业 今年底或明年初启动运营》，腾讯财经，2015年7月22日，http://finance.qq.com/a/20150722/005974.htm。

② 《李克强：建议考虑适时成立上合组织开发银行》，搜狐财经，2015年12月16日，http://business.sohu.com/20151216/n431456716.shtml。

③ 刘振：《在西安设立上合组织开发银行》，《西安日报》，2015年3月14日。

④ 《世界银行副行长：携手亚投行推动"一带一路"建设》，新华网，2015年5月20日，http://news.xinhuanet.com/world/2015-05/20/c_127821281.htm。

设施投资银行落地之后，亚洲开发银行将与其在多个领域进行合作。①

欧洲复兴开发银行（European Bank for Reconstruction and Development，EBRD） 2015 年 12 月 14 日，欧洲复兴开发银行理事会通过接受中国加入该行的决议。在履行国内相关法律程序后，中国将正式成为该行成员。欧洲复兴开发银行表示，在该行业务覆盖地区中，该行与中国企业存在广阔合作空间，应做好与亚洲基础设施投资银行合作的准备。中国将以非借款成员国身份加入欧洲复兴开发银行，中资企业和金融机构可与该行开展项目和融资合作。②

美洲开发银行（Inter-American Development Bank，IADB） 2015 年 3 月 27 日，中国人民银行在韩国釜山与美洲开发银行签署合作框架协议，以扩大双方在贸易、投资、金融及交流等方面的合作。协议的签署意在寻求将中国投资与拉美与加勒比地区发展相结合，就双方共同关心的话题组织相关活动，支持双方专家之间的交流。

非洲开发银行（African Development Bank，ADB） 非洲开发银行行长唐纳德·卡贝鲁卡 2015 年 7 月 20 日在北京表示，非洲开发银行十分看好亚洲基础设施投资银行，并期待双方在未来能够携手合作，共促非洲基础设施建设。卡贝鲁卡表示："我相信亚投行作为一个开放、包容的机构，一定也能够惠及亚洲以外的地区。非洲开发银行非常希望与亚投行一道，携手共促非洲基础设施建设。"③

国际货币基金组织（International Monetary Fund，IMF） 国际货币基金组织执董会 2015 年 11 月 30 日投票决定，批准人民币加入特别提款权（SDR）货币篮子。人民币入"篮"，成为继美元、欧元、日元和英镑

① 《亚洲开发银行副行长："一带一路"将加深亚洲区域间合作》，人民网，2015 年 3 月 29 日，http://m2.people.cn/r/MV8xXzI2NzY1MjYyXzEwMDRfMTQyNzU2NDY0OA = = 。

② 吴晓喻：《"一带一路"新突破：中国正式加入欧洲复兴开发银行》，财经网，2015 年 12 月 15 日，http://economy.caijing.com.cn/20151215/4032295.shtml。

③ 《非洲开发银行行长：期待与亚投行合作共建非洲》，新华网，2015 年 7 月 20 日，http://news.xinhuanet.com/world/2015 – 07/20/c_ 1115984304.htm。

后，特别提款权中的第五种货币。人民币入"篮"之后，在 SDR 篮子中的比重为 10.92%，成为 SDR 货币篮子中的第三大货币。[①] 2015 年 12 月 1 日，中国人民银行发布声明，欢迎国际货币基金组织执董会关于将人民币纳入特别提款权（SDR）货币篮子的决定。中国人民银行发布声明说，这是对中国经济发展和改革开放成果的肯定。人民币加入 SDR 有助于增强 SDR 的代表性和吸引力，完善现行国际货币体系，对中国和世界是双赢的结果。声明还说，人民币加入 SDR 也意味着国际社会对中国在国际经济金融舞台上发挥积极作用有更多期许，中方将继续坚定不移地推进全面深化改革的战略部署，加快推动金融改革和对外开放，为促进全球经济增长、维护全球金融稳定和完善全球经济治理做出积极贡献。[②]

中国政策性银行

国家开发银行（China Development Bank，CDB） 国家开发银行正在"一带一路"中发挥更充分的作用。据副行长李吉平透露，该行已建立涉及 60 个国家、总量超过 900 个项目的"一带一路"的项目储备库，涉及投资资金超过 8900 亿美元。而已签署的近 50 份协议，涵盖的领域包括煤气、矿产、电力、电信、基础设施、农业等。已实施的项目数为 22 个，累计贷款余额超过 100 亿美元。李吉平表示，优先推进的重点领域为"设施联通"，支持中国企业通过设备出口、工程承包、投资等方式参与相关国家的设施建设，实施中国－东亚油气融资合作、中俄石油融资合作等项目的建设。[③]

---

① 《人民币正式纳入 SDR：成第三大货币权重超日元英镑》，中华网，2015 年 12 月 1 日，http：//military. china. com/news/568/20151201/20849731_ all. html。
② 《人民币成功"入篮" 权重比例超越日元和英镑》，新华网，2015 年 12 月 1 日，http：//news. xinhuanet. com/finance/2015 –12/01/c_ 128487698. htm。
③ 《一带一路六大重磅规划曝光 国开行投资近万亿美元》，腾讯财经，2015 年 5 月 28 日，http：//finance. qq. com/a/20150528/010425. htm。

2015 年 4 月 12 日，国务院要求国开行坚持开发性金融机构定位，适应市场化、国际化新形势，充分利用服务国家战略、依托信用支持、市场运作、保本微利的优势，进一步完善开发性金融运作模式，积极发挥在稳增长、调结构等方面的重要作用，加大对重点领域和薄弱环节的支持力度。国开行重回政策性银行定位，为"一带一路"提供资金支持。①

就"一带一路"的具体项目而言，国开行和俄罗斯之间的项目规模最大。"我们与俄罗斯达成的'贷款换石油'协议，分别向俄罗斯石油公司和俄罗斯石油管道运输公司提供大量美元的贷款，俄方则承诺在 2011 年至 2030 年间向中国提供几亿吨的原油供应。"② 刘勇表示。

中国进出口银行（The Export-Import Bank of China，TEBC） 作为中国三大政策性银行之一，中国进出口银行的角色进一步明确，将积极支持正在推进的"一带一路"。中国进出口银行新闻发言人代鹏表示，截至 2015 年末，该行在"一带一路"沿线国家贷款余额超过 5200 亿元人民币。有贷款余额的"一带一路"项目有 1000 多个，分布于 49 个沿线国家，涵盖公路、铁路、港口、电力、通信等多个领域。进出口银行支持"一带一路"建设主要体现在如下几个方面：一是不断加大信贷支持力度。二是充分发挥投资基金的作用。三是务实推动重大项目，促进设施联通。四是推动人民币国际化，支持货币流通。五是加强外部合作，促进政策沟通。六是支持经贸合作，促进贸易畅通。七是支持民生项目，促进民心相通。进出口银行积极开展经贸合作项目，仅 2015 年就在"一带一路"沿线开展经贸合作项目 384 个，带动进出口商务合同金额超过 1300 亿美元。③

① 金彧：《国开行重回政策性银行定位，为一带一路提供资金》，《新京报》，2015 年 4 月 13 日。
② 周艾琳：《行走在"一带一路"上的国开行》，一财网，2015 年 5 月 28 日，http：//www.yicai.com/news/2015/05/4624249.html。
③ 《进出口银行"一带一路"建设 贷款超 5200 亿元》，环球财经，2016 年 1 月 16 日，http：//finance.huanqiu.com/br/focus/2016 - 01/8382644.html。

中国商业银行

与政策性银行相比，商业银行规模巨大，其跨境金融服务将是中国企业在"一带一路"沿线进行投资经营活动必需的支持和保障。

中国银行（Bank Of China，BOC） 2015年两会期间，中行与安徽海螺水泥股份有限公司签署《"一带一路"战略合作总协议》，将在全球范围内向海螺水泥以综合授信方式提供意向性总额不超过50亿美元（或等值人民币）的授信服务，重点支持海螺水泥在"一带一路"及其他新兴市场的产业布局建设。3月18日，中行与光明集团签署协议，作为银团牵头行，支持光明集团并购以色列最大的乳品企业Tnuva公司76.7%的股权，该项目融资10.5亿欧元。这成为中行支持中资企业在"一带一路"上"走出去"并购的又一成功案例。①

2015年3月26日，中国银行万象分行正式开业，标志着中行海外机构已覆盖"一带一路"沿线16个国家。至此中行已在42个国家和地区设立海外机构，是我国国际化程度最高、全球覆盖范围最广的金融机构。未来，中行将进一步增加在南亚、中亚、中东欧、西亚、北非的机构设置，实现"一带一路"沿线国家机构覆盖率达到50%以上，实现对"一带一路"区域的业务全覆盖。同时，中国银行紧盯重大项目和重点业务，密切跟进我国高铁、核电等重点行业"走出去"进程，支持优质企业进行全球产业链布局，全力推动出口信贷及项目融资、船舶融资、飞机融资和租赁融资等结构化融资业务发展。

2015年5月22日，中行宣布，拟出售中银香港旗下南洋商业银行全部股权，并重组东盟部分机构业务。此前中银香港专注中行的香港业务，

---

① 《中国银行努力构建"一带一路"金融大动脉》，和讯银行，2015年4月1日，http://bank.hexun.com/2015-04-01/174603715.html。

其他海外业务都由母公司中国银行自行经营，中银香港接手东盟部分机构后，在"一带一路"的背景下，中银香港将加速成为中行"一带一路"战略的桥头堡。①

2015 年 8 月 20 日，中国银行在银行业例行新闻发布会上表示，截至 2015 年 6 月末，该行已在"一带一路"沿线 16 个国家设立分支机构，跟进境外重大项目约 300 个，项目总投资额超过 2500 亿美元，提供意向性授信支持约 680 亿美元。中国银行还表示，今年该行支持"一带一路"建设的相关授信力争不低于 200 亿美元；未来三年，将累计达到 1000 亿美元。在沿线国家的机构网络布局上，中国银行称将实现沿线国家机构覆盖率超过 50%，并通过远程服务和海外项目营销工作组等形式，使业务全面覆盖"一带一路"沿线国家。②

中国工商银行（Industrial and Commercial Bank of China，ICBC） 工商银行为了推进"一带一路"，在总行设立了"一带一路"工作领导小组。除此之外，2015 年，总行专项融资部还成立了专业化团队对"一带一路"项目进行对接。③

截至 2015 年 11 月，工行支持中资企业"走出去"的境外融资项目已遍及亚、非、欧三大洲 30 多个国家，占"一带一路"沿线国家总数的 1/3，行业涉及电力、交通、油气、矿产、电信、机械、园区建设、农业等，基本实现了对"走出去"重点行业的全面覆盖。2015 年以来，工行围绕国家战略布局和产业政策，积极推动一批重点项目落地，包括铁路、核电、电信等行业标志性项目，以及中巴经济走廊、中东欧市场、海上丝绸之路、中蒙俄经济带等区域开发项目。其中，中电建巴基斯坦萨察尔风电

---

① 《中行布局一带一路再提速》，新浪新闻，2015 年 5 月 23 日，http：//news. sina. com. cn/o/2015 – 05 – 23/023031866197. shtml。

② 李玉敏：《中行三年内"一带一路"项目投资将达千亿美元，沿线机构覆盖率超一半》，搜狐财经，2015 年 8 月 21 日，http：//business. sohu. com/20150821/n419381429. shtml。

③ 李海霞：《工行布局"一带一路" 机遇前如何做好风控》，人民网，2015 年 5 月 7 日，http：//finance. people. com. cn/money/n/2015/0507/c218900 –26964202. html

项目是中巴经济走廊首个签约项目，巴基斯坦达沃风电项目是中企投资中巴经济走廊的首个签约项目。工行境外网络已覆盖全球 42 个国家和地区，拥有分支机构 400 家，并通过参股南非标准银行间接延伸至 20 个非洲国家，是全球网络覆盖最广的中资金融机构，形成了横跨亚、非、拉、欧、美、澳的全球化金融服务网络。并且，工行率先建成了横跨亚、欧、美和中东地区的境外人民币清算行网络，实现了全球 24 小时不间断人民币交易清算服务。①

中国农业银行（Agricultural Bank of China，ABC） 农业银行根据国家"一带一路"倡议，专门制定了实施意见，明确将"一带一路"相关农业国际合作、基础设施互联互通、能源资源投资合作等作为重点支持领域；明确在境外机构建设、"走出去"客户拓展等方面加大政策和资金支持力度，全方位满足"走出去"企业的境外金融需求。2015 年 1 ~ 10 月，该行累计在 60 多个国家和地区办理"走出去"业务约 200 多亿美元，其中，涉及"一带一路"沿线国家的业务近 30 亿美元。

中国建设银行（China Construction Bank，CCB） 建行在参与"一带一路"建设方面先行先试，不仅为中国与沿线国家的多方位合作搭起了更加广阔的平台，也为中国银行业健康持续发展架起了一座金桥，逐步确定了"一带一路"战略先行者地位。建行将海外机构布局纳入"一带一路"构想框架中，有针对性地选择能保障丝路畅通的重要战略支点作为切入口，本着以点带面的方式，特别是在那些区域经济金融中心和潜在的离岸人民币中心设立机构，通过"立足东南亚，贯通中西亚，深耕细作欧洲，择优兼顾非洲"的策略，形成在"十三五"期间横跨亚、欧、非"三极"，辐射陆上丝绸之路和海上丝绸之路"两翼"的"三极两翼"布局体系。②

---

① 《工行深入推进"一带一路"金融服务》，《华夏时报》，2015 年 11 月 19 日。
② 《中国建设银行积极参与"一带一路"建设服务国家发展战略》，《人民日报》，2015 年 3 月 9 日。

建行方面称，根据"一带一路"的推进实施，建行将密切关注沿线的俄罗斯、哈萨克斯坦、土耳其、波兰、肯尼亚等国家。海路方面，有在印尼、马来西亚、泰国等地增设机构的可能性，随着建行国际化战略的实施，海外机构的建设应该也会逐步展开。建行正在申设马来西亚子行，在印度尼西亚也在推进机构建设。①

交通银行（Bank of Communications Co., Ltd., BOCOM） 作为我国五大商业银行之一，交行也在"一带一路"沿线国家和地区设立了众多分支机构，积极参与"一带一路"建设。

交行将把握国家"走出去"战略、"一带一路"规划、国内富余产能对外转移等政策导向，进一步健全支持企业"走出去"的金融服务体系，支持"走出去"企业更好更快发展。交行将从服务重点客户、加快产品创新、用好政策红利、加强同业合作、健全风险防范体系、建立常态化机制六个维度以及重点项目推进、"交行－汇丰1＋1"联动等措施加大支持企业"走出去"力度。②

2015年，交行重庆市分行采取多项措施，助力"一带一路"。根据交总行要求重点支持高铁轨道建设、公路建设及港口码头建设行业的工作部署，交行重庆市分行着眼于长江经济带西部中心枢纽打造，支持建设"铁、公、水、空"多式联运体系。该行先后参与了石忠高速、渝湘高速黔彭段和大黔段、万开高速、渝遂高速、渝邻高速、渝蓉高速的项目建设融资，截至2015年三季度末，对高速公路建设授信余额88.97亿元；支持综合交通枢纽建设，为轨道交通建设提供信贷资金11亿元；支持航空网络建设，给予西部航空1.3亿元信贷支持。③

---

① 袁盼锋：《建行全面备战"一带一路" 268个重大投资项目已储备》，中国证券网，2015年8月27日，http://news.cnstock.com/news/sns_ bwkx/201508/3547594.htm。
② 《交通银行一带一路 加大金融支持企业"走出去"力度》，西楚网，2015年3月13日，http://www.xichu.net/news/folder1992/2015/03/2015－03－13361089.html。
③ 《服务"一带一路" 交行重庆市分行推进创新转型》，新华重庆，2015年10月26日，http://www.cq.xinhuanet.com/2015－10/27/c_ 1116940711.htm。

招商银行（China Merchants Bank） 2015 年 12 月 10 日，招商银行在深圳举办"一带一路"同业合作研讨会，将"一带一路"倡议蕴藏的业务机会视作未来各领域业务增长的重要引擎，在总行层面成立"一带一路"跨部门战略工作组推动相关工作。招商银行副行长丁伟在开幕致辞中表示，面对"一带一路"国家战略带来的新机遇，招商银行希望与沿线国家各同业携手，通过优势互补及全方面合作，利用多种形式支持走出去的企业分享发展机遇。①

截至 2015 年底，招商银行建立的"一带一路"项目库已经储备项目 155 个，其中 38 个项目已落地。2015 年年初，招商银行把握对公业务发展趋势，合并原现金管理部与贸易金融部，成立总行一级部门——交易银行部。此举在国内商业银行中亦属首创，旨在利用交易银行部成立的组织改革红利，以客户为中心整合原有现金管理、跨境金融与供应链金融等优势业务，全面打造集境内外、线上下、本外币、内外贸、离在岸为一体的全球交易银行平台及产品体系，为"一带一路"企业的多元需求提供全方位金融服务。

中信银行（China Citic Bank） 中信银行行长李庆萍表示，面对国家新战略实施的历史机遇，中信银行将依托集团强大的综合经营优势，举全行之力，贯彻中央"一带一路"意图、支持战略实施，坚定走在支持"一带一路"建设的前列，助力"一带一路"沿线地区经济发展，成为支持"一带一路"建设的主力银行之一。

2015 年 6 月 24 日，中信银行联合中信证券、中信建投证券、中信信托、中信建设、中信重工、中信国安、中信资源、中信工程、中信环境等多家中信集团下属公司共同在京宣布，将投融资 7000 多亿元助力国家"一带一路"建设。这意味着中信银行将在"一带一路"的国家战略背景下，在金融创新业务方面开辟一个新篇章。中信银行提供的超过 4000 亿元人民币的融资，涵

---

① 《招行成立"一带一路"工作组　提供全面金融服务》，人民网，2015 年 12 月 10 日，http：// js. people. com. cn/n/2015/1210/c358232 – 27290670. html。

盖了辖内24家分行，包括200多个"一带一路"的重点项目。融资方式不仅包括项目贷款、银团贷款、并购贷款等传统商业银行融资产品，还包括PPP模式融资、理财融资、结构化融资等"大资管"产品。[①]

中信银行实施"一带一路"倡议的核心要素及重要举措——"一带一路"基金已完成在天津的注册工作。该基金以有限合伙形式搭建，由中信银行下属私募基金管理公司作为基金管理人，首期规模200亿元，计划分期投资于"一带一路"区域内的城市基础设施、轨道交通、城市综合开发、并购重组、产业投资及"走出去"项目。[②]

国内外各类基金

丝路基金 丝路基金总规模为400亿美元，是中国政府依靠自身国力，直接支持"一带一路"建设的专项资金。首期资本金100亿美元中，初定该基金的资金来源于外汇储备以及中国进出口银行、中国投资有限责任公司、国家开发银行三家机构，其中外汇储备出资占比65%，中国进出口银行和中投公司各出资15%，国家开发银行出资占比5%。招商证券宏观研究团队分析，从模式来说，丝路基金更接近主权投资基金。与多边合作机构比，中国政府具有决策权，因而具备效率优势，但仍需面临法律环境、税收政策等国别风险。基金先期将以交通、电力、通信等基础设施规划投资为主，起点为国内相关省份，项目也以铁路、公路、管道等基础设施的新建和扩建为主，后期或将在文化、旅游、贸易方面有更多进展。[③]

---

① 《中信银行拟投入4000亿元，力拓"一带一路"新布局》，中国经济网，2015年6月30日，http://finance.ce.cn/rolling/201506/30/t20150630_5797084.shtml。

② 《中信银行三个月为"一带一路"融资320亿元》，新华网，2015年9月25日，http://www.sh.xinhuanet.com/2015-09/25/c_134658881.htm。

③ 《"一带一路"建设的八大"金融护法"》，CGGT走出去智库，2015年1月28日，http://www.cggthinktank.com/2015-01-28/100073623.html。

丝路基金"首单"花落巴基斯坦水电项目，这是基础设施跨境投资项目模式的探索和创新。以基金为重要平台和导向资金，更多国际化金融机构有望加入，共同推进更多符合商业盈利模式的可持续性项目。可以预见，通过"首单"带来的示范作用，将吸引更多投资者加入，为"一带一路"构想中的其他项目提供稳健且积极的资金支撑与运作模式范例。①

2015年6月，中国政府用丝路基金购买了俄罗斯诺瓦泰克亚马尔液化天然气项目10%的股份。诺瓦泰克是俄罗斯第二大天然气生产商。2015年12月17日，丝路基金与俄罗斯诺瓦泰克公司在北京签署了关于亚马尔液化天然气一体化项目的股权转让及贷款相关协议。根据股权转让协议，丝路基金将从诺瓦泰克公司购买亚马尔项目9.9%股权。这9.9%股份的最终交割将取决于中俄两国政府间协议的修订和生效。②

中非发展基金 中非发展基金是中国政府在2006年11月中非合作论坛北京峰会上提出的对非务实合作8项政策措施之一，目的是支持和鼓励中国企业对非投资。2007年6月26日，中非发展基金正式开业，首期10亿美元资金由国家开发银行出资，最终达到50亿美元。2015年12月，习近平主席在中非论坛约翰内斯堡峰会上再次宣布，为支持中非"十大合作计划"实施，中非发展基金增资50亿美元，基金规模提升为100亿美元。③ 自成立以来，中非发展基金支持中非经贸合作，重点投资了一批农业、基础设施、加工制造、产业园区等资源开发项目，有力促进了中国企业对非投资，为所在国基础设施建设、技术进步、出口创汇和增加就业发挥了重要的作用，推动了中非产业对接和产能合作，受到了非方普遍欢迎。

中国－欧亚经济合作基金 2015年12月21日，中国－欧亚经济合作

---

① 《"一带一路"喜获重要成果》，人民网，2015年4月22日，http://politics.people.com.cn/n/2015/0422/c70731-26883248.html。
② 《丝路基金与俄罗斯公司签署油气项目协议》，新浪财经，2015年12月17日，http://finance.sina.com.cn/money/fund/jjyj/2015-12-17/doc-ifxmueaa3595058.shtml。
③ 《习近平在中非合作论坛约翰内斯堡峰会开幕式上的致辞（全文）》，新华网，2015年12月4日，http://news.xinhuanet.com/world/2015-12/04/c_1117363197.htm。

基金分别召开普通合伙人公司和基金管理公司第一次董事会，正式投入运营。中国－欧亚经济合作基金由中国进出口银行和中国银行共同发起，总规模 50 亿美元。目标行业包括农业开发、物流、基础设施、新一代信息技术、制造业等。基金将在推动丝绸之路经济带建设、深化与欧亚国家投资合作、促进欧亚地区经济社会发展方面发挥积极作用。①

2015 年 12 月，在中国国务院总理李克强和俄罗斯联邦政府总理梅德韦杰夫的共同见证下，中国－欧亚经济合作基金与俄罗斯外经银行（VEB）、俄罗斯直投基金（RDIF）签署合作协议；与华为、俄罗斯 I－Teco 公司签署关于就莫斯科数据和云服务中心项目开展投资合作的战略合作协议。②

地方版丝路基金　地方也纷纷筹划专门的基金，各地银行机构早已行动了起来。工行广东分行已于近期向广东省发改委递交了《广东省丝路基金设立方案》，首期计划募集 200 亿元，其中财政引导资金 20 亿元，工行广东分行牵头募集 180 亿元。福建海峡银行牵手福建省投资开发集团等成立了"远洋渔业发展基金"，基金规模 50 亿元。平安银行则与泉州市政府合作成立了市场化运营的"泉州市城市发展基金"。此外，建设银行还发起设立总规模 1000 亿元的"海丝产业基金"，重点支持"21 世纪海上丝绸之路"核心区福建的发展。③

丝绸之路黄金基金　2015 年 5 月 22 日，由上海黄金交易所、陕西省人民政府主办，陕西黄金集团股份有限公司承办的"一带一路"黄金发展推进会暨丝绸之路黄金基金启动仪式在西安举行。丝绸之路黄金基金将募集、管理一个母基金和若干子基金，包括黄金 ETF 基金、黄金资源并购基金和黄金投资基金等，旨在通过市场化运作，打造囊括地质勘探、采掘冶

---

① 《中国－欧亚经济合作基金投入运营》，中国进出口银行网，2015 年 12 月 24 日，http：// www. eximbank. gov. cn/tm/Newlist/index_ 343_ 27951. html。

② 《中国－欧亚经济合作基金与俄罗斯外经银行、俄罗斯直投基金、华为、俄罗斯 I－Teco 公司签署合作协议》，中国进出口银行网，2015 年 12 月 21 日，http：//www. eximbank. gov. cn/tm/ Newlist/index_ 343_ 27948. html。

③ 《"一带一路"金融支持政策将出　建立国别基金产业基金》，新华网，2015 年 11 月 3 日，ht-tp：//news. xinhuanet. com/fortune/2015－11/03/c_ 128386949. htm。

炼、金品销售、黄金租赁、黄金交易和黄金投资等在内的综合性产业链体系。[①] 丝绸之路黄金基金是契合国家大力倡导的"一带一路"区域建设的主旨而设立的，只不过目的性更加明确，以黄金为突破口。

各国主权财富基金 主权财富基金已成为国际金融市场一个日益活跃且重要的参与者，并将成为"一带一路"的重要金融支撑。在全球十大主权基金中，中国投资有限责任公司规模居前，其中有40%的资金投向境外。不少其他主权财富基金投资管理风格也日趋主动活跃，其资产分布不再集中于G7定息债券类工具，而是着眼于包括股票和其他风险性资产在内的全球性多元化资产组合。[②]

矿业发展基金 "一带一路"矿业产业发展基金2015年6月10日在北京正式启动，募集目标100亿元，年底前结束募集。基金主要以"一带一路"上的优质矿产资源、基础设施及相关产业链的投资为主，每个项目的基金投入总额不超过2亿元，运行时间不超过3年。基金运行期间，严格执行风险管控措施，包括不得投资承担无限责任的企业，不允许循环投资，不得从事未经投资决策委员会授权的其他业务，并通过利润对赌、资产质押、上市公司收购背书等条款降低投资风险。2015年6月，基金已建立项目池，项目主要分布在"丝绸之路经济带"沿线国家特别是地处中亚的哈萨克斯坦、吉尔吉斯斯坦、塔吉克斯坦，并已控制51个优质矿业项目，累计控制了一批金、银、铜、铅锌、铝、铁矿石、煤炭、天然气、石油等资源。[③]

国内外债券

为保障各国即将释放的相关基础设施融资需求，我国政府明确提出

---

① 《助推人民币国际化　丝绸之路黄金基金成立》，观察网，2015年5月28日，http://www.guancha.cn/economy/2015_ 05_ 28_ 321304. shtml。

② 《"一带一路"建设的八大"金融护法"》，CGGT走出去智库，2015年1月28日，http://www.cggthinktank.com/2015-01-28/100073623. html。

③ 《"一带一路"矿业发展基金启动》，《经济参考报》，2015年6月11日。

"推动亚洲债券市场的发展，支持沿线国家政府和信用等级较高的企业以及金融机构在中国境内发行人民币债券"，我国债券市场有望迎来"国际债"大步发展的阶段。①

2015 年 6 月 24 日，中国银行完成"一带一路"债券发行定价。该债券包括固定利率、浮动利率等两种计息方式，人民币、美元、欧元、新加坡元等 4 个币种，将分别在迪拜纳斯达克交易所、新加坡交易所、台湾证券柜买中心、香港联合交易所、伦敦交易所等 5 个交易所挂牌上市，覆盖 2 年、3 年、4 年、5 年、7 年、10 年、15 年等 7 个期限，共计 10 个债券品种，实行多币种、多品种交易同时发行，最终发行规模达 40 亿美元。"一带一路"债券为中国银行境外中期票据计划（MTN）下提取发行。②

中国股票市场

"一带一路"的进展成果，必将体现在股市上。数据显示，截至 2015 年 3 月 5 日，中证"一带一路"指数上涨 86.83%，营口港、中国中铁、中铁二局等 30 只"一带一路"相关概念股更是涨幅翻倍。其中，交通基础设施公司中铁二局过去一年涨幅超过 400%，港口、航运类公司营口港过去一年股价涨幅达 395.3%，工程机械龙头企业中国一重同期涨幅达 162.24%。③

---

① 《"一带一路"战略可推动"国际债"市场提速发展》，和讯网，2015 年 4 月 1 日，http：//bond. hexun. com/2015 - 04 - 01/174612597. html。

② 《中国银行成功发行 40 亿美元"一带一路"债券》，网易财经，2015 年 6 月 25 日，http：//money. 163. com/15/0827/15/B21LO6P800253B0H. html。

③ 《"一带一路"最受青睐　30 只概念股票一年股价翻倍》，搜狐证券，2015 年 3 月 10 日，http：//stock. sohu. com/20150310/n409558769. shtml。

第四章　自贸协定和自贸区

2015 年，商务部加快实施自由贸易区战略，积极推进自贸区建设，完善自贸区整体布局，取得新成就。截至 2015 年底，我国已经签署并实施 14 个自贸协定，涉及 22 个国家和地区，自贸伙伴遍及亚洲、拉美、大洋洲、欧洲等地区。这些协定分别是我国与东盟、韩国、澳大利亚、新加坡、巴基斯坦、冰岛、瑞士、智利、秘鲁、哥斯达黎加、新西兰的自贸协定，内地与香港、澳门的《更紧密经贸关系的安排》（CEPA），以及大陆与台湾的《海峡两岸经济合作框架协议》（ECFA）。我国也正在推进多个自贸区谈判，包括《区域全面经济伙伴关系协定》（RCEP）、中日韩、中国－海合会等自贸区谈判。①

中外贸易协定和自贸区

中国－巴基斯坦自贸区第二阶段谈判　2015 年 1 月 6~8 日，中国－巴基斯坦自贸区第二阶段谈判第三次会议于在伊斯兰堡成功举行。本次会议就中巴自贸区第一阶段降税实施效果、第二阶段货物贸易降税模式、服

---

① 《我国自贸区建设取得积极进展》，中华人民共和国商务部网站，2016 年 1 月 4 日，http://www.mofcom.gov.cn/article/ae/ai/201601/20160101226421.shtml。

务和投资领域扩大开放等议题进行了磋商，谈判取得积极进展。双方还讨论了下一步工作安排，同意加快谈判进程，早日结束第二阶段谈判。

3月31日~4月1日，中国-巴基斯坦自贸区第二阶段谈判第四次会议在京举行。双方就中巴自贸区第二阶段货物贸易和服务、投资领域扩大开放等议题进行了充分的磋商交流。

8月3~5日，中国-巴自贸区第二阶段谈判第五次会议在巴基斯坦首都伊斯兰堡举行，双方就第二阶段货物贸易降税模式、服务贸易领域进一步扩大开放、海关数据交换合作和巴方部分产品输华的检验检疫措施等议题进行了磋商，谈判取得积极进展。

10月14~16日，中国-巴基斯坦自贸区第二阶段谈判在北京举行，双方就第二阶段货物贸易降税模式、服务贸易领域进一步扩大开放、巴调节税、原产地直接运输、海关数据交换合作等议题进行了磋商。①

中日韩自贸区谈判 2015年1月16日，中日韩自贸区第六轮谈判首席谈判代表会议在日本东京举行，三方就货物贸易降税模式、服务贸易和投资开放方式及协定范围与领域等议题进行了磋商。

5月12日，中日韩自贸区第七轮谈判首席谈判代表会议在韩国首尔举行。在为期两天的谈判中，三方就货物贸易、服务贸易、投资、协定范围领域等议题深入交换了意见。此前，4月13~17日，三方在首尔举行了中日韩自贸区第七轮谈判司局级磋商。

7月20~24日，中韩日自由贸易协定（FTA）第八轮工作谈判在北京举行。韩国产业通商资源部FTA交涉官俞明希、中国商务部世界贸易组织司副司长洪晓东、日本外务省经济局副局长佐藤达夫作为各方首席代表参加谈判。韩中日三方重点讨论了有关货物关税减让的谈判方式和服务投资自由化方式等核心议题。各方还举行了包括规则、合作等领域在内的20多

---

① 《中巴举行自贸区第二阶段谈判第五次会议》，中华人民共和国商务部网站，2015年8月7日，http://www.mofcom.gov.cn/article/ae/ai/201508/20150801074771.shtml。

个专家对话会议，就协定文案进行磋商。韩中日三国将以此次工作谈判的结果为基础，于 2015 年 9 月在中国举行第八轮首席代表谈判。①

中国－新加坡自贸区联委会第五次会议 2015 年 1 月 20～22 日，中国－新加坡自贸区联委会第五次会议在新加坡举行。双方就中新自贸协定的进一步补充和完善进行了磋商，并就货物贸易、服务贸易、投资、技术性贸易壁垒、卫生与植物卫生措施等领域的具体议题交换了意见。中新自贸协定于 2008 年签署，2009 年 1 月 1 日正式生效，有力推动了双方经贸关系的深入发展。目前，中国已成为新加坡第一大贸易伙伴和第一大投资目的地，新加坡是中国在东盟国家中的第二大贸易伙伴和第二大外资来源地。

中国－新西兰自贸区联委会第六次会议 2015 年 3 月 24～25 日，中国－新西兰自贸区联委会第六次会议在新西兰惠灵顿举行。双方就货物贸易、服务贸易、自然人移动、原产地规则等领域的实施情况进行了审议，并同意启动中新自贸区升级谈判联合评估机制。

海峡两岸货物贸易协议商谈 2015 年 3 月 31 日～4 月 2 日，海峡两岸货物贸易协议第十轮商谈在北京举行。本次会谈中，双方就协议文本和市场开放议题进行了深入沟通。协议文本方面，双方就原产地规则、海关程序、卫生与植物卫生措施和技术性贸易壁垒相关内容取得了共识；市场开放方面，双方就彼此关注产品进行了充分交流。双方还就其他议题交换了意见。②

中巴自贸区服务贸易协定银行业服务议定书 2015 年 4 月 20 日，在习近平主席访问巴基斯坦期间，中国商务部部长高虎城与巴基斯坦商务部长赫拉姆·达斯特吉尔·可汗代表两国政府共同签署了《中华人民共

---

① 《中韩日自贸协定第八轮工作谈判 20 日将在北京启动》，证券时报网，2015 年 7 月 19 日，http://kuaixun.stcn.com/2015/0719/12364659.shtml。
② 《海峡两岸货物贸易协议第十轮商谈在北京举行》，人民网台湾频道，2015 年 4 月 7 日，http://tw.people.com.cn/n/2015/0407/c14657-26807413.thml。

和国政府和巴基斯坦伊斯兰共和国政府自由贸易区服务贸易协定银行业服务议定书》。双方同意加大银行业相互开放力度，进一步提高中巴自贸区服务贸易自由化水平，为两国企业提供更多融资便利。上述协议的签署，将对充实和巩固两国全天候战略合作伙伴关系起到积极作用。议定书在完成中巴双方各自内部审批程序后，于 2015 年 11 月 11 日正式生效。①

中国与智利签署自贸协定升级谅解备忘录 2015 年 5 月 25 日，在中国国务院总理李克强与智利总统巴切莱特的见证下，中国商务部部长高虎城与智利外交部部长穆尼奥斯在智利首都圣地亚哥共同签署《中华人民共和国商务部和智利共和国外交部关于中国 – 智利自由贸易协定升级的谅解备忘录》，同意探讨中智自贸协定升级的可能性。中智自贸协定于 2005 年 11 月签署，并于 2006 年 10 月开始实施，主要覆盖货物贸易和合作等内容，之后双方又签署并实施了关于服务贸易、投资的补充协定。中智自贸协定是我国与拉美国家签署的第一个自贸协定，也是我国自由化水平最高的自贸协定之一。截至 2015 年 1 月 1 日，协定货物贸易关税减让政策已执行完毕。

中韩自贸协定成功签署 经过 2 年多的谈判，2015 年 6 月 1 日，商务部高虎城部长和韩国产业通商资源部部长尹相直在韩国首尔签署中韩自贸协定。在完成各自国内程序后，中韩自贸协定已于 2015 年 12 月 20 日生效。中韩自贸协定是我国迄今为止对外签署的涉及国别贸易额最大的自贸协定，对中韩双方而言是一个互利、双赢的协定，实现了"利益大体平衡、全面、高水平"的目标。根据协定，在开放水平方面，双方货物贸易自由化比例均超过税目 90%、贸易额 85%。协定范围涵盖货物贸易、服务贸易、投资和规则等共 17 个领域，包含了电子商务、竞争政策、政府采

---

① 《中巴自贸区服务贸易协定银行业服务议定书生效》，新华新闻网，2015 年 11 月 11 日，http://news.xinhuanet.com/fortune/2015 – 11/11/c_ 1117111443. htm。

购、环境等新议题。同时，双方承诺在协定生效后将以负面清单模式继续开展服务贸易谈判，并基于准入前国民待遇和负面清单开展投资谈判。①

中澳自贸协定成功签署　经过历时 10 年的谈判，2015 年 6 月 17 日，中澳自贸协定正式签署。② 在完成各自国内程序后，中澳自贸协定已于 2015 年 12 月 20 日生效。中澳自贸协定实现了"全面、高质量和利益平衡"的目标，是我国与其他国家迄今已商签的贸易投资自由化整体水平最高的自贸协定之一，在一些领域创新了谈判模式。在服务领域，澳大利亚承诺自协定生效时对中方以负面清单方式开放服务部门，成为世界上首个对我国以负面清单方式做出服务贸易承诺的国家，中国以正面清单方式向澳方开放服务部门。澳方还在假日工作机制等方面对中方做出专门安排。在投资领域，双方自协定生效时起将相互给予最惠国待遇。双方还同意未来以负面清单模式谈判投资和服务的开放升级。

中国和马尔代夫签署启动自贸谈判的谅解备忘录　2015 年 9 月 8 日，中马经贸联委会第二次会议在马尔代夫库伦巴岛召开。会后，双方共同签署了启动中马自由贸易协定谈判的谅解备忘录。在本次会谈中，中马双方还就扩大双边贸易投资、加强基础设施领域建设、推进人力资源合作等议题达成广泛共识。

中国－东盟自贸区升级谈判完成并签署升级《议定书》　经过 2 年 4 轮谈判，2015 年 11 月 22 日，高虎城部长与东盟十国部长分别代表中国政府和东盟十国政府，在马来西亚首都吉隆坡正式签署《中华人民共和国与东南亚国家联盟关于修订〈中国－东盟全面经济合作框架协议〉及项下部分协议的议定书》（以下简称《议定书》）。目前，双方正努力推动《议定书》于 2016 年尽早生效。《议定书》是我国在现有自贸区基础上完成的第

---

① 《中韩自贸协定正式签署》，新华新闻网，2015 年 6 月 1 日，http：//new. xinhuanet. com/fortune/2015－06/01/c_ 1115472061. htm。

② 《中澳自贸协定今天正式签署》，环球财经，2015 年 6 月 17 日，http：//finance. huaqiu. com/roll/2015－06/6707902. html。

一个升级协定，内容涵盖货物贸易、服务贸易、投资、海关合作与贸易便利化、经济技术合作等领域，是对原有协定的丰富、完善和补充，体现了中国与东盟深化和拓展双方经贸合作的共同愿望。① 中国－东盟自贸区的升级，将为双方经济发展提供新的助力，加快建设更为紧密的中国－东盟命运共同体，推动实现 2020 年双边贸易额达到 1 万亿美元的目标，并促进《区域全面经济伙伴关系协定》谈判和亚太自贸区建设进程。

《区域全面经济伙伴关系协定》（RCEP）谈判　RCEP 谈判于 2012 年启动，是目前亚洲正在建设的规模最大的自贸区，涵盖了全球一半以上的人口，经济和贸易规模占全球的 30%，其中还包括中国和印度这两个世界上人口最多的国家。2015 年，在中方推动下，谈判取得了积极的进展。在 2015 年 8 月的吉隆坡 RCEP 经贸部长会上，经过中方大力引领，会议按照中方方案全面结束模式谈判，进入实质性出要价阶段。在 2015 年 11 月的东亚领导人系列会议上，RCEP 领导人又达成了力争 2016 年结束谈判的共识。②

《内地与香港 CEPA 服务贸易协议》在香港签署　2015 年 11 月 27 日，商务部副部长王受文与香港特区政府财政司司长曾俊华在香港签署了《内地与香港 CEPA 服务贸易协议》（以下简称《香港协议》）。《香港协议》于 2016 年 6 月 1 日起正式实施。香港特别行政区行政长官梁振英、中央政府驻港联络办副主任仇鸿出席并见证了签署仪式。

《内地与澳门 CEPA 服务贸易协议》在澳门签署　2015 年 11 月 28 日，商务部副部长王受文与澳门特区政府经济财政司司长梁维特在澳门签署了《内地与澳门 CEPA 服务贸易协议》（以下简称《澳门协议》）。《澳门协议》将于 2016 年 6 月 1 日起正式实施。澳门特别行政区代理行政长官兼经

---

① 《中国与东盟签署自贸区升级协议〈议定书〉》，新华网，2015 年 11 月 22 日，http：//news. xinhuanet. com/fortune/2015－11/22/c＿ 1117221943. htm。

② 《〈区域全面经济伙伴关系协定〉（RCEP）谈判进展》，凤凰财经网，2015 年 11 月 4 日，ht-tp：//finance. ifeng. com/a/20151104/14055927＿ 0. shtml。

济财政司司长梁维特、中央驻澳门联络办副主任姚坚、外交部驻澳门特派员公署副特派员潘云东出席并见证了签署仪式。①

中国－格鲁吉亚正式启动自由贸易协定谈判 2015年12月10日，商务部国际贸易谈判代表兼副部长钟山与格鲁吉亚经济与可持续发展部长库姆西什维利在中格政府间经贸合作委员会第七次会议会后，签署了《中华人民共和国商务部和格鲁吉亚经济与可持续发展部关于启动中格自由贸易协定谈判的谅解备忘录》，正式启动中格自贸协定谈判。中国是格鲁吉亚第三大贸易伙伴和第二大进口来源国。2015年3月，中格宣布启动自贸协定谈判可行性研究。研究认为，建立中格自贸区有利于进一步密切双边关系，深化经贸合作，促进两国经济发展。②

中国－马尔代夫自贸区第一轮谈判 2015年12月21日至22日，中国－马尔代夫自贸区第一轮谈判在马尔代夫首都马累举行，双边就谈判领域和范围、谈判分组和推进方式、贸易数据和信息交换以及降税模式等议题进行了磋商，并就职责范围文件达成一致。双方初步商定，第二轮谈判于2016年3月初在北京举行。③

中国自贸区建设

2015年3月24日，由中共中央总书记习近平主持召开的中共中央政治局会议正式审议通过广东、天津和福建自由贸易试验区总体方案，以及进一步深化上海自由贸易试验区改革开放方案。三地自贸区和上海自贸区扩展区的挂牌时间基本确定，于2015年3月底挂牌。④

① 《〈内地与澳门 CEPA 服务贸易协议〉今在澳门签署》，网易财经网，2015年11月28日，ht-tp：//money. 163. com/15/1128/15/B9H34I3T00254T15. html#from = keyscan。
② 《中国与格鲁吉亚正式启动自由贸易协定谈判》，新华新闻网，2015年12月10日，http：//news. xinhuanet. com/tech/2015－12/10/c_ 1117424204. htm。
③ 以上信息均来源于中国自由贸易区服务网，http：//fta. mofcom. gov. cn/list/zhengwugk/1/catlist. html。
④ 《中国放行三个新自贸区 外媒：证明上海自贸区成功》，参考消息网，2015年3月26日，ht-tp：//www. cankaoxiaoxi. com/finance/20150326/719209. shtml。

3 月 24 日，广东、天津和福建自贸区方案的通过，打响了自贸区"第二季"的发令枪，连同 2013 年 9 月正式挂牌的上海自贸区一起，2015 年政府工作报告中提出的四个"各具特色的改革开放高地"正式集结完毕。①新自贸区将复制 2013 年成立的上海自贸区的模式，成为在货币兑换和外商直接投资方面放松规制的试验田。

作为中国内地第一个自由贸易实验区，上海自贸区成立一年多来，新设企业数量超过 1.2 万家，超过前 20 年保税区所有企业的总量。其中，外资企业占比超过一成。随着国务院决定在广东、天津、福建特定区域再设三个自由贸易区，自贸区再度成为焦点话题。②

根据计划，广东准备将重点放在加深粤港澳经济一体化上，营造法治化、国际化营商环境。广东自贸区将占地 116 平方公里，包括广州南沙、深圳前海和蛇口以及珠海横琴这几个片区，将"主打港澳牌"，是粤港澳合作升级版，其主要推动粤港澳贸易自由化、粤港高端服务的合作等，建立粤港澳金融合作创新体制，通过制度创新推动粤港澳交易规则的对接，带动珠三角实现二次飞跃。

作为中国大陆与台湾距离最近省份的福建，其自贸区重点对接台湾，聚焦台海交流，发展台海贸易，促进对台合作的发展，以及建设"21 世纪海上丝绸之路"。

作为北方首个自贸区，天津的战略定位将挂钩京津冀协同发展，在学习和复制上海经验基础上，将重点摸索天津特色，具体包括：用制度创新服务实体经济；借"一带一路"契机服务和带动环渤海经济；突出航运，打造航运税收、航运金融等特色。

---

① 陈恒：《中国改革开放新版图》，《光明日报》，2015 年 4 月 2 日。

② 《中国自贸区增至四个　对外开放驶入快车道》，国际在线网，2015 年 3 月 13 日，http：//gb. cri. cn/42071/2015/03/13/6891s4900733. htm。

社会反响篇

2015 年，"一带一路"仍是国内外政、学、商、媒界关注的焦点。报刊、电台、网络以及"双微"平台全方位宣传报道，各类主题研讨会、论坛、展览、文体活动层出不穷。

第一章　"一带一路"的多媒体传播

2015 年，"一带一路"通过文字、图片、视频等形式，依托报刊、电台、网络以及"双微"等平台进行了全方位、多层次、立体化的"落地"。政界、商界、学界继续对"一带一路"保持高度关注，通过各种途径争取、扩大"一带一路"在国际社会的影响力和话语权。回顾历史，紧随时代，憧憬未来……社会各界对"一带一路"的媒体聚焦力度不减。

"一带一路"电视纪录片及系列报道

大型公益纪录片《海上丝绸之路》　大型公益纪录片《海上丝绸之路》启动仪式于 2015 年 1 月 27 日在京举行。纪录片计划拍摄四季。第一季开拓，是海上丝绸之路的历史篇；第二季往来，为海上丝绸之路的文化篇；第三季寻梦，是海上丝绸之路的申遗篇；第四季见证，是海上丝绸之路的当代篇。①

大型人文纪实栏目《新丝路》　2015 年 3 月，国内首档丝路专题节目《新丝路》以习近平总书记提出的共建"一带一路"构想为背景，立足中

---

① 孙童飞：《纪录片〈海上丝绸之路〉拍摄计划正式启动》，人民网，2015 年 1 月 27 日，http：//world. people. com. cn/n/2015/0127/c1002 - 26459968. html。

国，将镜头延伸至丝路沿线国家，涵盖文化、艺术、航空、高铁、健康、养老、科技、金融等众多门类，传承丝路文明、传递丝路友谊、传播丝路文化、聚焦丝路人物、促进丝路城市交流与区域合作，打造出了丝路相关产业交流、合作的大平台。①

央视新闻联播系列报道《一带一路　共建繁荣》　2015 年 4 月 13 日，央视新闻联播推出系列报道《一带一路　共建繁荣》，带领观众走进"一带一路"沿线国家，感受"一带一路"建设的新动向，了解中国与沿线国家在政策、设施、贸易、资金等各方面寻求和实现互联互通所做的种种努力。②

大型人文纪录片《世纪丝路》　2015 年 6 月 3 日，由中国社会艺术协会、中央新闻纪录电影制片厂、德丰利达集团联合主办，中广德丰文化投资（北京）有限公司承办的"一带一路"万里行走进米兰世博会活动，在北京国家会议中心隆重举行全球启动仪式。此次"一带一路"万里行走进米兰世博会活动将组建专业车队沿"丝绸之路经济带"行走，从新疆阿拉山口出关，途经"一带一路"核心经济圈，穿越十几个国家，行程约16000 公里，最终抵达意大利米兰，并将在沿途举办多场不同主题的交流活动。大型人文纪录片《世纪丝路》对此次行走全程同步拍摄，遵循古丝绸之路足迹，搜寻和采集沿途古今中外文化、贸易、经济、教育、艺术等各领域故事，用影像记录的形式梳理出沿线各国的发展、历史、复兴与变迁。③

涉外人物纪录片《一带一路大使话旅游》　大型纪录片《一带一路大使话旅游》是在"一带一路"背景下，在联合国护照发起者、旅游整合世

① 《CCTV 发现之旅〈新丝路〉今日首播》，凤凰网，2015 年 3 月 13 日，http：//nb.ifeng.com/gngj/detail_ 2015_ 03/13/3656780_ 0.shtml。

② 《〈一带一路共建繁荣〉绘就发展新蓝图》，新华网，2015 年 4 月 14 日，http：//news.xinhuanet.com/world/2015 –04/14/c_ 127688480.htm。

③ 《大型纪录片〈世纪丝路〉开机仪式在京举行》，和讯网，2015 年 6 月 8 日，http：//news.hexun.com/2015 –06 –08/176565101.html。

界倡导者、中国著名学者伍飞先生著作《与50位大使对话旅游》的基础上，由SOIN首映策划发起，携手中国众多新锐导演，联合旅游卫视、江西卫视等"一带一路"重点18省卫视巨资打造的2015年影视作品与文化精品。该纪录片邀请到丝路沿线50个国家的大使为我们讲述丝路各国的特色文化、经济贸易、特色旅游等，并从旅游、经济、文化等方面入手，着力探讨中国与丝绸沿线国家在政策、设施、贸易、资金等各方面所应做出的种种努力，讲述当代丝绸之路上的商贸之旅。拍摄活动于2015年6月18日正式启动。[1]

大型4K纪录片《探秘·新丝路》　2015年7月16日，大型4K纪录片《探秘·新丝路》在南京举行开机仪式。该片以探险家重走丝路的自驾之旅为线索，以穿越不同国家、不同地域为目标，以车队奇遇故事、目的地见闻以及嘉宾观点与见解为主体内容。探险家们将横跨6个国家，行程1.5万公里，带观众领略沿途国家及地区的风土人情。[2]

大型主题直播《一带一路看新疆》　2015年9月5日，由中央电视台中文国际频道、新疆电视台策划实施的《一带一路看新疆》大型主题直播活动正式启动。直播活动期间，由近百名采编播人员组成的两路直播团队奔赴天山南北，深入基层、深入群众，立足自治区60年大发展，用独特的视角，为海内外观众集中展现自治区成立60周年来经济、社会、民生各项事业发展取得的辉煌成就，特别是第一次中央新疆工作座谈会以来新疆各地发生的翻天覆地的变化，讴歌人民群众创造美好幸福生活的精神风貌，彰显以建设丝绸之路经济带核心区为契机，各州市发展的新动力。[3]

系列纪实专题片《海上新丝路·东盟万里行Ⅱ》　7集大型系列纪实

---

[1]　《大型纪录片〈一带一路大使话旅游〉开机在即》，中新网，2015年6月5日，http://www.chinanews.com/life/2015/06-05/7325459.shtml。

[2]　陈曦：《大型纪录片〈探秘·新丝路〉在宁开机》，和讯网，2015年7月16日，http://news.hexun.com/2015-07-16/177595494.html。

[3]　《〈一带一路看新疆〉大型主题直播启动》，凤凰网，2015年9月6日，http://news.ifeng.com/a/20150906/44588641_0.shtml。

专题片《海上新丝路·东盟万里行Ⅱ》从 2015 年 9 月 15 日起，在广西电视台卫星频道、新闻频道黄金时间播出。摄制组从广西出发，探寻"一带一路"上多姿多彩的体育故事，生动诠释体育为媒的民心相通、情谊相融，有力地见证了体育的力量。①

大型数据新闻节目《数说命运共同体》　2015 年 10 月 3 日，央视《新闻联播》、《朝闻天下》、《新闻 30 分》、《新闻直播间》等栏目重磅推出了一档全新大型数据新闻节目——《数说命运共同体》，节目挖掘了超过 1 亿 GB 的数据，分析了"一带一路"沿线国家 40 多亿百姓的密切联系，节目共有 7 集，分别关注贸易、投资、中国制造、基础设施、饮食文化、人员往来等内容。②

大型电视纪录片《对望——丝路新旅程》　2015 年 10 月 12 日，大型电视纪录片《对望——丝路新旅程》首映礼在京举办。该纪录片是国内第一部以"丝绸之路经济带"为创作题材和阐释对象的中外合拍纪录片，以国际化视角向世界观众展示丝绸之路经济带的时代风貌。纪录片以"商品流通"作为视觉主题，通过"货物的奇幻漂流"将观众带入繁忙的丝路，勾连起丝绸之路经济带沿线国家之间的基础设施建设、交通网络、经济贸易、特产风俗和文化交流，全景展示古老丝路在"互联互通"理念下的新生。该片摄制横跨欧亚大陆的 7 个国家，行程数十万公里。③

西青电视台《新丝路上"大营客"》　2015 年 10 月 30 日，由西青电视台组织的《新丝路上"大营客"——讲述杨柳青人赶大营后代们的传奇故事》系列纪录片摄制组启程奔赴新疆。这部纪录片在全面回顾 100 多年前杨柳青人赶大营的历史背景、历史意义、重大贡献的基础上，突出观照

---

① 李湘萍：《〈海上新丝路·东盟万里行Ⅱ〉系列纪实专题片即将播出》，网易新闻，http：//news. 163. com/15/0911/13/B381AJBC00014Q4P. html。
② 《〈数说命运共同体〉构建一带一路认知体系》，搜狐网，2015 年 10 月 4 日，http：//news. sohu. com/20151004/n422572182. shtml。
③ 韩琼林：《〈对望—丝略新旅程〉在京首映》，网易新闻，2015 年 10 月 12 日，http：//news. 163. com/15/1012/01/B5MI6VK800014AED. html。

现实，紧紧围绕共建"一带一路"的时代背景，重点展示当今杨柳青人赶大营后代们传承、光大祖辈的"赶大营"精神，以及他们扎根边疆，开拓进取，艰苦创业，在新的丝绸之路上继续为巩固、建设、发展、繁荣新疆，促进民族大团结所做出的巨大贡献。①

大型文化纪录片《一带一路·连接历史的辉煌》　2015年11月3日，由中国传统文化促进委员会、北京中协亿联文化传播有限公司、山东省辉煌世纪影视文化有限公司联合主办的大型文化纪录片《一带一路·连接历史的辉煌》启动仪式在钓鱼台国宾馆举行。该纪录片共60集，每集30分钟，涉及儒家学说、建筑、宗教、风土人情、地方戏曲等多种具有中华传统文化特色的内容，从文化的角度阐述"一带一路"的构想，传播中华传统文化，探寻新时代下的中国精神，以复兴、发展、融合、共赢为宗旨，向世界展示当代中国形象。②

"一带一路"网络媒体专栏

人民网："丝绸之路经济带"和"21世纪海上丝绸之路"专题　人民网推出的"丝绸之路经济带"和"21世纪海上丝绸之路"专题分别设置了"一带"、"一路"的相关消息和评论、全国联动、各国响应等专栏，采取滚动快讯的形式播报"一带一路"的最新状况，邀请相关专家进行访谈并开通网友互动平台，为"一带一路"的全民参与互动搭建平台。③

新华网："新丝路　新梦想"　2015年，新华网推出了以"新丝路　新梦想"为主题的媒体专栏，专家分析解读，中外携手共建，全面呈现各

① 李焕丽、田建：《〈新丝路上"大本营"〉》，和讯网，2015年10月30日，http://news.hexun.com/2015-10-30/180235083.html。
② 《纪录片〈一带一路·连接历史的辉煌〉启动仪式》，人民网，2015年11月4日　http://yuqing.people.com.cn/n/2015/1104/c210121-27776206.html。
③ 《丝绸之路经济带和21世纪海上丝绸之路》，人民网，http://world.people.com.cn/GB/8212/191606/374837/。

国领导的丝路心语，以及沿线城市、国家的全新风貌，中外企业新机遇等新丝路的远大前景。①

"一带一路万里行"官方网　　"一带一路"万里行活动的相关人员2015年8月8日从上海世博园出发，历经70多天，行程1.6万多公里，走进米兰世博会中国国家馆。"一带一路万里行，走进米兰世博会"组委会官方网站对该活动进行全程跟踪报道，通过文字、图片、视频等多种形式让观众如同身临其境。②

"一带一路"国家级公共服务平台　　"一带一路门户网"最大化融合社会资源，集聚智慧，发布可行与优秀的研究成果，为地方人民政府决策提供建设性的意见；充分利用报刊、电视、网站、手机报等媒体平台，对研究成果进行广泛传播，助推"一带一路"建设，提高中国在世界的知名度；不定期地与世界各地的机构合作，力图形成并完善以"一带一路门户网"为平台的网络服务体系。③

"一带一路"智库建设

人大重阳金融研究院：致力于国际化的"一带一路"智库　　作为中国特色新型智库，人大重阳致力于体制机制创新，与30多个国家的智库开展实质合作研究，邀聘了来自"一带一路"沿线国家和地区的84名知名学者、前政要、银行家等为高级研究员。近两年，人大重阳举办了3场大型"一带一路"国际论坛，总计有50多人次赴20多个"一带一路"沿线国家调研与宣讲。在此期间，人大重阳出版了"一带一路"专著5部，研究报告及内参80多份，对决策产生重要影响，其中一部还入选中组部、中宣

---

① 《新丝路·新梦想——丝绸之路经济带/21世纪海上丝绸之路》，新华网，http://www.xinhuanet.com/world/newsilkway/index.htm。
② 一带一路万里行官网，http://www.yidaiyiluwanlixing.com/。
③ 一带一路门户网，http://www.edailu.cn/about/index/id/40.html#。

部理论学习丛书。更难能可贵的是，人大重阳邀请斯洛文尼亚前总统、伊朗前外长等沿线国家前政要担任高级研究员，推进双边智库对话，可谓中国特色新型智库国际化的典型。①

中国国际工程咨询公司：服务于经济建设和"走出去"战略的国家重要智库 在国家"走出去"战略实施进程中，受中央部委委托，中咨公司完成了周边互联互通、国别合作规划、油气战略通道建设、重大工程建设、境外经贸合作区建设、港口建设布局、民间外交等大量国际化咨询研究项目。2013 年以来，作为"一带一路"建设专题研究小组成员单位之一，中咨公司组织内部十多个行业部门对"一带一路"沿线国家的概况、发展战略以及与中国的经贸关系进行了研究，并对相关国家的农业、能源、交通、矿产资源、石化、油气、通信、装备制造、轻纺等产业发展情况和投资思路进行分析，完成了一系列产业研究报告。此外，中咨公司还组织召开了俄罗斯、白俄罗斯、印尼等"一带一路"国别专题研讨会，并向中央政府报送了"一带一路"相关政策建议报告。②

国家开发银行研究院：以宏观政策和金融研究服务"一带一路"的智库 国家开发银行研究院作为国开行总部的战略研究部门，持续开展亚、非、拉地区的国际战略研究，在能源、交通、农业、矿产、物流、旅游、产业合作、跨境开发区等领域规划了若干重大项目；配合国务院有关部门，率先开展中国周边地区战略、亚洲及拉美地区互联互通研究；初步形成了亚太、亚欧、拉美地区互联互通理论体系，构建了一批重大项目，提出了促进亚洲基础设施投融资的整体构想，为亚投行、丝路基金、亚洲金融合作协会等组建提供支持，为"一带一路"相关政策的制定提供有力支

---

① 《2015 年"一带一路"十大智库》，环球网，2015 年 12 月 31 日，http：//finance. huanqiu. com/br/analyze/2015 – 12/8294335. html。

② 《2015 年"一带一路"十大智库》，环球网，2015 年 12 月 31 日，http：//finance. huanqiu. com/br/analye/2015 – 12/8294335. html。

撑。国家开发银行研究院与世界各国政府部门、国际组织、企业和金融机构建立了密切合作关系，成为不可替代的国家级智库。①

中国与全球化智库"一带一路"研究所：聚焦于中国与全球化战略和企业、人才国际化研究的社会型智库　中国与全球化智库（CCG）"一带一路"研究所已就"一带一路与亚投行的人才需求"、"一带一路国别地图的建立及依据"、"一带一路投资挑战与机遇系列研讨会之东南亚"、"一带一路与TPP"、"一带一路与非洲发展"等多个话题展开研讨。CCG举办的"中国与全球化圆桌论坛"、"中国企业全球化论坛"等高规格论坛，也设置多个议题对"一带一路"倡议实施进行专题讨论。CCG专家多次到"一带一路"沿线国家实地调研，撰写近百篇文章，并多次接受国内外媒体采访。CCG还积极开展民间二轨外交，接待印尼、孟加拉、中国台湾、非洲等国家或地区的智库代表。应中央统战部要求，CCG提交"一带一路"相关建言，被中央统战部制作为《"一带一路"留学人员国情考察服务团参考手册》。此外，中国与全球化智库在加快推进"一带一路"倡议、建立风险咨询信息机制、加强企业政治风险防范等方面将建议提交给相关部门。②

中国"一带一路"战略研究院：典型的高校型"一带一路"智库　中国"一带一路"战略研究院由北京第二外国语学院创办，是新丝绸之路大学联盟的首批成员。作为新型智库，该院充分发挥北京第二外国语学院外语、旅游、文化、贸易、工商管理、国际关系等学科优势，搭建广阔的国际合作交流平台，以"一带一路"研究简报、"一带一路"蓝皮书、"一带一路"论坛、"一带一路"课题等形式，重点服务于外交部、商务部、中联部与国家旅游局等部委及"一带一路"沿线国家领事馆。③

---

① 《2015年"一带一路"十大智库》，环球网，2015年12月31日，http：//finance.huanqiu.com/br/analye/2015-12/8294335.html。

② 《2015年"一带一路"十大智库》，环球网，2015年12月31日，http：//finance.huanqiu.com/br/analyze/2015-12/8294335.html。

③ 《2015年"一带一路"十大智库》，环球网，2015年12月31日，http：//finance.huanqiu.com/br/analyze/2015-12/8294335.html。

　　东中西部区域发展和改革研究院：致力于推动区域协调发展与合作的"一带一路"智库　东中西部区域发展和改革研究院长期重视"丝绸之路"研究与实践工作。早在 2012 年，便重点研究并提出"构建中蒙俄丝绸之路经济带"等诸多建议，被中央有关部委采纳。2013 年起，在北京、上海、新疆、广西、云南等地主办"丝绸之路智库研讨会"。2013 年，与波兰经济大会基金会共同签订"丝绸之路"战略合作框架协议。2014 年，与中国驻波兰大使馆、波兰经济大会基金会在华沙共同主办"中国丝绸之路研讨会"，并签订两国智库战略合作框架协议。2015 年 5 月，与国家旅游局"一带一路"旅游发展战略研究课题组共同成立"一带一路研究中心"。2015 年 6 月，与联合国开发计划署签署战略合作框架，专门为中国政府设计"一带一路示范城市"等三个示范项目。①

　　盘古智库：以经世致用为己任的新型智库　盘古智库是由中外知名学者组成的公共政策研究机构，主要调研"一带一路"主要国家，关注丝绸之路国内段沿线城市的发展，对新疆、宁夏、陕西、上海、浙江、福建、广西等数十个省份和城市进行调研。盘古智库"丝绸之路经济带"课题组陆续发表了《一带一路大自贸区顶层设计》、《大选之际看土耳其——历史遗产、地缘政治及与中国的相关性》、《新丝绸之路农业发展规划建议》等多个课题研究成果，并在此基础上形成了数十份内部通讯。②

　　察哈尔学会：服务于"一带一路"公共外交与和平学研究的民间智库　察哈尔学会是中国非官方的外交与国际关系智库，学会以中国与周边国家外交和国际关系为主要领域，以案例、调查、档案为主要方法，提供前瞻性的创新思想产品，在国际社会发出中国非官方的声音。该学会研究员发表关于"一带一路"的署名文章 50 余篇；发布研究报告《"共同现代化"："一带一路"

---

① 《2015 年"一带一路"十大智库》，环球网，2015 年 12 月 31 日，http：//finance. huanqiu. com/br/analyze/2015 - 12/8294335. html。

② 《2015 年"一带一路"十大智库》，环球网，2015 年 12 月 31 日，http：//finance. huanqiu. com/br/analyze/2015 - 12/8294335. html。

倡议的本质特征》；访问法国巴黎、比利时布鲁塞尔、意大利米兰、德国柏林、韩国汝矣岛等地智库及中国香港智库，宣传"一带一路"倡议。①

无界智库：以"一带一路"为主题的综合研究平台　无界智库是以"一带一路"为主题的综合研究平台，是无界传媒打造的国家对外宣传三大平台之一，"一带一路"最权威的信息发布大平台，"一带一路"政商高层会晤国际大平台的有力支撑。无界智库为企业向"一带一路"国家、地区转移产能、进行投融资提供决策咨询，是集聚中国、新加坡、日本、美国等国内外学者、政府官员的智库网络。目前无界智库产品矩阵主要由"一带一路"城市论坛、智库研究报告、"无界思享＋"、智库专访四大板块组成。②

凤凰国际智库：传播中国声音的"一带一路"平台型智库　凤凰国际智库是由凤凰网集中优势资源重点打造的平台型智库，旨在打造中国最具影响力的国际问题研究智库，致力于成为"思想市场领导者"；将思想产品的生产和传播有效地结合起来，在智库与智库之间达成协作共赢；开展"一带一路"国别系列研究，对沿路华人、华侨、华商进行系统性了解，并组织线下活动及考察指导，打造华商网络，服务"一带一路"；编制"一带一路"指导手册，对"一带一路"各系统、各省、各行业和领域、服务组织对接进行点评和建议。③

"一带一路"公众搜索热度

随着社会影响力的不断扩大，"一带一路"相关词语在各大搜索引擎

---

① 《2015 年"一带一路"十大智库》，环球网，2015 年 12 月 31 日，http：//finance. huanqiu. com/br/analyze/2015 – 12/8294335. html。
② 《2015 年"一带一路"十大智库》，环球网，2015 年 12 月 31 日，http：//finance. huanqiu. com/br/analyze/2015 – 12/8294335. html。
③ 《2015 年"一带一路"十大智库》，环球网，2015 年 12 月 31 日，http：//finance. huanqiu. com/br/analyze/2015 – 12/8294335. html。

上的热度也持续增长。截至 2015 年底，百度、搜狗、好搜中共有相关结果 248699647 条。

利用百度搜索引擎搜索"一带一路"，找到相关结果约 43700000 条；搜索"丝绸之路经济带"，找到相关结果约 7380000 条；搜索"21 世纪海上丝绸之路"，找到相关结果约 3040000 条；搜索"丝绸之路"，找到相关结果约 20700000 条；搜索"新丝路"，找到相关结果约 15500000 条；搜索"新丝绸之路"，找到相关结果约 2420000 条；搜索"海上丝绸之路"，找到相关结果约 19600000 条。

利用搜狗搜索引擎搜索"一带一路"，找到约 477896 条结果；搜索"丝绸之路经济带"，找到约 105896 条结果；搜索"21 世纪海上丝绸之路"，找到约 73779 条结果；搜索"丝绸之路"，找到约 863388 条结果；搜索"新丝路"，找到约 15840377 条结果；搜索"新丝绸之路"，找到约 119305 条结果；搜索"海上丝绸之路"，找到约 146003 条结果。

利用好搜搜索引擎搜索"一带一路"，找到相关结果约 69100000 条；搜索"丝绸之路经济带"，找到相关结果约 5630002 条；搜索"21 世纪海上丝绸之路"，找到相关结果约 3250000 条；搜索"丝绸之路"，找到相关结果约 29600001 条；搜索"新丝路"，找到相关结果约 713000 条；搜索"新丝绸之路"，找到相关结果约 2090000 条；搜索"海上丝绸之路"，找到相关结果约 8350000 条。

"一带一路"主要学术研究成果

本报告编委会分别以"一带一路"、"丝绸之路经济带"、"21 世纪海上丝绸之路"、"丝绸之路"、"新丝路"、"新丝绸之路"、"海上丝绸之路"为关键词，对 2015 年 CNKI 学术期刊全文库进行了检索。检索结果显示：2015 年与"一带一路"相关的论文有 14834 篇，其中大多数论文集中于经济领域的探讨。相关论文涉及经济、历史、地理、文化、科学、教育、体育、法律、哲学、宗教、语言、文字、工业技术、艺术、天文学、地球科学等众多领域。

"一带一路" CNKI 检索概况　由于各大数据库的学术成果具有高度的相似性，本报告编委会以 CNKI 学术期刊全文库为代表，来分析"一带一路"论文检索情况。

以"一带一路"为关键词，检索到 2015 年发表的相关论文有 4509 篇，与 2014 年的 16 篇形成了鲜明对比。其中经济领域刊登 815 篇，政治、法律学科有 154 篇，科教文体领域以 151 篇紧随其后，社会科学总论这一领域只有 20 篇。

以"丝绸之路"为关键词，共检索到相关论文 951 篇。其中期刊论文 940 篇、学位论文 11 篇、会议论文 0 篇。期刊《大陆桥视野》以 23 篇相关论文延续 2014 年的优势，占据第一，其余篇目集中于《中国远洋航务》、《中国检验检疫》、《当代世界》、《中国经贸》、《中国发展观察》、《新经济》、《社会观察》等期刊。951 篇论文中涉及经济领域的有 151 篇，政治、法律领域的有 60 篇，文化、科学、教育、体育领域的有 24 篇，天文学、地球科学领域的有 10 篇，历史、地理领域的有 9 篇，工业技术领域的有 7 篇，语言文字领域的有 3 篇，社会科学总论有 2 篇，艺术领域的有 2 篇，文学领域的有 0 篇。其余少量论文涉及哲学、宗教领域，环境科学、安全科学领域，医学、卫生领域，交通运输领域，等等。

以"丝绸之路经济带"为关键词，检索到 2015 年发表的相关论文有 1961 篇，其中期刊论文 1945 篇、学位论文 15 篇、会议论文 1 篇，相较去年的 16 篇呈几何倍数增长。《大陆桥视野》刊登 78 篇，位列第一（2014 年以 5 篇相关论文获得第一名），值得指出的是，《兰州大学学报》（社会科学版）连续两年在大学学报类刊物中脱颖而出。

以"21 世纪海上丝绸之路"为关键词，共检索到相关论文 17 篇，其中 8 篇刊载于《东南亚纵横》，其余论文刊载于《内蒙古社会科学》、《市场论坛》、《浙江海洋学院学报》（人文科学版）、《海洋信息》等期刊。

以"新丝路"为关键词，共检索到相关论文 5161 篇，2014 年为 2 篇，分别刊载于《中国商贸》、《中国电子商务》。

以"新丝绸之路"为关键词，共检索到相关论文 16 篇，其中期刊论文 15 篇，会议论文 1 篇，分别刊载于《外交评论》、《现代国际关系》、《中外企业家》等期刊。

以"海上丝绸之路"为关键词，共检索到相关论文 63 篇。其中，期刊论文 62 篇，学位论文 1 篇。主要刊载情况：《东南亚纵横》刊载 15 篇论文，《浙江海洋学院学报》（人文科学版）、《开放导报》各刊载 2 篇。

"一带一路"图书出版物概况 鉴于各大网站图书售卖的重复性，我们以亚马逊网站为例，对与"一带一路"、"丝绸之路经济带"、"21 世纪海上丝绸之路"、"丝绸之路"、"新丝路"、"新丝绸之路"、"海上丝绸之路"相关的图书进行检索，发现 2015 年出版的图书共计 202 本。

就学科领域而言，经济管理领域以 109 本占据了 2015 年出版图书的半壁江山，旅游与地图领域和科学与自然领域分别以 35 本、33 本分列第二、三位，法律领域、历史领域和社会科学领域都以 20 多本紧随其后，其中 2015 年出版的图书内容呈现多元化的趋势，内容涉及艺术与摄影、哲学与宗教等新开拓领域。

就读者购买后的评价而言，用户评分五星级的图书有 20 本，四星级和三星级以上都有 22 本，二星级以上以及一星级以上分别有 27 本、28 本，也就是说，2015 年出版图书用户满意度较上年有所提高，但是所出版图书质量仍有待提高。

就出版社而言，2015 年出版的五星级图书主要集中在人民出版社、社会科学文献出版社、中国发展出版社、中信出版社等较权威的出版社，除此之外，经济日报出版社、上海交通大学出版社、中国文史出版社也在各自擅长领域出版了不同类型的图书。

其中，由杨善民先生主编，社会科学文献出版社出版的《"一带一路"

环球行动报告（2015）》，不仅以总报告的形式深入阐释了对"一带一路"战略的理解，还全面收录了 2014 年从中央到地方、从国企到民企、从国内到国外有关"一带一路"的重要政策、计划和议论，为全面审视该战略行动过程提供了宝贵资料。①

---

① 王大可：《2015 年"一带一路"出版工作述评》，《科技与出版》，2016 年第 5 期。

第二章 "一带一路"主题会议、论坛及相关活动

据不完全统计，截止到2015年底，各级党委和政府、国内媒体、高校及科研机构、社会组织以及其他国内外机构等举办了45场"一带一路"研讨会、论坛。此外，社会各界还举办了大量以"一带一路"为主题的展览、文体活动。

"一带一路"主题会议

据不完全统计，截止到2015年底，在全球范围内，政府、商会、媒体、企业、国内外机构等不同社会主体举办了以下28场"一带一路"相关会议。

国内举办的"一带一路"综合性会议

据不完全统计，截止到2015年底，国内举办了以下9场"一带一路"综合性会议。

"一带一路"建设工作会议　2015年2月1日，"一带一路"建设工作会议在北京召开。中共中央政治局常委、国务院副总理张高丽主持会议并讲话。会议提出，要努力实现"一带一路"建设的良好开局，推动中国和

沿线国家互利共赢、共同发展。①

21世纪海上丝绸之路国际研讨会　由国务院新闻办公室主办的"21世纪海上丝绸之路国际研讨会"于2015年2月11日在福建省泉州市开幕。此次国际研讨会以"打造命运共同体，携手共建21世纪海上丝绸之路"为主题，从"海上丝绸之路：价值理念与时代内涵"、"共同建设、共同发展、共同繁荣"、"抓住发展新机遇，拓展合作新空间"等几个方面分别展开讨论。②

亚洲合作对话共建"一带一路"合作论坛暨亚洲工商大会　2015年5月17～19日，由外交部、福建省人民政府、中华全国工商业联合会、中国企业联合会、中国中小企业国际合作协会共同主办的亚洲合作对话（ACD）共建"一带一路"合作论坛暨亚洲工商大会在福建省福州市召开。③ 会上，各国与会代表围绕ACD和"一带一路"建设的关系以及推动金融、经贸等领域交流合作进行了深入讨论。

中部六省共建"一带一路"国际研讨会　2015年5月18日，中部六省共建"一带一路"国际研讨会在武汉举行。产业合作是"一带一路"的核心内容。会议提出应加强中部地区与"一带一路"沿线国家在传统优势产业、战略性新兴产业和绿色低碳产业方面的合作，并从积极加强政府间合作、率先推进大型骨干企业合作、重点实施重大项目合作三方面着力推进。④

科技国际融资洽谈会　2015年6月17～18日，由科技部、天津市政府、全国工商联共同主办的第九届中国企业国际融资洽谈会——科技国际

---

① 《中央召开一带一路工作会议　提海陆重点建设方向》，凤凰网，2015年2月1日，http://finance. ifeng. com/a/20150201/13473540_ 0. shtml。

② 郭素萍：《21世纪海上丝绸之路国际研讨会开幕》，中国网，2015年2月11日，http://news. china. com. cn/hssczl/2015－02/11/content_ 34792969. htm。

③ 《亚洲合作对话共建"一带一路"合作论坛暨亚洲工商大会举行》，中华人民共和国中央人民政府网站，2015年5月21日，http://www. gov. cn/xinwen/2015－05/21/content_ 2865873. htm。

④ 刘佳惠子：《中部六省共建"一带一路"国际研讨会举行》，新华网，2015年5月19日，http://news. xinhuanet. com/local/2015－05/19/c_ 127815211. htm。

融资洽谈会在天津举办。本次融洽会涉及"一带一路"相关内容。①

亚洲政党丝绸之路专题会议　中国共产党于 2015 年 10 月 14～16 日在北京举办了以"重塑丝绸之路，促进共同发展"为主题的亚洲政党丝绸之路专题会议。本次会议意在帮助亚洲及丝路沿线国家有关政党更好地了解中国"一带一路"战略构想，并为进一步开展相关合作打下良好基础。②

中巴经济走廊与"一带一路"国际研讨会　2015 年 10 月 29 日，中巴经济走廊与"一带一路"国际学术研讨会在徐州举行。研讨会重点讨论了中巴经济走廊建设的进展和问题、"一带一路"面临的挑战和应对之策以及江苏在"一带一路"建设中的作用和机遇。③

"'一带一路'：各国的看法"国际高层对话会　该会议于 2015 年 12 月 1 日在北京举行。会上，国内相关部门及高校代表与沿线国家代表共言机遇，共话建设，同时发布了国内首部以"支点城市"为研究对象的专著《"一带一路"国际贸易支点城市研究》。④

中国－东盟 21 世纪海上丝绸之路国际研讨会　2015 年 12 月 21 日，中国－东盟 21 世纪海上丝绸之路国际研讨会在北京举行。与会代表围绕"中国－东盟关系与丝绸之路建设"、"中国－东盟自贸区升级版与区域产能合作"、"民心相通与丝路建设中的社会人文交流"三个主题进行了热烈的交流和探讨。⑤

① 《科技部办公厅关于第九届中国企业国际融资洽谈会——科技国际融资洽谈会相关工作的通知》，中华人民共和国科学技术部网站，2015 年 6 月 4 日，http://www.most.gov.cn/tztg/201506/t20150604_119858.htm。
② 蒋伊晋：《亚洲政党丝绸之路专题会议》，新浪网，2015 年 10 月 13 日，http://news.sina.com.cn/o/2015-10-13/doc-ifxiuyea9032840.shtml。
③ 杨牧：《中巴经济走廊与"一带一路"国际研讨会在江苏师大召开》，人民网，2015 年 10 月 29 日，http://world.people.com.cn/n/2015/1029/c1002-27755732.html。
④ 张胜：《"'一带一路'：各国的看法"国际高层对话会在京举行》，新华网，2015 年 12 月 1 日，http://news.xinhuanet.com/politics/2015-12/02/c_128489467.htm。
⑤ 李琰：《中国－东盟 21 世纪国际丝绸之路研讨会在京举行》，新华网，2015 年 12 月 22 日，http://news.xinhuanet.com/politics/2015-12/22/c_128553889.htm。

国内举办的"一带一路"专题性会议

据不完全统计，截至 2015 年底，国内举办了以下 16 场"一带一路"专题性会议。

海上丝绸之路保护和申遗工作会议 2015 年 3 月 27 日，国家文物局在南京召开了海上丝绸之路保护和申遗工作会议。会议强调各地文物部门要全力夯实海上丝绸之路各项保护管理基础工作，切实做好对遗产本体保护和周边环境整治工作；抓紧落实国家文物局的工作部署，全面、有序地推进海上丝绸之路保护和申遗的各项工作。①

"一带一路"战略推进能源国际合作会议 2015 年 5 月 8 日，国家能源局召开落实"一带一路"战略推进能源国际合作会议，全面贯彻落实党中央、国务院关于推进"丝绸之路经济带"和"21 世纪海上丝绸之路"建设的战略，部署能源系统务实推进"一带一路"能源国际合作重点工作任务。②

丝绸之路国际关系网络大会 首届丝绸之路国际关系网络大会于 2015 年 5 月 22～24 日在西安举行，来自 16 个国家的专家学者深入探讨了如何共同推动丝绸之路沿线各国的文化交流与资源共享，以及丝绸之路网络平台未来的发展目标和行动计划，并通过了促进其发展的《西安宣言》。③

推进中央企业参与"一带一路"建设暨国际产能和装备制造合作工作会议 2015 年 6 月 18～19 日，国务院国资委在北京召开推进中央企业参与"一带一路"建设暨国际产能和装备制造合作工作会议，研究部署推进中央企业参与"一带一路"建设、加强国际产能和装备制造合作以及稳增

---

① 《国家文物局召开海上丝绸之路保护和申遗工作会议》，中华人民共和国中央人民政府网站，2015 年 3 月 31 日，http：//www. gov. cn/xinwen/2015－03/31/content_ 2840730. htm。
② 《国家能源局召开落实"一带一路"战略　推进能源国际合作会议》，国家能源局网站，2015 年 5 月 14 日，http：//www. nea. gov. cn/2015－05/14/c_ 134237339. htm。
③ 冯国、刘刚、张玉亮：《首届丝绸之路国际关系网络大会通过〈西安宣言〉》，新华网，2015 年 5 月 24 日，http：//news. xinhuanet. com/politics/2015－05/24/c_ 1115388580. htm。

长等工作。①

丝绸之路国际旅游大会　6 月 18 日，丝绸之路旅游部长会议暨第七届联合国世界旅游组织丝绸之路旅游国际大会在西安隆重召开，大会主题为"美丽中国·2015 丝绸之路旅游年"。本次大会作为丝绸之路旅游最高级别的国际会议，旨在通过搭建国际化平台，加强交流与合作洽谈，使丝路旅游繁荣发展。②

"一带一路"国际学术研讨会　2015 年 9 月 12 日，由郑州大学主办的"一带一路"国际学术研讨会在主校区综合管理中心第二报告厅举行。与会代表集中探讨了"一带一路"建设中的产业、能源、贸易、金融、基础设施、政府协作以及历史基础与文化认同等问题，并对"一带一路"实施提出了诸多富有建设性的建议。③

"一带一路"与中阿关系研讨会　2015 年 9 月 14～15 日，"一带一路"与中阿关系研讨会在上海举行。与会中阿专家和学者一致认为，"一带一路"建设为中阿关系发展带来更多机遇，有助于阿拉伯国家秩序重建和社会转型，为中阿全面深化合作提供动力，并就未来加强中阿合作论坛智库建设、推进中阿智库交流与合作达成共识。④

"一带一路"与港澳发展机遇研讨会　2015 年 10 月 16 日，由香港紫荆杂志社主办的"'一带一路'战略与港澳发展机遇"国际学术研讨会在香港举行。经过讨论，与会者就利用港澳地区经济开放程度高、实力强、辐射带动作用大的优势，加强与内地对接，积极参与和协助"一带一路"

---

① 《国资委召开推进中央企业参与"一带一路"建设暨国际产能和装备制造合作工作会议》，国务院国有资产监督管理委员会网站，2015 年 6 月 19 日，http：//www. sasac. gov. cn/n85881/n85901/c1961109/content. html。
② 《丝绸之路国际旅游大会在西安召开　打造旅游产业新引擎》，凤凰网，2015 年 6 月 18 日，http：//sn. ifeng. com/lvyoupindao/youzixun/detail_ 2015_ 06/18/4020477_ 0. shtml。
③ 《郑州大学召开 2015 年中国"一带一路"国际学术研讨会》，中国高校之窗，2015 年 9 月 17 日，http：//www. gx211. com/news/2015917/n6279296417. html。
④ 《"一带一路"与中阿关系研讨会举行》，上外新闻网，2015 年 9 月 23 日，http：//news. shisu. edu. cn/teachnres/2015/2015，teachnres，026863. shtml。

发展达成共识。①

"一带一路"国家统计发展会议　2015 年 10 月 19 日，"一带一路"国家统计发展会议在陕西西安召开，会议倡议"一带一路"沿线国家进一步加强政府统计交流与合作，努力为各国可持续发展提供准确、可靠的统计数据。②

丝绸之路经济大会　"丝绸之路经济大会暨丝绸之路商协会联盟成立大会"于 2015 年 10 月 30 日至 11 月 1 日在西安曲江国际会议中心召开。此次大会成立了丝绸之路商协会联盟，力图在"一带一路"建设中强势推进、优势互补，实现共建共荣目标。会议同时进行了主题演讲，分析了丝绸之路建设的巨大商机，指明了商协会的发展方向。③

"中国佛教与海上丝绸之路"学术研讨会　2015 年 11 月 16 日下午，"中国佛教与海上丝绸之路"学术研讨会在珠海圆满闭幕。本次研讨会共分三个场次，围绕"岭南佛教文化交流"这一主题进行了深入讨论，旨在发挥宗教在社会文化与经贸往来中的积极作用，彰显"一带一路"文化建设中的佛教担当。④

"一带一路与两岸"学术会议　2015 年 11 月 20 日，"一带一路与两岸"学术会议在桂林召开。与会人员围绕"一带一路"建设对两岸关系的影响，台湾地区参与"一带一路"建设的路径和机制，以及两岸合作推动"一带一路"建设等议题展开讨论，为两岸关系和平发展下共同弘扬古代丝路精神，共建现代丝绸之路，共同参与"一带一路"经济合作以及广西的角色和作用提供相应的政策支持。⑤

---

① 张雅诗：《香港紫荆杂志举行"一带一路"与港澳发展机遇研讨会》，新华网，2015 年 10 月 16 日，http：//news. xinhuanet. com/2015－10/16/c_ 1116851549. htm。

② 王轶辰：《"一带一路"国家统计发展会议召开》，人民网，2015 年 10 月 20 日，http：//politics. people. com. cn/n/2015/1020/c70731－27717026. html。

③ 《丝绸之路经济大会暨丝绸之路商协会联盟成立大会 10 月 30 日开幕》，凤凰网，2015 年 10 月 30 日，http：//sn. ifeng. com/lvyoupindao/youfenxiang/detail_ 2015_ 10/30/4506339_ 2. shtml。

④ 《"中国佛教与海上丝绸之路"学术研讨会隆重举行》，佛教在线，2015 年 11 月 18 日，http：//www. fjnet. com/jjdt/jjdtnr/201511/t20151118_ 237080. htm。

⑤ 刘澈元：《"一带一路与两岸"学术会议在桂林召开》，新华网，2015 年 11 月 24 日，http：//www. gx. xinhuanet. com/dtzx/guilin/2015－11/24/c_ 1117247044. htm。

海上丝绸之路空间认知国际会议　2015 年 11 月 25 日上午，"海上丝绸之路空间认知国际会议"在三亚开幕。会上提出，21 世纪"海上丝绸之路"的建设将促进中国和东盟以及其他相关国家和地区的合作，提升相关国家在海洋经济、气候变化、生态保护、遗产保护、防灾减灾以及科技创新等领域的共同发展。①

华侨华人与海上丝绸之路研讨会　2015 年 11 月 28 日，"华侨华人与海上丝绸之路"研讨会在厦门举办。此次研讨会围绕"一带一路"与侨务、"一带一路"与沿线国家华侨华人、"一带一路"战略研究、海外华人移民研究等六大专题进行分组讨论，对提高"一带一路"在海外华人华侨中的影响有积极作用。②

玄奘与丝绸之路学术研讨会　2015 年 11 月 29 日，"弘扬玄奘精神·推进文明互鉴"——玄奘与丝绸之路学术研讨会在西安圆满落幕。中印两国佛学研究领域专家学者、高僧大德共约 150 人参与，围绕如何弘扬玄奘精神，使"一带一路"在文化方面成为"一条友好交流、文明互鉴之路"展开热议。③

三星堆与南方丝绸之路研讨会　2015 年 12 月 21 日，由光明日报社、四川省社科院、中共德阳市委、德阳市人民政府主办的三星堆与南方丝绸之路研讨会在德阳市举行，来自全国各地的知名专家学者云集德阳，共同研究三星堆文明与南方丝绸之路的关系，深入探讨德阳在"一带一路"经济文化发展中的战略地位。④

① 丁佳：《海上丝绸之路空间认知国际会议召开》，科学网，2015 年 11 月 26 日，http：//news. sciencenet. cn/htmlnews/2015/11/332600. shtm。
② 《华侨华人与海上丝绸之路研讨会：一带一路与侨务密不可分》，中国商网，2015 年 11 月 30 日，http：//www. zgswcn. com/2015/1130/673016. shtml。
③ 《玄奘与丝绸之路学术研讨会在西安落幕》，国务院新闻办公室网站，2015 年 11 月 30 日，http：//www. scio. gov. cn/ztk/wh/slxy/31209/Document/1457227/1457227. htm。
④ 《三星堆与南方丝绸之路研讨会在德阳市举行　蒲波出席》，新华网，2015 年 12 月 22 日，http：//news. xinhuanet. com/local/2015 - 12/22/c_ 1117540005. htm。

在国外举办的"一带一路"综合或专题会议

据不完全统计，截至 2015 年底，国外共举办了以下 3 场"一带一路"综合或专题会议。

"一带一路"主题座谈会 2015 年 7 月 8 日，由柬埔寨王家研究院主办、柬埔寨参议院承办的"'一带一路'柬埔寨与中国连接的新通途"专题座谈会召开。与会人员通过专题座谈会加深了对中柬两国在"一带一路"建设中共同发展、实现共赢的理解，为推动柬埔寨经济社会发展和深化中柬友好关系做出了努力。①

"丝绸之路的过去与未来"研讨会 "丝绸之路的过去与未来"研讨会于 2015 年 11 月 24 日在阿拉木图举行。哈萨克斯坦主要研究机构和大学的专家学者在研讨会上着重探讨了丝绸之路开辟背景及重建意义、中国与西域民族交往历史、丝绸之路经济带建设的前景、哈萨克斯坦在建设丝绸之路经济带中能够发挥的作用、如何增进中哈两国人民相互了解等问题。②

"中国一带一路与亚洲"国际学术会议 2015 年 11 月 24 日，主题为"中国一带一路与亚洲"的国际学术会议在韩国首尔举行。来自中国、韩国、俄罗斯、蒙古国、乌兹别克斯坦等国的学者、专家 50 余人与会。各国专家就中国"丝绸之路经济带"、"21 世纪海上丝绸之路"与亚洲地区发展，以及中国"一带一路"与韩国"欧亚倡议"对接等展开讨论。③

"一带一路"主题论坛

据不完全统计，截至 2015 年底，中国各级党委、政府、媒体、高校及

---

① 韩静：《柬埔寨举办"一带一路"专题座谈会》，人民网，2015 年 7 月 29 日，http：//world. people. com. cn/n/2015/0729/c157278 - 27379596. html。

② 周良：《哈萨克斯坦举办丝绸之路专题研讨会》，新华网，2015 年 11 月 25 日，http：//news. xinhuanet. com/world/2015 -11/25/c_ 1117257424. htm。

③ 陈尚文：《"中国一带一路与亚洲"国际学术会议在首尔举行》，人民网，2015 年 11 月 24 日，http：//world. people. com. cn/n/2015/1124/c1002 - 27851038. html。

科研机构、社会组织举办了以下 17 场不同规格、具有代表性的"一带一路"论坛。

政府、机关单位主办的论坛

中国发展高层论坛 由国务院发展研究中心主办、中国发展研究基金会承办的中国发展高层论坛 2015 年会于 3 月 21 ~ 23 日在北京举行，本届论坛的主题为"新常态下的中国经济"，围绕财税体制改革、产业结构调整、新常态下的国际合作及"一带一路"战略逐步落地等一系列问题进行探讨。[①]

"一带一路"海关高层论坛 2015 年 5 月 27 日，由中国海关总署主办的"互联互通，共建共赢——'一带一路'海关高层论坛"在西安开幕。本次论坛以"互联互通，共建共赢"为主题，邀请了"一带一路"沿线国家（地区）海关负责人或代表、有关国际及区域组织与机构负责人或代表、国内有关部委负责同志、铁路部门以及商界代表，共商进一步加强国际海关间合作，有效推进贸易便利化，促进区域经济发展的进程与举措。[②]

2015 两岸经贸论坛 以"一带一路"为主题的 2015 两岸经贸论坛 6 月 8 日在台北举行。来自海峡两岸的百余名官员、学者和企业家出席。他们分别从企业创新思维、两岸金融交流前景等方面分析了台湾如何把握大陆经济转型过程，创造内部新需求，从而把握融入世界经济的机会，共创两岸"双赢"的未来。[③]

"一带一路"战略与中阿发展高峰论坛 2015 年 9 月 9 日上午，"一带

① 朱贤佳：《明起两大会议商讨"一带一路" 聚焦"走出去"》，凤凰网，2015 年 3 月 19 日，http://finance.ifeng.com/a/20150319/13565372_0.shtml。
② 《"一带一路"海关高层论坛西安开幕》，中华人民共和国海关总署网站，2015 年 5 月 29 日，http://www.customs.gov.cn/publish/portal0/tab69598/info743942.htm。
③ 何自力、李慧颖：《聚焦"一带一路"2015 两岸经济论坛在台北举行》，人民网，2015 年 6 月 8 日，http://tw.people.com.cn/n/2015/0609/c104510-27122369.html。

一路"战略与中阿发展高峰论坛在银川国际交流中心举行。论坛以"丝绸之路的软实力战略与区位竞争"为主题，邀请国内外专家、学者参与讨论，探求"一带一路"及中阿博览会背景下银川市发展的新机遇。①

"一带一路"国际投资促进发展论坛 2015年9月23日，"一带一路"国际投资促进发展论坛暨第十三届全国投资促进机构大会在西安召开，本届大会以"再造丝绸之路新辉煌，拓展投资促进新天地"为主题，探讨在国家实施"一带一路"战略的背景下，促进资本自由流动，提高对外开放水平。②

媒体主办的论坛

"一带一路"世界华文传媒经济论坛 由中国新闻社主办的"一带一路"世界华文传媒经济论坛于2015年1月24日上午在中国海南澄迈举行。此次论坛以"新战略与新机遇"为主题，将推进"一带一路"沿线国家的旅游合作作为重点议题。会上还举行了中新社"新世纪丝绸之路华媒万里行"系列采访活动成果展示和《丝路新语——新世纪丝绸之路华媒万里行作品集》的新书首发仪式。③

"一带一路"文化融合论坛 2015年5月31日，由中共中央党校中国干部学习网、中国互联网新闻中心主办的首届"一带一路"文化融合论坛在中共中央党校举行。该论坛邀请了来自文化、艺术、经济、外交等多个领域的50余位专家，跨学科、多层次探讨"一带一路"的文化艺术意义，吸引社会公众对"一带一路"的关注，促进中国文化艺术的发展。④

① 宽容:《"一带一路"战略与中阿发展高峰论坛举行》，人民网，2015年9月9日，http://nx. people. com. cn/n/2015/0909/c192493-26305998. html。
② 《李冬玉出席"一带一路"国际投资促进发展论坛》，陕西省人民政府网站，2015年9月24日，http://www. shaanxi. gov. cn/0/1/9/39/201834. htm。
③ 李晓喻:《中新社举行"一带一路"世界华文传媒经济论坛》，中国新闻网，2015年1月24日，http://www. chinanews. com/gn/2015/01-24/7001549. shtml。
④ 《"一带一路"文化融合论坛在中共中央党校举行》，艺术中国网，2015年5月31日，http://art. china. cn/zixun/2015-05/31/content_ 7948884. htm。

"一带一路"媒体合作论坛 2015年9月21日，由人民日报社主办、以"命运共同体，合作新格局"为主题的2015"一带一路"媒体合作论坛在北京开幕。中宣部、全国人大财经委、商务部、国务院发展研究中心、中国记协等部门和部分省市领导、企业界代表及专家学者200多人出席会议，来自60多个国家和国际组织的近140家主流媒体负责人共聚一堂，畅所欲言，坦诚交流，推动媒体在"一带一路"建设中的交流与合作。[①]

社会组织主办的论坛

"'一带一路'：新型国际合作模式"论坛 该论坛于2015年4月20日上午在纽约联合国总部举办，是联合国大会"促进宽容与和解"高级别专题辩论会的组成部分，由香港中华能源基金委员会主办。与会中外人士就"一带一路"内涵与前景等进行了研讨。[②]

"一带一路与绿色经济"主题论坛 2015年4月25日，由联合国绿色工业组织北京办公室、亚太地区绿色发展研究中心、北京师范大学经济与环境资源研究院、首都科技发展战略研究院、北京哈佛之友联谊会主办的"创新者说 梦想花开——四个全面发展元年：一带一路与绿色经济"主题论坛在北京举行。著名经济学家、北京师范大学学术委员会主任李晓西，国务院参事、欧美同学会副会长王辉耀等在会上进行了发言。[③]

"一带一路"百人论坛 2015年8月8日上午，首届"一带一路百人论坛"在北京语言大学拉开帷幕，200余位专家、企业、媒体代表齐聚论坛，共议"一带一路：从愿景到行动"。此外，论坛还与中国国际贸

---

① 汪晓东、张梦旭：《2015"一带一路"媒体合作论坛在京举行》，人民网，2015年9月22日，http://politics.people.com.cn/n/2015/0922/c1001-27616121.html。

② 《联合国总部举办一带一路论坛 主题概念持续火爆》，东方财富网，2015年4月24日，http://fund.eastmoney.com/news/1594,20150422499612044.html。

③ 《"一带一路与绿色经济"主题论坛在京举行》，东方网，2015年4月25日，http://news.eastday.com/eastday/13news/auto/news/china/u7ai3847676_K4.html。

易研究中心和中国国际商会联合发布了《"一带一路"沿线国家产业合作报告》。①

全球金融合作论坛 2015 年 8 月 8 日，首届全球金融合作论坛在重庆悦来国际会议中心盛大开幕。论坛以"一带一路"时代下的国际金融合作探索作为论坛主题，深入探讨在"一带一路"利好背景下，如何立足于国际互联互通顺利展开金融合作并提出各自的建设性想法。②

高校及科研机构主办的论坛

"一带一路"经济论坛 为积极响应党中央的战略部署，深入开展"一带一路"经济相关问题的研究，中国人民大学经济学院于 2015 年 5 月 24 日举办了首届"一带一路"经济论坛，探寻新常态下中国经济创新发展之路，为党和国家决策建言献策，为推动"一带一路"的实施提供理论和智力支持。③

"一带一路"人才战略论坛 为响应"一带一路"国家发展战略，发挥人才培养在"一带一路"中的支撑作用，2015 年 5 月 28 日，清华大学举办"一带一路"人才战略论坛，来自国家相关部委、5 个前沿省市教育主管部门、10 多家骨干企业及国内 40 余所高校的代表共聚论坛，从"一带一路"国家战略解读、企业人才需求和高校培养定位及培养机制等方面，共议"一带一路"人才培养战略。④

"一带一路"法治论坛 2015 年 7 月 8 日，由西安市法学会、西北政

① 卢冠琼：《首届"一带一路百人论坛"在京召开 聚资源造智慧共同体》，中国青年网，2015 年 8 月 8 日，http：//news. youth. cn/gn/201508/t20150808_ 6977873. htm。
② 《2015 首届全球金融合作论坛聚焦"一带一路"》，凤凰网，2015 年 8 月 8 日，http：// news. ifeng. com/a/20150803/44335128_ 0. shtml。
③ 《首届中国人民大学"一带一路"经济论坛》，新华网，2015 年 5 月 24 日，http：//www. xinhuanet. com/live/20150524a/index. htm？from = singlemessage&isappinstalled = 0。
④ 刘蔚如：《清华大学举办 2015"一带一路"人才战略论坛》，清华大学新闻网，2015 年 5 月 29 日，http：//www. tsinghua. edu. cn/publish/news/4205/2015/2015052909295483388286802015052 9092954833882868_ . html。

法大学联合举办的"一带一路"法治论坛在西安举行。本次论坛聚集"一带一路"沿线 30 个省、区、市法学理论界和法律实务界人士。与会代表结合各地法治建设实际，深入探讨"一带一路"建设有关法律构建的重大问题、难点问题。①

"一带一路"投资与安全论坛 2015 年 9 月 19 日，"一带一路"投资与安全论坛在北京第二外国语学院明德厅召开。本次论坛基于国家"一带一路"背景，以"投资、安全"为主题，汇聚政府、企业和学术智慧与力量，探讨国内投资、国际投资与安全等问题，期望打造"一带一路"投资的供需对接、信息沟通与应用研究平台。②

"一带一路"主题社会实践论坛 2015 年 10 月 18 日晚，清华大学"一带一路"主题社会实践论坛在文科图书馆大同厅举行。本次论坛共有五支探索"一带一路"主题的实践支队进行成果展示。部分支队通过与"一带一路"沿线国家青年进行交流，建立文化交流纽带，开展国际化公益活动，树立了中国青年的友好形象。③

"一带一路"主题博览会

据不完全统计，截至 2015 年底，国内举办了以下 12 场"一带一路"相关主题博览会。

首届（福州）21 世纪海上丝绸之路博览会 2015 年 5 月 17 日，以"开放合作、互利共赢，开创 21 世纪海上丝绸之路新愿景"为主题的首届 21 世纪海上丝绸之路博览会暨第十七届海峡两岸经贸交易会在福州盛大开

---

① 《西安市法学会与西法大联合举办"一带一路"法治论坛》，陕西传媒网，2015 年 7 月 8 日，http://www.sxdaily.com.cn/n/2015/0708/c46-5708871-3.html。
② 《"一带一路"投资与安全论坛在二外召开》，二外新闻网，2015 年 9 月 23 日，http://news.bisu.edu.cn/art/2015/9/23/art_1762_86023.html。
③ 史圣镐、赵潇然：《清华"一带一路"主题社会实践论坛举行》，清华大学新闻网，2015 年 10 月 21 日，http://news.tsinghua.edu.cn/publish/news/4209/2015/20151021162615513129917/20151021162615513129917_.html。

幕，来自 49 个国家和地区的 1850 个企业参会。本次盛会以"共建 21 世纪海上丝绸之路，促进海上丝绸之路沿线国家全面合作与发展"为宗旨。此次博览会是以经贸交流为主线，集商品贸易、服务贸易、投资合作、旅游合作和文化交流为一体的综合性展会。①

第十九届中国东西部合作与投资贸易博览会　第十九届中国东西部合作与投资贸易洽谈会暨丝绸之路国际博览会于 2015 年 5 月 22 日在西安曲江国际会议中心隆重开幕。本届博览会以"共建丝路合作平台，推进区域开放发展"为主题，进行多领域的交流和洽谈对接。②

江海博览会　2015 年 5 月 27 日，在南通市成功举办了大型综合性盛会——第三届江海博览会。此博览会围绕落实和推进"一带一路"和"长江经济带"两大国家战略主题，突出了当前南通对外开放重点工作，展示了南通与"一带一路"沿线国家、长江经济带重点城市及上海自贸区的合作与发展。③

中国–中东欧博览会　2015 年 6 月 12 日，首届中国–中东欧国家投资贸易博览会在浙江宁波落下帷幕。此博览会在"扩大开放合作，共建一带一路"的主题下，通过洽谈、贸易展览、会议论坛、人文交流等四大板块 18 项重要活动为中国与中东欧之间的常态化合作注入了新的动力。④

2015 丝绸之路国际旅游商品博览会　8 月 7 日上午，2015 丝绸之路国际旅游商品博览会在克拉玛依市会展中心开幕。来自法国、德国等 18 个国家和地区，北京、江苏等 11 个内地省市以及新疆 13 个地州市的 700 多家企业参展。线上线下互动、突出富民和产品档次、包装水平的大幅度提升

① 李永贵：《首届海丝博览会福州开馆　49 个国家和地区企业参展》，中国网，2015 年 5 月 17 日，http：//fj. china. com. cn/2015 –05/17/content_ 7911318. htm。
② 王利：《第十九届中国丝绸之路国际博览会今天上午开幕》，西部网，2015 年 5 月 22 日，http：//news. cnwest. com/content/2015 –05/22/content_ 12575464. htm。
③ 《主题鲜明　江海博览会突出"一带一路"主题》，新华网，2015 年 5 月 27 日，http：//www. js. xinhuanet. com/2015 –05/27/c_ 1115427658. htm。
④ 徐晓勇：《拥抱"一带一路"新契机　中东欧博览会深化常态合作》，中国新闻网，2015 年 6 月 12 日，http：//www. chinanews. com/cj/2015/06 –12/7341395. shtml。

是本届展会很大的亮点。①

2015 中阿博览会　2015 年 8 月 17 日，北京举办了"2015 中国 – 阿拉伯国家博览会"，大会专门设置了海上丝绸之路等多项有关"一带一路"的专题论坛、展览展示和投资洽谈活动，通过政府搭建的平台促进"一带一路"沿线各国企业间的经贸合作。②

西安丝绸之路国际旅游博览会　2015 年 9 月 11 日，2015 中国西安丝绸之路国际旅游博览会在西安曲江国际会展中心开幕。此次丝路旅博会由陕西省旅游局主办，新加坡会议与展览管理服务有限公司承办，系第二届。来自 33 个国家和地区以及来自国内 24 个省（区、市）的政府机构、旅游企业和旅行商代表参会。③

第 12 届中国 – 东盟博览会　第 12 届中国 – 东盟博览会、商务与投资峰会于 2015 年 9 月 18 ~ 21 日在广西南宁举办。本届展会以"共建 21 世纪海上丝绸之路——共创海洋合作美好蓝图"为主题，推动各方凝聚共建共识、对接发展规划、促成优先项目的合作，让东盟国家通过博览会分享"一带一路"建设的红利，让更多东盟商品进入中国市场，让东盟企业获得实实在在的好处。④

第二届中俄博览会暨第 26 届"哈洽会"　该博览会于 2015 年 10 月 12 日上午在哈尔滨正式拉开帷幕。本届中俄博览会将围绕"对接合作——丝路经济带新机遇"这一主题，突出中俄全方位交流合作。⑤

广东 21 世纪海上丝绸之路国际博览会　2015 年 10 月 31 日，为期三

---

① 《2015 丝绸之路国际旅游商品博览会开幕》，新华网，2015 年 8 月 10 日，http：//news. xinhuanet. com/expo/2015 – 08/10/c_ 128111700. htm。
② 马力：《2015 中阿博览会突出"一带一路"主题　亮点多》，北京周报网，2015 年 8 月 17 日，http：//www. beijingreview. com. cn/shishi/201508/t20150817_ 800036680. htm。
③ 张杨：《西安丝路国际旅游博览会开幕》，《西安日报》，2015 年 9 月 12 日，http：//epaper. xiancn. com/xarb/html/2015 – 09/12/content_ 386439. htm。
④ 陈炜伟、王优玲：《第 12 届中国 – 东盟博览会将突出"一带一路"主题》，新华网，2015 年 7 月 29 日，http：//news. xinhuanet. com/fortune/2015 –07/29/c_ 1116081204. htm。
⑤ 兰旻：《第二届中俄博览会正式拉开帷幕　对接丝路经济带新机遇》，环球网，2015 年 10 月 12 日，http：//world. huanqiu. com/hot/2015 – 10/7742421. html。

天的广东 21 世纪海上丝绸之路国际博览会在东莞落下帷幕。此次海博会把国家馆和专业馆相结合，共吸引国内外 1394 家参展商参展，展位 2800 个。大会共达成签约项目 680 个，涉及签约资金 2018 亿元，加大了海丝沿线国家和广东的联系。①

第 22 届中国杨凌农业高新科技成果博览会　2015 年 11 月 5 日，由商务部、科技部、农业部等共同主办的第 22 届中国杨凌农业高新科技成果博览会在陕西杨凌开幕。本届杨凌农高会“一带一路”元素凸显，丝路经济带沿线 10 余个国家的近 20 位部（州）长率领代表团参会，丝路沿线国家参会参展企业超过 120 家，创历届农高会之最。以“一带一路”沿线国家为主开展的合作交流活动占全部国际活动的 2/3。②

2015 中国（海南）海上丝绸之路文化产业博览交易会　2015 年 12 月 25 日至 27 日，由海口市人民政府主办的“2015 中国（海南）海上丝绸之路文化产业博览交易会”在海南国际会展中心举行。此次博览会吸引了新海上丝绸之路文化创意产业优势力量和重大文化产业项目落户海南，为海南文化产业的全面发展注入了源源不断的强劲动力。③

“一带一路”主题展览

据不完全统计，截至 2015 年底，国内举办了以下 4 场“一带一路”相关主题展览活动。

“一带一路”主题摄影展　2015 年 8 月 24～30 日，“穿越丝路　文化同心——‘一带一路’摄影展”亮相中国文艺家之家展览馆。展览以“穿

---

① 余宝珠：《海上丝路国际博览会闭幕　签 680 个项目成交 2018 亿元》，新浪网，2015 年 11 月 1 日，http：//news. sina. com. cn/c/2015－11－01/doc－ifxkfmhk6718617. shtml。
② 阿琳娜：《第 22 届中国杨凌农高会开幕　“一带一路”元素凸显》，凤凰网，2015 年 11 月 5 日，http：//news. ifeng. com/a/20151105/46121500_0. shtml。
③ 《中国（海南）海上丝绸之路文化产业博览交易会凸显国际元素》，新浪网，2015 年 12 月 25 日，http：//hainan. sina. com. cn/news/hnyw/2015－12－25. detail－ifxmykrf2321067. shtml。

越丝路，文化同心"为主题，分"追寻、相知、交融"三个部分呈现，寻觅古丝绸之路相关国家和地区的历史足迹。①

"瓷之源、茶之乡一带一路主题展" 2015 年 10 月 18 日，"瓷之源、茶之乡一带一路主题展"在景德镇美术馆隆重开幕。千百年来，景德镇的陶瓷和茶叶通过陆路和水路丝绸之路，运往世界各地，为中西方文化的共融发展，以及沿线各国家和地区间的经贸发展发挥了重要作用。此次主题展向大众展现了古代景德镇外销瓷的面貌。②

"一带一路"非遗精品展 2015 年 10 月 31 日，"一带一路"非遗精品展在厦门国际会展中心展出。此次展览特别邀请到"一带一路"沿线省、自治区参展，活动分传统表演艺术、手工技艺展示和传统工艺精品三大板块，融静态展示与动态展演相结合，呈现"一带一路"上的非遗精品，引领观众回味仍在影响人们生活的丝路文化。③

殷晓俊"一带一路"东南亚人文地理全景记录作品展 2015 年 12 月 3 日，殷晓俊"一带一路"东南亚人文地理全景记录作品展在昆明举办。摄影作品采用地毯式的全景拍摄手段，将"一带一路"上的东南亚、南亚国家分为水陆国和陆路国进行影像记录，真实反映了中国及老挝、缅甸、印度、泰国、柬埔寨、斯里兰卡、不丹、尼泊尔 9 个国家的人文地理风貌。④

"一带一路"主题电影节、艺术节

据不完全统计，截至 2015 年底，国内举办了以下 4 场"一带一路"

---

① 李佳：《穿越丝路 文化同心——"一带一路"主题摄影展》，摄影中国，2015 年 8 月 25 日，http：//www. china. com. cn/newphoto/foto/2015 –08/25/content_ 36409265. htm。
② 《"瓷之源、茶之乡一带一路主题展"在景德镇美术馆开幕》，新浪网，2015 年 10 月 18 日，http：//jx. sina. com. cn/ceramics/hyxw/2014 –10 –20/095694414. html。
③ 《"一带一路"非遗精品厦门展出受关注》，凤凰网，2015 年 10 月 31 日，http：//news. ifeng. com/a/20151031/46065251_ 0. shtml。
④ 王祎：《云南摄影师全景记录"一带一路"上九国风貌》，凤凰网，2015 年 12 月 4 日，ht-tp：//ent. ifeng. com/a/20151204/42538324_ 0. shtml。

电影节、艺术节。

首届"新丝路长安杯"大学生微电影节　2015年5月24日晚，"新丝路长安杯"大学生微电影节颁奖盛典在长安大学举行。本届微电影赛事的主题为"新丝路·新梦想"，旨在引导大学生积极参与社会实践，以微电影的形式表现校园生活和青春风采，践行社会主义核心价值观，传递青春正能量。①

2015海南（21世纪海上丝绸之路）电影节　2015海南（21世纪海上丝绸之路）电影节颁奖盛典于6月13日晚在海口举行。本届颁奖晚会节目紧扣"21世纪海上丝绸之路"文化交流盛会的主题，在国际电影文化交流方面着墨，分为"启程、扬帆、远航"三大篇章。②

第二届丝绸之路国际电影节　第二届丝绸之路国际电影节于2015年9月22～26日在福州隆重举行。本届电影节以"展示·推介·交易·交流"为主题，设置项目创投会、项目推荐会、项目签约三大板块，组织开展中国电影巨幕研讨会、电影项目创投会、中影·华影电影推荐会等活动。③

"一带一路一城"国际文化艺术节　"一带一路一城"国际文化艺术节于2015年10月2日在河北省香河县中信国安第一城开幕。本次艺术节包括国际摄影展、国际民间手工艺博览会、国际电影展映周、丝路传情服饰秀、丝绸之路国际户外运动挑战赛等一系列文化活动。④

① 石永波：《首届新丝路长安杯大学生微电影节颁奖礼西安举行》，网易新闻，2015年5月25日，http：//news.163.com/15/0525/15/AQFJTF9U00014AEE.html。
② 张茜翼、张贺琼：《2015海南（21世纪海上丝绸之路）电影节开幕》，人民网，2015年6月13日，http：//culture.people.com.cn/n/2015/0614/c172318－27150216.html。
③ 《丝绸之路国际电影9.22开幕　成龙陈凯歌众星云集福州》，凤凰网，2015年9月10日，http：//ent.ifeng.com/a/20150910/42490016_0.shtml。
④ 《"一带一路一城"国际文化艺术节在河北香河开幕》，新华网，2015年10月3日，http：//news.xinhuanet.com/local/2015－10/03/c_1116735007.htm。

后 记

"当世界为困扰自身的种种问题寻求答案时，'中国不能缺席'已经成为多数国家的共识。"[1] 美国前国务卿基辛格如此评价。2015 年，"一带一路"从顶层设计走向全面实施，以文明复兴的逻辑超越了现代化的竞争逻辑，构建着国际秩序新格局，开创着改革开放新局面。"中国正以自己特有的视角来观察现实，阴阳平衡。"[2]

本报告是"一带一路"环球行动报告系列图书的第二部，以期在大国博弈加剧、合作和竞争并存、秩序变革和经济调整双重叠加的 2015 年，对"一带一路"的年度新进展予以全面记录，进而发现趋势，驱动未来。课题于 2015 年中启动，历经一年有余，于 2016 年 8 月完成初稿。本报告由杨善民负责总体框架设计、统稿，并撰写了"总报告"；杨琦协助统稿，佐理完成"总报告"，并编写了"企业篇"，同时承担了大量编务工作；范昌丽编写了"中央篇"，同时协助承担了部分编务工作；唐理邦编写了"地方篇"、"国际篇"第一章以及"专题篇"第四章中的"中外贸易协定和自贸区"部分；司秋霜编写了"国际篇"第二章；马旭编写了"专题篇"第一章、第二章及第四章中的"中国自贸区建设"部分；白旭编写了"社会反响篇"第一章中除"'一带一路'主要学术研究成果"外的其他章节以及第二章；冯洁编写了"社会反响篇"第一章中的"'一带一路'

---

① 任仲平：《"中国不能缺席"已成为多数国家共识》，人民网，2015 年 12 月 31 日，http://js. people. com. cn/n2/2015/1231/c359574 - 27437560. html。

② 张肖雯：《和平视野下的中国与西方——访和平学之父约翰·加尔通》，《中国社会科学报》，2010 年 10 月 28 日，第 5 版。

主要学术研究成果"部分，遗憾的是，由于篇幅所限，仅对其中搜索篇目及出版物综述予以保留；杨慧娟承担了部分文字的编辑、录入工作。此外，吴颖协助翻译了书中援引的相关英文资料，特此致谢。

本报告的主要内容来自媒体的公开报道及学术出版物上发表的科研成果，向所有原作者、编辑者、出版者表示衷心感谢。

感谢社会科学文献出版社，特别是刘荣副编审以及肖世伟、陆彬等诸多编辑的精心编校。

感谢山东大学海洋战略研究中心方宏建主任、山东大学人文社科研究院及难以在此一一提及名字的诸多专家和教授的全力支持。

本报告由本人统稿，不周之处，自当由本人承当。

杨善民

2016 年 8 月 7 日

图书在版编目（CIP）数据

"一带一路"环球行动报告. 2016 / 杨善民主编
. -- 北京：社会科学文献出版社，2016.10
ISBN 978 - 7 - 5097 - 9706 - 8

Ⅰ.①一⋯　Ⅱ.①杨⋯　Ⅲ.①区域经济合作 - 国际合
作 - 研究报告 - 世界 - 2016　Ⅳ.①F114.4

中国版本图书馆 CIP 数据核字（2016）第 223139 号

"一带一路"环球行动报告（2016）

主　　编 / 杨善民

出 版 人 / 谢寿光
项目统筹 / 刘　荣
责任编辑 / 刘　荣　肖世伟　陆　彬

出　　版 / 社会科学文献出版社·社会政法分社（010）59367156
　　　　　地址：北京市北三环中路甲 29 号院华龙大厦　邮编：100029
　　　　　网址：www.ssap.com.cn
发　　行 / 市场营销中心（010）59367081　59367018
印　　装 / 三河市东方印刷有限公司

规　　格 / 开　本：787mm × 1092mm　1/16
　　　　　印　张：29　字　数：412 千字
版　　次 / 2016 年 10 月第 1 版　2016 年 10 月第 1 次印刷
书　　号 / ISBN 978 - 7 - 5097 - 9706 - 8
定 · 价 / 99.00 元

本书如有印装质量问题，请与读者服务中心（010 - 59367028）联系